A Forgotten Name, A Forgotten History

잊혀진 이름, 잊혀진 역사

김건후, 칭치엔허, 허버트 김, 게르베르트 김

김재원 · 이숭희 엮음

푸른사상
PRUNSASANG

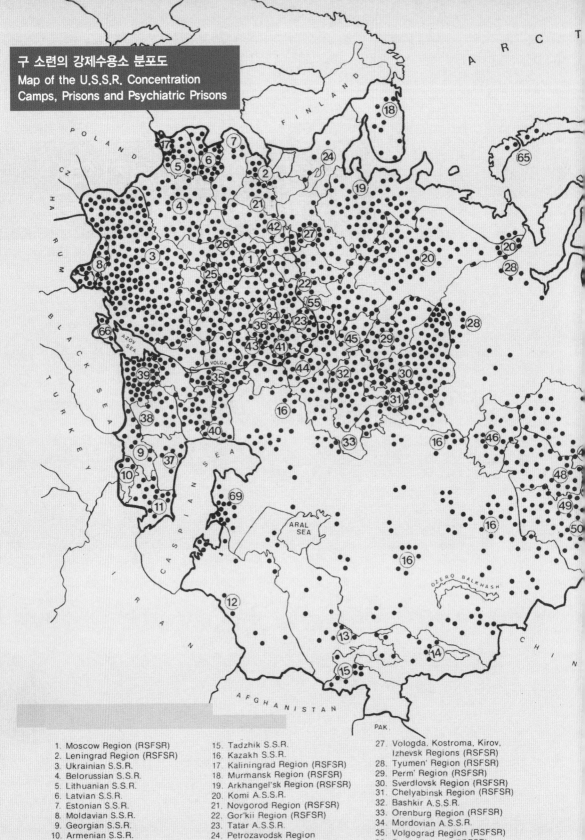

구 소련의 강제수용소 분포도
Map of the U.S.S.R. Concentration
Camps, Prisons and Psychiatric Prisons

1. Moscow Region (RSFSR)
2. Leningrad Region (RSFSR)
3. Ukrainian S.S.R.
4. Belorussian S.S.R.
5. Lithuanian S.S.R.
6. Latvian S.S.R.
7. Estonian S.S.R.
8. Moldavian S.S.R.
9. Georgian S.S.R.
10. Armenian S.S.R.
11. Azerbaidzhan S.S.R.
12. Turkmen S.S.R.
13. Uzbek S.S.R.
14. Kirghiz S.S.R.

15. Tadzhik S.S.R.
16. Kazakh S.S.R.
17. Kaliningrad Region (RSFSR)
18. Murmansk Region (RSFSR)
19. Arkhangel'sk Region (RSFSR)
20. Komi A.S.S.R.
21. Novgorod Region (RSFSR)
22. Gor'kii Region (RSFSR)
23. Tatar A.S.S.R.
24. Petrozavodsk Region
25. Orel, Kursk, Tula, Kaluga,
    Lipetsk Regions (RSFSR)
26. Pskov, Vladimir, Bryansk,
    Kalinin, Smolensk Regions
    (RSFSR)

27. Vologda, Kostroma, Kirov,
    Izhevsk Regions (RSFSR)
28. Tyumen' Region (RSFSR)
29. Perm' Region (RSFSR)
30. Sverdlovsk Region (RSFSR)
31. Chelyabinsk Region (RSFSR)
32. Bashkir A.S.S.R.
33. Orenburg Region (RSFSR)
34. Mordovian A.S.S.R.
35. Volgograd Region (RSFSR)
36. Penza Region (RSFSR)
37. Kalmyk and Daghestan
    A.S.S.R.
38. Stavropol' Territory

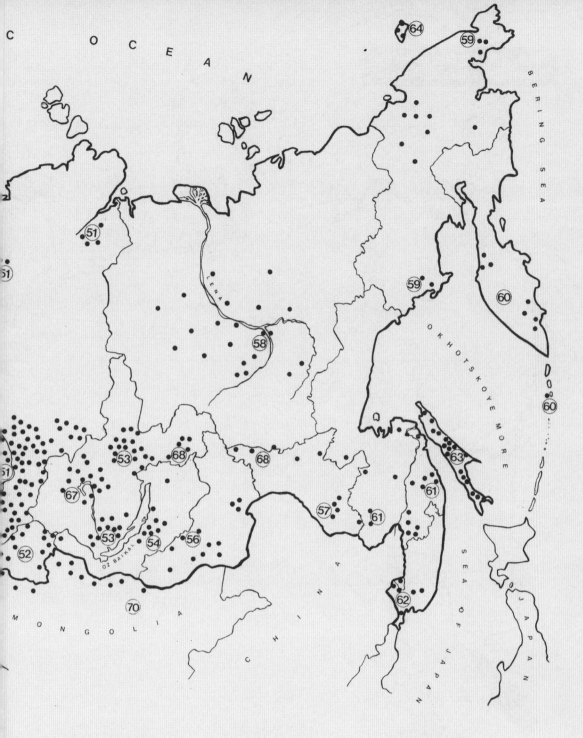

39. Krasnodar Territory
    and Rostov Region
40. Astrakhan' Region (RSFSR)
41. Ul'yanovsk Region (RSFSR)
42. Yaroslavl' Region (RSFSR)
43. Saratov Region (RSFSR)
44. Kuibyshev Region (RSFSR)
45. Udmurt A.S.S.R.
46. Omsk Region (RSFSR)
47. Tomsk Region (RSFSR)
48. Novosibirsk Region (RSFSR)
49. Altai Territory
50. Gorno-Altai Autonomous
    Region (RSFSR)

51. Krasnoyarsk Territory
52. Tuva A.S.S.R.
53. Irkutsk Region
54. Buryat A.S.S.R.
55. Chuvash A.S.S.R.
56. Chita Region
57. Amur Region
58. Yakutsk A.S.S.R.
59. Magadan Region
60. Kamchatka Region
61. Khabarovsk Territory
62. Primorsk Territory
63. Sakhalin Region (RSFSR)
64. Wrangel Island

65. Novaya Zemlya Island
66. Crimean Region
67. Taishet „Ozerlag"
68. BAM
69. Mangyshlak Peninsula
70. Mongolia

출처 : The First Guidebook to Prisons
and Concentration Camps of
the Soviet Union by Avraham
Shifrin, Stephanus Edition
Verlags AG. 1980

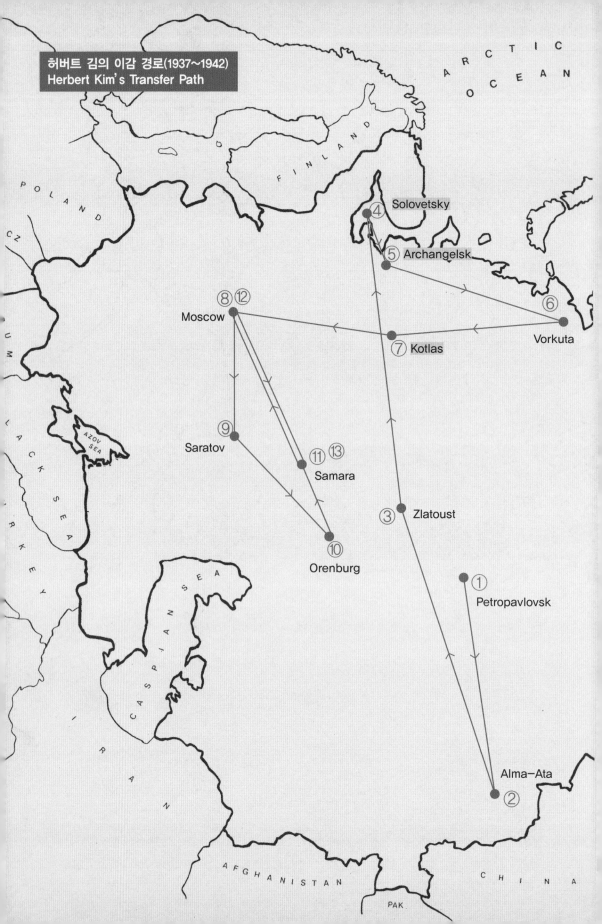

허버트 김의 이감 경로(1937~1942)
Herbert Kim's Transfer Path

ARCTIC OCEAN

FINLAND

POLAND

CZ

④ Solovetsky

⑤ Archangelsk

⑥ Vorkuta

⑧⑫ Moscow

⑦ Kotlas

⑨ Saratov

⑪⑬ Samara

③ Zlatoust

⑩ Orenburg

AZOV SEA

BLACK SEA

TURKEY

CASPIAN SEA

IRAN

① Petropavlovsk

② Alma-Ata

AFGHANISTAN

CHINA

PAK.

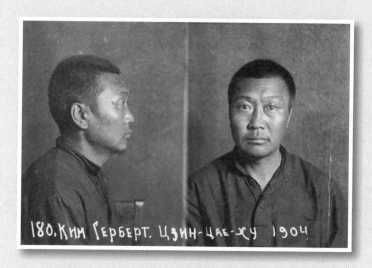

소련 강제수용소 수감자, 김건후(1940년)
Herbert Kim in the Soviet Gulag, 1940

이 글은 1949년 초, 허버트 김이 미국 출장 중에 그가 소련 굴락(강제수용소)에서 4년 반 동안 겪은 체험을 기록한 친필수기(총 79쪽) 중 마지막 세 쪽이다. 1948년 늦가을 드디어 재회한 가족과의 재결합이 좌초되어 이혼에 이르자 그는 홀로 자신의 삶을 되돌아보는 시간을 가졌던 것으로 짐작된다. 그는 석방 후 약 7년이 지난 시기에 기억을 되살려, 그의 재판 과정과 수형소 생활, 시베리아 굴락에서 일상이 되어버린 굶주림과 추위, 인권 유린의 사례 등을 기록하였다. 여러 지인들의 요청에도 불구하고 미뤄두었던 강제수용소 체류기를 기록한 것이다. 그는 이 수기를 오랜 세월 우정을 나눠온 피치 박사 부부(Dr. and Mrs. Fitch)에게 전달하였고, 그들의 사후 그들의 후손들이 하버드대학교 옌칭도서관에 기증하여 그곳에 소장되어 있다. (HYL Fitch Paper Box 8)

These are parts of a handwritten manuscript (79 pages in total) by Herbert Kim in early 1949 during a business trip to the United States. In his writing he expatiated on the painfull experiences he had during four and a half years in the Soviet Gulag (concentration camp). In late Autumn 1948, after his reunion with his family finally ran aground and he got divorced, he had time enough to look back on his own life alone. About seven years after his release, he recalled his memories and documented his trial processes, prisoner life, hunger and cold he dured, and human rights violations that became commonplace in the Siberian Gulag. At last the moment came for him to write down his miserable life in the concentration camp, that was delayed despite the requests of several acquaintances. He passed this manuscript on to Dr. and Mrs. Fitch, who they had been friends with for a long time. After they passed away, their descendants donated it to the Yenching Library of Harvard University, where it is now kept. (HYL Fitch Paper Box 8) foolish feeling that they detect my real intentions when I get out. Those three days in Kuibeshow, from May 25 to May 28, were ~~horrid~~ hardest days to live through.

It was in the afternoon, about at 3 o'clock, I was finally called out from my cell into the commandant of the NKVD Prison for release. My things which had been confiscated about 3 days ago were all returned to me. When I had dressed up, I was given the final instructions. "Do not go any place else in Kuibeshow but go directly to Chinese Embassy where they ought to be waiting for you." Then added, "Get out of the Soviet Union as quickly as possiblely can."

In Chinese Embassy, for the first time in my life, I met Mr. Shao Li-tze, the ambassador to Russia. He told me that my father was an old friend of his. "When I left Chunking for Moscow, your father came to see me and requested me to get you out of Russian Prison. Then, I had promised to do all I could to save you out of its Prison. If you were in a dangerous predicament, I intended to request Soviet Authorities to, at least take you out of such a place, while the negotiation for your release might go on. When I got to Moscow, there were some real pressing ~~problems~~ diplomatic problems which had to be attended to first. Then I had taken up your problem. I am glad to see that you are finally out of its Prison.

My Chinese passport which had been confiscated by NKVD in 1937 was given back to me just before I walked out of the Prison. The long waited moment had finally come but I can not say that I enjoyed as much as I had anticipated. No relative nor friend was there out of the prison gate to greet me. I was walking on the side ~~street~~ ~~of the~~ walks of deserted street. There was no body who could share my rejoice. I was just a man walking along the street. My hair was closely clippered but many Russians shewe their heads. No body ever suspected there was a happy soul walking just out of earthly hell of Soviet NKVD.

Renewal of passport, formulating exit visa from NKVD all followed in a short time and after three days stay in Chinese Embassy I ~~embarked~~ embarked on board of Train headed for Alma-Ata and thence by Plane to Chunking.

-7-

Finishing up my story, any body will still wonder, why after all I was arrested and had gone through such hell. Was I ~~really~~ even the least bit anti-Soviet or anti-communist during the seven years I was working in Gold Syndicate of Kazakstan. If I was, I myself didn't know it. I was too engrossed in discharging my duties as a Technical Director of Kazakstan Gold Syndicate. Then, why was I arrested? The following might serve to clear up the motives behind the purges that had swept Soviet-land so many times.

Not withstanding all the glamorous propaganda of Soviets about the successes of their program toward socialism, there had been and still now existing some humiliating failures. For such failures, the blame should be laid upon some body. It has been the policy of ~~Kremlin~~ Kremlin to let all the people in Soviet Union know that party and Government leaders can not make any errors. There are failures in Soviet and party policy because of certain group of people opposed to Soviet Regime. Actually if they can not find such groups or organizations, they create them. With the aid of centralized press, ~~radio~~ radio the so-called counter-revolutionary organizations ~~linked~~ linked with foreign spies are created and they begin to purge. The circle and number of people ever widening and increasing as the purge goes ~~on~~, until at last the secret police who started the purge ends themselves up in jail too! The Arrest ~~purge~~ of Ezov ~~in 1938 was a class~~ then the national head of NKVD in 1938 was a classical example of the purge that knows no limit. Laying the blame of some of the major failures to some-body is one of the reasons of these purges.

Secondly, comes the important fact of using millions and millions of laborers as well as engineers and other qualifications for the many hundreds of gigantic projects such as building railroads, hydrelectric stations, opening up of Mines, Construction of bridges, canals and factories. Most of these projects had been started in the wilds of virgin lands where free people will be never willing to go for anything. The practical minded communists have ~~also~~ solved the problem of labor supply admirably by introducing prison labor. In most of these prison labor Camps, the so-called bosses are inexperienced, fresh from School herd young communists while the real brain and labor were supplied by the purged, one time experienced specialists.

Thirdly, disregarding all kinds of human justice and human values these lawless leaders of ~~Soviet~~ Communist Party and Soviet Gov't are gripped with suspicion and fear lest there will be counter revolution, revolt and uprising, they launch out purging right and left until every body in the Soviet Union appears to be the potential enemy of the existing order. The philosophy adopted by these monsters that if one real enemy is caught along with 99 innocent ones in a purge of 100, their action is fully justified!

So the hell on earth is Soviet Union and Soviet Union is the hell on earth with tens of millions of innocent souls suffering for the crimes they hadn't even thought of committing. My heart goes out in sympathy to those tens of millions of suffering souls in Soviet-land. The only way out lies in the change in the nature of man! Desire for power will be replaced by humble spirit to serve the fellow human being, hatred by love, pride by humility. Man who is able to see God in the lives of fellow men, sympathy and tolerance in human relationship can never waste human lives as they do in Soviet Russia.

759

잊혀진 이름, 잊혀진 역사

김건후, 칭치엔허, 허버트 김, 게르베르트 김

20세기 초, 전 세계를 뒤흔든 격동과 마주하며 살았으나, 잊혀진 역사에 묻혀버린 김건후의 이야기가 이 책에 담겨 있다. 한국에서 김건후(金鍵厚)로 태어난 그는 중국 국적을 획득하면서 칭치엔허가 되었고, 미국에 도착하여 청년 허버트 김(Herbert Kim)으로 새로운 삶을 시작하였다. 그러나 미국 대공황은 학업을 마친 그를 소련으로 내몰았고, 소련에서는 게르베르트 김(Герберт Ким)으로 불렸다. 이 여러 이름은 그가 겪은 역경을 반영한다. 결국 그는 소련에서는 스탈린 대숙청에, 한국에서는 한국전쟁에 희생당했다. 그는 파란 많은, 기구한 삶을 살았던 한국인 인텔리겐차이며 광산 엔지니어였다. 그의 삶에 관한 이야기들은 많은 곳에서 여러 해를 거쳐 언급되었으나, 한국의 가족에게는 알려지지 않았고, 그의 딸 김재원이 이 모든 기록들을 파헤치기 전까지는 단지 그의 부인이었던 정정식 교수에 의해 단편적으로 그의 딸에게 전해졌을 뿐이다.

김건후의 삶의 궤적은 그의 개인적 선택이기보다 한국이 처했던 국내외적 격변의 결과였다. 식민지가 되어버린 조국, 부친을 따라 중국으로 떠난 망명, 상해 독립운동가 가족의 궁핍한 삶, 일본의 대륙 침략과 동북아의 세력 변화, 미·소 간의 협력과 대립, 그리고 세계 최초의 이념적 대립이었던 한국전쟁. 이 모든 것들이 김건후가 겪어야 했던 고난이었고, 그의 고난은 곧, 돌아갈 곳 잃는 디아스포라의 모진 운명이었다.

이 프로젝트의 처음 의도는 김건후의 이동 궤적(한국, 중국, 미국, 러시아)을 따라 그가 처했던 시대적 상황과 그의 개인적 삶의 상관관계에 천착하려는 것이었다. 그러나 그에 관한 기초자료들이 발견되었음에도 불구하고, 아직 그의 생애의 일부 시점에 관하여는 밝혀지지 못하고 있고, 또한 일부 문서는 기밀이 해제되지 않아 학문적 접근에 제약이 있는 것으로 판단되어, 우선 그의 친필수기를 중심으로 그의 행적을 정리하였다. 이 책은 총 6개의 장으로 구성되어 있다.

우선 제1장에서 구로미야 교수(Prof. Hiroaki Kuromiya)는 1930년대 소련의 대숙청 시기에 외국인들에게 가해졌던 소련 비밀경찰의 테러에 버금가는 만행 속에서 중국 국적인 김건후의 경우가 어떤 의미를 갖는지 서술하고 있으며, 김건후의 친필수기를 참혹한 소련 강제수용소 생활을 잘 알려주는 가장 생생하며 방대하고 진귀한 기록으로 평가하고 있다.

제2장은 김건후의 생애를 현재까지 수집된 자료를 토대로 간략하게 기록하였다. 이는 허버트 김의 구술, 주 남경 일본영사가 기록한 재 남경 조선인 신상 보고서, 그의 부친(김홍서)이 1920년 홍사단에 입단하면서 제출한 이력서, 김건후의 남경대학 입학원서, 허버트 김이 1949년에 작성한 짤막한 이력서, 그의 부친이 1955년 서울에서 등록한 실향민 가호적, 미국 국립문서고(NARA II)가 보관하고 있는 자료들, 카자흐스탄 내무부 국립문서고에 소장되어 있는 수감자 조서와 재판기록 등 가능한 자료들을 종합하고 검증한 결과이다.

이 장은 김건후의 성장 과정과 부친 김홍서의 영향, 중국의 남경중학교 및 대학교 재학시절, 미국 유학기, 1930년 소련으로 떠나게 된 상황 등을 소개하고 있다. 1937년 절정에 달했던 스탈린 대숙청의 여파는 김건후에게도 닥쳐왔고, 결국 체포되어 생사를 넘나드는 곤경을 치르게 되었던 과정이 조명되었다. 주소련 중국대사의 도움으로 석방되어 4년 동안 중화민국에 봉사한 후, 해방을 맞아 귀국하였으나, 1950년 북한군의 6 · 25 남침으로 서울이 점령당하자마자 납북된 경위가 이 장에 서술되어 있다. 또한 1999년 카자흐스탄이 소련으로부터 독립한 지 8년 만에 김건후가 1938년에 유죄 판결을 받았던 판결이 기각되었고, 혐의 없음이 선언되어 복권되었다는 것도 밝히고 있다.

제3장에 실린 김건후의 친필수기는 이 책의 핵심이다. 그는 미국을 떠난 지 18년 만인 1948년에 다시 방문하여 8개월 동안 체류하면서, 그의 강제수용소 체험을 직접 영문

으로 기록하였다. 1937년 11월부터 1942년 5월까지 그가 겪은 재판 과정과 수형 생활, 비인간적 처우, 시베리아 굴락(Gulag)에서 일상이 되어버린 굶주림과 추위 등 많은 인권 유린의 사례들이 자세하게 서술되어 있다. 수용소 생활에서 벗어난 지 6년이 지난 시점임에도 불구하고 현장에서 기록한 것처럼 수형 생활을 생생하게 묘사하고 있으며, 특히 감방, 수용소, 혹은 보르쿠타(Vorkuta) 탄광의 갱도 등의 구조와 크기 등을 정확하게 척도로 표시한 것은 과학도의 본능적 감각을 짐작하게 한다. 그는 광산 엔지니어로, 유형수로 모두 12년 동안 경험했던 소련 체제에 대한 예리한 분석도 빼놓지 않았다.

이 수기는 오랜 세월 친분을 유지해온 피치 부부(Dr. and Mrs. George A. Fitch)에게 전해졌고, 피치 부부의 사후, 그들의 후손들이 하버드대학교 엔칭(Yenching)도서관에 기증하였다. 원본은 제목 없이 여섯 장으로 나뉘어져 있는데, 편집 과정에서 제목을 달아 그의 이감 경로에 따라 총 여덟 개의 장으로 나누었다.

제4장은 미군정청 하지(John Reed Hodge) 장군의 정치자문관으로 1945년 12월부터 1948년 초까지 서울에서 근무한 레너드 버치(Leonard M. Bertsch)가 쓴 허버트 김에 관한 이야기이다. 그는 이 글에서 허버트 김과 만나게 된 과정, 그에게서 들은 그의 과거 소련 강제수용소 체험, 미군정청 내부의 관료주의로 인하여 허버트 김의 이야기를 발표할 수 없었던 사연, 군정청에서 있었던 허버트 김의 업무부서 배정을 둘러싼 내부 갈등을 언급하였다. 그리고 허버트 김의 신념과 정신적 배경, 그의 인간적 면모 등에 관해서 상세히 서술하였다. 그는 6·25 남침으로 서울이 함락되면서 허버트가 사망한 것으로 알고 있었다. 이 글 역시 버치의 사후 그의 후손이 하버드대학 엔칭도서관에 기증하여, 그곳에 소장되어 있다.

제5장은 허버트 김의 아내 폴린(Pauline Liebman-Kim)이 남편을 구명하기 위하여 1938년 미국 대통령의 부인 루스벨트 여사에게 보낸 탄원서이다. 그녀는 여기에서 남편의 결

백을 밝히고, 그의 석방을 위해 미국 정부가 어떤 조치라도 취해줄 것을 간청하였다. 이 탄원서에도 불구하고 미국 정부로부터 어떠한 도움도 받지 못하였다. 이 탄원서는 미국 국립문서고(NARA II)에 보관되어 있다.

또 하나의 편지가 이 장에 들어 있는데, 이는 허버트 김이 복역 중, 폴린으로부터 받은 유일한 소식으로 주소련 중국대사관의 중재로 시베리아 보르쿠타 수용소에서 받은 것이다. 이 편지는 허버트 김이 몰래 품속에 간직하고 있다가 들켜서 압수당하였다.

마지막 장인 에필로그에는 허버트 김의 딸이 2016년 봄에 시작한, 아버지의 행적을 찾아 진행한 여정이 상세히 묘사되어 있다. 허버트 김과 정정식 교수의 결혼 이야기와, 납치의 장면이 담겨 있고, 한국에서 그리고, 미국, 카자흐스탄과 러시아 답사에서 자료를 수집하면서 수많은 분들의 도움과 조언을 받은 사례들을 소개하고 있다.

허버트 김 친필수기 출판 프로젝트에 많은 도움을 주었던 분들을 모두 다 언급하기는 어렵지만 다음의 분들은 그냥 지나칠 수 없겠다. 먼저 L.A.에 거주하시면서 깊은 관심으로 자료수집을 적극 도와주신 제임스 황(James Hwang) 어르신께 진심을 다하여 감사드린다. 또한 허버트 김의 사례를 세계적 정치 상황의 변화와 소련 내부 상황을 연관시켜 이해할 수 있도록 지도해주신 미국 인디애나대학교 블루밍턴의 구로미야 교수님께 진심으로 감사의 말씀을 드린다. 카자흐스탄 국립 유라시아대학교의 아르튁바예프 교수(Prof. Artykbayev)는 카자흐스탄 국립 문서고에 보관되어 있는 허버트 김 파일을 찾도록 적극 협조하여 주었고, 허버트 김이 근무했던 졸림베트(Zholymbet) 광산 답사도 가능하도록 도와주었다. 이분들의 도움과 협조는 결코 잊혀지지 않을 것이다.

국사편찬위원회의 편사 연구관 김득중 박사, 이동헌 편사 연구사, 서울 과학기술대학교의 김남섭 교수, 서울대학교 규장각의 윤대원 교수, 중국 남경대학교의 윤은자 교수

(현재 : 고려대학교 한국사연구소 연구교수), 미국 미주리대학교 아시아연구소의 김상순 원장과 유승권 박사, 미국 세인트노베르트대학의 패터슨 교수(Prof. Patterson)는 허버트 김 관련 자료 수집에 넓은 시야를 제공해주었다. 미국 국립문서고(NARA II)의 윤미숙 선생님, 옌칭 도서관의 강미경 선생님, 모스크바 재외한국인협회의 드미트리 신(Mr. Dmitry Shin), 모스크바 메모리얼의 사라토브스키(Mr. Saratovsky)의 도움도 큰 힘이 되었다. 러시아어 통역과 번역을 맡아주시고 늘 조언을 아끼지 않으시는 문광부 학예연구관, 이건욱 박사께도 깊이 감사드린다.

허버트 김 프로젝트에 협조해주신 기관으로는 중국의 남경대학교, 콜로라도 골든(Golden)의 콜로라도 광산대학교(CSM), 뉴욕시의 콜럼비아대학교, 미국 국립문서고(NARA I, II), 카자흐스탄 국립문서고, 주한 카자흐스탄 대사관, 모스크바의 메모리얼 등이 있다.

흔쾌히 출판을 맡아주신 푸른사상사의 한봉숙 대표님과, 번거로움 마다 않고 정성을 다해주신 김수란 편집장과 모든 편집진에게도 진심으로 감사의 마음을 이 자리를 빌려 전하고자 한다. 이와 같이 수많은 분들의 따뜻한 지원과 격려가 없었다면, 이 프로젝트는 성사되지 못하고 여전히 짙은 안개 속을 헤매고 있을 것이다.

2021년 가을
김재원, 이숭희

잊혀진 이름, 잊혀진 역사

서문

히로아키 구로미야

어느 모로 보나 허버트 김(김건후, 金鍵厚, 칭치엔허, 진지안후, 1904/5~?)은 독특한 생을 살았다. 그는 미국에서 대공황 시기에 광산학을 전공한 젊은 이상주의적 한국 유학생이었고, 스탈린 정치테러 시기에는 소련의 광산기술자였으며, 5년의 소련 강제수용소(Gulag) 생활 이후, 한국으로 돌아와서는 북한군에 납치되어 한국전쟁의 혼돈 속으로 사라졌다. 허버트 김의 삶의 여정은 당시의 정치적 긴장과 소용돌이에 휘말려 있다. 여기 실린 몇 편의 에세이는 그의 생애 가운데, 최소한의 일부분을 보여준다. 그의 전(全) 생애는 아직 밝혀지지 않았다. 북한에 있을 그의 기록은 접근이 불가능하며, KGB(옛 소련 비밀경찰) 문서고에 보관된 그의 기록물은 현재, 구(舊)소련의 구성 공화국이었던 카자흐스탄에 있으나, 그 기록이 전부 공개되는 것은 2023년으로 예상되고 있다. 그 이후에 허버트 김에 관한 또 다른 출판물이 나올 예정이다. 여러 자료에 따르면, 허버트 김에 관한 문서는 러시아 연방공화국 국가정보원(FSB, KGB 계승기관)의 문서고에도 분명히 보관되어 있다. 그러나 FSB는 허버트의 딸인 김재원 교수가 2018년에 자료를 요청하자, 그들은 허버트 김에 관한 어떠한 문서도 가지고 있지 않다고 답하였다. 소련에서의 허버트 김의 삶에 대한 탐구는 그 자체로 하나의 고통스러운 역사이다. 그의 소설 같은 이야기는 김재원 교수의 에필로그, Ⅵ. 안개 속 여정에서 자세히 서술된다.

1. 한국, 중국, 미국 그리고 러시아에서의 삶

1904년(혹은 1905년) 평양 남쪽, 강서에서 태어난 허버트 김은 그의 가족을 따라 1916년에 중국으로 망명했는데, 이는 그의 부친 김홍서(1886~1959)가 감리교 지도자였으며, 교육자였고, 평양의 주요 신문사의 편집인으로서 일제의 한국 점령에 반대했기 때문이었다. 그의 부친은 1919년 상해에 세워진 망명정부인 대한민국 임시정부에서 중요한 역할을 하였다. 중국 시민권을 얻은 허버트 김은 상해의 YMCA에서 활동했고, 결국 미국 유학을 결정했으며, 그의 부친도 이 결정을 지원했다.(허버트 김의 생애에 관한 좀 더 자세한 내용은 II. 김건후의 생애 참조)

1923년 허버트 김은 미국으로 들어와서 사우스다코타에 있는 휴론대학에서 수학했다. 그가 중국, 일본 등지에서 활약한 사회주의적 기독교 선교사인 조지 셔우드 에디(George Sherwood Eddy, 1871~1963)에게 보낸 서신에 따르면, 그는 "젊은 한국인으로서 나는 무엇보다도 실용적인 분야에 진출해야 한다고 느꼈고 (…) 그래서 광산학의 미래 실용성에 주목했다"고 하였다.[1] 휴론대학에서 수학한 이후 1924년에 그는 콜로라도의 광산대학(CSM)으로 옮겨갔고, 여름방학마다 사우스다코타 리드에 있는 홈스테이크 금광산에서 아르바이트를 했다. 1928년 CSM에서 광산학 학위를 받은 후, 뉴욕의 컬럼비아대학 대학원에 진학하여 2년 동안 수학하였고, 광산학 석사학위를 받았다. 1930년 그는 미국인, 폴린 립만(Pauline Liebman)과 결혼하였다.

그가 졸업한 시기는 미국 역사상 가장 어두웠던 시기에 속하는 1929년 대공황과 겹친다. 스탈린이 역사상 최초의 사회주의 국가를 만들려 한 소련에서 기회를 발견한 허버트 김은 암토르그(Amtorg, 아메리칸스카야 토르골빌라(Americaia torgolvila), 글자 그대로 '미국 무역'을 뜻하며, 1933년 미소 외교관계가 맺어지기 이전에, 사실상 소련의 외교대표부 역할을 했던 무역기구였다.)를 통하여 소련 광산회사에서 일자리를 찾았다. 그와 그의 아내는 1930년 소련으로 건너갔다. 처음에 그는 크라스노야르스크 지역의 미누진스크에서 일했다. 동시베리아 지역의 이 조그만 마을은 모스크바에서 철길로 4000킬로미터 떨어져 있으며, 모스크바보다

---

[1] "The Story of Herbert Kim"(1949년 5월 18일—에디에게 서술) in George Sherwood Eddy, Yale Univesity, RG 32, p.1.

는 몽고의 울란바토르가 훨씬 더 가까운 곳이다.

그는 이내 그곳 광산의 소련 기술자들과 같이 일하는 것이 힘들다는 것을 발견하고 전근을 요청했다. 1931년 그와 폴린은 카자흐스탄으로 옮겨가서 여러 금광에서 일하였다. 거기에서 그는 러시아 동료들로부터 훨씬 나은 대우를 받았다. 그는 신임을 얻어 사회적 활동도 활발히 하였다. 1934년 1월에 그의 아들, 득원(Deuk Won, Robert)이 태어났다. 그의 마지막 근무지는 졸림베트(Zholymbet)라는 곳이었는데, 거기서 그는 1936년에서 1937년까지 기술 부소장 및 수석 엔지니어로 봉사했다.

2. 신념의 변화

소련에서 일어난 허버트 김의 정치적 견해의 변화는 그의 그 이후 삶을 이해하는데 매우 중요한 요인이다. 그의 아버지처럼 그도 정치적으로 깨어 있었다. 레너드 버치(Leonard M. Bertsch)가 얘기했듯이(IV. 레너드 버치의 허버트 김 이야기 참조) 당시 한국인들은 반일(反日)적이었고, 따라서 "본능적으로 친러(親露)적"이었다(더구나 버치는 "1945년 이전 모든 한국인들은 친러적"이라고 주장했다). 그는 정치적으로 사회주의에 경도되어 있었다. 버치에 따르면, 그는 "이론적 사회주의자"였다. "소련은 외국 기술자들에게 개방되었고, 허버트는 이 부름에 응했다." 처음 미누신스크에서 어려움을 겪은 후, 그는 카자흐스탄에서는 성공적이고 행복한 직업적 일상을 이어갔다. 그가 에디에게 말하기를, 소련 사람들은 "나를 전적으로 신뢰했으며, 당 회의를 포함하여 직업적 노동조합 회의뿐만 아니라, 모든 종류의 회합에 나를 초대했다."[2] 그는 쿨보 박사(Dr. Melville Coolbaugh)에게 그의 행복한 소련 생활을 전하였다. 1925년부터 1946년까지 콜로라도 광산대학교 총장을 지낸 쿨보와 그의 부인은 허버트에 대한 개인적 관심이 깊었으며, "그를 그들의 집에 초대하여 그들과 그들의 네 아이들과 함께 살게 하였다."[3] 소련에 들어온 이후 허버트 김은 쿨보 총장에게 정기적

---

2 Ibid., p.3.

3 이 내용은 쿨보 총장의 아들 데이브 쿨보(Dave Coolbaugh)의 기고문, "The History and Mystery of Herbert Kim", *Mines Magazine*, 90:2(Spring 2000), pp.11~13.에서 인용. 그의 이 글은 대부분 1930년대 쿨보 총장에게 보낸 허버트의 편지에 근거하고 있다.

으로 소식을 전했다. 식량이 부족하고 삶이 어려워도, 그는 소련에 대한 큰 희망을 버리지 않았다. 동시에 그는 대부분의 소련 사람들이 광산에서든, 농장에서든 사회주의에 만족하고 있다고 주장했다.

엔지니어로서 그의 근면성과 성실성은 소련 동료들로부터 존경과 칭찬을 받았는데, 이는 당시의 소련에서는 드문 일이었다(허버트가 아는 거의 모든 미국인 기술자들은 1933년에 소련을 떠났다). 쿨보 가족에 따르면, 그는 1935년에 "지방정부의 집행위원회 일원"으로 선출될 만큼 존경받았다. 그는 "내가 소련에서 받은 존경은 나를 이곳에 머물게 했고, 이곳은 폴린과 내게 밝은 전망이 기대되고, 아들이 자라고 교육받기에 가장 좋은 곳"이라고 쿨보 가족에게 전하였다. 그는 1933년에 소련 공산당에 입당하도록 초청될 정도로 광산공동체에서 존경과 신임을 받았다. 그는 1949년 에디에게, "나는 가입하지 않을 이유가 없어서 당원 지원서를 제출했다. 나중에 외국인인 나는 (소련) 공산당원이 될 수 없음이 판명되었다."라고 얘기했다. 그러나 외국인이 공산당에 가입하는 것이 가능했다. 그가 실제로 당에 가입했는지 안 했는지는 불분명하다.

허버트 김은 그의 편지가 소련 검열자들의 손을 거쳐서 해외로 보내질 것이라는 사실을 분명히 알고 있었다. 그러므로 쿨보가족에게 보낸 그의 편지 내용을 액면 그대로 받아들이기는 어렵다. 그가 소련 생활에 만족했을지라도, 소련의 현실을 무비판적으로 받아들이기에는 그곳의 현실을 그는 너무나 잘 알고 있었다. 그의 의심은 거의 그가 소련에 도착할 때부터 시작되었음이 틀림없다. 1930년, 그가 소련에 도착한 해는 스탈린의 농업집단화가 한창 시작되던 때이다. 이 농업집단화를 집행하기 위한 동원령은 소위 쿨락(Kulak)이라 불리는 부유한 농부들의 재산을 빼앗거나 내쫓는(혹은 투옥과 처형) 것과 같은 의미였다.(사실은 집단화에 반대하는 자는 쿨락으로 낙인찍혔다) 그들 중 몇십만은 카자흐스탄으로 내몰렸으며, 그는 이것을 직접 목격하였다. 그는 에디에게 우크라이나에서 쫓겨온 3,000여 명의 농부들이 "한 곳에 갇혀 살게 된 것"을 보았다고 얘기했다. 그들은 나무와 천으로 둘러싸인 곳에서 카자흐스탄의 혹독한 겨울을 지내며 파리목숨처럼 죽어갔다. 그는 그들 중 대략 50퍼센트는 추위와 배고픔으로 죽었을 것으로 보았다.[4]

그는 이러한 일들을 마음속에서 지워버리고 자기 일에 열중하려고 노력한 것 같다.

---

4 Eddy, p.3.

1930년대 중반에 그의 동료들에게 일어난 스탈린의 정치테러에도 그는 소련에 대한 그의 생각을 근본적으로 바꾸지 않았다. 그는 체포된 자들은 정권에 대한 음모를 꾸미며, 당연히 체포되었다는 공식적인 선전을 믿었다.[5] 소련 공산주의에 대한 그의 정치적 견해를 바꾸게 한 결정적 계기는 소련 거주 한인에 대한 스탈린의 테러였다. 한국 애국자의 아들인 그는 특히 무고한 한인들에 대한 테러를 받아들이기 어려웠다. 스탈린은 폴란드인, 독일인 그리고 라트비아인 등 소련의 여타 '디아스포라'와 마찬가지로 한인들을 의심의 눈으로 바라보았다. 스탈린은 한인들을 잠재적 배신자나 일본을 위한 스파이로 여겼다. 한인들에 대한 테러는 1930년대 초부터 시작되었으나, 1937년 7월 7일 노구교(蘆溝橋) 사건(Marco Polo Bridge Incident)이 결정적 계기였고, 이 사건은 곧 중일전쟁의 도화선이 되었다. 한인들은 1937년 8월 특별결의에 따라 내몰려서 거의 전부(17만 명 이상) 소련의 극동으로부터 카자흐스탄과 중앙아시아로 이주당했다. 수많은 한인들이 한국이나 일본으로부터 멀리 떨어진 우크라이나를 포함한 전(全) 소련 지역에서 처형되었다. 허버트는 에디에게 그가 목격한 바를 얘기했다. "중앙아시아와 카자흐스탄으로 강제 이주된 한인들에게는 거처가 마련되지 않았고, 먹을 것도 충분하지 않아서 처음에 수많은 아이들이 죽었다. 혹독한 자연에 노출되어 기아에 허덕이다가 전체 한인의 30~40퍼센트가 넘게 죽어갔다(1936년의 사건 – 정확히는 1937년). 더구나 내 상사들은 모스크바의 감옥으로 갔고, 기사와 기술자들인 나의 부하들도 사라져갔다."[6]

그는 이 나라를 떠나기로 결심하였다. 그와 가족의 출국비자를 신청하는 과정에서, 그는 1937년 10월 29일(소련의 공식 기록에는 11월 1일)에 페트로파블(Petropavl, 러시아어로는 페트로파블롭스크Petropavlovsk)에서 체포되었다. 그는 다른 조작된 죄명과 더불어 일본 스파이로 고소당했고, 1938년 11월 10일 사형선고를 받았다.[7] 그의 상세한 기억은 이 책(III. 시베리아의 유형수, 게르베르트 김의 악몽 참조)에 재현되어 있으며, 스탈린 테러와 소련 강제수용소에 관한 가장 감동적이고 강력한, 그리고 방대한 개인적 기록의 하나로 꼽는다.

---

5 Ibid., p.5.
6 Ibid., pp.5, 7.
7 허버트 김의 회상록에 따르면 12월 10일 – 역자 주

3. 죽음, 생존 그리고 귀환

허버트 김이 결국 처형되지 않았기 때문에 우리는 그의 체험수기를 읽을 수 있다. 그에 대한 사형판결은 집행되지 않았고, 판결이 내려진 지 단 4일[8] 만에 25년형으로 감형되었다. 그 자신과 같은 감방의 동료 사형수들에 대한 그의 묘사는 생생하고 감동적이다. 그와 같이 있던 다른 사형수들에 대한 사형집행이 곧바로 이뤄지지 않은 것은 아주 이례적이다. 허버트 김의 생존에는 몇 가지 이유가 있다.

첫째, 그의 외국 시민권이 도움을 주었다. 외국 시민권자가 항상 처형을 모면한 것은 아니다. 그 당시에 많은 외국인이 소련에서 처형되었다. 그러나 항상 그런 것은 아니었지만, 종종 소련 당국은 소련 시민보다 외국인을 다루는 데 더 신중했다. 허버트 김의 중국 시민권도 마찬가지로 그에게 도움이 되었다. 당시 한국은 독립국가가 아니었기 때문에 한국 국적은 존재하지 않았다. 한국은 중국과 달리 일본에 대항세력이 되지 못했다. 때문에 스탈린이 이주 독일인보다 폴란드인을 더 가혹하게 취급했던 것처럼, 중국인보다 한국인에게 더 심하게 폭력을 행사했다. 스탈린의 논리는 일본에 대항하는 중국의 저항은 일본을 중국에 묶어두기에 매우 요긴하며, 이로써 소련에 대한 일본의 공격을 회피해보겠다는 것이었다. 그래서 스탈린은 일본과 싸우는 중국을 여러 방면에서 도왔다. 반면에 한국은 일본에 대한 방패가 되지 못하였다. 일본이, 대부분 성공적이지는 못했지만, 한국인을 소련 스파이나 비밀요원으로 이용한 것처럼, 스탈린도 일본에 맞서 한국의 빨치산이나 스파이들을 이용했던 것은 사실이다. 여기에서 독일과 폴란드에 대한 사례 비교는 도움이 될 것이다. 스탈린은 훨씬 작은 나라인 폴란드를 파괴함으로써 나치독일과 거래하게 되는 것에 관심이 컸다. 그래서 그는 폴란드인들에게 막무가내로 테러를 가했으며, 반면에 이주 독일인들은 좀 더 조심스럽게 다뤘다. 이런 경우처럼 스탈린에게 중국인들은 한국인들보다 중하게 다루어졌다.

둘째, 허버트 김이 외국인이기 때문에 판결이 늦어진 것이 일정 부분 그에게 도움을

---

8   허버트 김의 회상록에 따르면 9일–역자 주

주었다. 그의 경우는 판결이 나올 때까지 1년 이상이 걸렸다. 이런 경우에는 대개 몇 주 내지 길어야 몇 달 안에 체포되고 판결이 나며 처형되는 것이 일반적이다. 1938년 가을로 접어들어 대테러는 마무리 단계에 들어섰고, 많은 형 집행을 서둘렀다. 허버트의 경우는 집행이 연기되면서 결국 사형선고에서 감형되었다.

셋째, 그의 전문성이 또한 그를 도왔다. 스탈린은 대체 불가한 전문가들을 체포하여 가두어두고 일을 시켰다. 로만 김(Roman H. Kim, 1899~1967)은 바로 그 표본이다. 그는 소련 이주 한국인으로 일본에서 공부했고, 일본어를 매우 잘했다. 그는 또한 소련의 비밀경찰 요원으로 소련 정부를 위한 중임을 맡았었다. 그럼에도 불구하고, 그는 1937년에 일본 스파이로 체포되었다. 그의 전문성은 가치가 높아서 그는 감옥에서 소련인들이 해독하지 못하는 일본 기록물들을 번역하는 데 이용되었다. 1945년 그는 풀려났고, 1959년 그가 고소당했던 죄를 사면받았다.[9] 로만 김처럼 허버트 김도 일본 스파이로 기소당했다. 그는 소련의 강제수용소에서 지옥 같은 생활을 했으며, 한 곳의 수용소에서 다른 수용소로 몇만 킬로미터의 거리를 끌려다녔다. 그는 회상록에서, "인간이 보르쿠타(Vorkuta)에서처럼 자연과 인간이 만들어낸 혹독한 조건 속에서 견디어야 하는 곳이 이 지구상에 어디 또 있을 수 있을가?"라고 썼다.[10] 그러나 허버트의 전문성은 그에게 비교적 대우받는 수감생활을 허용했으며, 이는 그의 생존에 도움을 주었다. 소련 정부는 로만 김, 허버트 김, 외에도 수많은 사람들을 무보수로 혹은 값싸게, 실제로 노예처럼 이용했다.

넷째, 허버트 김의 경우, 중국 정부의 개입이 있었는데, 아마도 이것이 그를 소련 강제수용소에서 구해낸 가장 결정적 요인이었을 것이다. 허버트는 주변 사람들로부터 존경받고 사랑받던 사람이었다. 그의 체포 소식이 미국에 전해지자, 그의 친구들과 동료들이 스탈린과 소련 정부에 그를 석방해주도록 탄원서를 보냈다. 그러나 어쨌든 이 진정서들은 허버트의 운명에 어떠한 역할도 하지 못했다. 그의 아내 폴린의 탄원서(V. 폴린

---

9 Alexandr Kulanov, *Roman Kim*, Moscow: Molodaia gvardiia, 2016 참조.

10 보르쿠타는 허버트 김이 일했던 많은 강제수용소 중의 하나이다. 이곳은 북극권 북쪽 러시아의 코미 공화국의 외딴 석탄광산이다.

의 기록 참조)도 마찬가지였다. 결국 스탈린은 소련에서 사라진 미국 시민들의 운명에 대한 어떠한 확인 요청에도 전혀 주의를 기울이지 않았다. 사실 프랭클린 루스벨트(Franklin D. Roosevelt, 1881~1945)는 극동아시아에서 일본에 대한 대항세력으로 소련을 이용하려 했기 때문에 스탈린과 영합했다. 당시 주소련 미국대사 조지프 데이비스(Joseph E. Davis, 1876~1958)는 스탈린의 명백하게 터무니없는 법정 쇼를 기꺼이 정당한 것으로 받아들였다.[11] 중국은 달랐다. 스탈린은 일본을 중국에 묶어둘 필요가 있었다. 그래서 스탈린은 중국에 물질적으로나 인적으로 관대한 원조를 제공했다. 중국이 비록 소련에 의존하고 있었지만, 소련은 중국의 요청이나 요구에 민감했다. 운 좋게도 그의 아버지 김홍서가 중국 정치인 샤오리즈(邵力子, 1882~1967)와 친분이 있었고, 그는 1940년부터 1942년까지의 주소련 중국대사로서 허버트의 석방작전을 개시하였다. 허버트의 수기가 보여주듯이, 중국대사는 작전에 성공했고, 허버트 김은 중국으로 돌아오도록 허락받았다. 그는 일본이 패망한 1945년까지 중국에서 광산 엔지니어로 일하였다. 샤오의 도움이 없었다면, 허버트는 다른 수많은 외국인들처럼 망각의 세계로 사라져버렸을 것이다.

4. 실종

세계 2차대전이 끝난 후에도 허버트 김의 삶은 나아지지 않았다. 1946년 그는 한국으로 돌아왔다. 영어와 러시아어에 능통했던 그는 한국에서 열린 미소공동위원회에서 통역자와 분석가로, 또한 광산 엔지니어로 일하였다. 그는 또한 돌봐야 할 가족이 있었다. 그의 아내 폴린과 아들 로버트는 그가 체포된 후, 1년 동안의 시련 끝에 1938년 미국으로 돌아왔다. 비록 그의 결혼이 장기간의 이별을 견뎌내지는 못했지만, 그는 미국에, 그의 아들 곁에 남아 있는 것을 선택할 수도 있었다. 그러나 그는 고국에 헌신하기 위해 한국으로 돌아왔다. 그가 에디에게 보낸 편지(1949년 10월 20일 자)에서 그는 "나는 한국 정부를 돕기 위해 나 자신을 완전히 포기할 기회를 원한다."고 썼다.[12] 폴린과 이혼 이후, 그는 정

---

11 루스벨트와 데이비스에 관하여는, Tim Tzouliadis, *The forsaken: An American Tragedy in Stalin's Russia*, New York: Penguin, 2008 참조.

12 The George A. Fitch Papers, Harvard University Yenching Library, 000603667/s/do5(B)ox8/s/do5(F)W/

정식 교수와 재혼하였다.

　그의 회상록이 생생하게 보여주는 것과 같이, 그의 소련에서의 지극히 비인간적이고 잔인한 경험은 그가 소련 공산주의에 대해 가지고 있던 환상을 깨뜨려버렸다. 2차 세계 대전 이후 한국은 그와 그의 부친이 얻으려고 투쟁해왔던 독립을 성취하였다. 그러나 그는 새로운 한국의 정치적 환경에 적응하기 어려웠다. 한국은 극심한 정치적 투쟁의 장(場)이 되어버렸다. 특히 공산주의와 반(反)공산주의의 갈등이 심했다. 소련의 강제수용소에서 그가 겪은 공포에도 불구하고, 그는 이 새로운 독립국가인 한국에서 공산주의에 동조적이라는 의심을 받았다. 이는 단지 그가 10년 이상 소련에서 살았다는 이유에서였다. 그 중 5년은 감금되어 있었는데도 말이다. 이런 비난은 터무니없는 것이었으나, 그에 대한 불신을 공고히 하기 위해 정치적으로 악용되었다.

　1950년 6월 김일성은 소련과 공산주의 중국의 원조를 받아, 1948년에 서울을 수도로 수립한 대한민국 정부를 상대로 내전을 일으켰다. 불과 며칠 만에 북한은 서울을 점령하였다. 허버트 김, 그의 부친 그리고 그의 이복동생(김건영)이 북한군에게 납치되었다. 그의 부친, 김홍서는 3일 후에 풀려났으나, 허버트와 건영은 흔적도 없이 사라졌다. 그들의 운명은 오늘날까지 알려진 바 없다.

　허버트 김의 회상록은 그가 공산주의자들에 의한 납치의 대상이었다는 것을 시사하고 있다. 그가 소련에서 석방될 때, 소련 비밀경찰은 "한국은 자유국가가 될 것입니다. 우리들은 당신 같은 사람(사람들)이 한국인의 자유를 위해 나서서 투쟁하기를 바랍니다."라고 하였다. 그런 이야기는 그에게 필요없는 것이었다. 그것이 바로 그의 생각이었기 때문이다. 그러나 그가 석방되기 전 소련 비밀경찰과 나눈 또 다른 대화에서 그 비밀경찰은 그에게, "멀지 않은 미래의 어느 날 나는 당신을 서울에서 보기를 기대합니다. 그때 당신이 산업부 장관이나, 그 비슷한 지위에서 나를 만나기를 기대합니다. 일본이 오래 못 갈 것이라는 것은 확실합니다… 우리들은 한국이 해방되어서 한국 국민에게 되돌려지기를 원합니다."라고 얘기했다. 허버트는 중국이나 한국에서 그 사람이나 어떤 다른 소련 비밀경찰을 만날까 봐 불안해했다. 모스크바는 허버트를 석방함으로써 훗날 그가 한국에서 소련을 위해 일하기를 원했다. 이런 예상이 허버트를 불안하게 했다. 그의 걱정이 1950

---

s/do5(O)048.

년에 현실로 나타난 것으로 보인다.

모스크바는 소련의 현실에 대해서 지나치게 많이 아는 외국인들이 그들의 고향으로 돌아가도록 허용하는 것을 항상 꺼렸다. 그러나 때때로 허버트 김의 경우처럼, 정치적 요구에 따라 다뤄지기도 했다. 이런 경우에 모스크바는 외국인들이 귀향 후에 모스크바에 협조를 맹세하도록 강요하여, 그들을 대개 외국에 있는 비밀요원으로 이용하려고 하였다. 실제로 허버트는 1950년 납치되어 북한요원에게 심문받을 때, "내가 소련을 떠나 중국으로 향할 때, 나는 소련 정부로부터 비밀임무를 받았다. 그 후 중국에 있던 5년 동안, 러시아 정부와 연락하고 있었다. 그러나 중국을 떠나 한국으로 오면서, 그 연락이 단절되었다."[13]라고 말했다. 우리는 그가 중국을 떠남으로써 소련 당국과의 비밀접촉에 종속되지 않게 되자, 안도하게 되었을 것이라고 짐작할 수 있다. 불행하게도 1950년 북한이 서울을 점령하고 그를 납치했을 때, 그의 악몽은 되살아났다. 허버트는 북한과 소련을 위해 일하기를 거절했었을 것이 거의 확실하다. 아마도 그는 그에 상응하는 취급을 받았을 것이다(감옥에 들어갔거나, 죽었거나 혹은 죽임을 당했을 것이다). 소련에서 허버트 김이 어떤 경험을 했는지는 그의 회상록에 잘 나와 있다(III. 시베리아의 유형수, 게르베르트 김의 악몽 참조). 거기에서 그는 "소련은 생각해보지도 않은 범죄를 저지른 것으로 단죄되어, 고통받는 수천만의 무고한 사람들이 사는 지구상의 지옥이다."라고 썼다. 우리는 그가 자신을 구하기 위하여 북한에 굴복했을지 모른다고 생각할 수 있다. 그러나 어떤 경우에라도 북한은 그를 허버트 김으로 알지 못하는 공산주의 중국이나, 설혹 타이완으로라도 결코 보내주지 않았을 것이다. 결과가 어떻든 간에, 모스크바는 1950년 이후의 그의 운명에 대한 기록을 확실히 가지고 있다. 러시아의 비밀경찰이 허버트 김에 대한 기록을 문의한 그의 딸의 요청을 거부한 것을 보더라도 여전히 허버트 김의 케이스는 국가기밀로 남아 있는 것이 분명하다.

허버트 김은 기구한 생을 살았다. 그의 삶은 네 개의 나라에 걸쳐 있고, 스탈린의 소련에서 경험한 기막힌 일들로 점철되어 있다. 그는 희망을 가지고 소련으로 건너갔으나,

---

13 National Archives and Record Administration (NARA), US Invasion document, Interrogation record, DOC. NO 200569.

철저히 실망한 채로 소련의 지옥으로부터 돌아왔다. 한국인들 사이의 정치적 갈등으로 새로이 독립된 한국에 기여하고자 했던 그의 꿈은 결코 실현되지 못하였다. 결국 그는 두 번이나 공산 테러의 희생자가 된 것으로 드러난다. 거의 확실히 북한과 러시아에는 그의 최후에 관한 기록이 남아 있을 것이다. 그의 두 번째 부인, 정정식 교수는 2015년, 남편의 운명을 알지 못한 채 작고하였다. 우리는 언젠가 비밀기록들이 공개되기를 희망한다. 그 래야 비로소 허버트 김의 가족과 이 시기의 혼란스러운 한국사에 확실한 매듭이 지어질 것이다.

번역:이숭희

김건후의 생애

이숭희

1. 김건후의 성장 과정과 아버지의 영향

김건후는 평양에서 30킬로미터 남서쪽에 위치한 강서군에서 태어났다. 아버지 김홍서(金弘敍, 1886~1959)와 어머니 김도경(金道卿, 1882?~1921)의 장남으로 한국 호적과 미국 사우스다코타주의 1925년 인구조사서에는 1905년생으로 기록되어 있다. 그러나 다른 문서에는 그의 생년이 1904년으로 기록되어 있기도 하다. 김건후는 일찍부터 마을 서당에 다니며, 한문과 중국 고전을 배웠다. 그리고 평양의 예수교 학교, 광성소학교에 입학하여 신교육을 받았고, 12세 되던 1916년에 이 학교를 졸업하였다.

그의 아버지 김홍서는 일찍부터 신학문을 접하고 평양에 있는 한국의 초기 감리교 선교사들로부터 많은 영향을 받았다. 그는 교육자로서의 활동도 활발하여 감리교 계통인 사광학교의 교감을 역임하였으며, 평양에서 발행되는 『대한매일신보』에서 저널리스트로도 활동하였다. 그는 또한 신민회에 참여하여 전국 연락책으로 활동하였다. 그는 같은 강서 출신이며, 개명한 지식인인 안창호(1878~1938)와 함께 초기부터 한국 내외의 독립운동에 적극 참여하였다. 1905년에 일본은 러시아 제국을 퇴패시킴으로써 한국에서 배타적 권한을 행사하는 패권국으로 등장하게 되었다. 김홍서는 한국의 외교주권을 박탈한 을사늑약이 체결되는 것을 보자, 한국의 참담한 미래를 인지하였다. 그는 희망 없는 한국의 미래에 대하여 고민하였다. 그는 신민회의 일원으로 활동하다가 일본이 조작한 105인 사건(1911)에 연루되어, 1915년 일본 경찰에 체포되었고, 4개월간 감옥살이를 했다. 1916년 그는 석방되자마자 중국으로 망명하여, 중국에서 한국 독립운동에 참여하였다.

김건후도 모친, 동생(김건석)과 함께 부친을 따라 중국으로 옮겨갔고, 1918년에 중국 남경에 있는 금릉대학 부속중학교에 입학하였다.

2. 칭치엔허의 중국 생활

김씨 가족의 어려운 중국 망명생활 중에 김건후의 모친은 1921년에 별세하였고, 1년 도 못 되어 김건후는 계모 김정숙을 맞게 되었다.

김건후는 1921년 금릉대학(현재의 남경대학교)에 입학하였다. 금릉대학은 미국 뉴욕지 역의 5개 개신교 종파가 연합하여 세운 교육기관으로 교원들은 대부분 미국인이었고, 영 어로 교육하였다. 그는 금릉대학 재학 시절 조지 필드 피치(George Field Fitch, 1845~1923)가 운영하던 장로교 출판사(Presbyterian Mission Press)에서 사장 비서로 일하였다. 이런 인연으 로 그의 아들 조지 애시모어 피치(Dr. George Ashmore Fitch, 1883~1979) 박사와의 교분은 그 이후 상해 YMCA 활동으로 이어졌다. 한국의 독립운동가였던 여운형도 한때 일한 적이 있는 이 장로교 출판사는 그 당시 약 1,500명 정도의 중국과 한국의 많은 젊은이들을 미 국으로 유학 보냈다.

그가 살고, 공부하고, 일하며 접한 환경은 그에게 미국으로 가는 유학의 꿈을 일깨워 주었다. 게다가 계모와의 관계도 원만하지 못하여 중국을 떠나고 싶어 했다. 어려운 형편 속에서도 그의 아버지는 그를 지원하여 샌프란시스코행 여객선 프레지던트 클리블랜드 (President Cleveland)호에 오를 수 있게 하였다. 그 당시 미래가 어둡기만 했던 중국 거주 망 명객의 자손들에게 미국 유학은 선망의 대상이었으나, 실제로 미국으로 갈 수 있었던 젊 은이들은 많지 않았다.

3. 허버트 김의 미국 생활

미국 한인신문 『신민일보』(1923년 11월 15일자)와 캘리포니아 문서고(NARA California) 자료에 따르면, Chien-Hoe Ching(金鍵厚의 중국식 발음)이라는 이름으로 표기된 김건후는 중국 여권으로 1923년 11월 14일 샌프란시스코에 도착하였다. 미국에 도착한 직후부터 그는 김건후도, Chien-Hoe Ching도 아닌, 허버트 김(Herbert Kim)을 사용하였다.

김건후는 샌프란시스코에서 그의 부친의 친구이며, 샌프란시스코 한인사회에서 활발하게 활동하던 안창호의 도움을 받았고, 그가 1913년에 창설한 흥사단 활동에 오랜 기간 참여하였다. 김건후는 그곳에 몇 주 머물다가 곧 매큔 박사(Dr. George S. McCune, 1878~1941)[1]가 학장으로 있던 사우스다코타주의 휴론대학으로 향하였다.

김건후는 1924년 봄학기까지 휴론대학에 재학하였고, 같은 해 가을학기에는 당시 광산학 명문이었던 콜로라도 골든(Golden)에 있는 콜로라도 광산대학교(Colorado School of Mines, CSM)에 입학하여 1928년 봄학기에 우수한 성적으로 졸업하였다.

그는 특유의 성실성과 근면성을 인정받아 그 대학의 쿨보(Dr. Melville Fuller Coolbaugh, 1877~1950) 총장의 배려로 총장 공관에 기숙할 수 있었다. 그는 재학 중에 실습 겸 아르바이트로 4년간(1924~1928) 여름방학을 이용하여, 사우스다코타주의 리드(Lead)에 소재하는 홈스테이크 광산(Homestake Mine)에서 광산 노동자로 일했다.

1928년 김건후의 졸업이 확정되자 쿨보 총장은 그에게 자신의 모교인 뉴욕의 컬럼비아대학교(Columbia University, NYC) 대학원 진학을 권유하였고, 그는 그의 추천으로 이 대학의 금속학과(Metallurgical Department)에 장학생으로 입학하였다.

그는 뉴욕대학교(New York University) 근처에 거주하며 뉴욕대학교의 YMCA 간사로 일하였고, 미국 및 뉴욕지역 한인학생회와 뉴욕 YMCA에서 활발하게 활동하였다.[2] 그는 그곳에서 뉴욕대학교 학생이던 폴린(Pauline Liebman)을 만나 소련으로 떠나기 직전 그녀와 결혼하였다. 폴린은 유대인이었고, 김건후는 중국 여권을 가진 한국인이었기 때문에 양가의 부모로부터 허락을 받는 데 어려움이 있었다.

---

1 윤산온이라는 한국 이름을 지녔던 매큔 박사는 미국 장로교에서 1905년에 평양으로 파견한 선교사로 평안북도 선천에서 중학교 교장으로 재직하다가 1921년 일본의 탄압으로 미국으로 돌아가 휴론대학의 학장으로 1927년까지 재직하였다.

2 그의 뉴욕 시기 활동은 『신한민보』에서 확인할 수 있는데, 그는 북미 유학생 총회, 컬럼비아대학교, 만국 청년회 동양부, 예일대학교가 연합하여 개최하는 동중서지방학생대회(East Middle Western Regional Student Conference)에 서기로 참여하였다. 또한 "한인교회의 사교회장"으로 사교회의 사회를 본 것으로 보도되어 있다.(『신한민보』, 1929.5.30, 『신한민보』 1929.10.10)

그가 컬럼비아대학 대학원을 졸업한 1930년은 세계 대공황이 벌어진 와중이어서 외국인이 미국에서 일자리를 구하는 것은 불가능에 가까웠다. 이런 시기에 소련은 신경제정책을 폐기하고 제1차 5개년 경제계획(1928~1932)의 주요 부문으로 산업화에 박차를 가하고 있었다. 이 5개년 계획은 외국인 숙련 노동자나 기술자들을 필요로 했고, 특히 서방으로부터 신속하게 새로운 기술을 도입할 필요가 있었다. 소련은 산업화 자금을 충당하기 위하여 풍부한 천연자원을 개발하여 수출해야 했고, 특별히 금 생산에 주력하고 있었다.

이런 상황에서 주미 소련 무역대표부(Amtorg, Amtorg Trading Cooperation)[3]는 고도의 기술을 습득한 실업자가 넘쳐나던 미국의 대도시에서 소련에서 일할 기술자들을 모집하였고, 김건후는 여기에 지원하여 소련으로의 취업이주를 선택하였다. 그의 선택의 배경에는 첫째, 미국에는 극심한 실업난이 있었고, 둘째, 소련은 다양한 광물의 보고로서 광산엔지니어에게는 매우 매력적인 곳이었으며, 셋째, 일본의 식민 지배로부터 한국의 독립이 아직 암울한 상황에서 당분간 해외에 머무를 수밖에 없다는 생각이었다.

4. 시련의 소련 생활

카자흐스탄 공화국 내무부 소속 국립문서고에 보관 중인 기록물에 따르면, 김건후는 1930년 8월부터 소련 이르쿠츠크(Irkutsk)에서 광산일을 시작하였고, 그 이후 미누신스크(Minusinsk), 스텝니약(Stepniak, 1931~1934), 졸림베트(Zholymbet, 1936~1937)에서 근무하였다. 마지막 근무지인 졸림베트(현 카자흐스탄)에서는 기술직 부소장이라는 중요 직책을 수행하였다. 1934년에는 첫 아이(Robert Kim, 김득원, 1934~2000)를 얻으며 7년 동안 소련 생활에서 행복과 여유를 찾았으나, 1936년부터 불어닥친 스탈린의 대숙청의 여파는 졸림베트의 광산에도 닥쳐왔다.

---

3 Amtorg Trading Cooperation(일명 Amtorg)는 1924년에 뉴욕에 설립된 미국 최초의 소련 무역대표부이다. Amtorg는 공식적으로 소련 정부를 대표하지는 않았지만, 1933년 미국과 소련 간의 외교관계가 성립되기 전에는 사실상 무역대표단과 준대사관 역할을 수행하였고, 대외무역 인민위원회의 통제하에 있었다.

김건후는 소련 공산주의의 모순과 부조리를 목도하였고, 1937년에 들어서는 그의 주위에까지 좁혀오는 숙청의 위협을 느꼈다. 결국 소련을 떠나기로 결심하였고, 1937년 10월 말 페트로파블롭스크에 있는 경찰서에 출국비자를 신청하게 되었다.

그러나 그의 출국비자는 거부되고, 그는 오히려 간첩행위를 한 반혁명주의자로 몰려 체포되었다. 1년여 동안의 감금생활 후에 열린 재판에서 처음에는 사형을 선고 받았으나 9일 후에 25년의 강제노동형으로 감형되었다. 그를 유죄로 몰고 가려는 소련 비밀경찰(NKVD)의 위협과 박해는 체포 후 1년 동안 계속되었고, 결국 그는 그들이 기술한 혐의내용을 인정할 수밖에 없었다. 이 전 과정은 그들이 무고한 사람들을 투옥시키는 데 적용해온 그들의 전형적인 수법이었다. 그의 수형생활과 강제노동은 판결을 받은 알마아타(Alma Ata, 현재의 Almati)에서 시작되어(1938.12~1939.3), 우랄 지방의 즐라토우스트(Zlatoust, 1939.3~1939.7), 백해(White Sea)의 솔로베스키(Solovetski)섬(1939.8~1939.11.), 아르한겔스크(Arkhangelsk) 지역의 쿠루폴다(Kurupolda, 1939.11~1940.4), 그 지역의 임시 수용소(Transitory Prison Camp, 1940.4~1940.7), 코미공화국(Komi Republic)의 우사(Usa)강 부근 보르쿠타(Vorkuta) 광산수용소(1940.8~1941.5), 모스크바의 NKVD 본부 루비안카(Lubyanka, 1941.8, 1942.3~5) 그리고 사마라(Samara, 1941.12, 1942.5) 등지에서 이루어졌다.[4]

김건후에 대한 새로운 조치는 1941년 5월 27일 그를 보르쿠타 광산캠프로부터 모스크바로 이송시키도록 한 명령이 떨어지면서 시작되었다. 이러한 소련 당국의 조치는 소련과 미국 사이에 새로운 협력관계가 발전되는 배경 속에서 소련 주재 중국(장제스 정부) 대사였던 샤오리즈(邵力子)에 의해서 시작되었다. 또한 이것은 당시 소련 정부와 중국 정부 간에 일본에 대한 암묵적 협력관계에서도 그 우호적인 분위기를 찾을 수 있을 것이다. 샤오 대사는 장제스의 측근으로서 피치 박사와 함께 김홍서와 오랜 친분관계를 갖고 있었다.

보르쿠타부터 모스크바까지 김건후를 이송하는 데는 3개월이 걸렸다. 그의 석방은 1941년 6월의 독소전쟁의 발발로 지체되었으나, 특히 그해 12월 7일 일본의 진주만 공격

---

4   그의 체포, 구금, 재판과정, 수형생활 등에 관한 상세한 기록은 카자흐스탄 공화국 수도 아스타나(현재 누르술탄)의 내무부 소속 국립문서고에 소장되어 있다. 400쪽에 달하는 김건후 파일 속에는 그의 재판기록, 건강보고서, 이감신고서, 수인보고서, 수감일지, 수감되기 전의 경력 등이 수록되어 있다. 이 파일의 10% 정도가 기밀해제된 상태이나 나머지는 2023년에 해제될 예정이라고 한다.

으로 급진전되었다. 모스크바 도착 이후에도 그가 석방되기까지 거의 9개월 동안 모스크바에 있는 루비안카(Lubyanka), 부틸카 감옥(Butilka Prison), 사라토프 감옥(Saratov Prison), 소련 전시 수도인 쿠이비셰프 감옥(Kuibyshev Prison) 등에 수감되어 있었다.

김건후는 드디어 1942년 5월 27일 쿠이비셰프 감옥에서 풀려나, 그곳의 중국대사관으로 가서 샤오 대사를 만났다. 그는 3일 후에 기차로 알마아타에 갔고, 거기서 비행기로 중경으로 떠났다.[5]

5. 석방, 귀국, 그리고 납북

중경에 도착한 김건후는 19년 만에 부친 및 그의 가족과 상봉하였다. 그간 그의 동생, 김건석은 병사하였고, 가족 수는 늘어나, 다섯 형제와 한 명의 누이동생을 갖게 되었다. 그는 중경에 2주 동안 머문 후에 중국 북서쪽에 위치한 감숙성으로 떠났다. 거기에서 그에게 새로운 광산의 개발업무가 주어졌는데, 이것은 이 성(省)의 전 성장이었고, 그의 구원자였던 샤오리즈 주소련 중국대사의 요청이었다. 그는 1946년 초여름 한국으로 귀국할 때까지 그곳에 머물렀다. 안타깝게도 1942년 후반기부터 1946년 초여름까지 김건후의 감숙성에서의 삶에 관해서는 밝혀진 것이 없다.

1945년 일본이 패망한 이후 김홍서와 김건후는 가족을 이끌고 1946년 초여름에 선편으로 상해로부터 인천으로 귀국하였다.

김건후는 한국전쟁이 일어나기 전까지 미군정에서 광산국장으로 그리고 한국 텅스텐 회사인 대한중석광업회사에서 기술부장으로 재직하였다. 군정 시기에는 아널드(Archibad V. Arnold) 군정장관의 비서로 고용되었고, 또한 미소공동위원회(US-Soviet Joint Commission)의 회의에서 통역도 담당하였다. 한국의 수출 역사에서 처음으로, 대한중석의 기술부장

---

5 김건후(Herbert Kim)는 석방될 때, 중국 여권(No.1635560), 석방증명서(Freedom Document), 638루블을 받고 서명하였다. 그의 석방 사유에 대해서 소련 최고법원은 그의 부친 김홍서가 한국의 독립을 위한 항일투쟁을 하고 있다는 점, 주소련 중국대사의 적극적인 석방 요청, 구금 사유가 더 이상 존재하지 않는다는 점을 명시하고 있다. 소련연방최고법원(Highest Court of the USSR) 판결문, 사건번호 340/C (1942.4.23.).

으로서 김건후는 1947년 2월 380톤의 고품질 텅스텐을 수출하는 데 크게 기여하였다.[6] 그는 1948년 10월 대한중석을 위해 장비 구입을 협의하고, 개인적인 가족 문제를 해결하기 위하여 미국을 방문하였다. 18년 만의 미국 방문은 여러 가지 감회를 안겨주었다. 무엇보다도, 그의 아내 폴린과 아들 로버트와의 상봉은 각별한 것이었다. 폴린은 그동안 간호사로 일하며 아들과 함께 독립적인 삶을 살고 있었다. 그녀는 그를 따라 한국으로 가자는 김건후의 제안에 동의하지 않았다. 결국 그들은 어쩔 수 없이 짧은 대화 끝에 이혼에 합의하고, 그는 홀로 귀국하였다.

1949년 한국으로 돌아오자마자 김건후는 소련에서 근무한 공산주의자라는 누명을 쓰고 이승만 대통령에 의해 대한중석에서 해고되었다. 이것은 대부분 당시 이 대통령의 그에 대한 오해에서 비롯된 것이었다. 상해 임정파와 이승만 대통령의 그룹 간의 권력투쟁은 김건후를 곤란하게 만들었다. 김건후의 부친은 김구가 이끄는 임정파에 속했기 때문에 그는 당연히 그들의 일부로 간주되었고, 이승만의 세력들로부터 견제와 배척을 받았다. 그러나 1949년 말 이승만 대통령은 그와의 직접면담에서 그의 복직을 확인해주었다.

폴린 립만과 이혼한 이후, 김건후는 춘원 이광수의 중매로 당시 이화여대 음악과 교수였던 정정식(1921~2015)과 재혼하였다. 춘원은 상해 임시정부 초기에 김건후의 부친과 함께 일한 적이 있으며, 또한 정정식의 부친인 건양사 창업주 정세권(1888~1965)으로부터 재정적 후원을 받은 바 있었다. 그는 이 두 가문과 오랫동안 가깝게 지내왔다. 김건후와 정정식은 1949년 11월 15일 덕수궁 근처에 있는 정동교회에서 양수삼 목사의 주례로 결혼식을 올렸다.

김건후는 1947년 10월부터 1948년 2월까지 당시 한국의 사회지도층 인사들 및 서울에 체류 중인 미국인들로 이루어진 한미토론그룹(Korean-American Discussion Group)에 적극적으로 참여하였다. 그들은 매주 혹은 2주마다 모여, 한국의 국내외 정치 상황에 대하여 의견을 교환하였다. 이 모임에는 미국 선교사, 군정 관계자, 한국 정치인과 언론인 그리고 미국 유학생 출신 한국 인사들이 참여하였다. 참석 기록표에 의하면 그들은 아펜젤러(Alice R. Appenzeller), 헐버트(Jeannette C. Hulbert), 버치(Leonard Bertsch), 고황경, 조봉암, 임영

---

6 『대한중석 70년사』, 대한중석광업주식회사, 1989, 163쪽.

신, 변영태, 장기영 등 30여 명이었다. 이 한미토론그룹은 1947년 10월에 시작되어 1948년 6월까지 21차례 모임을 가졌는데, 김건후는 1948년 2월 이후 미국으로 출국할 때까지 이 모임에 참석하였다.[7]

김건후는 전쟁이 시작되고 5일 후(1950.6.30)에 을지로 자택에서 서울에 진주한 인민군 1개 소대에 의하여 부친, 남동생과 함께 체포되었다. 3일 후에 그의 부친은 석방되었으나, 김건후와 그의 동생은 북한으로 끌려갔다. 그 이후로 그의 행적에 대하여 알려진 바는 없다. 그가 결혼 8개월 만에 부인과 헤어질 때, 그의 부인은 임신한 상태였고, 그해 11월에 딸 김재원이 태어났다.

6. 무혐의 종결과 복권

소련 붕괴 이후 독립한 카자흐스탄 공화국의 군검찰청은 1999년 6월 7일에 김건후가 증빙될 수 없는 죄목으로 인하여, 즉 정치적인 동기에 의하여 희생되었다고 선언하였다. 그에 대한 근거로 정치적 박해로 희생된 자들의 복권에 관한 1993년 4월 14일에 제정된 카자흐스탄 공화국 법 5조 A항과, 1997년 7월 22일에 제정된 카자흐스탄 공화국 법을 제시하였다.[8]

현재 북한에 생존해 있다면 116세가 되었을 김건후는 아마도 생전에 자신의 무죄와 복권 선언을 알지 못하고 세상을 하직하였을 것이다.

---

7 Fitch Selected Correspondence Sign in Sheets, Box−FD−0001∼0025, Harvard Yenching Library(HYL) 소장자료.

8 카자흐스탄 공화국 내무부 소속 국립문서고 측이 주한 카자흐스탄 대사관을 통해서 그의 유족인 김재원에게 2017년 7월에 전달한 범죄 기록 사본(Archival Criminal Case No.3728).

시베리아의 유형수, 게르베르트 김의 악몽[*]

김건후

1. 체포, 재판, 사형수 감방의 9일

1937년 10월 29일의 밤은 쌀쌀했다. 카자흐스탄 북부 슈친스크의 작은 마을은 벌써 다들 일찌감치 잠자리에 들어 사람들의 왕래가 없었다. 겨우 8시였지만 위도가 높은 곳이라 4시간 전부터 해는 져 있었다. 나는 집을 나와서 새카만 어둠의 심연 속으로 들어갔다. 별이 여기저기서 드문드문 반짝일 뿐이었다. 마음은 무겁고, 의기소침했다. 지난 7년간, 주변 사람들의 체포에 직면하면서도 열심히 양심적으로 일해왔건만, 전(前) 연방 기업연합 '글라프졸로토(Glavzoloto : Глав Золото)' 본사에선 나를 해고하는 게 불가피하다고 판단하였다. 침대에 편히 누워 책을 들고 있는 아내에게 작별인사를 했다. 방을 나서려는데 요람에 잠들어 있는 네살배기 아들에게 뽀뽀도 안 해주고 가느냐고 핀잔을 들었다. 발걸음을 돌려 몸을 숙이고 그의 따뜻한 입술에 입을 맞췄는데 그때는 앞으로 몇 년 동안 이것이 내 하나뿐인 아들에게 해줄 수 있는 마지막 사랑 표현이라는 것을 생각하지 못했다. 나는 소련을 떠나기 위해 우리의 비자를 받으러 이 지역의 중심도시인 페트로파블롭스크로 가는 길이었다.

기차는 쿠르오르트 보로보이(Kurort-Borovoi)역¹을 11시에 떠나 8시간을 달려 페트로파

---

* 영문으로 작성된 이 글의 원본은 하버드대학교 옌칭도서관에 소장되어 있다.(HYL Fitch Paper Box 8)
1 Burabay 지역의 Kurort-Borovoe 혹은 Kurort-Borovoi로 불리는 역명. – 역자 주

블롭스크에는 다음 날 이른 아침에 도착했다. 나는 역에서 곧바로 NKVD(내무인민위원회)[2] 지구대로 갔다. 1937년 10월 30일 토요일 아침까지 비자가 해결되었으면 하고 바랐다. 일전에는 비자를 받으러 가면 15분에서 30분이면 현장에서 바로 발급해주곤 했었다. 이번에는 우리 여권과 비자 지원서를 다 걷어가며 매우 엄중하고 사무적인 태도로 1937년 11월 1일 월요일 아침에 다시 오라고 했다. NKVD 비자국을 나서며 그들이 대체 왜 우리의 비자 발급을 지연시키고 있는 건지 곰곰이 생각했다. 나에겐 페트로파블롭스크 지구 주요 관공서에 친구들이 있었다. 지구위원회의 비서관과 지구집행위원회(소련 정부) 회장은 전에 우리 광산에 오면 항상 날 찾아보곤 했었다. 나는 바로 그들을 찾아보았다. 그런데 두 곳 다 새로운 사람으로 바뀌어 있었고, 무척 비우호적인 태도로 나를 응대했다. 지인 둘 모두 NKVD가 데려갔다며 낮은 목소리로, 혹은 이상한 눈치로 말해주었다. 호텔을 잡고 월요일까지 주말을 지내기로 했다.

월요일 아침, 나는 NKVD 비자사무실을 다시 방문했다. 비자 발급을 위한 조사를 하려면 며칠이 더 걸릴 거고, 비자가 준비되면 알려주겠다는 얘기를 들었다. 내가 묵고 있는 호텔을 알려주고 며칠 더 기다리기로 했다.

1937년 11월 1일 월요일 밤, 11시쯤 이미 잠자리에 누워 있는데, 몇 사람이 호텔로 들어와 허버트 김을 찾는 소리가 들렸다. 스텝니약(Stepniak) NKVD의 장이었던, 적어도 3년 전부터 나를 알고 함께 일해왔던 소로킨 대위가 중위를 대동하고 내 방으로 들어와, 내게 소위 체포영장을 보여주었다. 난 그들에게 뭔가 큰 오해가 있을 거라고 말했고, 나 스스로도 그렇게 생각했다. 난 기꺼이 가서 뭐든 설명할 작정이었고, 그날 밤 그들이 날 다시 보내줄 거라고 확신했다. 그래서 옷을 입고 소지품을 챙겨 기다리고 있던 NKVD 차량에 태워졌다. 나는 야밤에 은밀하게 붙잡혀간 수백만 명 중 하나였다. 아무도 언제, 무엇을 위해, 어디로 향하는지도 모른 채, 20세기 소련의 잔인하고, 부당하고, 합법화된 불법의 피해자가 되었다. 그들은 이러한 행위를 공산주의의 이름 아래, 공산주의자들의 수뇌부에게서 지시받은 대로 공산주의자들의 손으로 실행했다. 여전히 그들은 세상 곳곳에서

---

2   NKVD : 러시아어 Naródny Komissariát Vnùtrennikh Del(People's Commissariat of Internal Affairs)의 약칭. 옛 소련의 비밀경찰(1934~1946)이다. 막강한 권력을 지녔던 기관으로 내무인민 위원회로 번역된다. – 역자 주

"우리는 정의의 승리자, 평화의 전사다."라고 나팔을 불어댄다.

카자흐스탄의 제3도시는 어둡고 고요했다. 이 거대한 NKVD 지구대 건물만 빼고 모든 것들이 편안한 상태에 있는 듯했다. 여기에선 밤낮으로 일이 행해지는데, 특히 밤에 더 분주했다. 모든 사무실에 불이 켜져 있었고, 모두가 바빴으며, 각 사무실에는 희생자가 있었다. 나도 한 방에 밀어 넣어졌다. 몇 분 전까지는 자유인이었는데(내 생각에 적어도 7년 동안은), 이제는 건물 내의 분위기가 나를 무력감과 절망감으로 압도하였다. 마침내 루다콥(Rudakob) 소령의 사무실로 끌려갔다. 그와는 알고 지내던 사이였다. 소로킨 대위와 중위는 잠시 머물다 떠났다. 내내 그 둘은 내게 말도 하지 않았고, 나는 그들을 다시는 보지 못했다.

루다콥은 자기 확신과 자신감에 찬 과장된 태도로 이야기를 꺼냈다.

"우리는 당신에게 불리한 정보와 구체적인 증거를 갖고 있어요."

"당신은 반혁명 그룹의 일원입니다. 당신은 사실 1930년에 소련 정부에 관한 정보를 전달하기 위한 요원으로 소련에 들어온 것입니다. 이 나라의 반혁명 세력과 손잡고 스파이, 사보타주, 파괴 행위를 해왔습니다."

나는 말문이 막혔다. 나는 이 7년이라는 긴 시간 동안 내내 금 생산량 증대를 위해서 모든 것을 쏟아왔지 않은가? 낡아빠진 수공 드릴법을 현대식 기계 드릴법으로 변경 적용해서 발레리안(Valarian) 광산을 개발하는 일을 맡아오지 않았던가? 그들이 영국산 대형 착암기를 가져왔고, 후에는 시카고 압축 착암기를 추가해서 천공 속도를 월간 20미터에서 72미터로 증대시킨 건 사실이 아닌가? 샤프트 인터내셔널(Shaft International)사(社)의 제품을 투입해서 매일 300~350톤의 광석을 꾸준히 생산하여 1933년 금 생산량 1,000kg을 달성하게 한 건 내가 아니었던가? 나는 졸림베트(Zholymbet)에서 생산을 위해 5개의 샤프트를 개발하는 데에 도움이 되지 않았는가? 전체적으로, 스텝니약 지역에서[3] 금 생산량을 1930년 230kg에서 1937년에 7,000kg까지 늘리는 데에 결정적 역할을 하지 않았던가?

"우리가 알고 있는 바로는 모두 위장일 뿐이오. 당신의 진짜 정체를 말해줘야만 합니

---

3 졸림베트(Zholymbet) : 북부 카자흐스탄의 금광마을. 허버트 김은 이 금광에서 부소장으로 근무하였다. 현재의 본사명은 KAZAKHALTYN Mining−Metallurgical Concern JSC(KZAL). − 역자 주

다. 우리가 원하는 걸 하지 않고 여기서 무사히 나간 사람은 아무도 없습니다. 이 내용으로 자백서를 작성하시오."

1. 반혁명 단체에 당신을 처음 포섭한 사람은 누구인가?
2. 어디서 그리고 어떤 상황에서인가?
3. 당신은 어떤 반혁명 활동에 연루되었는가?
4. 당신이 반혁명 단체에 끌어들인 사람은 누구인가?

나는 내게 무슨 일이 벌어질지 몰랐기 때문에 웃고 말았다. 나는 루다콥에게 그가 원하는 건 무엇이든 할 수 있지만, 위에서 언급한 어떤 혐의에도 관련된 죄가 없기 때문에 나에게서 알아낼 수 있는 것은 아무것도 없다고 말했다! 그가 말했다.

"여기 들어온 이들은 모두 처음엔 그렇게 말하지. 그러나 얼마간 감옥에 있다 보면 생각이 바뀔 것이오."

그리고 나는 그의 사무실에서 나와 교도소장에게 넘겨졌다. 그 순간부터 거친 취급이 시작되었다. 벨트와 신발 끈마저 빼앗아 갔다. 10년 넘게 놓지 않았던 낡은 공책[4]과 회중시계도 빼앗겼다. 이때가 1937년 11월 2일, 2시경이었다.

소장의 방에서 끌려나왔다. 두 세상을 나누는 문을 열면, 한쪽은 태양 빛과 책과 사무용 가구들과 행인들—조사관의 창문을 통해 보이는—을 볼 수 있는 지옥 속의 천국이고, 다른 한쪽은 그곳에 떨어지면 친구들에게도 적들에게도 완전히 보이지 않게 되는 지구상의 지옥이다. 문의 이쪽은 페트로파블롭스크 NKVD의 감옥이었다.

복도의 희미한 불빛은 바로 가까이에 있는 사람의 얼굴조차도 거의 알아보지 못할 정도였다. 교도관들의 검은 형상들이 음침한 복도를 오가며 움직였고, 감방 앞에 멈춰서서 작은 구멍으로 안을 들여다보았다. 72번 방이 내게 지정되었고, 나는 멈춰 섰다. 무거운 쇠 빗장의 철꺽 소리와 함께 문이 열렸다. 예기치 못한 침범에 놀란 72번 감방의 원 수감자 둘은 침대에 앉아 새로운 방문객을 맞이했다. 내가 두 점거자의 귀신같은 모습에 흠

---

4 공책(loose leaf) : 종이를 마음대로 갈아 끼우거나 보충할 수 있는 장치가 있는 공책으로 튼튼한 표지와 강하며 잘 열리고 닫히는 바인더를 사용한다. ─역자 주

칫하는 사이 이미 등 뒤에서 문이 쾅 하고 닫혔다. 어둑한 빛에 익숙해지자 두 사람의 얼굴 표정 대부분이 눈에 들어오기 시작했다. 나는 순진했고, 멍청했고, 어리석었다. 나는 그들과 거리를 두었다. 왜? 나는 절대로 무고한 사람이고 무언가 착오로 이곳에 끌려왔으니까. 분명 모든 것들이 해명될 것이고 나는 풀려나게 될 것이다. 곧 동정과 이해의 표정을 알아차릴 수 있었다. 동정심? 그래, 그들은 그런 감정을 가졌다. 그러나 이것을 밖으로 표현하기에는 너무 오랫동안 감옥에 있었다. 그들도 처음 체포되었을 때 나와 정확히 똑같은 생각이었다고 했다. 죄수 1번은 오스트리아인이었는데, 제1차 세계대전의 포로였다. 1917년에 전쟁포로가 되었고 시베리아로 보내졌다. 그곳에서 10월혁명을 맞이하여 볼셰비키의 편에서 콜차크[5]의 군대와 맞서 싸웠고, 후에는 일본군과 싸웠다. 그러한 기여 덕분에 그는 환영받았고 공산당의 일원이 되었다. 그는 집단화 정책[6]에 매우 적극적이었다. 20대 초반에 전쟁포로가 되었지만, 러시아인과 결혼하여 헌신적인 소련인으로 집단농장에 정착했다. 그러나 1936년 10월, NKVD가 시골 집에 들이닥쳐 아내와 아이들을 남겨둔 채 그를 끌고 왔고, 지금은 13개월 3일째 수감 중이다. 다른 감방 동료는 갈리아인이었다. 그는 1933년에 더 나은 삶을 위해 국경선을 넘었다. 그다지 말이 많은 편은 아니었는데, 7개월 동안 감옥에 있었고 간첩 혐의로 기소되었단다.

두 수감자의 조사는 다 끝났다는데, 그들은 귀신같은 몰골이었다. 피골이 상접했고, 머리카락과 수염은 치렁치렁했다. 나는 이 두 동료 수감자로부터 다음과 같은 이야기를 들었다. 한 번만이라도 배고픔을 잊을 만큼 충분한 빵을 먹는 것밖에 소원이 없다고.

"우리의 유일한 소망은 해도 볼 수 있고 신선한 공기도 마실 수 있고 무엇보다도 더 많이 먹을 수 있는 노동수용소로 보내지는 것뿐이다. 우리도 처음 체포되었을 때는 당신과 똑같았다. 우리는 결백했다. 우리는 소련에 아무런 죄도 짓지 않았다. 정의의 이름을

---

5 알렉산드르 콜차크(Alexander Kolchak, 1874~1920) : 러시아 해군 제독으로 1918~1920년 러시아 백군의 지도자였다. ─역자 주

6 러시아의 집단화 정책(Collectivization Programme in Russia) : 1928~1940년 러시아에서 스탈린의 공업화 정책과 병행하여 진행된 농업정책의 일환이다. 농업 집단화는 경영의 대규모화·기계화를 통해 농업 생산력을 높이고, 농촌의 과잉인구를 도시의 공업 노동력으로 제공하며, 농업을 사회주의 계획경제 속에 편입시켜 국가통제를 통해 잉여농산물을 흡수하고 공업원료를 확보할 수 있게 하겠다는 정책이다. 그 실행 과정에서 많은 문제점과 부작용이 드러났고, 이 정책의 성공 여부에 관하여 많은 논란이 있다. ─역자 주

걸고 말할 수 있다. 그들이 우리에게 무슨 짓이든 할 수 있겠지만, 우린 지은 죄가 없으니 결코 이것을 인정할 수 없었다. 그러나 그들은 원하는 걸 얻을 때까지 멈추지 않는다. 한 번에 몇 주씩 잠을 재우지 않을 거다. 먹을 걸 충분히 주지 않을 거다. 네가 처음에 굴복하지 않으면 그들이 원하는 것을 내놓을 때까지 두 번, 세 번, 네 번, 계속할 거다."

그들의 말을 들으며 스스로에게 다짐했다.

"너희들은 그들이 원하는 걸 해줬을지 몰라도, 나는 절대로 안 그럴 것이다. 그들이 나에게서 원하는 걸 얻기 전에 나는 죽을 것이다."

그리고 아내와 아이를 떠올렸다.

"만약에 가족들에게 해코지를 하면 어떻게 하지? 가족들이 러시아에서, 이 불법의 무리들의 손길에서 벗어나기만 한다면 난 평안히 죽을 텐데."

그들은 바깥세상의 소식을 알고 싶어 했다! 하지만 내가 말해줄 게 있었을까? 이 숙청은 작년과 그 반 년 전부터 진행되었지만, 사람들은 완전히 이를 무시하고 있었다. 죄 없는 사람들은 국가로부터 반혁명주의자, 외국인 요원, 그리고 인민의 적들을 소탕하는 과정에서 무슨 일이 벌어지는지는 거의 생각해보지 않는다. 언론은 잘 통제되어 숙청을 선전하고 있어서 아무도 감히 무고한 사람이 말려들 것이라고는 생각하지 않는다. 그런 생각을 했다고 해도 누군가 들을지 모른다는 두려움 때문에 스스로 표현조차 못 하는 것이다. 무고한 사람들은 절대로 자신이 체포될 것이라고 생각하지 않는다. 따라서 아무런 관심도 보이지 않는다. 그러다 NKVD에 체포된다. 아마 좋은 사람이었을 테지만 틀림없이 유죄로 판명될 것이다. 밖에서는 모든 것이 평소와 같아 보였다. 내가 이들에게 말해줄 수 있는 것은 의문 속에 사라졌던 전국적인 혹은 지방의 유명 인사들의 이름뿐이었다. 이 감방에서의 1시간은 내가 소련에서 살아온 그 모든 세월보다 더 많은 미스터리를 이해하게 만들었다.

감방은 가로가 약 10피트에 세로가 6피트 정도였고, 쇠창살과 바깥쪽 후드가 달린 작은 창문은 거의 하늘이 보이지 않았다. 한 사람이 누울 수 있을 만한 크기의 나무판 두 개가 다른 벽에 연결된 지렛대에 고정되어 있고 취침 시간에는 의자 위로 내려서 누워 잘 수 있다. 이 판을 벽으로 올리면 수감자 2명이 의자로 사용할 수 있다. 세 번째로 방에 들어온 자는 바닥에 머물러야 했다. 나는 6시에 교도관의 고함소리에 깨어났기 때문에 피곤했을 것이다.

감방의 수감자들 각자에게는 세면용으로 한 컵의 물이 주어진다. 변기로 쓰라고 양철통이 감방에 하나씩 주어진다. 7시는 수감자들이 가장 행복해하는 시간이다. 검은 빵 한 덩어리를 받아먹으며 식욕을 깨우지만 대부분 결코 만족하지 못한다. 나는 빵 한 조각도 먹을 수 없었다. 빵을 둘로 쪼개 동료들에게 나누어주었다. 빵을 덤으로 얻었다는 기쁨의 표정이 지금까지도 내 기억 속에 남아 있다.

결국 배급량이 나에게도 충분하지 않다는 걸 깨닫기까지 나는 매일 나눠주는 양을 줄였지만, 2주 동안이나 계속 그들에게 빵을 나누어주었다. 이때부터는 매일 같은 일상이 계속되었다. 그들은 나를 호출하지 않고 한 달 동안이나 감방에 가둬두기만 했다. 매일 수많은 생각이 머릿속을 헤집고 다녔고, 절망감을 느꼈다.

소위 조사라는 것이 체포된 지 딱 한 달 만에 시작되었다. 이때쯤, 나는 굶주림을 느끼기 시작하면서 도덕적으로도 우울해지고 있었다. 아내와 아들이 어떻게 되었는지 몹시 알고 싶었다. 조사는 경비원이 있는 방에 나를 데려다 앉히는 것으로 시작되었다. 수사관이 하는 말이라곤 내 자백을 받아 적겠다는 것뿐이었다. 나는 말했다.

"자백할 게 없습니다."

나는 수사관이 3교대를 하는 동안 내내 앉아 있었다. 이리하여 나는 일주일 내내 잠도 못 자고 밤낮으로 앉아 있어야 했다. 일주일이 지난 후 나를 감방으로 돌려보내면서, 곧 다시 시작될 다음 조사에서도 그들 말대로 하지 않으면 아내를 체포하라는 명령을 내리고 아들을 고아원에 넣어버릴 것이라고 경고했다.

그 경고는 마치 벼락이 내 머리를 강타한 것만 같았다. 그동안 나는 나의 상황 판단과 달리 폴린(Pauline)이 아들을 데리고 소련에서 벗어났길 바랐었다. 이제는 그들이 내 아내와 아들을 국외로 내보내지 않으리라는 걸 분명히 알 수 있었다. 한 달 내내 그들은 나를 다시 호출하지 않았다. 1월 중순이 되어서야 나를 다시 불렀고, 이번에는 내게서 그들이 원하는 걸 짜낼 작정이었다. 열흘 동안 거기에 앉아서 정말 어떤 것도 쓰기를 거부했다. 그들은 폴린의 체포영장을 작성했고, 나는 굴복했다. 그들이 체포영장을 폐기하고 내 아내를 건드리지 않는다는 조건으로 저항을 포기했다. 수사관들은 약속했다. 나는 휴식을 위해 감방으로 보내졌다. 내가 그들이 원하는 걸 쓰기 시작한 건 2월 초였다. 각 페이지마다 여러 번 다시 써야 했다. 왜냐하면 나는 그들의 취향에 맞추어 자백서를 쓸 수 없었기 때문이었다. 그들이 원하는 수정을 거쳐 타이핑되었고 나는 각 페이지에 서명했다. 나는 진정한 반혁명가이자 파괴자이자 공작원이자 국제 스파이가 되었다! 그렇지만 내 아내가 아직 밖에서 자유로운지는 어떻게 알 수 있지? 2주에 한 번씩 아내로부터 소포를 받기로 되어 있었다. 첫 번째는 속옷이었고, 그건 내가 자백서를 쓰기 시작한 직후였다. 다음 소포에는 내 겨울 외투와 모피 모자가 들어 있었다. 그 후 두 달 동안 아무런 사입품도 받을 수 없었고, 아내 역시 체포되었다고 생각했다!

1938년 4월 어느 날, 지난 6개월 동안 지내던 감방에서 불려나와 조사를 마친 수감자들이 모여 있는 더 큰 감방으로 옮겨졌다. 이곳은 음식은 전과 똑같았지만 작은 감방만큼 엄격하진 않았다. 이때 난 육체적으로 매우 지쳐 있었기 때문에 각 감방에 주어진 매일 5분씩의 산책에도 따라 나갈 수 없었다. 대부분의 시간을 감방 안에 머물러 있었다. 수감자 동료 중 몇몇의 이름은 아직도 내 기억에 남아 있다. 5개의 각각 다른 나라에서 온 가오시코프(Gaosikov), 세르긴(Sergin), 문티안(Muntyan), 이즈모프(Izoomov), 카체가노프(Kacheganov), 기드림(Gidrim), 오코넨코(Okonenko) 등이었다.

큰 감방에서는 일과처럼 산책하는 마당을 바라보곤 하였다. 창문들은 판자로 빽빽이 막혀 있었지만, 판자가 마르면서 어쩔 수 없이 약간의 틈이 생겨서, 우리 방의 수감자에겐 산책하고 있는 다른 감방의 사람들의 얼굴을 보는 게 큰 낙이었다. 어느 날, 여느 때처럼 틈새를 지켜보던 동료 중 한 명이 밖에서 걷고 있는 한 여성이 내 아내인 것 같다고 했다. 몇 주 동안, 나는 소위 자백만 강요당했다는 생각에 괴로웠다. 결국 그들은 아내를 감옥에 넣어버린 건가. 그런데 한 달쯤 지난 5월에, 나는 여름옷과 수제 쿠키를 소포로 받았고, 그것이 아내로부터의 마지막 기별이었다. 아내가 아직 밖에서 자유의 몸이라는 사실을 알게 되어 큰 안도를 느꼈지만, 대체 왜 아내는 소련에서 나가지 않는 걸까?

여기 덧붙이자면, 바깥세상과 완전히 단절된지라 아무리 작은 것이라도 무언가를 받음으로써 소식의 실마리를 얻는다는 건 죄수에게는 가장 큰 기쁨이 되곤 한다. 그런 소포와 함께 온 약간의 먹을 것은 특별한 의미를 준다. 그곳엔 10명에서 15명의 사람들이 자신의 운명에 무슨 일이 일어날지 알지 못한 채 함께 있었다. 배고픈 날들이 몇 달씩이나 계속되자, 대부분은 어떤 기적이 일어나 국가의 정치적 상황이 바뀌고, 모든 정치범들에 대한 일괄 사면이 이뤄질지도 모른다는 희망을 가지고 있었다! 우리 중 많은 이들은 소련 정부가 결국에는 이런 조작되고 꾸며진 혐의로 재판에 회부할 수는 없을 것이라는 생각에 잠겨 있었다. 우리가 기대할 수 있는 건 우리 각자가 모스크바의 '트로이카'[7]에 의한 결정을 통보받는 것이고, 누군가는 3년, 누군가는 5년, 또 누군가는 10년 동안 수용소에 수감될 거란 것이었다.

내가 체포된 지 정확히 13개월 후인 1938년 12월 1일에, 우리 감방의 수감자의 대부분이 불려나와 서둘러 트럭에 실려 기차역으로 보내졌고 페트로파블롭스크의 죄수용 객차에 태워졌다. 소련 철도에서 3등석이나 4등석으로 장거리 여행을 하게 되면, 객차들이 거의 객실처럼 엇갈리게 칸으로 나누어져 있다는 것을 알게 된다. 객차의 한쪽을 따라 긴 복도가 있다. 한 객실 안에는 서로 마주 보는 두 개의 벤치가 있는데, 낮에는 여섯 명의 사람들이 얼굴을 마주하고 앉을 수 있고, 밤에는 여기서 2명이 잠을 잔다. 그 위로 또 한 쌍의 벤치가 있는데, 2층 침대로 사용한다. 3층의 벤치는 수하물 선반이다. 보통 6명이 사용하는 이 객실에 18명에서 26명의 죄수들을 몰아넣고 철창과 문을 설치했다. 게다가 24시간 동안 단 2번만 생리현상을 해결할 수 있게 했다. 우리가 이 기차를 타고 간 방식을 말하자면, 정어리 통조림을 따서 안을 들여다보면 머리와 꼬리가 번갈아가며 지그재그로 채워져 있는 것을 볼 수 있는데, 소련은 죄수들을 정확히 그런 식으로 수용했다.

그랬다, 하지만 우리는 우리가 어디로 끌려가고 있는지 알지 못했다. 우리 죄수들은 스스로에게 이렇게 말했다.

"기차가 동쪽을 향한다면, 우린 알래스카 반대편인 콜리마(Kolima) 금광으로 보내지는 거야. 서쪽으로 향한다면, 볼가스트로이(Volgastroi)[8]로 보내지는 거고."

죄수들은 주로 이 두 수용소로 보내졌고, 그곳에 도착한 다음에 선고를 받았다는 소문이 돌았다! 그날 밤 기차는 동쪽으로 출발했다. 그러나 노보시비르스크(Novosibirsk)에 다다르자 남쪽으로 방향을 틀었고, 1938년 12월 6일, 우리는 알마아타의 감옥에 수감되었다. 며칠 후까지 왜 우리가 알마아타로 왔는지 알 수 없었다.

1938년 12월 9일, 밤 10시쯤 나는 모든 소지품과 함께 알마아타 감옥에서 나와 창문 하나 없는 검은 죄수 수송 트럭에 태워졌다. 어디로 끌려가는 것인지 몰랐지만 곧 트럭에

---

7 모스크바의 트로이카는 스탈린(Joseph Vissarionovich Stalin, 1978~1953), 몰로토프(Vyacheslav Molotov, 1890~1986), 카가노비치(Lazar Kaganovich, 1893~1993)를 지칭한다. – 역자 주
8 볼가스트로이는 아마도 모스크바–볼가 운하 프로젝트와 관련된 것으로 짐작된다. – 역자 주

서 내려 엄청 밝게 불이 켜진, 삼엄한 경비가 있는 커다란 건물로 인도되었다. 그곳엔 빈 방이 많았는데, 각 방마다 세 개의 매트가 갖춰져 있었고, 매트 위에는 죄수가 한 명씩 누울 수 있게 되어 있었다. 그날 밤 11시(1938년 12월 9일)부터 다음 날 오후 1시쯤까지, 내게 무슨 일이 닥치게 될지 모른 채 나도 그곳에 누워 있었다.

1938년 12월 10일 1시경, 나는 누워 있다가 불려 나갔고, 두 명의 경비대원이 나의 앞 뒤로 걸으면서 나를 어느 방으로 데려갔다. 방에 들어서자마자 내 앞에는 위압적인 장면이 펼쳐졌다. 마름모 뱃지와 높은 계급의 휘장을 달고 있는 5명의 군 장교가 내 앞에 한 줄로 앉아 있었다. 내 왼쪽에는 (나는 이 장교들을 바라보고 서 있었다) 후에 검사였음을 알게 된 다른 제복을 입은 남자가 앉아 있었고, 오른쪽에도 또 다른 군복을 입은 사람이 있었다. 나는 경비원 둘 사이에 경계를 받으며 서 있었다. 그들은 모두 일어났고 소비에트 연방대법원의 군사재판이 열린다고 선언했다. 가운데 앉은 판사는 내 이름과 생년월일, 국적을 묻더니 결국 내 죄를 인정하는지 안 하는지를 질문했다. 모든 과정은 3분도 걸리지 않았다. 그러고선 경비원들이 나를 법정 밖으로 나가게 했고, 빈방에 15분 정도 홀로 있게 했다. 다시 법정으로 불려갔고, 이번에는 5인의 재판관들만이 들어와 "총살"이라는 판결을 선고했다. 경비대원은 나에게 다시 걸어나가라고 명령했고, 나는 자동으로 그의 명령을 따랐다. 그 판결을 들었을 때는 마치 방망이로 얻어맞은 듯했고, 내 귀를 의심했다. 곧장 감방으로 끌려가 큰 문이 열리고 감방으로 밀쳐 넣어졌다. 벌써 내 앞에 총살형을 받은 자들이 4명이 더 있었다. 10분마다 감방 문이 열리면 새로운 총살 대상자들이 들어왔고 총 11명이 되었다. 11명은 모두 외국인이었는데, 어떤 몇 사람은 사형 선고에 대해 얘기하거나 생각하는 것보다, 교도관이 이 방을 정비할 때 빼먹고 가져가지 않은 한 통 가득한 죽에 더 관심이 있었다. 사실 가득 찬 건 아니고, 통 바닥에 약간의 죽이 남아 있었다. 그만큼 우리는 굶주리고 있었다!

감방에 들어온 순서대로 보면 11명의 총살형의 동료들은 다음과 같다.

1. 페트코(Petko) : 불가리아, 불가리아의 공산당에서 일하다 연수로 소련에 오게 됨. 러시아 소녀와 결혼했고, 알마아타에서 정치인 코스를 밟을 예정이었음.

2. 허버트 김(Herbert Kim) : 1930년에 미국 탄광 엔지니어로 러시아에 옴.

3. 타스(Tass) : 독일, 러시아어가 완벽. 45세 정도의 나이이고 그의 부모가 사업

을 위해 러시아로 이주함.

4. 마이어스(Myers) : 독일, 전기 기술자. 1933년 혹은 34년에 러시아에 옴.

5. 라이테스(Reites) : 오스트리아, 기술자.

6. 볼프(Wolf) : 독일, 노동자. 1933년 혹은 34년에 러시아에 옴.

7. 멜씨오프(Melxiov) : 오스트리아, 기술자.

8. 리더(Ridder) : 오스트리아, 기술자.

9. 첼막(Chelmak) : 체코슬로바키아, 기술자.

10. 코딤(Kodim) : 체코슬로바키아, 노동자.

11. 보름(Worm) : 오스트리아, 노동자.

이 11명 중 페트코와 타스, 그리고 나 이렇게 3명이 가장 괴로워했다. 나머지 사람들은 우리들의 운명에 대해 그다지 생각하지 않는 것 같았다. 나로 말할 것 같으면, 사형 선고를 받은 첫날 밤에는 잠이 들었지만, 다음 날 아침에는 침대에서 일어날 수 조차 없었다. 팔다리가 움직이지 않았다. 게다가 말라리아 열병에 걸린 것처럼 사지가 다 쑤셨다. 처음 든 생각은 이랬다.

'내 아내는 어딨지? 내 아들은? 만약 어떻게든 러시아를 벗어났다면 살 방도를 찾았을 터이지만, 여전히 러시아에 있다면 어쩌지?

그다음 든 생각은, 나는 유익한 일을 할 만큼 잘 교육받았고 훈련받은 사람이고 겨우 33세밖에 안 됐다는 것이었다. 난 전혀 죄가 없는데 사형을 당하게 되다니!

하루 종일 나는 병자였고, 페트코와 타스도 역시 마찬가지였다. 우리는 3일을 연속으로 그렇게 지냈다. 그 후 매일 매분마다 이름이 불려 처형되길 기다리는 가운데 9일이라는 날들이 아주 천천히 지나갔다.

9일째 되는 날인 1938년 12월 19일, 감방문이 갑자기 열려 감방의 모든 이들이 두려움과 불안감에 사로잡혔다. 우리 중 한 명인 보름을 데리고 나갔다. 모두들 마침내 때가 되었다고 생각했다. 죽음의 침묵이 감돌았다. 모두가 당황과 절망으로 서로를 바라보았다.

기나긴 5분의 시간이 지나고 문이 다시 열렸고, 보름이 들어오고 첼막이 두 번째로 끌려 나갔다. 보름의 얼굴은 백지장같이 하얬다. 그는 말을 할 수 없었다. 내쉬는 숨 사이로 "25년"이라고 읊조렸다. 그렇다, 사형이 25년형으로 바뀐 것이다. 그의 발언의 효과는 개

개인마다 달랐다. 몇몇은 기뻐했고, 몇몇은 무관심했다. 또 몇몇은 사형 선고가 25년의 징역형보다 훨씬 나았을 것이라 생각했다. 내 반응은 기쁨이었다. 25년은 긴 시간이고, 내가 이렇게 총살당하지만 않는다면 많은 변화가 일어날 수 있다! 그렇지만 그들이 또한 나에 대한 판결도 바꿀까? 가능한 한 빨리 알고 싶었다. 나는 다시 문이 열리면 바로 다음에 나가려고 문 바로 앞까지 밀치고 나가 있었다. 곧 문이 열렸고, 첼막이 들어오자 나는 경비원을 따라 작은 방으로 갔다.

NKVD의 대위 한 명이 테이블 앞에 앉아 있었다. 테이블에는 서류 더미들이 쌓여 있었다. 그는 내게 전보 한 통을 보여주었다. 칼리닌[9]이 서명한 전보에는 우리 11명의 이름이 차례로 적혀 있었고, 사형 선고를 취하하고 25년 징역형으로 감형한다고 되어 있었다. 그렇게 몇몇 권력자의 의지와 명령에 따라 무차별적인 체포, 선고, 학살 혹은 사면이 계속되었다.

감방의 벽을 두드리는 암호를 통해, 우리는 연결된 감방으로부터 전해오는 우리 11명과 같은 사형수들의 반응을 들을 수 있었다. 그들도 외국인들이었는데, 어떻게 되었는지는 알 수 없었다. 1938년 12월 첫 10일 동안 모스크바의 군사법정의 회의에서 그들은 알마아타에서만 평결로 800명이 넘는 죄수들에게 사형 선고를 내렸다(정확한 숫자는 확인되지 않는다). 이 800명 중에 몇 명이나 25년 징역형으로 감형되는 행운을 얻었을까! 매일 10시간씩 일한다고 치면, 군법정이 매 6분마다 선고를 해야 800명이 넘는 사람들에게 사형을 언도할 수 있다! 그들은 나한테는 3분 이상 걸리지 않았으니 시간을 번 것이었다.

2. 알마아타 임시수용소, 즐라토우스트 정치범 수용소, 솔로베츠키 수용소

임시로 사형수 감방으로 쓰였던 알마아타 NKVD의 커다란 10번 감방에 우리 11명이 제일 먼저 도착하였다. 12월 하순의 추운 겨울, 나무 바닥 위에서 우리는 능력껏 체온을

---

9 칼리닌(Mikhail Ivanovich Kalinin, 1875~1946) : 판결 당시 국가원수인 중앙집행위원회 주석을 맡고 있던 인물이다.

유지해야 했다. 다음 날부터 감방문이 열리고 더 이상 공간이 없을 때까지 10명씩, 5명씩 죄수들이 밀려 들었다. 벌써 70명에 가까운 죄수들이 서로를 잠식하고 있었다.

그런데 그중 우리 11명만이 그 끔찍한 사형 선고라는 경험을 했던 이들이었다. 나머지 죄수들은 지역 군대나 카자흐스탄 군사법정에서 재판을 받았는데 그들에 대한 선고는 10년형 이상을 받은 이가 거의 없었다. 소비에트 정부에 의해 승인된 어떤 법적 절차를 통해 이 불행한 사람들은 5년, 10년, 혹은 15년의 징역을 선고받았는데, 다들 적절한 이송 시기나 수단을 기다리기 위해 한 곳에 모여 있게 된 것이었다.

그들의 경험이 우리와 같은가 비교해볼 첫 번째 기회가 있었다. 우리들 중에는 문맹인 '집단농장 노동자(콜호즈닉, Kolkhoznik)'를 비롯해서 공화국의 공산당 지구당위원회의 중요 위원에 이르기까지 다양한 사연의 죄수들이 있었다. 문맹 '콜호즈닉'은 '집단농장(콜호즈, Kolkhoz)'의 송아지를 돌보지 않아서 10년형을 받았고, 책임자 위치에 있던 한 당원은 당을 배신했다는 혐의로 같은 형을 선고받았다. 감방에는 우리 모두가 수용소로 보내질 것이라는 공감대가 형성되어 있었다. 다들 비슷한 추측을 했다.

사형수 감방에서 9일 동안 극도의 고통을 경험하고 나니 무슨 일이든 반가웠다. 뿐만 아니라 언젠가 세계의 정세가 변하면 상실된 영혼이 다시 자유의 세상으로 나갈 수 있는 때가 올 것이라는 강한 믿음이 나에게는 있었다. 아내와 아들이 소련에서 탈출하기만 했다면 말이다. 가족들이 탈출해서 내 친지들에게 나의 가혹한 운명을 전해주기 전까지는 아무도 우리 셋에게 어떤 일이 일어났는지 알지 못할 것이다. 사형수 감방에서 시련의 9일 동안 우정이 돈독해진 친구 페트코는 내 옆에 머물렀고 우리는 서로 모든 것을 공유했다. 페트코의 러시아인 아내는 그를 충실히 따랐고, 우리가 알마아타 형무소로 이송된 후 일주일 동안 매일 형무소 문 앞에 찾아와서 옷과 음식 꾸러미를 전해주었다.

이미 형량을 선고받은 사람들에게는 형무소의 규율이 다소 느슨하게 적용되었다. 충분하진 않지만, 형무소의 출납원에게 돈을 맡긴 사람은 한 달에 두 번씩 1킬로의 빵과 다섯 갑의 담배를 살 수 있도록 허락되었다. 1939년 1월 말 어느 날, 놀랍게도 내 이름을 불러서 형무소 사무실로 갔는데, 모스크바에서 내 이름으로 250루블이 보내져왔다는 통보를 받았다.

러시아 안에서 나와 연관해서 어떤 일이든 감히 해줄 수 있는 사람은 내 아내밖에 없었다. 아내는 모스크바에 있구나! 아내가 그렇게 멀리 가게 됐구나, 라고 미루어 짐작했다. 그리고 이것이 내가 1942년에 감옥에서 나올 때까지 그녀에게 받은 소식의 마지막 끈이었다!

1939년 3월, 감방에서 우리 중 몇 명을 불러내 다시 수송열차에 태웠고 우리는 어디로 가는지도 모르고 실려 다녔다. 수감자들에 대한 처우는 재판 전에 비해 나아지지는 않았다. 1주 정도의 여정 후, 우랄의 즐라토우스트(Zlatoust) 형무소에 다다랐다. 즐라토우스트는 중부 우랄에 위치해 있는데, 소련은 이전부터 이곳에 정치범 수용소를 두고 있었다. 여기에서 죄수들은 책과 신문을 읽을 수 있었고, 심지어 글도 쓸 수 있었다. 신선한 공기 속에서 몇 시간 동안의 산책도, 외부의 친구나 친척과의 면회도 허용되었다. 그러나 이제는 그런 방침들은 중단되었고, 정치범들은 이제 법령 58조에 저촉되는 죄수로 간주되어, 모든 측면에서 최고 수준의 보안이 적용되었다. 오히려 절도범, 살인범 및 기타 범죄자들에게 더 많은 자유가 주어졌다. 일단 법령 58조에 저촉되는 사람은 소비에트 사회에서 영원히 배제된다. 오래된 형무소이기 때문에 더 효율적으로 관리되긴 했지만, 이곳도 너무 많은 죄수가 수용되어 있었다. 예전에는 죄수 한 명이 수용되던 곳에 4명의 죄수가 수감되었고, 각자에게 침대와 수프 접시가 제공되었다. 내 감방 동료들은 25년형을 받은 2명과 20년형을 받은 1명이었다. 20년형을 받은 동료는 정치범으로 5년형을 살았다. 그의 재판은 1933년에 있었는데, 형기가 1년 남은 1937년의 어느 날, 어떤 추가 조사나 사전 언질도 없이 감방에서 형기가 20년으로 연장되었다는 통지를 받고 복역 중이었다. 새로운 20년의 두 번째 해를 보내고 있었다. 그는 35세가량의 청년으로, 자신의 판결을 철학적으로 받아들이고 있었다. 우리는 그를 통해 옛날의 형무소 방침이 바뀌어 이제는 죄수들을 학대하고 비인간적으로 다루고 있음을 알게 되었다.

또 다른 동료 수감자 한 사람은 저명한 내과 전문의 교수로, 1937년에 모스크바에서 있었던 그 유명한 리코프–야고다–부하린 재판 때 함께 회부되어 유죄 판결을 받은 의사 플레트뇨프였다.[10] 그는 21인 중 한 명이며,[11] 25년형을 받은 세 사람 중 하나였다. 70세가

---

10 알렉세이 리코프(Alexei Ivanovich Rykov, 1881~1938), 겐리히 야고다(Genrikh Grigoryevich Yagoda, 1891~1938), 니콜라이 부하린(Nikolai Ivanovich Bukharin, 1888~1938) : 1937년 대숙청 때, 우파인 트로츠키파로 몰려 체포되어 유죄 판결을 받고 1938년 3월 15일에 모두 처형되었다. 함께 수감되었던 플레트뇨프는 위의 리코프 사건 재판 때 함께 회부되어 유죄 판결을 받은 크렘린 소속의사 드미트리 플레트뇨프(Dmitri Pletnev)였다. – 역자 주

11 22명으로 되어 있는데, 21명은 오류로 추정된다. – 역자 주

잊혀진 이름, 잊혀진 역사

넘은 노인이었는데, 건강이 급속도로 악화되어 말도 잘 하지 않았다. 그는 씁쓸해했다. 자신은 잘못한 게 없다고 했다.

"소련은 무고한 사람을 죄인으로 만들어 제거해버리면 대체 무슨 이득을 얻는단 말인가?"

그 젊은이는 이 교수에게 헌신적이었다. 교수는 대부분의 시간을 침대에 누워서 보냈는데, 세면실에 간다든가 하는 자잘한 일마다 이 젊은이가 세심하고도 부지런히 도움을 주었다. 물론, 같은 감방에 기거하고 있는 사이라면 누구든지 이 노교수에게 기꺼이 봉사했겠지만, 우리들은 전혀 남남임에도 아버지와 아들과 같은 둘의 특별한 관계를 운명적 시각으로 보았기에 굳이 그 아름다운 헌신을 방해하고 싶지 않았다.

세 번째 동료 수감자는 키가 크고 쾌활한 성격의 토종 러시아인으로, 골수 볼셰비키로서 레닌그라드 지부 집행위원회 의장까지 지냈는데, 이번 숙청에서 체포되어 25년형을 선고받았다. 1934년 12월 1일, 레닌그라드 지부 공산당위원회 서기장인 키로프(Sergei Kirov)가 살해되었다. 암살범은 엔지니어인 니콜라예프(Leonid Nikolaev)였다. 니콜라예프에게는 아내가 있었는데 매우 무책임하고 방종한 여성이었다. 그녀는 키로프와 외도를 했고, 질투심에 사로잡힌 니콜라예프는 키로프를 죽이고 말았다. 즉시 선전선동자들은 그 살인에 정치적 의미를 부여했다. 수천 명의 무고한 사람들이 이 암살 사건 직후 사형에 처해졌고, 2년 후에도, 또 다른 수천 명의 사람들이 키로프 암살을 계획한 집단에 연루되었다고 자백하게 만들었다. 이 친구에게도 같은 변화가 닥쳤고, 그 덕분에 키로프 암살의 진상을 알게 되었다. 평생을 공산당의 일원이자 고위직에 있었던 사람도, 비당원이나 엔지니어나 전문가들과 마찬가지로 반동분자로 걸려들어 25년형을 받았다. 나와 자주 나눈 조용한 대화에서도 그는 항상 당혹스러움을 표출하곤 했다. 그는 소비에트 권력에 대해서 쓴소리를 하지는 않았지만, 낙담하였다. 체포되기 전까지 이 남자에겐 소비에트 권력은 그의 인생 그 자체였다.

이때까지 나는 작은 지방 사람들과 지내면서 지역 NKVD의 과도한 열정이 그들의 이름을 날리기 위해 사람들을 처형하는 것으로 생각했었는데, 이제는 같은 방식으로 체포되고 처형되고 재판을 받은, 소비에트 연방의 중심에서 온, 한때는 거물이었던 이들을 만날 기회를 갖게 되었던 것이다.

플레트뇨프 교수는 그의 절망적인 순간에 대해 이렇게 얘기하곤 했다.

"그들은 재판에서 그들이 원하는 대로 말하게 하려고 무슨 짓이든 다 했어! 우리가 재판에서 돌아올 때마다 온갖 종류의 고문과 구타를 가했고, 밤낮으로 재우지 않았어. 세 번째 재판에 이르러서는 우리 이외에 모든 사람들은 사형당했고, 그래서 결국 우리 중 대부분은 기대했던 것들을 단념하고 말았지." 그리고 그는 약하지만 단호한 목소리로 "결국 그렇게 선량하고 무구하며 열심히 일하는 똑똑한 사람들을 죽임으로써 소련은 무엇을 얻는단 말인가!"라고 말하고 얘기를 끝냈다.

즐라토우스트 감옥에서 이 감방 동료들과 함께한 3개월은 나로서는 육체적으로나 정신적으로나 휴식을 취한 시간이었다. 분명 굶주렸지만, 나도 분명히 굶주렸지만 나는 배고픔에 대해서는 언급하지 않기로 작정한 사람들에 속했다. 나에겐 러시아 문학작품들을 읽을 기회가 있었고, 나는 그 기회를 활용했다. 이 기간 동안 도스토옙스키의 『죄와 벌』, 그리고 투르게네프의 작품집을 읽었다. 러시아어로 읽는 건 꽤 힘들었지만 2주 정도 지나 매우 매끄럽고 자연스러운 속도로 읽을 수 있게 되자, 큰 안도와 기쁨이 되었다.

1939년 7월 14일, 소지품과 함께 불려 나갔다. 이때는 완전히 죄수 복장으로 바뀌어 있었고, 소지품들은 모두 빼앗겨서 형무소 창고에 보관되어 있었다. 형무소 마당으로 나가보니 이미 400여 명의 죄수들이 7월의 뜨거운 태양 아래 시멘트 바닥에 쪼그리고 앉아 있었다. 죄수들에게 창고에서 각자 자기 가방을 확인하여 지니도록 했다. 사방에서 죄수들이 쏟아져 나왔고 정오까지 700명 정도가 되었다!

한 가지는 분명했다. 이번에 불려나온 죄수들은 대부분 외국인이었다! 알마아타의 사형수 감방에서 나와 함께 같은 운명을 공유했던 11명의 얼굴도 모두 예외 없이 거기 있었다. 오스트리아인 보름은 얼굴이 붓고 다리를 절름거리고 있었다. 다들 고개를 끄덕이고 은밀한 미소를 지으며 인사를 했다. 속삭임이 시작되었다.

"우린 어디로 가는 거야?"

대부분의 대답은 이랬다.

"몰라."

아무도 어디로 가는지 정말 몰랐기 때문에 그 대답은 정답이었다! 700명을 태운 트럭들이 속속 형무소 마당을 빠져나갔다. 지금까지 나는 이 형무소 건물이 얼마나 거대한 구조물인지 몰랐다. 죄수들을 수용하기 위한 3개 동의 대형 4층 벽돌 건물들이 있었다.

형무소의 규모도 모른 채로 3개월이나 그 건물 안에 있었다. 의심의 여지 없이, 건물이 어떻게 생겼는지 한 번도 보지 못하고 10년 이상 그곳에 갇혀 있는 죄수도 있겠지! 수천 명이 갇혀 있지만 외부에선 아무런 소리가 들리지 않는다. 수용 열차를 타기 위해 기차역으로 실려 가는 트럭에 오르며 이런 상념들이 떠올랐다.

내 마음의 평화는, 아니 모든 이들의 평온은 사라졌다. 나는 모두의 얼굴과 입술에서 배고픔을 보고 들을 수 있었기에 굶주림의 느낌이 다시 새롭게 다가왔다. 보통 이런 경우엔 항상 교도소 측은 빈약하지만 소중했던 음식 배급마저 완전히 잊어버린다. 지옥 불 위의 지옥! 밖은 타는 듯이 뜨거웠다. 수송열차는 하루 종일 뜨겁게 달아올라 있었고, 그 열차 안에 한 객실당 20명씩 꽉꽉 채워졌다. 모두들 물을 달라고 외쳐댔다! 간수들이 가까운 데에서 물 양동이를 가져오면 모두들 철창 사이로 물 한 잔을 위해 싸운다. 누군가 다른 사람 위로 넘어지면, 그 부주의함에 대해 불평하고, 심술궂은 말이 되돌아온다. 죄수 객실 내에 소요가 생기면 바깥의 간수들은 배급량을 줄이겠다고 협박한다. 죄수 객실은 푹푹 쪄댔다. 나는 한구석에 앉아 스스로 상상하며 말했다.

"성경에 나오는 지옥이 이보다 나쁠까?"

형무소에서는 음식이 충분하지 않으면 물을 많이 마시면 되었다. 이런 죄수 객실에서의 갑작스런 여정은 생각하지도 못한 채, 우리들은 거의 모두 물을 마음껏 마셨다. 뜨거운 날씨에 땀을 흘려도, 하루에 두 번 소변 보는 것으로는 충분할 수가 없다. 그래서 수송열차에서의 첫날은 방광의 극심한 통증 때문에 수송 여정 중 가장 괴로운 날이 된다. 수송열차에 오른 날부터 죄수들은 불리한 조건에 적응하기 위해 물 섭취량을 줄인다. 그러나 자제력이 약한 사람들은 끓이지 않은 물을 계속해서 잔뜩 마신다. 결국 그는 감독관들과 자신에게 곤란을 가져오게 된다.

수송열차에 태워지긴 했지만 며칠 동안 어떤 기차에도 연결되지 않았다. 3일이 지나서야 서쪽으로 이동하기 시작했다. 느릿느릿 움직여 모스크바까지 가는 데 꼬박 열흘이 걸렸다. 누군가 불쑥 설사를 했고, 다들 변소로 꺼지라고 소리를 질러댔다. 열두어 명은 이질을 앓아서 누웠다. 의료 처치는 받을 수 없었고, 병자들을 따로 데려가지도 않았다. 모스크바에서 이질로 죽은 시체들이 내려졌다. 이틀 내내 기차가 서 있었는데, 죄수들 대부분이 설사에 시달렸다.

이유를 설명할 순 없었지만, 우리 중 일부는, 간혹 러시아인도 있었는데, 대부분이 외국인들인 우리가 재심을 위해 모스크바로 가고 있다고 추측하고 있었다. 다시 집결하여 모스크바를 떠날 때가 되어서야 우리의 희망은 다시 산산조각이 났다. 기차가 이번엔 레닌그라드로 향했다. 4일 후 카렐리야 노선의 켐(Kem)에 도착했고 수송열차에서 내렸다. 죄수들 하나하나가 다 마치 심각한 병상에서 막 나온 것처럼 보였다! 최종적으로 이질로 5명이 사망했고, 60% 이상이 여전히 설사로 고생하고 있었으며, 나머지 사람들도 쇠약해져서 무릎이 후들거렸다.

켐은 카렐리야 반도에 있는 작은 기차역인데, 솔로베츠키(Solovetsky) 섬[12]과 가장 가까운 역이다. 원래 솔로브카(Solovka)라고 불리던 이곳은 수도원이 있던 곳으로 유명했다. 성스러운 곳이었다. 소련은 섬 전체를 정치범 수용소로 만들어버렸다. 우리가 끌려갈 곳이 바로 이 섬이었다.

기차에서 내리기 시작한 것은 오후 6시쯤 된, 꽤 늦은 시간이었다. 고위도 지방이라 7월에는 저녁 9시, 10시까지도 여전히 태양이 떠 있다. 급히 증기선에 태워져 섬으로 향했다. 섬에 도착했을 때 해는 이미 졌고, 어스름하게 반사되어 우울해 보이는 대성당의 돔만 알아볼 수 있었다. 내 앞에 우울한 미래만이 기다리고 있던 그때, 내 인생이 이 섬에서 끝나는 건 아닐지 걱정이 들었다! 이 섬에서의 첫날밤을 보내게 될 커다란 방을 향해 들어갔다. 섬에 가까워졌을 때 보았던 어슴푸레 비춰진 수도원의 실루엣이 여전히 내 기억속에 남아 있다! 8명이 우리 감방에 배정되었다. 이번에는 상당수가 구면이었는데, 페트코, 타스, 볼프, 멜씨오프, 그리고 나, 모두 알마아타 사형수 감방에서 함께했던 오랜 친구들이었다. 여기에 역시 25년형을 받은 오스트리아인 마트죽스(Matzux)와 두 이탈리아인 도르미닉(Dominik)과 프란츠(Franz)가 합류했다. 프란츠는 거의 예순이 다 되었는데, 이탈리아와 국경을 맞대고 있는 오스트리아의 작은 마을에서 태어난 오스트리아인이었다. 후에 마을은 이탈리아에 귀속되었고, 그후로 계속 이탈리아인으로 지냈다. 어쨌거나 그

---

12 솔로베츠키 섬(The Solovetsky Islands 혹은 Solovki) : 북극해와 연결된 러시아 백해에 있는, 6개의 크고 작은 섬들로 이루어진 군도이며, 가장 큰 섬의 크기는 347㎢다. 행정적으로 아르한겔스크 구역에 속한다. 15세기 이 섬으로 들어온 정교회 수사 두 명에 의해 이 섬의 유서 깊은 수도원의 역사가 시작되었고, 오랫동안 이 군도는 경제적·군사적으로 독립된 북 러시아의 요새 역할을 하였다. 1923년 스탈린에 의해 이 수도원은 정치범 수용소, 솔로베츠키 특별수용소로 사용되기 시작하였고, 1974년 국립 역사, 자연보호 지역으로 지정되었다. 공산체제가 붕괴되면서 수사들이 이 섬으로 되돌아와, 1990년에 수도원이 재건되었다. 솔로베츠키의 역사, 문화유적은 1992년에 유네스코에 의해 세계문화 유산으로 등재되었다. -역자 주

는 신사였고 항상 독서를 하며 시간을 보냈으며, 매일 한 시간씩 나에게 영어를 배웠다.

이전의 솔로브카 성당 구역에 있는 솔로베츠키 정치범 수용소에서의 생활은 별다른 사건도 없고 단조로웠지만, 그리스정교회 수도승들이 머물던 곳을 소련이 개조한 감방에서의 짧은 구금 생활은 나에게 충분한 휴식의 시간이 되었다. 이미 나는 내 숙명을 온전히 운명의 손바닥 위에 내려놓았다. 내가 아무리 러시아에서의 지난 삶을 걱정하거나 회상해봤자 내 마음에 아무런 고요도 가져다주지 않는다는 것을 깨달았다. 내가 생존을 위해 음식을 배급받고 있다는 것을 나의 항상 굶주리고 쓰라린 배에게 확신시키려고 노력하면서 하루하루를 살아갔다. 충분히 먹고 있다는 자기 확신에 거의 성공하고 나니, 동료들과 같은 주제로 토론을 하면서 나의 잠재의식이 깨어났다. 확실히 우리는 충분히 먹을 수 없었고, 모두들 끊임없이 굶주림을 느꼈으며, 뼈만 남아 앙상하고 주름진 피부가 되었다. 이러한 어쩔 수 없는 사실들에 의해 뒷받침된 논쟁들은 즉각적으로 내 스스로를 최면 상태로 만들어 사실이 아닌 것을 사실이라고 믿게 만들었다.

소련의 수용소 정책에 의하여 선택된 작가들의 소설이나, 수용소 당국이 허락하는 범위 내에서, 그리고 도서관의 몇몇 공상과학 서적 중에서 2주 동안 일주일에 한 권씩을 빌릴 수 있었다. 우리 감방에는 11명이 있었기 때문에 우리가 읽을 수 있는 책은 22권 정도 되었다. 독서에 열중했던 그 시간들은 나의 복역 시절에서 가장 편안하고 의미 있는 순간들이었다.

여기다 더해, 죽은 듯한 밤의 적막과 더불어, 특히 창문에 부딪치는 바람의 조그한 움직임, 그리고 백해 한가운데에 일찍 내리는 눈은 곧 수용자들의 마음과 영혼을 잠식했다. 우리는 거의 모두 이 악명 높은 죄수 생활의 세 번째 겨울을 맞이하고 있었다.

우리들 중 누군가 불려나가서 밤낮으로 '조사관(sledovatel)'이나 수용소 심문관을 마주한다든지, 끔찍했던 재판을 다시 받는다든지 하는 걱정은 더 이상 아무도 하지 않았지만, 25년간 이런 삶을 살아야 한다는 생각은 확실히 우울한 것이었다.

3. 쿠루폴다 수용소, 아르한겔스크 임시수용소

10월 중순 즈음, 이 수용소에 온 지 2달 정도가 되었을 때, 우리는 수용소 전체에 약간의 동요를 감지했다. 그 혼란은 여러 날 지속되었는데, 어느 날 오후 늦게 감방문이 열리고 모두 밖으로 나와 교도관을 따라가라는 명령을 받았다. 놀라움과 당황으로 서로를 바라보던 모두는 양떼처럼 지시받은 방향으로 따라갔다.

수용소의 커다란 창고로 간 우리는 각자의 소지품을 챙겼다. 두 달 전 각 감방으로 보내질 때 죄수복을 받으면서 몰수당했던, 우리의 짐 꾸러미, 소위 개인소지품, 거의 대부분 누더기가 된 평상복을 이곳에 두었었다. 불확실한 미래가 우리를 마주하고 있었다. 어디론가 우리를 데려가려고 준비를 하고 있다는 것을 알았다. 그러나 어디로일까?

다음 날 아침 일찍, 250명에서 300명쯤 되는 거의 외국인 수감자들이 작은 증기선에 실렸다. 약 36시간 후, 우리는 아르한겔스크(Arkhangelsk) 임시 수용소에 내렸다. 상륙하는 동안 주위를 둘러보니, 20명이 넘는 무장 경비대가 삼엄한 경비를 펼치고 있었는데, 한 해골처럼 깡마른 동료 죄수에게 눈길이 갔다. 소지품으로 많은 걸 지니지 않고 있고, 우리보다 몇 배나 피골이 상접한 것을 보니, 확실히 그는 오래된 죄수임이 틀림없었다. 그에게 다가가 속삭이고 싶은 충동이 일었다. 배에서 내려 임시 수용소의 철조망 문밖에서 대기할 무렵 아르한겔스크의 동토에는 이미 눈이 소복이 쌓여 있었다. 우린 아랫니를 윗니에 부딪쳐 다다닥 소리를 내고 있었고, 발은 완전히 얼어서 무감각했다. 우리는 수용소 문밖에서 철조망 안으로 들어가기만을 기다리고 있었다. 그 안은 마치 낙원 같아 보였다. 지금 죄수들은 모두 여름 죄수복을 입고 양말이나 발 덮개도 없이 닳아빠진 신발을 신은 채로 매서운 추위 속에 2시간이 넘도록 기다리고 있는 것이었다!

나는 눈짓을 나누고 귓속말을 주고받으며 그 동료에게 접근했고, 그가 미국인이라는 것을 알게 되었다. 그는 1933년, 모스크바를 떠나 미국으로 가기 바로 전날 밤 체포되었다. 내가 그에게 눈길을 주었을 그때, 그는 벌써 7년 동안 감옥에 있었다. 그의 이름은 헨리 리톨라(Henry Lytola)라고 했다. 하지만 그의 진짜 이름은 매사추세츠주 메이너드(Maynard, Massachusetts)의 헨리 존슨(Henry Johnson)이었다. 미국 총영사관과 NKVD 외사부에 남아 있는 기록상에는 1933년 가을 러시아를 떠난 것으로 되어 있지만, 1939년에 그는 소련 수용소에서 해골처럼 걸어 다니고 있었다. 그때부터 겨울철 6개월 내내 수용소 노동으로 벌목과 목재 운송을 하며 우리는 아르한겔스크 지역 늪지 한복판에 있는 차가운 통나무집에서 한 침상을 쓰고 거적을 같이 덮고 잤다!

교도관들 간에 끝이 없을 것 같았던 언쟁이 끝나고, 우두머리 감독관과 함께 경비대원들은 일렬로 서서 죄수들을 임시 수용소로 들여보냈다. 우리 대부분에게 새로운 삶이 벌써 시작되었다. 정확히 2년 동안, 동료 수감자들의 같은 얼굴을 낮밤으로 보면서 감방의 4개의 벽 안에 갇혀 지냈다. 이제 철조망에 가두어진 곳이지만 행동의 자유는 좀 더 커졌다. 이전까지는 매일 감방의 작은 문을 통해 빵과 물이 전해졌는데, 이제부터는 수감자 각자가 부엌으로 가지러 갈 수 있었다. 더 이상 냄새나는 감방의 침대칸에서 잠잘 필요가 없었다. 밤새 뭔가 마법이라도 걸린 것 같았다. 극지방 근처 숲속의 규정된 경계 구역 내에서의 자유를 얻은 대가로 무엇을 맞이하게 될지는 아무도 짐작도 하지 못했다.

또 하나 흥미로운 사실은, 2년 가까운 동안 중범죄자들만 가두었던 감방에서 살아온 만큼, 우리는 우리 스스로를 끔찍한 범죄자로 믿게 되었다는 것이다. 이제는 나이와 상관없이 어울렸고, 교양 있는, 소위 잘 교육받은 계층의 죄수들이나 완전 문맹인 죄수들도 잘 어울렸고, 20년에서 25년의 장기수가 10년형을 받은 죄수들과도 잘 어울렸다. 아, 하늘을 올려다보고 싶거나 신선한 공기를 마시고 싶으면 언제나 막사 밖으로 나갈 수 있다는 사실이 얼마나 즐거웠던가! 그러나 이 신기함은 매서운 추위 속에서도 해야 했던 숲속의 고된 야외 노동에 직면하면서 곧 사라졌다.

며칠이 지나서, 그들은 우리들을 보내서 한 수용 캠프를 만들기로 결정하였다. 우리가 도착한 지 사흘째 되는 날 5시경 우리는 숲속으로 15킬로미터를 행진하라는 명령을 받았다. 우리 그룹은 처음에 솔로베츠키 섬에서 출발했던 바로 그 멤버 그대로였다. 15킬로미터는 보통 걸음으로 3시간 정도 걸린다. 평소에는 즐기면서 걸었던 거리다. 나는 별생각 없이 다른 이들과 함께 기분 좋게 출발했다. 한 시간 정도 걸었더니 다리가 무거워져서 아까처럼 가볍게 움직이질 않았다. 나는 꽤나 뒤처져 있는 무리 중 하나였다. 반쯤 지나자 기꺼이 걸으려는 의지는 있었지만 다리는 절대 움직이려 들지 않았다. 경비원들이 짜증을 냈고, 죄수들 가운데 가장 느린 한 사람에게 화를 냈다. 그는 가장 느린 죄수보다 한 발짝 이상 앞설 수 없었기 때문이었다.

나는 안간힘을 썼지만 별 소용이 없었다. 손과 무릎에 의지하여 기어보려고 애를 써봤지만, 깊은 눈 속에서 맨손과 지친 무릎으로 엎드려 기는 건 물론 해결책이 아니었다. 경비원들은 화를 냈지만, 이제는 나뿐만 아니라 20명에서 30명가량이 같은 상태였다. 지난 2년 동안 우리는 필요한 만큼 다리를 훈련시킬 기회가 없었다. 또한 2년 동안 우리는 굶주렸다. 그런데 다른 사람들은 어째 저렇게 멈추지도 않고, 몸이 알아서 하는 것처럼 전체 거리를 잘 걷는 걸까? 헨리는 제일 안 좋아 보였지만, 누구보다도 잘 걸었다. 내가 2년의 수감 생활 동안 이미 병신이 되었구나 하는 생각이 갑자기 머리를 스쳤고, 이 세상의 마지막인 것 같은 기분이 들었다!

기다가 쉬다가 걷다가 하면서 나를 포함한 20명 남짓한 사람들은 같은 거리를 가는 데 6시간이 걸렸다. 우리가 간 곳은 '쿠루폴다(Kurupolda)'라는 노역 수용소였는데, 아르한겔스크 지방의 광활한 숲에 사방에 널려 있는 수백 개의 비슷한 노역장 중 하나였다. 헨리는 절름거리는 다리를 돌보는 나를 도와주었다. 이것이 나의, 소련에서의 강제수용소 삶의 시작이었다!

한 달여 동안 수용소 당국은 이 집단에게 어떤 일을 시킬지 결정하지 못했다. 모든 작업은 숲속에서 진행되는데, 아직 우리들은 숲으로 내보내기에는 다소 위험할 수 있다고 간주되었다. 이 수용소에서 전체 집단을 구성하며 평화롭게 살고 있는 300여 명의 수감자들은 다들 소련에 어떠한 해도 끼칠 의사가 전혀 없는 품위 있는 사람들이었다. 300명이 누가 누구인지 파악하는 데에는 그다지 오랜 시간이 걸리지 않았다. 싸움은 물론 막사 안에서 말다툼조차 없었다. 모두 법을 매우 잘 준수하는 점잖은 사람들이었다.

이 수감자들의 50% 이상이 외국인이었는데, 영국인, 프랑스인, 네덜란드인만 없고 유럽의 여러 나라에서 온 사람들이었다. 그들은 모두 소련의 사탕발림 선전에 현혹되어 자신들의 나라를 떠나 합법적이든 불법적이든 국경을 넘어 러시아로 왔다. 절반은 발트해 국가들, 라트비아, 에스토니아, 그리고 리투아니아 출신이었다. 그들은 모두 18세에서 30세가량의 가난한 사람들이었고, 더 나은 삶을 살고자 소련으로 왔다. 그들 대부분은 완전 문맹이었다.

러시아인 수감자들은 모두 교육을 잘 받았고, 한때는 당, 노조, 정부 조직의 책임있는 자리에 있었던 사람들이었다. 교사나 엔지니어가 가장 많았다. 55세의 이반 세르게비치 바타노프(Ivan Sergewitch Batanov)는 온화하고 상냥한 심성의 기술자였는데, 이런 비극적인 환경에서도 항상 미소를 띠고 있었다. 우리들은 몇 시간이고 러시아의 정치적 성향과 카잔에서 무슨 일을 했었는지에 대해 이야기하곤 했다. 6개월을 알고 지내는 동안, 나는 그가 불평이나 원망의 말을 하는 걸 들어본 적이 없다. 살아서 감옥을 나갈 것이란 환상은 지니고 있지도 않았지만, 누구에게도 원한을 품지 않고 자신의 운명을 마주하고 있었다. 그도 25년형을 선고 받았고, 그 과정도 몇백만의 다른 이들과 같았다.

한 달 정도 이 수용소에서 빈둥거리며 지낸 뒤에서야, 하루는 10년 이하의 징역형을 받은 수감자들이 모두 불려나가 25명씩 그룹으로 만들어져 각각 한 조로 명명되었다. 그 때부터 그들은 중무장한 경비원들과 함께 숲으로 끌려가 노동을 하게 되었다. 매일 아침 6시에 빈약한 식사를 하고 옷을 입고는 마당에 25명씩 모인 후 섭씨 영하 25도에서 30도쯤 되는 날씨에서 12시간씩 노동을 하도록 내몰렸다! 사실, 그들은 일일 노동 할당량을 수행하기 위해서는 700그램보다 더 많은 1,000그램의 빵을 받기로 되어 있었다. 하지만 그들이 소비하는 에너지나 그곳의 추운 날씨를 고려하면, 일하지 않는 상태에서도 500에서 600그램 정도는 생존에 필요했다. 시간이 지남에 따라 더 많은 노역자가 필요하게 되자, 25년형을 받은 죄수들도 불려 나가기 시작했다. 정확한 이유는 모르겠지만, 나는 25명의 그룹을 이끄는 조장의 한 사람으로 뽑혔다. 1939년 12월의 가장 추운 날이었다.

우리 조의 25명은 모두 20년 이상의 징역형을 선고받은 죄수들이었다. 모두가 외국인이었고, 대부분 발트해 국가에서 온 교육수준이 낮은 젊은이들이었다. 매일 아침, 수용소의 문을 통해 각각 둘씩 무장한 경비원이 붙은 25인으로 구성된 12개의 조가 추위에 떨면서 잿빛 혹한의 새벽으로 걸어나갔다.

울창한 숲속 길을 따라 줄지어 펼쳐지는 300명 넘는 검은 군상들이 길에 쌓인 눈과 대비되는 광경은 매일 아침 나에게, 그리고 우리 각자 모두에게 각각 다가온 절망과 비극을 재현해주었다. 그들이 수용소 땅을 나와 숲으로 걸어 들어갈 때마다 이어지는 죽은 듯한 침묵은 그 느낌을 더욱 강하게 했다. 이따금 대열 속에서 누군가가 기침하는 소리나 죄수들의 면양말 아래 얼어붙은 눈이 뽀드득거리는 소리만이 광활한 아르한겔스크 삼림의 깊은 침묵을 깨뜨렸다. 오! 얼마나 잔혹한 상황이었던가!

위스콘신주 밀워키에서, 증기난로와 최신의 편의시설이 갖춰진 전형적인 미국 가정집의 내 방에 편안히 앉아서 그들의 삶을 글로 옮기는 이때에도 차가운 떨림이 척추를 통하여 전해진다. 내가 지내온 그 시기가 놀라웠고, 또한 어떻게 지구상의 그런 지옥에서 살아 나왔는지 다시금 놀라울 뿐이다.

수용소에서 노역장까지는 보통 25분에서 30분 정도 걸렸다. 인류가 경험한 방법 중 가장 원시적인 방법으로 나무를 벌목해서 무거운 통나무를 끌고 가는 일은 잘 먹고 튼튼한 노동자들에게조차 힘든 작업이다. 이런 작업이 1년 반에서 2년 동안 굶어 죽을 정도로 적은 양의 빵과 물을 먹고 살았던 우리에게 주어진 것이다! 각자의 작업은 소련 정부의 '기준노동량'이라 알려진 세부적인 원칙에 따라 엄중하게 부여되었다. 빵의 일일 배급량은 전날의 '기준노동량'의 달성률에 따라 엄격히 책정되었다. 100%를 달성하면 700그램의 빵을, 100에서 110% 달성은 800그램을, 110~125%엔 900그램을, 125%나 그 이상일 경우에는 1,000그램을 받았다. 반대로 달성을 하지 못할 경우에는 10%마다 100그램씩 빼서 400그램을 받을 때까지 이렇게 계산된다. 만약 배급받을 빵의 양이 400그램에 못 미칠 경우에는 수용소의 형벌로 하루에 300그램과 물 배식만 받게 된다.

우리는 모두 이의를 제기하지 않고 감독관의 규칙을 잘 따른 점잖은 사람들이었기 때문에, 감독관이나 수용소 관계자들은 우리를 편하게 대했다. 나중에 진짜 범죄자들, 절도범이나 살인범, 정치범이 아닌 범법자들과 함께 수용된 적이 있었다. 나는 그런 사람들 중에 수십 명, 아니 수백 명이 노역에 동원되는 것보다 감옥에 갇혀 지내는 것을 더 좋아하는 것을 보았다. 소련법에 비정치범은 아무리 끔찍한 범죄라 할지라도 최대 10년의 징역형만 받을 수 있다고 규정하고 있다. 다시 말하지만, 수용소에서 이런 범죄자들에 대한 취급은 우리처럼 조작된 정치범들에 대한 대우에 비해 훨씬 자유롭고 너그러웠다. 주방에서 일하거나, 빨래를 한다거나, 막사 청소를 한다거나, 사무 업무를 보는 등의 쉬운 일들이 그들에게 우선 주어진다.

숲속에서 일하는 동안은 우리에게 이탈할 기회는 전혀 없었다. 신중하게 선별된 경비원들이 소총으로 무장한 채 전략적 위치에 배치되어 있었고, 맡은 작업에 따라 우리들이 숲에 흩어져 있어도 그들의 시선이 우리를 떠나는 일은 결코 없었다. 수행할 작업의 형태, 위치와 결과는 조장에게 위임되었고, 조장은 25명 전체 조원들을 책임졌다. 작업 인력의 50%는 나무를 벌목하는 데 투입되었고, 나머지 50%는 운반을 했다. 각 그룹은 죄수 4명씩 구성된 6개 분조로 나뉜다. 조장은 조원들의 작업 이행률에 따라 보상을 받는다.

벌목은 서 있는 나무를 톱질하여 쓰러뜨리는 일인데, 그런 다음 수작업으로 통나무의 곁가지를 치고 표준 크기로 자른다. 그러면 다른 조원들이 와서 이것들을 강둑으로 끌어내려 강변을 따라 쌓아 올린다. 이 작업은 눈이 녹기 전에 끝내야만 했고, 죄수들은 날씨가 따뜻해지기 전에 이 구역을 벗어나야 했다. 따뜻해지면 자유노동자나 일반 죄수가 왔는데, 소련 당국은 통나무를 강 아래로 띄워 보내는 일은 믿을 수 있는 자들에게 맡기려는 것이었다.

벌목과 통나무를 옮기는 작업은 등이 휠 만큼 고된 일이었다. 각 작업자들의 작업량을 엄격하게 계산하고 평가하면 대부분 700그램의 빵조차 얻기 힘들었을 것이다! 때문에 내게 가장 중요한 일은 우리 조원들에게 최대량의 빵, 즉 각자에게 1,000그램의 빵을 제공해주는 일이었다. 만약에 우리가 매일 옮긴 통나무 수에 비례해서만 빵을 받는다면 가망이 없었다. 우리 조원들은 통나무 옮기는 일을 맡고 있었다. 이 목적을 위해서 내가 깔끔하게 인쇄된 듯한 일일 보고서를 올릴 수 있었다는 점은 행운이었다. 이는 작업량을 지휘하는 사무실 직원에게 아주 좋은 인상을 주었다. 처음 일주일 동안에 나는 매일 불려가서 작업시간 내내 감독을 받으면서 나의 보고서에 대한 검증을 받았다. 그러나 일주일이 지난 다음부터 내 보고서는 항상 기록된 그대로 검증을 통과했다.

매일 일과가 끝나면, 수용소 당국은 최종적으로 접수처로 운반된 통나무 양에 대해 세밀하게 살펴봤다. 그러나 그들은 이 통나무들을 얼마나 멀리 끌고 왔는지에 대해서는 별로 신경 쓰지 않았다. 사실, 통나무 더미들이 숲속에 광범위하게 흩어져 있기 때문에 직접 가서 확인해보는 것은 힘겨운 일이었을 것이다. 통나무를 옮기는 '기준노동량'은 두 가지, 즉 옮긴 통나무의 양과 각 통나무를 옮긴 거리에 의존한다. 거리가 멀수록, 그 양은 줄어들게 된다.

또한 동시에, 매일 아침 일을 시작할 때 통나무를 끌고 갈 운반통로를 만들어야 했다. 치워야 할 눈의 양을 결코 재보지는 않았지만, '기준노동량'에는 분명 눈을 치우는 삽질이 들어 있었다. 통나무 집결지까지 운반한 통나무의 양을 정확하게 지키면서도, 운송 거리나 치운 눈의 양으로 미달성자들을 도와줄 수 있는 여지는 항상 충분히 있었다.

내 조의 조원들이 1인당 1,000그램 미만을 받는 날은 단 한 번도 없었다. 조원들이 열심히 일한다고 여겨지면 수용소 당국의 엄격한 통제도 조금 느슨해진다. 조원들 사이에서도 나의 리더십에 대한 만족감이 높았다. 확실히 이런 장부 조작에는 위험이 따른다. 한번 걸리면 나는 수용소 내 감옥에 갇힐 테고, 아마도 분명 허약해진 건강이 더욱 악화될 것이다. 나와 똑같은 동료 수감자들의 고통을 보면서, 도대체 인간적 양심이 있다면 개인적 위험이 따른다고 해서 이런 올바른 일을 주저할 수 있겠는가? 나의 미래는 불확실하다. 죽음이란 언제라도 올 수 있다. 나는 그것을 알고 있고, 지금 같은 상태에서 노동을 계속해야 한다면 최대한 1, 2년밖에 버티지 못할 것이며, 이런 심한 조건에서는 난 이미 끝난 것이나 다름없었다.

나는 오늘 이날까지도 우리 죄수들 개개인에게 가해졌던 고통을 잊을 수 없다. 솜으로 누벼진 재킷과 반바지, 귀덮개가 달린 모자, 마지막으로 양말까지, 이것들로는 가혹한 바람과 섭씨 영하 3, 40도의 날씨에서는 별로 보호를 받지 못했다. 발의 온기는 차츰 양말의 바깥쪽 바닥까지 다다라서 양말 밑에 붙어 있던 눈과 얼음을 녹인다. 반나절이 지나면 발은 젖은 채 언 발이 되어 무감각해진다. 나는 귀덮개 모자를 펄럭이며 네 명의 대원들이 각자 사방의 네 끝에서 밧줄을 등에 감고 두 발로 서서 통나무를 끌어당기면 젖은 발은 뒤로 밀려나 미끄럽고 얼어붙은 땅속으로 박혀버리는 것을 보곤 했다. 몸부림치며 힘들게 일하는 그들의 움직임은 전설적인 볼가강의 배 끄는 노역꾼들을 연상시켰다. 그런 지옥 같은 삶을 살며 우리의 희망과 야망은 배고픔을 만족시키는 단순한 동물적 본능으로 전락해버렸다. 매일 밤, 고된 일과를 마치고 막사로 돌아오면 나는 조원들 중 한 명을 데리고 열심히 일해서 얻은 빵 25조각을 받아 왔다. 물론 각 덩어리들의 무게는 신중하게 측정되었고, 때로는 정확히 1,000그램을 맞추기 위해 몇 조각을 합치기도 했다.

그러나 배고픈 죄수들의 눈에는 항상 다른 사람 몫이 자기 것보다 더 크게 보이기 마련이다. 다들 어떤 다른 문제에 대해서는 바로 화해할 준비가 되어 있는 사람들이지만, 빵의 분배에 있어서는 절대적인 공정성만이 그들을 만족시킬 수 있다. 25개의 소중한 빵 조각을 가져오면, 나는 즉시 그 24명의 동료들에게 둘러싸인다. 나는 그중 한 명에게 돌아서서 빵을 보지 않도록 한다. 내가 빵 한 조각을 가리키면서 "누구에게 줄까?"라고 말하면 그 돌아선 사람은 25명 중 한 명의 이름을 외친다. 빵을 다 나눠줄 때까지 이것이 반복된다.

디오민(Dyomin)은 호감이 가는 친구였다. 에스토니아의 농민 가정에서 온 그는 30세쯤 되었었다. 보통 때는 몸무게가 200파운드(90kg) 정도 되었을 것인데, 지금은 140에서 150파운드(68kg) 정도로 줄어 있었다. 그래도 조원들 중 가장 강했고 작업의 주요한 대부분을 담당했다. 그의 훌륭한 심성과 그에게 주어진 몫보다 더 많은 일을 할 준비가 되어 있는 그는 여러 가지로 조원들에게는 기름이 잘 칠해진 기계나 마찬가지였다. 디오민과 같이 단순하고, 좋은 심성 그리고 자기 몫보다 더 일하려는 용의를 가진 청년은 어떤 나라에서든 큰 자산임에 틀림없다. 그러나 소위 소련식의 정의는 그에게 외국 스파이라는 혐의를 씌웠다. 디오민은 수용소의 300명이 넘는 재소자들 중 한 예일 뿐이다. 이 수용소는 단지 시베리아와 북극 광야의 숲과 대초원의 광대한 영토에 걸쳐 있는 수만 개의 수용소 중 한 곳에 불과하다.

밖에서 10시간에서 12시간의 고된 노동 후 지칠 대로 지친 죄수들은 새벽에 수용소를 나갈 때와 마찬가지로 수용소 안으로 내몰렸다. 수용소에 닿기도 전에 이미 칠흑같이 어두웠다. 빵 배급의 첫 번째 흥분이 끝나고 나면 뜨거운 수프 한 대접(약 2분의 1 파인트[13])과 100그램 정도의 '카샤'[14]가 저녁으로 주어진다. 다들 젖어서 언 발이 마비되고 부어서 매일 밤 양말을 벗느라 곤욕을 치른다. 젊은 육체의 활기보다 더 멋진 것은 무엇일까? 학대와 고통 속에서도, 우리는 한 인간으로서 매일 아침 점호를 받으려 문 앞으로 나설 것이다!

이런 삶이 몇 달간 지속되자, 많은 불운한 이들은 이런 힘든 노동을 견뎌내지 못했다. 허약해진 그들은 뽑혀서 '약자 소대'라고 알려진 집단을 형성했다. 그들의 빵 배급량은 줄어들었다. 작업량이 감소했다 하더라도, 음식 배급은 아마도 더 삭감되었을 터이다. 계속 등급이 떨어지면 결국 수용소에서도 버려진다. 이 비인간적인 고통으로부터 그들을 구하기 위한 죽음이 그들에게 당도하는 것은 시간문제다. 참 슬프게도, 이 수용소 안에서 유일하게 진정한 친구였던 메이너드 출신의 헨리 존슨이 '약자 소대'에 가야만 했다. 1940년 3월 초의 일이었다!

봄의 햇살이 개간지의 눈을 녹이기 시작하는 4월이 되면서 죄수들의 몸과 마음도 따뜻해졌다. 그러나 여전히 누빈 무명 양말 위에 부츠를 신은 발은 이른 아침부터 밤까지 얼음처럼 차가운 물에 젖어 있었다. 4월 중순에는 모든 노역 캠프가 문을 닫았고 우리는 아르한겔스크 임시 수용소로 돌아가게 되었다. 5개월 전 내 약해진 다리 때문에 걸을 수 없었던 15킬로미터의 거리는 돌아가는 길에서는 내게 아무런 문제가 되지 않았다. 노역 캠프로 가던 때, 나와 함께 사형 선고를 받고 9일을 사형수 감방에서 같이 기다렸던 25년형 복역수인 늙은 오스트리아인 그릴(Grill)은 길 가운데 남겨져, 길가에 있는 다른 노역 캠프에 수용되어야 했었다. 몸이 매우 허약해져서 그 거리를 걸을 수가 없었다. 돌아오는 중에 우리는 그가 지난 11월에 그 캠프에 남게 된 이후 곧 사망했다는 사실을 전해 들었다.

아르한겔스크 임시 수용소는 2만 명 이상의 죄수를 수용할 수 있는 드넓은 지역을 점

---

13 2분의 1 파인트(pint) : 한 컵 정도의 분량(275ml)을 일컫는 단위이다. − 역자 주
14 카샤(Kasha) : 동유럽식 오트밀 죽을 뜻한다. − 역자 주

거하고 있었다. 이 수용소에는 수천 명의 정치범들과 일반 범죄자들이 몰려 있었다. 그들은 이 불운한 영혼들을 마치 넓은 시카고 가공소의 뜰로 내몰리는 가축들처럼 다뤘다. 솔로베츠키 수용소를 떠난 이래 계속 함께했던 우리 300명은 드넓은 죄수들의 바다에서 단지 양동이 속의 물 한 방울과 같았다. 원래 우리는 지난 가을에 북극 지방으로 보내질 예정이었는데, 11월에 아르한겔스크에 도착했을 때는 이미 북극해의 항해 시즌이 끝나서 임시로 근처의 '쿠루폴다' 수용소에서 겨울을 나게 된 것이었다.

우리는 7월까지 3개월 동안 임시 수용소에 머물면서 북극해 항해 시즌이 시작되기를 기다렸다. 이 거대한 임시 수용소에 3만 명을 넘어 4만 명에 이르기까지 매일 죄수들이 쏟아져 들어왔다. 그 속에는 300명 이상의 중국인 죄수들이 있었는데, 그들은 딱 보기에도 산동성의 문맹인 막노동자들로, 도시민들을 위해 채소를 경작하려고 소련의 극동지역, 블라디보스토크, 하바롭스크, 이르쿠츠크나 시베리아 중심지로 왔던 사람들이었다.

빈곤층과 소외된 노동자와 농민이 승리한다고 공언해온 나라가 이 무고하고 글도 모르는 사람들을 몰고 와서 10년, 15년, 20년의 징역형을 주었다!

아르한겔스크 항구 부두에서는 선박의 적재 및 하역 작업이 빈번하게 이루어져야 했다. 수용소 당국은 우선 일반 죄수들을 선발하여 동료 죄수의 감독하에 하루에 20 내지 25명씩 그룹을 지어서 수용소 밖으로 내보냈다. 각 죄수들에겐 출입증이 주어졌고, 그들은 자유롭게 수용소를 드나들었다. 일반 죄수들의 공급이 모자라게 되자 정치범들도 불렸다. 이렇게 되자, 경비가 삼엄해졌고, 두 명의 무장한 경비병이 각 그룹을 따라 다녔다.

중국인들은 일을 열심히 하는 사람들로 보였다. 25명으로 구성된 중국인 그룹은 모두 정치범들이었지만 형은 10년 이하였다. 이들은 대부분 중국어로든 다른 말로든 이름 정도만 쓸 수 있었다. 그래서 보고서 작성은 나에게 맡겨졌다. 하지만 나는 25년형을 받은 죄수이기 때문에 그룹과 함께 수용소 밖으로 나가게 하진 않았다. 그러므로 매일 아침, 문 앞까지만 따라가서 무장 경비병과 함께 중국 노동자(수감자)들을 내보내고, 매일 저녁 그들이 돌아왔을 때는 그중 한 사람인 고유량(Koh Yu Liang)이 어떤 일을 얼마만큼 했는지 나에게 얘기했다. 나는 그에 따라 보고서를 썼고, 그들을 위해 빵을 받아왔다. 이 일은 약 3개월간 지속되었고, 나는 하루 종일 아무 일도 하지 않고 노동자의 배급을 받고 있었다.

때로는 죄수들의 마음에 불행한 동료의 사정에 대해 동정심이 일어나는 것을 보게 된다. 수용소를 자유롭게 드나드는 범죄자 중 한 사람이 정치범들에 대해 상당한 동정심을 갖고 있었다. 그는 소비에트 정권이 아무짝에도 쓸모없다고 말하는 걸 전혀 주저하지 않았다. 죄수로 감옥 생활을 하다 보면 우리는 배우는 게 하나 있는데, 바로 밀고자를 알아보는 거다. 이 특별한 죄수는 나에게 진정한 동정심을 보여주었다. 기회가 있을 때마다 우리는 즐거운 시간을 함께 보내곤 했다. 하루는 그가 내게 미국에 있는 내 아내에게 편지를 쓸 수 있게 종이와 봉투를 구해다 주고, 무엇보다도 그 편지를 부쳐주겠다고 말했다.

곤경에 처할지도 모른다는 두려움에, 그의 제안을 단번에 받아들이진 않았다. 그러나 그가 떠나갈 때, 나는 생각을 거듭하다가, 내 아내가 소련을 떠났는지 확실히 알지 못하지만, 마침내 뉴욕의 아내에게 몇 줄 쓰기로 결정했다. 내 메시지는 다음과 같은 것이었다. "폴린에게, 먼 북쪽으로 향하던 길에 임시로 아르한겔스크에 머무르고 있소. 몸은 건강하지만, 정신적으로는 몹시 지쳐 있소. 허브(Herb)." 그 친구에게 편지를 전했고, 어떻게 되었는지는 몰랐다. 내 유일한 희망은 폴린이 편지를 받고 내가 아직 살아 있다는 것을 알 수 있기를 바랐다. 11년을 헤어져 있은 후에 확인했는데, 그녀는 그 편지를 받았다고 했다!

수용소 내에는 우리가 막 개발을 시작한 보르쿠타 석탄 지구로 보내지기 위해 아르한겔스크에 모여 있다는 소문이 돌았다. 우리들은 백해에서 북극해로 출항하기 위해서 따뜻한 날씨를 기다리고 있었던 것이다. 그동안에 수감자 수는 계속 늘어났다. 수용소는 더 이상 우리에게 익숙한 조용하고 평화로운 곳이 아니었다. 범죄자들 사이에서 매일 싸움이 일어났다. 물건을 도난당하고, 배급받은 빵이 사라졌다.

날씨는 점점 더워졌다. 태양은 지평선 아래로 매일 몇 시간밖에 내려가질 않았다. 다양한 소문들이 돌고 있었다. 어떤 소문에 따르면, 보르쿠타 캠프가 수감자들에게 배급을 제일 잘 준다는 것이었다. 석탄 지구 개발이 최우선 순위라는 것이다. 제2의 돈바스가 될 거라고 했다. 다른 이들은 일단 그곳에 끌려가면 다시는 빠져나올 수 없을 것이라고 한다. 모든 이들이 조급해지고 있었다. 이런 불안정한 수용 생활은 모두를 신경질적으로 만들고 있었다.

4. 보르쿠타로 이동, 보르쿠타의 초기 생활, 제2지구[15]

7월 1일, 아르한겔스크 임시 수용소에서 큰 소동이 시작되었다. 솔로베츠키에 배정되었던 죄수들이 첫 번째로 떠날 예정이었다. 5천에서 7천 명가량의 죄수들이 아르한겔스크 항구에 정박해 있는 3척의 화물선에 실리게 되어 있었다. 이때까지 미국인 친구인 헨리 존슨 이외에 중국인 친구 고유량과도 함께했으나, 감옥생활을 같이하고 싶지 않은 몇 몇과도 함께 있었다. 이건 전적으로 우연에 달려 있다. 수감자들이 함께하거나 떨어지게 되는 것은 그들이 원하는 대로 되는 일이 아니었다.

고유량과 나는 1,500명 가량의 다른 죄수들과 함께 3천 톤 급의 화물선의 앞칸에 배치되었다. 1,500에서 2,000명의 수감자로 구성된 6개 조가 서로 완전히 다른 집단으로부터 호명되어 만들어졌다. 각 증기선은 각각 3천에서 4천 명을 수용할 수 있는 2개의 선창을 갖고 있었다. 선박 제조사의 이름을 보니 내가 타고 있던 화물선은 영국에서 만들어진 것이었다. 이 배의 제조자들은 이 노동과 자본의 산물이 훗날 소련 관료들에 의해 무고한 영혼들을 고문하기 위해 사용될 것이라고는 짐작도 못 했으리라는 생각이 떠올랐다.

선상의 죄수 생활을 자세히 이야기하기 전에, 선창에 처박아지기 전에 거쳐야 했던 준비 작업에 대해 몇 마디를 해보자.

각 죄수의 이름을 불러 두 번씩 확인을 했다. 죄명과 징역 기간도 신중하게 확인했다. 경비대가 지키고 있는 가운데에, 줄을 선 죄수들이 한 명씩 중앙의 심사대를 지난다. 각 그룹을 경비대가 둘러싸고, 6천에서 7천 명을 심사할 때까지는 때때로 하루 이상이 걸릴 때도 있다. 보통 죄수들은 야외에서 땅에 앉거나 누워서 온 밤낮을 보내야 했다. 식량 배급은 소홀해져서, 어떤 날은 하루 종일 빵 배급도 없이 지나갔다.

우리가 화물선에 태워진 때는 7월이었다. 북극에 가까운 아르한겔스크에선 태양이 단 몇 시간 동안만 수평선 아래로 사라진다. 3천 명가량의 인원을 실은 화물선에 출항 명령이 내려졌다. 내가 탄 선창의 1,500명은 대부분 보통 범법자들이었고 정치범의 비율은 적어 보였다.

---

15 이 친필수기의 마지막 부분이 중간(원문의 III장)에 들어 있어서, 내용의 맥락에 따라 바로잡았다. - 역자 주

선창에는 창이 딱 하나만 밖으로 나 있었고, 그 뚜껑마저 닫히면 선창 전체가 칠흑같이 어두워졌다. 화물 적재 및 하역을 위한 문은 항상 잠겨 있었다.

거기에는 5개의 나무 갑판이 있었는데, 위 아래 간격이 4.5에서 5피트 정도 되었다. 너비가 딱 사람이 들어가 누울 정도밖에 안 되어서 갑판이라 하기보다는 나무 선반에 가까웠다. 선창 벽을 따라 선반들이 설치되어 있었다. 가운데에도 선창의 길이를 따라 쭉 이런 선반들이 책상 5개 정도의 깊이로 몇 줄 더 늘어서 있었다. 각자 소지품을 들고서 이 선창 아래로 내려가자 먼저 얼굴에 뜨겁고 답답한 공기가 닿았다. 새벽 3시에 해가 뜨고 오후 11시 반에서 12시쯤 진다. 해는 북쪽에서 뜨고 진다. 햇볕은 새벽 3시부터 비추기 시작하여 증기선의 옆면과 윗면을 뜨겁게 달군다. 검은 페인트는 다른 색보다도 더 많은 열을 흡수해서 아침 7, 8시쯤이 되면 선창 안은 빵 굽는 오븐같이 된다. 수감자들은 속 팬티만 남기고 그 외의 옷은 다 벗기 시작한다. 온몸에 큰 땀방울들이 맺히기 시작한다. 갈증을 느끼고 물을 더 달라고 외쳐대기 시작한다. 배급된 식수는 다 마셔버린 지 오래되었다. 물을 달라는 소리가 간수들의 귀에도 한결같이 들어갔지만 더 이상 마실 물은 없었다. 그 외침은 강렬했고, 시달림에 지친 간수들은 강물을 끌어다 아래에 있는 목조 탱크를 채웠다.

설사가 발생했고, 며칠 지나지 않아 이질로 진행되었다. 화장실을 향한 요란한 줄은 갈수록 길어졌다. 외부 갑판에 임시로 마련된 변소 시설은 한 번에 5명만 쓸 수 있다. 밤낮으로 줄이 끊이질 않았다. 선반 가운데에 앉아 있으면 나의 얼굴과 몸에서 굵은 빗방울 같은 땀방울이 흘러내렸다. 나는 영원한 지옥 불을 느끼기 시작했다. 그렇다, 이것이 바로 그 영원한 지옥 불이었다. 뜨겁지만 짧은 시간에 내 몸을 태울 만큼 뜨겁진 않다. 나에게 딱 고통을 줄 만큼 충분히 뜨거운 지옥 불이었다. 그래서 나에게 지옥 불을 연상케 했다. 그렇지, 난 죽어서가 아니라 살아생전에 지옥을 경험해봤다.

고유량과 나는 선창을 내려가 중앙 선반에 자리를 잡았었다. 승선이 진행되는 동안 다른 죄수들이 우릴 지켜봤음이 분명하다. 우리 둘은 속옷 몇 벌과 일상복들, 겨울 외투와 담요 하나가 들어 있는 보따리를 하나씩 들고 있었다.

이 소지품들은 승선 때부터 우리가 잘 관리했는데, 추위를 이겨내기 어려울 정도로 빈약한 옷을 입고 있는 죄수들에게는 무척 탐나는 물건들이었을게다. 우리가 선창으로 내려와서 자리를 잡은 지 약 15에서 20분도 되지 않아 세 놈들이 우리에게 달려들어 보따리를 빼앗으려 했다. 고유량과 나는 그들을 떨쳐낼 수 있었다. 또 15분 정도가 지났을 때 이번에는 열댓 명에서 스무 명에 이르는 죄수들이 우리 둘을 공격했고, 몇몇은 잭나이프를 지니고 있었다. 우리에게 승산은 없었고, 결국 몸에 지니고 있던 걸 제외하고는 모두 빼앗기고 말았다. 우리에겐 각자 반바지 한 벌뿐이었다!

이 모든 일은 배가 닻을 올리기도 전에 일어났다. 선창에 들어간 다음 날 배는 아르한겔스크를 출항해 드비나강(River Dvina)을 따라 내려갔다. 15킬로미터 남짓 가다가 멈춰서 강 한가운데에서 다시 닻을 내렸다. 거기에서 하루, 이틀, 사흘, 나흘, 닷새째 그렇게 서 있었다. 아무도 왜 우리가 정지해 있는지 알 수 없었다. 얼마나 오래 이 강 가운데에 서 있게 될지는 아무도 모른다는 소문이 조금씩 돌기 시작했다. 북극으로부터 내려오는 빙산의 해류는 무르만스크항을 지나 백해 입구로 흐르고 있었다. 이 해류가 여러 날 지속된다면 그동안에는 안개와 빙산들 때문에 항해가 불가능해진다.

무더운 7월의 날씨는 무자비하게 우리를 괴롭혔고, 설사와 이질병은 더욱 심해져서 죄수들 중 12명은 다른 구역으로 격리되었다. 두 명은 이미 사망했다는 소문도 돌았다. 이것이 배가 닻을 내린 지 5일 만이었고, 이제 이질은 우리 모두를 덮쳤다. 이제 60% 이상의 수감자가 선창에 누워 있었다. 그렇다, 배는 계속 그렇게 서 있었다. 13일째가 되어서야 닻을 올리기 시작하는 소리가 들렸다. 사방의 사람들이 설사와 이질로 허약해졌다. 배는 선회하여 다시 아르한겔스크로 향했다. 선장이 이 병든 죄수들을 바다로 데리고 나가기엔 위험 부담이 너무 커서 항해를 거부했다는 소문도 돌았다.

아르한겔스크로 돌아와 우리 배의 3천 명 모두가 큰 야적장으로 끌려 나왔다. 그중에 2천 명 이상이 되는 죄수들이 7월의 태양 아래 땅바닥에 누워 처분되기를 기다리고 있는 장면은 볼 만했다. 내 친구 고유량 역시 강물을 마셨기 때문에 불행한 병자 중 한 명이 되었다. 수용소 당국은 의사들과 함께 와서 3천 명 중에 다시 배에 태울 수 있을 만큼 충분히 건강한 800여 명을 골라냈다.

나도 그 800명 중 한 명이었고, 반바지 하나만 입고 다른 옷은 입지 못한 채 신발도 없이 다른 사람들을 따라가고 있었다. 헐벗고 맨발에다가 굶주린 나도 역시 곧 2천 명이 넘는 동료들과 같은 운명에 빠지게 될 것이라는 걸 깨닫기 시작했다. 그들은 병들어서 목숨이 경각에 달려 있었다! 내가 이번에 아프지 않았던 유일한 이유는 강물 마시는 걸 자제했기 때문이었다. 그 배에선 매일 아르한겔스크에서 가져온 식수를 일정량 배급해주었고, 나는 그때서야 물을 마셨었다. 그 외에는 아무리 목이 말라도 참았다. 그들이 선별하기 위해서 배에서 우리들을 내려보낼 때, 나는 이미 매우 약해져서 거의 걸을 수 없는 상태였지만, 그래도 나는 건강한 800명 중 하나로 뽑혔다.

2천 명이 넘는 새 죄수들이 원래 800명에 더 추가되었고, 우리는 새로운 이들을 위해 별수 없이 자리를 내주었다. 일단 바다로 나가자 바다는 거친데 배는 아주 작아서 경비대원을 포함한 모두가 뱃멀미를 해댔다. 경비원들은 너무 아파서 오히려 우리에게 부담이 되었다. 그들이 생각해낸 가장 간단한 해결책은 3천 명이 그득한 선창의 문을 닫아버려 마치 덫에 걸린 쥐떼들처럼 가둬두는 것이었다. 배는 북극의 공해상에서 2일 3박 동안 심하게 흔들리더니 백해를 빠져나와 무르만스크를 지나 북극해의 북동쪽으로 향했고, 마침내 페초라(Pechora)강에 다다랐다. 페초라강을 따라 조금 거슬러 올라가 나리얀 마르(Naryan-Mar)라는 작은 마을에 닻을 내렸다.

나리얀 마르에서 하선하며 다른 죄수가 떨어뜨리고 간 낡고 더러운 셔츠를 집어 들었다. 지저분한 데다가 맨발에 북극 밤의 찬바람에 덜덜 떨고 있던 나의 그때를 돌이켜 생각해보면, 다시금 나는 어떻게 소련의 수용소에서 살아 나올 수 있었는지 놀라울 뿐이다. 추위에 이가 덜덜 떨리고 발은 쑤셨는데, 무장한 경비병들에 둘러싸인 채로 야외에서 밤을 지냈기 때문에 밤 내내 영하의 추위에 직면했다. 높은 위도로 인하여, 7월도 밤에는 따스함을 갖다 주지 못하는 것 같았다. 맑고 차가운 하늘 아래, 북극성이 바로 우리 머리 위에 있는 드넓은 극지방의 벌판에서 5, 6천 명의 영혼들이 서로 온기를 간직하여 이미 잃은 것이나 마찬가지인 목숨을 보전하기 위해 한데 뭉쳐 있었다. 북극지방에서 무엇이 그들을 기다리고 있을지 생각이나 해보았을까? 그들이 무슨 생각을 했는지 확실이 나는 모른다. 나의 경우 내 마음은 텅 비어 있었다. 배고프고, 헐벗었고, 춥다는 느낌이 모두 다였다. 그것 말고는 아무것도 생각할 것이 없었다! 추위에 잠 못 이루는 밤이 마침내 끝나고 하늘 높이 태양이 떠오르자 얼어붙었던 몸이 따뜻해지기 시작했다. 지난밤은 이미 잊혀졌고, 오직 그날에 관한 생각뿐이었다!

죄수들을 페초라강 상류로 데려가기 위하여 바닥이 평평한 바지선이 이미 거기에 있었다. 페초라강은 유럽 쪽 러시아에서 유일하게 북극해로 흘러 들어가는 강이다. 이 강은 우랄산맥 북쪽 고지대에서 발원하여, 북극권에 접한 광활한 지역과 러시아의 여러 유럽 지역을 돌며 흐른다. 이 강에 합쳐지는 수많은 지류들이 있다. 우사강(Reka Usa)과 보르쿠타강(Reka Vorkuta)은 이 강의 중요한 두 지류이고, 우리는 페초라강이 우사강을 만나는 곳까지 페초라강을 거슬러 올라가야 했다. 그런 다음 우사강에 다다르면, 우리가 내려야 할 곳인 보르쿠타강까지 계속 올라가야 했다. 거리는 250에서 300마일 정도로 그렇게 먼 거리는 아니었지만, 바지선의 엔진이 워낙 작고 약해서 하루에 기껏해야 20에서 25마일밖에 가질 못했다. 그래서 바지선은 밤낮으로 항해했다.

야외에서 얼어붙은 채로 밤을 지냈기에 바지선에 타는 건 그날의 가장 반가운 이벤트였다. 우리는 오후 늦게 바지선으로 내몰렸다.

눈이 닿을 수 있는 범위까지 주위를 아무리 둘러봐도 그 지역에는 누군가 살고 있는 흔적이 전혀 보이지 않았다. 우리들 눈앞에는 보통 남자의 키와 견줄 만한 야생 관목들이 광활한 극지대 평원에 펼쳐져 있었다. 나리얀 마르가 가까울 텐데 어떤 도시도, 심지어는 마을의 흔적조차도 볼 수 없었다. 나리얀 마르는 오래된 도회지이다. 차르 제국 시절 정치범들의 벽지 수용소였다. 이제 소련 체제하의 나리얀 마르는 더 이상 그런 전초기지가 아니었다. 이곳은 바다와 강에 접해 있는 정상적인 항구였고, 죄수들에 대한 짜임새 있고 세심한 감독이 결코 허술하지 않았다. 아마 감시원들이 우리를 툰드라에 풀어주었다 하더라도 우리 중 대부분은 기아와 추위로 틀림없이 죽었을 것이다. 약 60피트의 길이에 15피트 내지 20피트 너비의 바지선 위에는 견고한 나무 지붕이 덮어져 있었는데, 양쪽에 밖을 볼 수 있는 몇 개의 작은 구멍들이 있었다. 밖으로 트인 공간은 앞뒤 양 끝에 있었는데, 무장한 경비대원들이 둘씩 밤낮으로 지키고 있었다.

한 바지선에 800여 명의 죄수들이 가득 메워져 있었다. 사방으로 꼭 끼어 있어서 한 죄수가 일어서기라도 하면 곧 그의 자리는 없어졌다. 밤에 자면서 등을 바닥에 붙이고 잠을 잔다는 호사스런 방법은 생각할 수도 없었다. 모두가 한쪽으로 누워서 자야 했고 꽉 끼어서 누가 다른 쪽으로 돌아누우려면 모두가 몸을 초승달처럼 구부려서 일제히 돌아누워야 했다. 이렇게 어쩔 수 없는 상황에 처하게 되면, 바로 옆의 죄수가 흉악범만 아니라면, 누구나 적응하게 되고 긴장을 풀려고 최대한 노력을 하게 된다. 야외의 추위가 더 이상 나를 괴롭히진 않았지만, 벌거벗고 더럽고 지친 새로운 죄수들 틈에 끼어서 나는 아무리 해도 잠을 이룰 수 없었다. 배급이 준비되지 않았기 때문에 처음 며칠 동안은 정기적인 음식과 빵이 없었다. 죽이 담긴 통이 덮개 밑으로 들어오면 800명의 굶주린 영혼들이 자신의 몫을 위해 투쟁했고, 경비대원들이 우리에게 가까이 올 때쯤 되면 죽통은 항상

다 비어 있었다. 이 며칠간의 곤궁한 처지는 고스란히 내 얼굴에 나타났다. 우리들은 달팽이 같은 속도로 3일째 강을 거슬러 올라가고 있었다.

같은 죄수복을 입었지만 우리보다 훨씬 잘 차려입은, 인텔리로 보이는 죄수가 간수들과 함께 와 수감자들을 쭉 훑어보았다. 그들이 내 앞에서 멈추더니 나를 한참 쳐다보았다. 그런 다음 그 죄수는 내게 요리를 할 줄 아느냐고 물었다. 이 바지선에서 요리를 한다는 건 일 인당 배급량에 죄수 수만큼 곱한 양을 바퀴 달린 큰 군대식 쇠솥에 물과 함께 넣고 끓이는 것을 의미했다. 누구라도 할 수 있는 일이었고, 나는 고개를 끄덕였다. 소지품을 챙겨서 따라오라고 했고, 나는 아무것도 가진 게 없었기에 즉시 그들을 따라 이 답답한 바지선에서 나갔다.

그들은 나를 바지선의 평평한 지붕 위로 데려갔다. 거기엔 몇 개의 바퀴 달린 군대식 쇠솥이 있었고, 옆에는 모든 종류의 식량과 의복을 저장해두는 방이 임시로 만들어져 있었다. 인텔리처럼 보이는 죄수는 그중 우두머리였고, 정치범은 아니었다. 그는 이번 여정에서 바지선 전체를 책임지고 있었다. 소련 형무소의 정책에 따라, 일반 죄수 일부를 부엌과 공급부에서 일하게 했다. 그 결과, 그들은 음식과 보급품을 빼돌렸고, 그래서 죄수들에게 먹을 것을 충분히 제공하지 않았다. 그 주방 우두머리는 간수들에게 자기가 직접 요리사를 뽑겠다고 주장했고, 덕분에 내가 뽑혀온 것이었다.

기아와 추위, 학대로 거의 사망하기 직전의 며칠을 보내고 있었을 때, 무언가 기적이 일어나 죽음은 아닐지라도 영원히 파괴될 나를 구원해주었다. 지붕의 한쪽 구석에서 잠을 잘 수 있었다. 내가 받게 될 소지품을 넣을 큰 가방과 함께 두 개의 군용 담요를 받았다. 그리고 속옷 세 벌과 죄수복 하나, 그리고 군용 부츠 한 켤레를 얻었다! 나는 죄수 일 인당 배급이 해바라기씨유 15그램과 어포 10그램, 시리얼 30그램이라는 것을 알게 됐다. 나는 800인분으로 충분하다고 생각되는 만큼 이것들을 넣었고, 용인할 만한 농도의 죽을 만들기 위해 물을 충분히 넣었다. 그날부터 나는 주방장이자 설거지 담당이었다.

나는 물을 서너 주전자 끓여서 나무통 2개에 저장하여, 마실 물이 필요할 때 끓인 물이 항상 준비되어 있도록 했다. 내가 음식의 각 품목의 배급량을 늘릴 수는 없지만, 그래도 그들에게 배정된 모든 음식을 먹도록 주의를 기울였다. 첫날부터 첫 배식에서 각자에게 2분의 1 파인트의 양을 주고 보니 평소에 모자라던 음식이 여분이 생겼다. 이 남은 여분은 2~3일 걸쳐서 혹은 4~6끼로 나누어 차례로 다른 집단에 제공했다. 각 집단이 2

차 배식을 받은 것이었다. 이 불행한 죄수들과 함께 지내다 보니, 지침이 아주 엄격할지라도 많은 경비원들이 동정심을 보였고, 죄수들의 안위를 위한 조치는 합법의 한계 내에서 대부분 눈감아주었다. 바지선의 우두머리는 정치범들에게 큰 연민을 느낀다고 내게 말하곤 했다. 그에게도 소련 건국을 위해 평생을 일했지만 지금은 정치범으로 몰려 잡혀간 많은 친구들이, 좋은 사람들이 있었다. 그는 이렇게 덧붙이며 말을 맺었다.

"내가 정부 자금 유용으로 기소되어서 1936년 숙청 전에 잡혀갔기에 망정이지, 안 그랬으면 당신과 같은 운명이었을 거다."

내가 내 일을 즐기는 만큼, 나는 이 여정을 즐기기 시작했다. 지금까지 나를 내내 따라 다녔던 툰드라의 풍경은 새로운 매력을 보여주기 시작했다. 짧은 여름의 긴 햇살을 받은 식물들은 최대한 햇빛을 이용하려 하는지 두껍고 빠르게 자라났다. 아침과 저녁은 특별하게 아름다웠다. 2주 내내 바지선은 힘들게 페초라강과 우사강을 따라 올라갔다. 바지선에서 내리기 전 며칠간 항해하면서, 우리는 음식이 틀림없이 남을 것이라 확신했고, 바지선의 우두머리는 간수들과 상의하여 하루 배급량을 늘렸다. 나는 2년 반 전 구속된 후 처음으로, 한 열흘 동안 내 위장이 갈구하는 만큼 음식을 먹었다. 바지선을 떠나기 전 밀가루로 반죽을 조금 만들어서 해바라기씨 기름에 튀겨 가방에 넣어 가져갔다.

15일의 바지선 여정 후, 우리는 마침내 보르쿠타 강가의 목적지에 도착했다. 보르쿠타 수용소는 이 기지에서 북쪽으로 약 60킬로미터 더 떨어져 있었다. 협궤 열차가 강변 기지와 수용소 간에 운행되고 있었다.

죄수들에게 기차나 배를 타고 내리는 일은 항상 고역이다. 수천 명의 수감자들을 데려다 이름, 나이, 죄목을 확인하고 재확인하는 데에는 많은 시간이 걸리고, 그동안 죄수들은 마치 소떼 취급을 받는다. 바지선에서 내려 이송이 완료되길 기다리며 개간지의 빈터에서 대기했다. 나는 완전히 탈진하고 피곤하여 가방을 베개 삼아 따뜻한 태양 아래 잠이 들었다. 사방에 쪼그려 앉아 있거나 자고 있는 수천의 수감자 주위에는 경비원들이 있었다. 잠에서 깨어났을 때, 내 가방은 날카로운 것으로 찢겨 있었고, 안에 있던 모든 것들이 거의 다 없어졌다! 이번 여정 중 두 번째 불운이었다.

보르쿠타 수용소는 우리가 도착하기 불과 3, 4년 전에 문을 연 곳이었다. 그 이전부터 탐사 작업이 있었고, 그 결과 이 지역에 유연탄층이 광범위하게 매장되어 있다는 것을 발견했다. 소문에 따르면 이 지역이 제2의 돈바스로 여겨질 만큼 중요한 곳이라 했다. 그들은 이 지역의 개발을 위해 코틀라스(Kotlas) 보르쿠타 분지 간에 새로 1,500킬로미터 길이에 달하는 철도를 건설하기 시작했다. 1940년에는 아직 철도가 완성되지 않았고, 아르한겔스크에서 나리얀 마르로 돌아와 페초라강과 우사강을 따라 올라오는 루트가 이 캠프로의 유일한 길이었다.

플랫폼에서 이 길고 지루한 여정의 마지막 구간이 될 협궤열차에 타기 위하여 기다리고 있는 동안, 다소 키가 크고 마른 죄수가 내게 와서 자신을 리페로프(Liferov)라고 소개했다. 그는 돈바스에서 태어나고 자란 우크라이나인으로, 도네츠 분지의 석탄 광산에서 15년이 넘게 지하 갱의 감독으로 일했다. 이론적인 훈련 없이도 그는 광산의 실질적 운영에 있어 항상 필요로 하는 경험을 지니고 있었다. 1936년부터 1939년까지 수십만 명의 도네츠 분지 기술자들이 숙청될 때 함께 체포되었다. 짧은 대화 후 우리는 빠르게 친구가 되었고, 내가 수용소를 떠날 때까지 친구로 지냈다.

60킬로미터의 철도 여정에서 별다른 일은 없었다. 우리의 마지막 구간이었고, 몇몇 의기소침한 범죄자들을 제외하고는 모두들 기뻐했다. 긴 여정 동안 이 범죄자들은 도둑질을 하고 다툼을 벌였고 노름을 했다. 그러나 수용소에 들어가게 되면 엄중한 감시를 받게 되어, 더 이상 감히 다른 죄수들을 해칠 수 없게 된다. 열차에 오르자마자 빗줄기가 쏟아지기 시작했다. 우리 수감자들은 하늘이 우리 운명을 슬퍼하고 있다고 즐겁게들 얘기했다. 어느 누군가, 우리 중 몇 사람들이나 북극 툰드라에서 살아 나와 다시 밝은 빛의 자유를 보게 될 것인지 궁금해했다.

저녁 7시를 조금 지나, 우리는 마침내 보르쿠타 수용소의 주 갱도 구역에 도착했다. 다들 비에 흠뻑 젖었다. 주 갱도의 위압적인 구조물이 광범위한 철조망 울타리로 둘러싸여 있었다. 울타리 안에는 수백 개의 임시 목재 건축물들이 있었는데, 이것은 죄수들을 수용할 막사들이었다. 고참 죄수들과 이제 막 도착한 죄수들 간에는 이미 조용한 속삭임이 오갔다. 고참 하나가 말해주었다. "한 2년 전에 우리가 처음 이곳에 왔을 때는 이 울타리가 없었다. 그저 광활한 툰드라의 일부였다. 강 건너 제1지구에 몇 개의 구조물밖에 없었다. 2년 전에 1만 명이 넘는 인원을 이곳으로 데려와서 여름엔 늪지이고 겨울에는 동토인 이곳을 정비하게 했다. 우리와 같이 왔던 그 1만 명 중에 단지 몇 명만 여전히 여기에 남아 있다. 방금 도착한 당신들과 우리들의 유일한 차이는 당신들에게는 우리가 만들어 놓은 곳이 있다는 점이다. 우리는 거처할 무엇인가를 짓기 전에 몇 달 동안 야외에서 지내야 했다. 아마 당신들도 제2지구, 3지구, 4지구 같은 새로운 곳으로 보내져서 무에서부터 광산을 개발하게 될 것이다." 수백 명의 조선인이 이 수용소에 있었다. 그들은 다 한때는 극동 시베리아의 저명한 당원들이었다. 지금은 세상과 분리되어 여기 북쪽 극지방에 끌려와 있다. 이 열정적이었던 조선인들의 희망을 얼마나 철저히 망가뜨려버렸는가!

고통은 대단히 상대적인 것이다. 가장 비인간적인 조건에서 긴 여정을 마치고 난 뒤라, 이 철조망 안의 끈적끈적하고 답답하고 어두컴컴한 목조 막사 속의 생활은 잠시나마 지상의 천국같이 느껴졌다. 이제 다시 아침에는 수용소의 고참들이 깡통을 들고 뜨거운 물을 가지러 부엌으로 가는 것을 보았고, 정오에는 반 파인트의 수프와 저녁에는 식사가 우리 새 수감자들에게 주어졌는데, 마치 도시인들의 평범하고 편리한 삶을 즐기는 듯했다. 그러나 이런 감상은 여기 도착 이후 이틀밖에 가지 못했다. 우리는 경계 표시 막대만 있는 완전히 새로운, 사람의 손길이 닿지 않은 2지구의 이끼와 물의 습한 땅으로 내몰렸다.

땅을 정비하고, 막사를 짓고, 갱도를 파는 데에는 다양한 자격증 소유자가 필요하다. 죄수들 가운데엔 엔지니어, 테크니션, 목수, 대장공 등 별의별 자격증을 지닌 사람들이 있었다. 리페로프와 나는 둘 다 엔지니어인 하리토노프(Xaritonov)에게 배속되었다. 하리토노프는 일반인으로, 소비에트 엔지니어였다. 기술 교육과 실제 경험을 바탕으로 2지구의 경사갱도 개발을 이끌 만한 더 나은 사람들이 훨씬 많았지만 하리토노프는 죄수가 아니었고, 소련 NKVD는 그를 신뢰했다. 그는 2지구 경사 갱의 매니저였다. 리페로프와 나는 12시간씩 밤낮 2교대로 근무를 했다. 각 교대조는 70에서 100명 정도였다. 막사가 지어지는 동안 우리는 모두 각자 능력껏 철조망 안의 한 모퉁이를 찾아야만 했다.

벌써 1940년 8월 후반이었다. 밤에는 바람이 이미 차가워졌다. 폭 500미터, 길이 1,000미터 부지의 지표수 배수 작업은 도랑 체계로 이루어져야 했다. 부지 전체에는 이끼와 관목이 두껍게 자랐으나, 보통 남성의 키보다 더 크지는 않았다. 짧은 여름의 몇 달 동안에도 얕은 지표만 녹을 뿐이었다. 여름의 가장 따뜻한 달에도 모든 이끼에는 얼음물이 머금어져 있다. 어디든 3인치만 파 내려가도 단단하게 얼어붙은 지층을 만나게 된다. 우리는 다들 맨발이거나 수용소 공급품인 발싸개를 하고 있었다. 낡아빠진 신발은 12시간 동안 차가운 물에 젖었고, 영양이 부족한 죄수들의 발은 붓고 마비되어서 죄수 중에 25~30%는 작업을 중단해야 했다. 매일 배급받은 빵의 일부를 가져온 사람에게는

30분의 점심시간이 주어졌다. 우리 대부분은 점심이 없었고, 교대가 끝날 무렵에는 다들 제대로 서 있을 수도 없었다. 각자 배급량은 작업량에 따라 정해졌는데, 당연하게도 이 죄수들은 정해진 작업 할당량을 채울 수 없었고, 이 죄수들의 체력은 보르쿠타 수용소의 첫날부터 뚝 떨어졌다. 작업으로 고통 받고, 식량 부족으로 고통 받고, 제대로 잘 수 없어 고통 받는 주위의 사람들을 보면서, 나는 우리들 대부분이 이 수용소에서 살아 나가지 못하리라는 결론을 내렸다.

하리토노프는 하루에 한두 번 와서 고작 30분씩 작업 점검을 하고 갔다. 그는 나와 리페로프에게 지시를 남겼고, 우리는 지시에 따라 업무를 수행했다. 그에게 우리의 유용성은 그의 작업 지시를 얼마나 이행했는가에 달려 있었다. 작업 성과를 이루는 데는 작업 속도와 질이 중요한데, 광산에서 전혀 일을 해보지 않은 노동력과 형편없는 장비와 심각한 영양실조인 사람들을 데리고는 어느 쪽도 기대하기 힘들었다.

우리는 속도에 대해 큰 압박을 받았다. 소비에트의 조장들이 계속 강요하는 것과는 별개로, 추운 날씨가 우리를 덮치기 전에 지하로 들어가야 한다는 절박함에 내몰렸다. 이러한 사실들은 하루에도 몇 번씩 우리를 압박해왔다. 그러나, 하루를 시작할 때는 기꺼이 뭐든 하려던 죄수들이 교대 시간이 되려면 아직 한참 남았는데도 벌써 기력이 소진되고 굶주림 때문에 꿈적 못 하게 되는 것을 보게 되니, 일을 하라고 채근할 수가 없었다. 도랑을 파면 미터 단위로, 정지 면적은 에이커 단위로 측정하고, 파낸 흙은 입방미터 단위로 검사하고 또 검사하니 작업량을 부풀려서 빵 배급을 더 받아낼 만한 구석이 없었다. 하리토노프의 신뢰와 신임을 얻을 기회도 없었다.

땅에서 물을 뺀 다음 얼어붙은 뿌리를 파내고 이끼를 벗겨내면서 정지작업을 했다. 땅을 파고 삽질을 하는 것은 등골을 휘게 하는 작업이었다. 지금 내 눈앞에는 9년 전의 비극적인 장면들이 그림처럼 떠오른다. 북극 툰드라의 광활한 황무지에서 옷도 제대로 입지 못하고 해골 같은 몰골의 인간 군상들이 땅을 파서 끌어모아 녹색 더미를 등에 지고 나른다. 물론 그들이 원해서가 아니라 시켰기 때문에 그렇게 했다. 여기에서는 작업을 거부하고 징벌 감옥에 갇혀 죽음으로써 이 비참한 생활을 끝내거나, 굶주리면서 온 힘을 다해 일을 하다가 천천히 쇠약해져 죽음을 맞이하거나 두 가지 중 하나의 선택뿐이었다! 우리 모두는 후자를 선택한다. 수용소 당국은 어떤 바보도 감히 이 캠프를 탈출하지 않을 거라는 확신에 무장 경비원들은 우리를 따라다니지 않았다. 이 광활한 북극 지역에 인간이 거주하는 곳은 모두 수용소였다. 그 모든 죄수들의 무력감은 죄수들에게 단 한 가지 선택지만을 남겨준다. 그것은 매일 새벽 수용소를 걸어 나와 중노동으로 자신을 혹사하고 어둠이 질 때 수용소로 돌아가는 것이다. 북극의 새벽과 저녁은 더 조용하고 황량하게 보였다. 가끔 날아오는 까마귀를 제외하고는 어떤 새들도 단조로운 죽음의 침묵을 깨뜨리지 않았다.

벌써 9월이 찾아왔고, 새벽녘에 일을 나갈 때면 발밑에서 두꺼운 얼음이 갈라졌다. 지난 몇 주 동안 리페로프와 나는 우리가 처해 있는 위태로운 지위에 대해 수차례 이야기했었다. 우리 일꾼들은 배급량이 너무 적어 불만이었다. 그들은 우리가 일일 리포트를 조작할 수 없다고 생각했고, 실제로도 그랬다. 보스인 하리토노프는 우리 성과가 별로 좋지 못하며, 우리가 잘못하고 있다고 생각했다. 우리는 그 결과를 받아들일 준비를 하고 있었는데, 우리도 일반 노역에 투입될 것 같다는 느낌을 받았다. 바로 그때 25년형 죄수 2명이 우리가 있는 구역에 나타났다. 마르코브(Markob)와 자포로센코(Zaporoshenko)가 그들이었다. 마르코브는 50세 정도였고, 자포로센코는 거의 60세였다. 그들은 돈바스에서 오랫동안 일해온 숙련된 엔지니어들이었고, 1938년 숙청 때 체포되었다. 두 우크라이나인들은 하리토노프의 동정을 샀다.

두 사람에게 우리가 하던 같은 일이 주어졌다. 2번 경사 갱의 기둥 주변의 경사로를 파내는 본 작업은 좀처럼 진전을 보이지 못했다. 많은 죄수들이 이미 병에 걸려 출석률이 60%로 떨어졌다. 약 800입방미터의 흙을 파내어 운반해야 했다. 충분히 먹지 못한 죄수들의 노동은 어쨌거나 진행되었고, 일정은 늦어지고 있었다. 누군가가 하리토노프에게 명령의 나사못을 죄고 있었다. 9월 중순, 나는 원래 하던 일에서 쫓겨나 곡괭이와 삽을 들게 되었다.

나의 12시간 동안의 곡괭이와 삽질은 동료 죄수들이 겪고 있던 고통을 실제로 나에게 확인시켜주었다. 이 중노동을 한 지 일주일이 지난 어느 날, 내 파트너가 내 오른손 엄지손가락을 다치게 하는 사고가 발생했다. 그땐 당연히 아팠지만 그런 사고에 대한 의료적 조치는 없었다. 시간이 흘러 저절로 손가락이 낫기를 바랄 뿐이었다. 그렇지만 이 작은 상처가 나를 괴롭히기 시작했다. 통증이 점점 심해져 3, 4일이 지나자 부어오르기 시작했다. 엄지손가락의 손톱 밑으로 고름이 고이기 시작했지만, 치료를 받을 수 있는 곳은 없었다. 더러운 천 조각으로 싸맨 손가락은 노동의 나날이 거듭될수록 더 나빠졌다. 밤마다 대단히 고통스러워서 잠을 잘 수 없을 정도였다. 사고 후 3주째가 되자 벌써 손가락이 썩는 냄새가 났다. 통증이 겨드랑이 밑까지 올라왔다.

무언가 조치를 취해야 했다. 보스에게 썩은 손가락을 보여주자 마지못해 5마일 밖 1지구의 수용소 병원에 갈 수 있도록 외출 전표와 출입증에 서명해주었다.

1지구는 보르쿠타 수용소에서 가장 오래된 정착 수용소로, 10년 이상이나 존재해왔다. 여기에는 죄수를 위한 병원이 있었다. 거기에서 3, 4, 5년을 지내고 있는 죄수도 있었다. 사실 그들은 병원 간병일이나 주방일 같은 쉬운 일을 하는 참 운이 좋은 사람들이었다. 다른 한편으로는, 이 구역에는 어떤 일에도 쓸모가 없어서 장부에서도 지워져버린 수백 명의 사람들이 있었다. 그들은 굶주림과 추위, 힘든 노동으로 병든 사람들이었다! 나는 그들의 모습에 마음이 쓰였고, 멀지 않아 나도 그들 중 하나가 되지 않을까 상상해보았다. 그들을 보고 거기에 있자니 나는 무언가 일이 일어나서 한순간에 내 목숨을 빼앗아 갔으면 좋겠다고 생각했다. 천천히 고통스럽게 죽음을 맞이하는 날을 기다리는 것보다 더 나쁜 일은 없을 것이다.

기나긴 기다림 끝에 마침내 내 차례가 되어 진찰실로 들어갔다. 종기나 상처 등 거의 비슷한 문제를 가진 서른에서 마흔 명 정도의 죄수들이 외과의를 보기 위해 대기하고 있었기 때문에 오래 기다렸다. 외과의사도 죄수였고, 러시아인이었다. 그의 조수는 한국인이었다. 의사는 엄지손가락을 보더니 고개를 흔들며 엄지손가락을 잃을지도 모르겠다고 말했다. 이리저리 돌려보더니 절단을 바로 해버릴지 먼저 치료를 해볼지 고민했다. 나의 태도는 무관심이었다. 나에게도 손을 치료하기 위한 가장 최선의 빠른 방법이 엄지손가락을 자르는 것으로 보였기 때문에 손가락을 자를지도 모른다는 사실을 듣고도 놀라지 않았다. 그곳에서 살아 나올 수 있을 거라는 모든 희망을 버렸기 때문에 그 사실이 나를 괴롭히지 않았다. 한국인 조수는 치료를 해보자고 주장하면서 의사의 결정을 거들었다. 외과의사는 고개를 끄덕였고, 처치는 전적으로 한국인 조수에게 맡겨졌다.

그는 손가락을 철저히 수술했다. 그 고통을 견디기 어려웠지만, 손가락을 치료해주려고 최선을 다하는 한국인을 보니 감사의 감정이 내 가슴으로부터 솟구쳤다. 내가 매우 아파하는 것을 보고 그는 나를 자신의 침상으로 데려가 조용히 눕게 해주었다. 저녁 7시쯤 침상에서 나와 2지구의 내 자리로 돌아가기 위해 밖으로 걸어 나왔다. 그러나 경비원이 소총을 들고 나를 멈춰 세웠다. 어디에서 왔는지, 왜 왔는지를 물어보곤 죄수들이 다니기에는 조금 늦었다며 나를 1지구로 돌려보냈다. 2주간 전적으로 한국인 친구에게 매일 치료를 받아 엄지손가락은 나았고, 지금까지도 엄지손가락에 그 흉터가 남아 있다. 엄지손가락을 잃을 뻔했던 짧은 해방이었고, 삽질의 고된 노동으로부터 2주가량의 휴식이었다. 이제 10월로 접어들어, 눈이 오고 서리가 두껍게 쌓였고, 지표면을 정리하는 작업은 더 심한 고문이었다.

북극의 겨울은 안락한 거실의 타닥거리는 벽난로 앞에서 멋지고 아늑한 의자에 앉아 있는 상상에 젖어들게 한다. 그러나 얇은 옷을 입고 영원한 굶주림과 함께 실제로 거기에 살게 되면 북극의 겨울은 공포의 대상이다. 울부짖는 바람은 한번 시작되면 언제 멈출지 모른다. 거기에다 그 바람이 눈을 몰고 와서 시속 20에서 30마일의 폭풍으로 몰아치면 누구나 방향을 잃게 된다. 북극 평원의 드넓은 대지에 폭풍이 휘몰아치면 관목들 사이사이에 죄수들의 땀과 피로 세워진 오두막의 작은 검은 점들이 전능한 자연의 현상으로부터 자비를 갈구하듯 서 있다. 기온은 섭씨 영하 30도에서 영하 60도까지 떨어진다! 10월이 시작되면 태양을 볼 수 없다. 오전 10시에도 별이 반짝이고 있고, 오후 2시면 별이 다시 반짝인다. 그사이엔 어설프게 새벽과 저녁이 합쳐진다. 12월에 들어서면 해는 더 짧아져서 오전에는 11시까지 별이 반짝이고 오후엔 1시부터 반짝인다. 마침내 24시간 내내 별이 반짝이는 기간이 한 달 정도 지속된다. 그러나 여전히 밤낮으로, 아니 오히려 북극의 밤 24시간 내내, 죄수들은 작업을 위해 오두막으로부터 내몰린다.

보통 막장까지 가는 길은 20분 이상 걸리지 않는다. 그러나 겨울 폭풍이 며칠 동안 매우 심하게 지속될 때에는 바람과 눈과 싸우느라 두세 시간이 걸려서야 겨우 목적지에 도착할 수 있었다. 몇몇 죄수들은 일하러 가거나 돌아오는 도중에 수 시간 동안 길을 잃는 경우가 몇 번이나 있었다. 보르쿠타에서처럼 자연과 인간이 만든 그런 역경에 인간들이 처하게 되는 곳이 이곳 말고 또 있을까?

2층 침대들과 한 사람이 겨우 지나갈 수 있을 정도의 공간밖에 없는 작고 낮은 목조 오두막에는 3, 40명 정도의 죄수들이 자고 먹고 생활하도록 가두어져 있다. 이곳은 건조실의 역할도 한다. 당번은 항상 고참 죄수들인데, 이 오두막을 책임지고 따뜻하게 유지한다. 철판을 덮은 벽돌 난로(가로 2피트, 세로 3피트에 높이 2피트 정도인)가 옷을 말릴 수 있는 장소를 제공한다. 목욕시설이 부족해서 죄수들은 2주 혹은 3주 동안 씻질 못한다. 피를 빠는 이는 수용소에서 흔히 겪는 일인데, 항상 가까이에서 생활하고 있어서 한 죄수에게 이가 생기면 그 오두막의 모두에게 번진다. 그러나 춥고 폭풍이 휘몰아치는 북극은 이 죄수들을 유일한 천국 같은 이 오두막으로 몰아넣는다. 문명의 세계에서 온 보통 사람은 방 안의 조밀함과 냄새에 기절할 것이다. 그래도, 우리는 이것을 견디어냈고, 오두막 밖의 성난 바람이 울부짖는 소리를 들을 때마다 감사의 마음을 느꼈다!

5. 보르쿠타 수용소의 일상, 북극지역의 겨울, 제4지구, 제3지구

바람이 없는 온화한 날이라 해도 기온은 대개 섭씨 영하 40도에서 60도까지 내려갔다. 사방이 어둡고 고요하고 맑았지만 서리가 매우 심해서 밖에서 일하기엔 쉽지 않았다. 죄수들 간에 이러한 역경에서는 일하기 어렵다는 얘기가 나왔지만, 수용소 당국은 작업량의 증가를 멈추지 않았다. 지금까지 2지구의 공사는 잘 진행되고 있었다. 2번 경사 갱의 감독관이 다시 변경되었다. 관리자인 하리토노프는 죄수들을 조수로 쓰는 게 불가능하다는 걸 깨달았다. 마르코프와 자포로셰코는 감독 자리에서 물러났고, 그 자리에는 최근 일반범죄로 형기를 마친 두 사람이 채워졌다. 형기를 마친 일반 죄수의 대부분은 사회로 복귀하지 않고, 수용소 생활로 되돌아올 수 있는 것이 그들에게는 좋은 기회가 되었다. 소위 "자유롭게 고용된 사람"으로 수용소에 머물며 자유로울 수 있는 더 좋은 기회를 얻곤 했다. 형기를 마치고 그들이 원래 속해 있던 농장공동체로 돌아가지만, 다시 체포되어 수용소로 오는 경우가 많았다. 그들은 그들이 알기도 전에 죄가 만들어져 수용소로 되돌아와 다시 3년, 4년 또는 5년형을 복역하게 되었다.

2개의 구역이 개설되었고, 2개의 경사 갱을 즉각 더 파 내려가도록 지시받았다. 그것은 10월 후반의 일이었다. 수라토프(Suratov)는 3번 경사 갱의 책임자로 NKVD에 의하여 고용된 일반인 엔지니어였고, 프레고지니에(Pregozinie)는 4번 경사 갱의 책임자였다. 손가락이 다 나아 다시 작업에 투입될 때가 되자, 수용소 당국 내부의 의견에 따라 나는 다시 새로 생긴 4번 경사 갱에 교대 엔지니어로 투입되었다. 이번에도 역시 리페로프와 팀을 이루어서 일반인 엔지니어이자 4번 경사 갱의 매니저인 프레고지니에 밑에서 일하게 되었다.

이미 북극의 고약한 날씨는 시작되었고, 그 상황에서는 지표면만 긁어내는 것뿐일지라도 할 수 있는 건 다 해야 했다. 다행히 수용소의 기술 부서에서는 지표면의 정리 작업은 내년 여름까지 미루기로 결정했다. 그 대신 땅속을 파내도록 지시받았고, 우리는 다음해 초까지 석탄층에 도달하기 위해 4번 주 경사 갱을 파 내려가야 했다.

나무판으로 만든 승강기 건물이 지어졌고, 배가 나온 원통형의 쇠로 된 스토브의 도움으로 15마력의 힘을 내는 호이스트[16]가 나무 격자 위에 올려졌다. 호이스트는 전기로 움직였다. 5, 6마일 떨어져 있는 주 갱도에서 온 송전선으로 전원을 공급했다.

승강기 건물 바로 위에 3개의 기둥을 받친 지지대에 20킬로와트 변압기가 올려졌다. 이 변압기는 새로운 4번 경사 갱의 시추와 승강기, 조명을 위한 전력을 공급했다. 4번 경사 갱은 보르쿠타에 만들어진 5번째 갱도였는데, 내가 8월에 이 캠프에 온 이래로 시작된 3번째 갱도였다.

석탄층은 일반적으로 동쪽에서 서쪽 방향으로 북향 23에서 30도의 기울기로 뻗어 있다. 서쪽 끝에서 석탄층의 경사는 동쪽을 향해 기울기의 각이 완만히 시작되어 30도까지 이르는 경사를 이룬다. 서쪽 끝에 위치한 2번 경사 갱에서는 경사각이 23도이고, 동쪽으로 8킬로미터 떨어져 있는 3번 경사 갱에서는 점차 25에서 26도 가까이로 변하며, 2킬로미터 더 동쪽에 있는 4번 경사 갱에선 마침내 33도에 다다른다. 이 석탄층이 더 동쪽으로 이어지는지 죄수들에게 알려지지는 않았지만, 내년, 1942년에는 6개 경사 갱의 개발이 더 계획되고 있다는 소문이 돌았다. 석탄층의 평균 두께는 1.5에서 2미터에 이르며 훌륭한 품질의 점결탄(코크스용)이었다.

여기 모든 지역은 평균적으로 10미터 두께의 영구동토로 덮여 있었다. 이 동결된 땅을 23도에서 30도의 경사면으로 뚫고 들어가 30에서 40미터쯤 파 내려가면 마침내 석탄층에 다다른다. 여기의 전체 지층 표면은 헐거운 흙이 퇴적되어 있기 때문에 석탄층을 만나기 전까지는 암석이 전혀 없었다. 그 지층에는 수평으로, 얼음층과 얼어붙은 토양층이 번갈아 쌓여 있었다. 이 지층은 영구동토이기 때문에 암석들만큼 단단했다. 부서서 땅 밖으로 끌어 올려진 조각들은 봄이 되면 녹아서 진흙으로 떨어져 나갔다.

갱도를 운영하는 데는 숙련된 광산 기술자들이 필요했다. 수용소에 있는 수만 명의 죄수들 대부분이 광산에서 일한 경험이 없었다. 보르쿠타 수용소의 지옥에서 나를 구원

---

16 호이스트 : 비교적 가벼운 물건을 들어 옮기는 기중기의 하나. 공기식, 전기식 따위가 있다. —역자 주

한 건 이 광산 기술자에 대한 절실한 요구였다! 전기 드릴로 구멍을 뚫으며 발파용 표준 구멍을 내는 것을 가르쳐야 했다. 발파는 정치범들에게는 주어지지 않았는데, 역시 죄수인 기술자의 관리, 감독을 받아야 했다. 토사를 치운 후 흙막이를 하고 널말뚝 지주를 대는 것도 세밀한 감독이 필요한 큰 작업이었다. 폭파 후 새로 나타난 표면은 암석처럼 단단하고 견고하지만, 여름에 따뜻한 날씨가 찾아오면 갱도 내부 표면 전체가 엄청나게 무거운 토양이 된다. 이를 대비해서 이중 지주의 시스템을 적용해야 했다. 지주를 댄 후 경사를 측정하는 일, 토대를 까는 일, 지주 세트를 설치하는 일이나 목재의 질을 점검하는 일은 모두 숙련된 감독이 필요했다.

우리 관리자인 프레고지니에는 학교를 갓 졸업해서 작업을 어떻게 조직하고 지시해야 할지 몰랐지만, 죄수들에 대한 태도는 결코 우호적이지 않았다. 작업 동안에 그의 존재는 무시되거나 성가시게 여겨졌다. 주변에 그가 없는 동안에는 모든 작업이 순조롭게 진행되다가도 그가 나타나면 바로 모든 게 엉망이 되었다. 그가 가져오는 어려움에도 불구하고, 우리는 작업을 시작한 지 약 2주 만에 사나운 바람과 눈 폭풍을 피할 수 있을 만큼 충분한 깊이까지 내려갔다.

허가받지 않은 작은 판잣집이 보통 각 갱도에 죄수들 주도로 지어졌는데, 거기에서는 오래된 가솔린 통이나 그와 비슷한 철통으로 만들어진 철제 난로를 사용했다. 죄수들은 잠시 추위를 이기기 위해 이 판잣집을 들락거렸다. 점심으로 배급받은 검은 빵을 조금이라도 아낄 수 있는 사람들은 빵이 얼지 않도록 이 판잣집 한구석에 빵을 보관해두었다. 결국에는 관리인도 수용소의 당국자들도 이 갱도에 들르게 되면 몸을 녹이려고 항상 이 무허가 판잣집에 들어왔다.

종내에는 판잣집을 보급실과 안전 등의 장소로 쓰게 되었다. 허가를 받은 곳이 아니라서 전깃불이 설치되진 않았다. 어쨌거나 전기는 가장 중요한 품목이었기 때문에 절대적으로 필요한 경우에만 허용될 수 있었다. 어느 날 밤 나는 이 방에서 난로 안에 타오르는 석탄 불빛에 의지하여 안전등에 가솔린을 채우려 하고 있었다. 방금 교대 조에게 지시사항을 남기면서 그들에게 추가로 조명이 필요하다는 것을 알았고, 갱도로 가져갈 두 개의 안전등을 가지러 왔었다. 잘 보이지 않았기 때문에 어둠 속에서 가솔린이 약간 흘렀다는 것을 알아채지 못했다. 판잣집은 매우 덥고 밀폐되어 있었기 때문에, 가솔린의 증발은 거의 즉각적일 수밖에 없었을 거다. 무슨 일이 일어났는지도 모른 채, 나는 안전등에 불을 붙이기 위해 금속 부싯돌을 쳤다. 펑 소리와 함께 폭발이 일어났고 나는 순식간에 화염 속에 휩싸였고 눈썹이 거의 모두 타버렸다. 운 좋게도 불길은 혼자 사라졌고, 나는 재난에서 벗어났다.

폭발 소리에 사람들이 방으로 들어왔고, 그 속에는 우리의 비우호적인 관리인도 있었다. 동료 죄수들은 내게 동정과 마음의 위로를 표했지만 관리인은 아니었다. 나는 의심과 불신을 받았다. 그 관리인과 나 사이의 관계가 다소 경색되어 한 달 후 내가 떠나야만 했다. 다른 데서 몇 번 본 적이 있고 좋은 사람일 것으로 생각되는 3번 경사 갱의 수라토프 (Suratov)를 만나보고 싶었다. 지금까지 그는 마르코프와 자포로센코를 밑에 두고 순조롭게 일하고 있었다. 두 사람 모두에게서 그가 꽤 괜찮은 관리자라고 들었다.

이제 12월 말이 되자 경사 갱은 20미터를 내려갔고, 10미터만 더 내려가면 석탄층에 도달할 참이었다. 석탄층에 도달하기만 하면, 석탄은 잘 파지기 때문에 작업은 훨씬 수월해진다. 어리석은 프레고지니에는 그의 4번 경사 갱이 이렇게 순조롭게 운영되고 훌륭한 작업 성과를 내고 있다는 게 어떤 의미인지를 잘 몰랐다.

4번 경사 갱에서 일하는 동안 수라토프가 와서 내가 작업 지시를 내리는 것을 본 적이 있다. 광산을 아는 사람이라면 자랑스러워할 만한 지주 작업을 포함해서 굴착의 성과를 직접 보고 갔다. 작업장에서 마주칠 때면 특별히 다정하게 대해주었다. 어느 날! 폭발 사고가 있은 지 2주 후, 수라토프가 우리 갱도를 다시 방문했고, 나는 그에게 옮겨가고 싶다고 얘기했다. 그 얘기를 듣고는 별다른 말은 하지 않았다. 희망을 포기하고 있었는데, 2주쯤 후에 이동 배치 명령이 내려왔고, 1942년 1월 초에 3번 경사 갱 관리인 수라토프의 지휘를 받게 되었다.

이 불행한 죄수들의 경험과 능력을 이용함으로써 경험이 일천한, 소위 친소비에트 전과자들을 데리고 일하는 것보다 더 수월한 광산 작업 환경을 만들 수 있다는 것을 알고 있었던 수라토프는 그의 밑에 조수로서 모두 정치범 엔지니어들을 두었다. 마르코프, 자포로셰코, 리페로프, 그리고 나는 3번 경사 갱에 배치되었다. 내가 그에게 이동 배치되었을 때는 내게 부여할 명확한 일거리가 없었기에, 갱도 밖에서 광산의 평지 궤도를 곧게 정비하는 일을 맡았다. 잘 닦여진 궤도의 중요성을 알고 있다는 사실만으로도 그가 다른 평범한 러시아 엔지니어들과 다르다는 것을 보여줬다.

철차(철도 교차점의)와 선로변환기를 러시아의 평범한 광산 종사자들은 잘 몰랐다. 그들은 곡선의 궤도를 만들 때 별로 주의를 기울이지 않았다. 아무도 침목을 다져넣을 생각을 못했다. 대장장이들은 레일 스파이크를 구식으로만 만들었다. 결과적으로 1톤의 짐을 실은 화차는 어렵게 운영되었으며 자주 탈선했다. 그건 그다지 어려운 일이 아니었다. 광산의 평범한 선로원도 금방 고칠 수 있는 일이었다. 그러나 그곳은 혹한과 눈보라가 치는 날씨의 보르쿠타 수용소였기에 큰 작업이 될 수밖에 없었다. 휘날리는 눈보라와 얼어붙은 땅이 이 간단한 일을 매우 복잡하게 만들었다. 철차와 선로변환기의 설계를 만들었고, 내 감독하에 대장장이들이 그것들을 주조했다. 레일과 침목을 교체해야 하는 곳과 선로변환기가 놓일 장소들을 모두 수라토프와 함께 면밀히 점검했다.

1월 중순의 어느 날, 바깥의 기온이 영하 35도에서 40도쯤 되었을 때, 바람은 불어오고 눈이 끊임없이 선로를 덮던 그날, 나는 25명의 노동자들과 죄수들을 데리고 선로 보수를 하게 되었다. 한 가지 다행스러운 것은 죄수들 모두가 정치범이었고, 대부분 발트해 국가 출신이라는 것이었다. 단순하고 정직한 이 사람들은 어떤 종류의 일이라도 할 준비가 되어 있었다. 나는 그들과 하루 종일 일했고, 보고서를 작성했다.

수라토프는 보고서를 보고 자신의 눈을 믿을 수가 없어 했다. 내가 보고서를 부풀려 쓴 것이라고 생각하는 게 틀림없었다. 그는 외투와 모피 모자를 집어 들고 나에게 따라오라고 손짓했다. 내 보고서를 손에 들고 이곳저곳을 이동하며 항목별로 체크를 하면서 거리를 재고, 제설량을 확인하고, 보수 작업이 이루어진 곳을 점검했다. 마지막에 수라토프는 보고된 제설량이 실제보다 적은 것 같다며 자신이 직접 저평가된 숫자를 올려 적었다. 그 후 두 달간, 긴급한 작업이 있으면 항상 나와 나의 대원들을 호출했고, 더 이상 보고서를 점검하지도 않았다. 마침내, 일시적이지만 우리는 안정을 찾았고, 25명은 수용소에서 줄 수 있는 최상급의 식량 배급을 받았다.

3번 경사 갱이 석탄층과 수평 갱도에 도달했다. 굴착은 꽤 오랫동안 진행되었다. 3번 경사 갱에서 서쪽으로 약 400미터 떨어진 곳에서 작은 보조 갱을 파 들어가야 했다. 또한 경사 갱 바로 근처에 수직 환풍구 갱을 파야 했다. 두 작업 모두 긴급한 것이었다. 나는 두 작업을 모두 감독하라는 명령을 받았다. 그것은 3월 초순이었다. 아직 날씨는 추웠지만, 확실히 하루해의 시간이 길어지기 시작했다.

주 갱도를 굴착할 때, 우리는 얼어붙은 땅과 얼음층을 번갈아가며 만났고, 30에서 40미터를 파 내려가서야 얼지 않은 지층에 도달했다. 운이 좋게도 25도 경사각으로 12미터 정도만 내려갔는데 물이 흐르는 모래층과 마주쳤다! 내 눈으로 직접 경험하지 않았다면, 동토의 땅에서 그런 상태가 가능하다고는 생각할 수 없었을 것이다. 아무도 물이 흐르고 있는 모래층을 예상하지 못했기 때문에 배수펌프를 준비하지 못했다. 물은 시간당 약 2에서 3입방미터에 불과했지만 작업을 지연시키기엔 충분했다.

이러한 조건에서 토대를 까는 것은 가장 어려운 일이었다! 토대는 전체 경사면과 보조를 맞추어 완전히 높이를 맞춰야 한다. 모인 물은 일일이 물통으로 화차까지 운반하고, 토대를 댈 수 있을 정도로 모래를 제거했다. 그러나 토대를 깔 수 있게 되자마자 흐르는 물과 모래의 압력이 통나무를 위로 밀어 올렸다. 몇 번이나 시도한 끝에 겨우 하나의 토대를 댈 수 있었다. 임시 버팀대로 통나무를 누르며, 한 세트씩 판재를 댔다. 수라토프는 매일 작업의 진척을 보러 내려오곤 했다. 그는 이 보조 갱의 진행 상황에 매우 만족해했었다. 그러나 물과 빠른 모래층에 다다른 후에는 작업이 느려졌고, 그는 우리가 당면한 문제를 잘 이해하지 못했다.

어느 날 수라토프는 우리가 토대를 놓는 작업을 하는 동안 우리를 보기 위해 내려왔다. 그는 우리가 드디어 지주를 올리는 것을 2시간 동안 지켜봤다. 작업이 잘 마무리된 후에 그는 나를 위로 불러내어 이 수용소에 나 외에 어떤 사람이 이런 갱도를 굴착할 수 있을지 모르겠다고 얘기했다. 우리는 달팽이처럼 천천히 움직이며 15일에 5미터를 나아갔지만 그 부분을 통과했고, 더 이상 물과 흐르는 모래는 없었다. 아마도 동토 속에 물과 모래의 작은 포켓층이 있었던 게 틀림없다. 이 포켓층을 돌파한 지 3일째 되는 날, 갱도에서 지주 대는 것을 보고 있는데, 전령이 달려와 수직 갱(환풍구)에 또 다른 모래와 물 포켓층이 나타났다고 전했다.

거기 도착했을 때, 갱도 바닥에 물이 고이기 시작했다. 쇠꼬챙이로 부드러운 모래 바닥을 찔러보니 꼬챙이 전체가 들어가 깊이가 1.5미터 이상이었다. 나의 첫 번째 판단은 막대기를 세워서 기둥을 만드는 것으로 대처하는 것이었다. 아래쪽 끝을 못처럼 깎은 나무판 몇 개를 준비해서 시도해보았지만 갱도 단면이 꽤 작아서 막대를 세우고 작업을 할 수가 없었다. 또한 각각의 막대를 박아 넣는 것도 꽤 어려웠다. 유일한 대안은 마지막으로 댔던 지주를 빼서 아래로 내리고 위쪽의 지주들을 1미터 간격으로 연속해서 아래로 밀어 넣는 것이었다. 이 작업을 통해 1미터가량 진전이 있었다. 그러나 물이 증가함에 따라 모래는 우리가 처리할 수 있는 것보다 더 빠르게 흘러 들어왔다. 정확하게 끼워 넣었던 지주들을 모두 **빼내어** 모래를 제거했다.

마침내 케이슨(잠함, 통 구조물)이 즉흥적으로 만들어졌고, 그것으로 3미터의 포켓층을 통과했다. 이는 1941년 4월 중순이었다. 그 이후로 수용소 전체에서 이리저리 쫓겨 다니지 않아도 되는 엔지니어로 인정받았다!

내가 NKVD의 특수부에 불려간 것은 1941년 2월 중순 무렵이었다. 담당자는 아내의 친숙한 글씨가 적힌 작은 종이를 내밀었다. 그 편지는 모스크바에 있는 중국 대사관을 통해서 나에게 전해진 것이었다. 편지를 읽고 처음으로 아내와 아이가 뉴욕에서 안전하게 잘 있다는 것을 알게 되었다. 사무실에서 나와 막사 쪽으로 걸어가는데 마치 발이 땅에 닿지 않는 듯했다. 막사에 들어가자마자 나는 룸메이트들에게 "뉴욕에 있는 아내로부터 편지를 받았다"라고 소리쳤다. 다들 달려와서 어떻게 NKVD가 죄수에게 편지를 전해줬는지 놀라워했다. 나는 너무나 좋아서 거기서 당장 죽음에 직면하더라도 미소를 지으며 죽을 수 있을 것 같았다. 일주일 내내 나는 한없이 기쁘고 흥분되어서 아내와 아이가 뉴욕에서 안전하다고 모두에게 알리고 싶었다! 룸메이트들뿐만 아니라 수용소 동료들도 다들 그게 무엇을 의미하는지 추측하기 시작했다. 그들은 그것이 결코 나쁜 징조일 수는 없다고 결론 지었다. 그 편지는 중국 대사관의 주소로 보내졌고, 중국 대사관이 이 편지를 내게 전달해달라고 요청했음이 틀림없다.

혹독한 겨울이 마침내 끝나갔다. 오랜 시간이 걸렸지만 새하얀 광활한 황무지가 점점 짙은 갈색의 수풀로 변해갔고, 점차 녹색 잎과 이끼가 갈색을 바꾸어놓았다. 5월에는 여기 전 지역이 발목 깊이의 물로 덮였다. 물은 땅에 스며들지 못했고, 증발의 속도는 느려서 따뜻한 햇살에 녹은 눈과 동토의 습기를 없애지 못했다. 힘든 작업은 좀 쉬워지고, 주변 환경도 좀 더 친절해졌다.

6. 갑작스런 호출, 보르쿠타 출발, 모스크바로 이동, 모스크바의 첫 폭격, 모스크바 감옥

1941년 5월 27일 7시경 작업장에서 돌아온 나는 모든 개인 소지품을 챙겨 보르쿠타 수용소 본부로 출두하라는 소환장이 와 있다고 황급히 얘기하며 나를 재촉하는 룸메이트를 만났다. 그곳은 5마일 정도 떨어진 곳에 있었다. 친구들은 확실히 내가 재심을 받기 위해 불려간다고 생각하여, 모두 나를 위해 기뻐해주었다. 하지만 나는 어안이 벙벙했다.

나는 망설였다. 어떻게 해야 할지를 몰랐다. 그래서 밖으로 나와 수용소 사무실에 가서 혹시 내가 호출되었느냐고 물었다. 그렇다고 했고, 그리고 한 그룹의 죄수들이 곧 출발하기 위하여 주 수용소로 호출되었다고 얘기했다.

나는 막사로 돌아와 내 물건들을 집어 들고 다시 나왔다. 아주 드물게, 형기를 마치지 않은 죄수라도 보르쿠타 밖으로 호출되었다. 밖으로 나간다면, 더 나쁠 것은 없었다. 왜냐하면 보르쿠타로 보내지는 것보다 더 나쁜 처벌은 없기 때문이었다. 경비원 한 명이 지명되어 나를 주 수용소까지 인도했다. 내가 거기 도착했을 때는 이미 1시간 전에 다른 죄수 일행들이 기차를 타고 호송된 후였다. 내게 왜 늦었느냐고 묻자, 경비원은 나를 제때에 찾을 수가 없었다고 답했다. 바로 그때 석탄수송차 한 대가 떠날 준비를 하고 있었고, 그들은 서로 바라보더니 배는 다음 날 아침까지 떠나지 않을 테니 나도 아직 배를 탈 수 있을 거라고 했다.

경비원은 나를 석탄차의 한 칸에 태웠고 그렇게 보르쿠타 수용소를 떠난 게 1941년 5월 27일 저녁 9시쯤이었다. 그것이 그날의 마지막 열차였고, 보르쿠타 강가의 수용 기지에 도착하는 데는 3시간이 걸렸다. 거기에는 보르쿠타 수용소에서 나보다 먼저 앞 기차를 타고 도착한 한 무리의 죄수들이 있었다. 그들은 다음 날 아침 일찍 우스트-우사[17] 쪽으로 강의 흐름을 따라 내려가는 바지선을 탈 예정이었다. 이리하여 나는 간신히 이 그룹에 합류했다. 나는 새 경비대의 통제권으로 넘겨졌다. 우리 일행은 27명이었다. 다들 기분이 고조되어 있었다. 아무도 우리가 어디로 무엇을 위해 가고 있는지 알지 못했지만, 대부분 재심을 받으리라는 큰 희망을 품고 있었다.

경비원들이 완전히 다른 유형이었기 때문에 이런 고무된 기분은 우리들 사이에 지속되었다. 우리들에 대한 엄격한 통제는 없었다. 그들은 우리들끼리 거의 자유롭게 얘기할 수 있도록 내버려두었다. 3명의 경비대원이 27명의 죄수를 다루는 데에는 아무 어려움이 없었다. 우리 중 누구도 경비원에게 문제를 일으킬 만한 사람은 없었다. 그렇기에 강의 흐름을 따라 내려가는 여행은 불과 1년 전의 그것에 비하면 즐거운 것이었다. 이제 해는

---

17 우스트-우사(Ust-Usa) : 페초라강과 우사강이 만나는 곳의 지명. – 역자 주

따뜻해졌고 강둑은 두텁게 자란 푸른 풀들로 뒤덮여 있었다. 그 여정은 12시간 정도 걸렸는데, 정오쯤 우리는 여자 죄수들만 있는 강둑의 수용소에 한 시간 동안 정박했다. 그 수용소에는 농장이 있었고, 북극 지역에서 좀 떨어져 있는 그곳에서 무언가를 기르려고 하는 것 같았다.

지난여름에 아르한겔스크 임시 교도소에서 만났던 한 젊은 여자가 우리를 보러 나왔는데, 그녀와의 짧은 대화에서 그녀가 먹을 것을 충분히 받지 못하고 있으며, 여성들 대부분의 건강이 급속도로 나빠지고 있다는 걸 알 수 있었다. 25세 정도인 그녀는 불과 일년 전의 모습과 비교해보면 확실히 하나의 그림자처럼 보였다. 침울한 분위기가 우리를 휩쓸었고, 그 이후 그날 내내 누구도 별로 말을 하지 않았다. 모두 혼자만의 사색에 들어가 보르쿠타 강둑에서 벌어지고 있는 인간의 고통을 직접 눈으로 목도하며 절망감과 잔인함을 느끼지 않을 수 없었다.

1년 전에는 바다를 건너 페초라강을 거슬러 올라가는 길고 지루한 여행을 해야만 했다면, 1941년 보르쿠타로부터 돌아가는 여정은 더 이상 그럴 필요가 없었다. 페초라강과 보르쿠타강의 교량 시스템은 보르쿠타 수용소와 바깥세상을 철로로 연결하고 있었다. 주요 철로가 우스트-우사까지 완성되어 있었다. 유럽 러시아의 북중부에 있는 코틀라스로부터 1,500킬로미터의 철도가 완성되었다. 이 철도는 극지방의 사람이 살지 않는 숲지대와 늪지대를 관통했다. 이 철도를 완성하기 위해 얼마의 시간이 걸렸는지, 얼마나 많은 죄수들이 희생되었는지는 NKVD 고위 간부들에게만 알려져 있다. 이 철도는 보르쿠타의 석탄 개발을 위한 것이며, 이 철도를 건설하는 데에 돈과 목숨을 아끼지 않았다. 막 완공된 철도에서 열차는 매우 느린 속도로 운행해야 했다. 대략 1,500킬로미터를 가려면 15일이 걸렸다. 이는 우리에게 철도가 완성되려면 얼마나 많은 인명이 요구되는지를 알 수 있는 좋은 기회를 주었다.

우리는 우스트-우사의 수용소에서 3일간 머물며 기차가 출발하기를 기다렸다. 1941년 6월 2일, 우리 27명은 짐칸에 실렸다. 짐칸의 짚더미 덕분에 편안한 여행이 되었다. 열차는 꽤 많은 역에 정차했는데, 그 역들이 예전에는 철도 건설을 위한 죄수들의 수용소였다는 걸 알아차릴 수 있었다. 우리들은 철도를 따라 5킬로미터 정도 간격으로 수용소가 있었던 흔적들을 보았다. 숲속의 개간지에서, 한때 철조망을 치는 데 사용했을 말뚝들에 둘러싸인 낡은 건물들을 철로를 따라 내내 볼 수 있었다.

철로를 따라 있는 수용소의 숫자를 300개로 잡고, 각 수용소당 1,000명에서 1,500명을 수용한다고 치면, 이 프로젝트에서만 30만에서 45만 명이라는 엄청난 숫자가 된다. 50만에 가까운 죄수들이 이 철도를 서둘러 건설하는 데에 동원되었다. 나는 이 철도 건설에서 굶주림과 추위, 질병으로 목숨을 잃은 죄수들의 숫자는 짐작도 하고 싶지 않았다.

그렇게 급박하고 신속한 보르쿠타 개발의 큰 그림은 무엇이었을까? 그 답은 그 후 몇 달 동안에 분명하게 밝혀졌다. 폴란드 전선에서 시작된 독일군의 침공 후 곧바로 우크라이나와 함께 돈바스 지역 전체가 독일군의 손에 넘어갔다. 그리하여 주 석탄 공급원이 차단되었던 것이다. 이는 무척 치명적으로 느껴졌을 터이다. 소련은 돈바스의 석탄에 비하여 질이 떨어지지 않는 보르쿠타를 개발하여, 국가 비상시에 보르쿠타의 석탄공급에 의존할 수 있기를 원했다. 그러나 아무리 보수가 높아도 일반인들은 극지방의 버려진 땅으로 가려 하지 않았을 것이다. 그러므로 최선의 해결책은 죄수들의 노동력을 이용하는 것이었다. 하나의 거대한 프로젝트와 수백 개의 하위 프로젝트를 위해 그들은 숙청으로 수백만 명의 무고한 사람들을 잡아들였다! 죄수의 노동력이 없었다면 보르쿠타까지 철도를 놓을 수 없었을 것이고, 보르쿠타 탄광을 개발할 수도 없었을 것이다! 볼가댐도 못 만들었을 거고! 콜리마[18]에서 금을 생산할 수도 없었을 거다!

6월 18일, 기차는 코틀라스에 도착했다. 늘 그렇듯이, 아무도 우리가 어디로 가고 있는지 모르는 것 같았다. 이틀간 이리저리 갔다가 코틀라스의 임시 수용소에 넘겨졌다. 수용소에는 수천의 죄수가 있었고, 도착한 이들과 수송을 기다리는 이들이 섞여 있었다. 이 수용소에는 정말 놀랍게도, 알마아타에서 같은 날 재판을 받고 사형 판결을 받아 9일을 사형수 감방에서 함께 지냈으며, 보르쿠타로 가는 배에 타기 직전까지도 같이 있었던 체코슬로바키아인 코딤이 처분을 기다리고 있었다. 사형수 감방을 나온 열한 명 중에서 보르쿠타로 보내진 사람은 나뿐이었다. 나머지는 모두 어디로 끌려갔는지 알 수가 없었다. 정말 우연히 코딤과 마주친 것이다. 늘 그러하듯이 우리는 아르한겔스크에서 헤어진 후 지난 몇 년 동안의 삶을 서로 이야기했다. 그는 철도 건설 현장으로 끌려갔고, 철도를 따라 있는 수용소 중 한 곳에서 매일 야외 작업을 해야만 했었단다. 이번 겨울은 넘기기 힘

---

18 콜리마(Kolyma) : 러시아의 극동에 위치하며, 콜리마강은 오호츠크해로 흐른다. 스탈린 시기에 금 생산을 위하여 세워진 콜리마 강제수용소는 가장 악명 높은 수용소에 속한다. ─ 역자 주

들 것 같다고 말하는 그는 매우 낙심해 있었다. 그는 다음에 어디로 끌려가게 될지 몰랐다.

소비에트 러시아 서부 국경을 독일군이 침공했다는 소식은 코틀라스 임시 수용소 죄수들에게도 전기 충격과 같았다. 뉴스를 들은 건 바로 그날 1941년 6월 22일이었다. 이 뉴스가 죄수들에게 미치는 영향은 국적에 따라 서로 조금씩 달랐다. 러시아인들은 국가 비상사태를 기회로 소련 정부가 좀 더 자유를 주지 않을까 기대했다. 반면에 독일인과 오스트리아인, 체코슬로바키아인들이 가장 불안해했다. 그들은 자신들에 대해 적대감이 생겨 더 절망적이고 비인간적인 대우를 받게 될까 두려워했다. 물론 많은 죄수들은 이 사태를 분석해보려 하지 않고 소련의 국가 비상사태를 맹목적으로 환영했다. 죄수들에겐 뭐가 됐든 현상 유지보다는 더 나을 것이기 때문이다. 전쟁만으로도 변화는 수반되고, 승리든 패배든 변화를 가져올 것이기에, 고통받는 수백만의 러시아 수용소 죄수들은 어떤 것이든 환영했다.

이미 수감자들에 대한 경비대들의 태도에도 확연한 변화가 있었다. 놀라울 정도로 말이 많아졌다. 그들은 더 이상 스스로에게 확신이 없었다. 이 임시 수용소에 있는 죄수들은 모두 이송 중인 상태였기에, 며칠 동안 교도소 당국은 이 죄수들을 어떻게 해야 할지 모르는 것 같았다. 수용소의 규율을 지켜야 된다는 엄격함이 좀 누그러졌다. 그렇지만 죄수들에게서 어떤 폭력 행위도 일어나지 않았다. 이것이 이들이 어떤 종류의 죄수들인지 말해주었다. 그들은 오직 평화롭게 기꺼이 기다리겠다는 것으로 보였다. 죄수 중 누구라도 정말 자기 죄목처럼 반혁명 조직에 속해 있었다면 죄수들을 선동할 좋은 기회였다. 그렇지만 그들은 모두 정직하고 평화를 사랑하는 사람들이었고, 언제든 누구와도 마찰을 일으키지 않으려고 무엇이든 할 사람들이었다. 많은 러시아 죄수들은 만약 석방된다면 소련 정부가 가한 모든 불의와 고통을 기꺼이 잊을 용의가 있다고 말했다. 이 선량한 사람들은 대부분 이유도 모른 채 체포되어 10년, 15년, 20년, 25년형을 선고받았다. 어쨌든 의심의 여지 없이 독일이 러시아의 서부 국경을 침공했다는 소식이 전해졌을 때 죄수들은 기뻐했다.

코틀라스는 러시아의 유럽 지역 중북부의 외곽에 위치해 있다. 따라서 전쟁의 직접적인 영향권은 아니었다. 그렇지만 독일군의 빠르고 성공적인 진격에 대한 소식이 흘러 들어왔다. 크렘린 군주들의 모든 에너지와 생각은 독일의 침공을 막아내는 데에 빠져 있었다. 아무도 코틀라스 수용소 밖에서 서성거리는 수천 명의 죄수들을 어떻게 해야 할지에 대한 아이디어를 줄 수 없었다. 어쨌든, 우리 죄수들은 모두 이 죄수 집단을 제대로 다루지 않으면, 반란을 일으킬 거대한 잠재적 세력이라는 것을 느낄 수 있었다. 이런 딜레마에 사로잡혀서, 내가 바로 앞서 미래에 대해 가졌던 모든 희망은 전쟁이라는 바람과 함께 사라져버렸다.

전쟁 초기에는, 강경한 NKVD가 감옥에 들이닥쳐 심한 잔학 행위를 해댈지도 모른다는 불길한 생각이 나를 밤낮으로 괴롭혔다. 당장 눈앞의 미래에 대한 불안하고 불확실한 삶이 2주 동안 밀려왔다.

7월 초의 어느 오후, 원래 보르쿠타에서 풀려나온 스무 명쯤 되는 그룹과 50여 명의 사람들이 소지품과 함께 호출되었다. 우리는 코틀라스 철도의 야적장에서 죄수 수송열차에 실렸다. 독일 침공의 첫날에는 경비대원들이 머뭇거리고 꽤 우호적이었다면, 2주가 지난 지금은 그런 것들이 완전히 사라졌다. 확실히 NKVD가 수감자들을 어떻게 대해야 할지에 대한 지시를 내리기에는 충분한 시간이었다. 이번엔 전보다 더욱 강도 높은 가혹함과 잔인함이 되돌아왔다.

한 칸에 열다섯에서 스물셋씩 꾸겨 넣어져서 앉기도 힘들 정도였다. 1년 중 가장 더운 7월이었다. 그랬다. 우리는 기차에 실리긴 했지만, 그 후론 완전히 잊혀진 듯했다. 일주일 내내 거기 앉아 있었다. 코틀라스에서 객차를 끌고 나갈 기관차가 부족하다는 소문도 돌았다. 지옥의 삶이 다시 시작되었다. 주룩주룩 땀을 흘리며, 스무 명 남짓의 사람들은 거의 움직이지도 못하고 칸에서 매일 아침의 귀중한 빵 한 조각을 기다렸고, 그저 다음 배급을 생각할 뿐이었다. 눈앞의 운명에 대한 이런저런 말들은 더 이상 들리지 않았다. 모두들 소비에트 러시아에서의 감방 생활이라는 힘든 현실을 직면하고 있었다. 아무도 어디로 가게 될지 알지 못했고, 무엇을 기다려야 할지도 몰랐다. 우리는 이렇게 열악한 상황(배급이나 기관차 같은)을 타개하기 위해 언제 어디서든 파리처럼 몰살될 수도 있다는 것만은 분명 알고 있었다. 일주일이 이런 식으로 흘러갔고, 마침내 객차에 기차가 연결되어 야적장을 빠져나갔다.

이전엔 뱌트카(Viatka)라 불렸던 키로프(Kirov)시는 모스크바와 우랄의 스베르들롭스크(Sverdlovsk, Yekaterinburg)를 잇는 북부 철도의 본선상에 있었다. 이 노선은 스베르들롭스크에서 시베리아 횡단철도에 합류한다. 코틀라스에서 나온 지선은 키로프에서 본선에 합류한다. 키로프에 도착했을 땐 아무도 우리 기차에 관심이 없는 것 같았다. 우리의 화물 칸은 키로프 철도의 야적장에 계속 정차해 있었다. 군인들을 실은 기차들이 우리 곁을 지나쳤는데, 그들은 객차가 아니라 플랫폼의 화물차에도 타고 있었다. 뭐든 굴러가는 것 위에는 다 타고 있었다. 그들은 서쪽으로 향했다. 수송열차 차창 사이로 내다보니 병사들 얼굴에 드러난 표정만은 분명히 눈에 띄었다.

그들의 얼굴에는 두려움과 음울함이 선명히 드러났다. 우리끼리의 속삭임으로 우리 칸의 죄수 한 명은 그 군인들도 우리처럼 떼지어 몰림을 당하고 있는데, 우린 검은 빵을 400그램밖에 못 받는 반면에 그들은 1,000그램 받고 있다는 게 다를 뿐이라고 수군댔다. 기차들은 계속 우리의 화물칸 옆을 지나갔고, 우리는 전쟁 중인 소비에트 러시아를 지켜보고 있었다!

철도 야적장에서 이틀 밤낮을 보낸 뒤 우리는 마침내 수송 트럭에 올라 키로프의 교도소로 향했다. 3주 동안 이 키로프 교도소의 감방에서 겪은 고초는 이루 말할 수 없었다. 160명에 가까운 죄수들이 원래 15에서 20인용으로 만들어진 감방에 넣어졌고, 겨우 쪼그려 앉을 수밖에 없었다. 3주 동안 밤낮으로 그냥 한자리에 앉아 있는 것은 형벌이 아니라 솔직히 고문에 가까웠다. 게다가 그 감방에는 위쪽에 살짝만 열리는 두 개의 작은 창밖에 없었다. 7월과 8월의 대기는 아주 뜨거웠다. 거기에 160명의 죄수들의 호흡과 땀으로 덥혀진 습하고 답답한 공기는 감방을 터키식 사우나로 만들어버렸다. 반바지 하나를 제외하고는 모두가 입고 있던 옷을 벗어버렸다. 모두들 숨을 헐떡였다. 이런 감방 환경에서는 새벽 2시나 3시 이후에 겨우 몇 시간밖에 잘 수가 없었다.

맨바닥 위에서 사방으로 흩어져, 수감자들은 각자 자기 자리를 확보하기 위해 최선을 다했다. 모든 인종과 민족들이 모여 있었다. 모두의 이야기를 들어보니 거의 같은 경험을 겪었다는 것을 알 수 있었다. 어디로 끌려가게 되어 있는지 서로에게 물어봤지만, 그 답은 변함없이 "모른다"였다. 개중 몇몇은 수년간 여러 수용소를 거쳐 왔고, 어떤 사람들은 이제 막 선고를 받고 형을 살러 왔다. 이들에게서 우리들은 NKVD가 1939년과 1940년에는 조사도 하지 않고 온갖 구타와, 거꾸로 매달기, 물고문 등의 방법을 통해 신속히 심문을 진행했다는 얘기를 들었다. 각 심문관들은 희생자로부터 자백을 받을 기한을 부여받았던 것이다. 아르메니아인은 미코얀(Mikoyan)을 저주하고 있었고, 동시에 그루지야인은 베리야(Beria)와 스탈린에게 앙심을 품고 있었는데, 그들은 모두 우리와 함께 갇혀서,

아무도 무언지도 모를 일을 기다리고 있었다.

8월 후반이 되어서야 내 이름이 불렸고, 소지품을 챙겨 감방에서 나오라고 명령받았다. 이때까지 NKVD는 숨을 고르고 있었음이 틀림없다. 약 20명의 다른 죄수들과 함께 대기 중인 수송열차에 서둘러 태워졌고, 그날 밤 우리는 어딘가로 향했다.

여정은 단 24시간 만에 끝나고, 예전에는 니즈니 노브고로드로 알려졌던 고리키로 끌려갔다. 이때쯤 내가 모스크바로 이송되고 있음을 확신했다. 철도역에서 교도소까지, 비록 우리는 완전한 어둠 속에서 끌려다녔지만, 실려가는 죄수 트럭 안에서 고리키 거리를 행진하는 병사들이 군가를 부르는 소리를 들을 수 있었다. 이제 독일의 침공이 시작된 지 불과 2개월 정도인데, 벌써 서부 국경으로 향하는 군대의 이동은 상당히 줄어들었다.

고리키의 감옥에서 거의 우리 모두가 굉장히 놀랄 일을 마주했는데, 러시아 군대 제복을 입은 젊은 재소자 둘을 만난 것이다. 그들은 탈영을 계획했다는 이유로 군 비밀경찰에게 체포되었다. 그들을 통해서 처음으로 우크라이나와 백러시아[19]에 대한 독일군의 빠른 진격에 대해 들었다. 독일군은 모스크바 서쪽의 약 500마일 떨어진 스몰렌스크(Smolensk) 근처까지 왔고, 그들은 붉은 군대가 진격해 오는 독일군에게 어떻게 땅을 내어주고 있는지 이야기해주었다. 붉은 군대가 얼마나 형편없는 식량과 장비를 공급받고 있었는지 얘기했다. 그들은 아마 두 달 안에 독일군이 모스크바와 레닌그라드의 문 앞에 당도할 것으로 예측했다.

1941년 8월 초, 모스크바에서 그리 멀지 않은 곳에 있는 교도소들은 소개(疏開)되었다. 이제 이들 교도소에는 적군 죄수나, 전쟁 시작 이후에 새롭게 체포된 이들을 가둬야 했다. 일주일의 짧은 체류 후, 8월 30일 나는 다시 수송열차에 태워졌고, 8월 31일에는 모스크바 철도 야적장에 도착해 있었다. 9월 1일은 내가 죄수 열차칸에서 내려져 모스크바의 중앙 NKVD의 본부로, 죄수들이 가장 두려워하는 루비얀카[20]의 독방에 수감된 날이다. 1941년 9월 1일 7시 무렵에 나는 단독 감방으로 인도되었다.

---

19 백러시아(White Russia)는 소련연방 시기 벨라루스(Belarus) 지방의 명칭이다. - 역자 주
20 루비얀카(Libyanka) : 모스크바 중심부에 있는 구 소련의 가장 악명 높았던 구치소이며 비밀경찰 본부이다. 그 건물은 현재 국가정보원(FSB; Federal Security Service of the Russian Federation)이 사용하고 있다. - 역자 주

이곳의 분위기는 바로 나의 온몸을 떨게 했다. 죽음의 침묵만이 그 거대한 장소를 지배하였다. 카펫이 깔린 섬 위를 소리없이 걷는 경비원들은 내 목숨을 노리는 유령들처럼 보였다. 처음 몇 시간 동안 나는 불안한 마음이 거의 진정되지 않았는데, 복도에서 서둘러대는 발소리가 들렸다.

사이렌이 울리고 불이 꺼졌다. 우리들은 완전히 어둠 속에 남겨졌다. 긴장과 두려움의 시간은 족히 1시간 동안 지속되었다! 나는 그런 사이렌 소리는 처음 들었다. 사실 모스크바 전체에 사이렌이 울린 것은 처음이었다. 어둠 속에 앉아, 나는 폭탄 중 하나가 루비안카에 떨어져 NKVD의 본부를 파괴할 경우에 내 삶에 일어날 수 있는 사건들의 조합을 생각해보고 있었다. 이 아이디어는 꽤나 매력적이었고, 만약에 저 폭탄이 NKVD의 모든 시설들을 파괴할 수만 있다면 나도 기꺼이 폭발에 희생될 죄 없는 죄수들 중 한 명이 되는 것을 기뻐할 것이다. 그러나 이 생각은 즉시 단순한 소원으로 떨쳐버렸다. 만약 폭탄이 루비안카에 떨어졌더라면 대부분 무고한 죄수들이 가장 큰 희생자가 되었을 것이다. 아마 경비원 중 일부도 피해자가 될 수는 있겠으나, NKVD의 거물들은 실제 폭격이 일어나기 훨씬 전에 은신처로 피신했을 것이다. 좀 전에 매력적이었던 이 생각은 점점 추악해졌고, 나는 그저 살고 싶었고 단지 그러길 간절히 바랐다.

다시 사이렌이 울렸고, 다시 울렸고, 또다시 울렸다. 폭발음이 멀리에서도 들렸고 가까이에서도 들렸다. 대공포의 소음이 바로 내 머리 위로 지나다녔다. 폭음과 총성은 1시간 동안 지속되었다. 11시쯤이 되었다. 폭탄은 사방에서 터져대는 것만 같았다. 내가 할 수 있는 일이라고는 오직 이 밤이 폭발과 함께 빨리 사라지길 간절히 바라고 또 바라는 것뿐이었다. 낮이었다면 그렇게 나쁘진 않았을 텐데. 제2, 제3의 폭격이 이어졌고, 3시가 되어서야 도시는 다시 고요한 정적에 빠졌다. 그것은 내가 폭격을 들은 첫 번째 경험이었고, 나중에 동료 수감자들로부터 이것이 모스크바에 대한 첫 번째 공습 세례였다고 들었다. 왜 나는 루비안카로 온 걸까? 추측하지 않으려고 노력했다. 내가 추측할수록 나의 희망은 건전한 상식에서 너무 벗어나 나중에 실망하게 될 것이 두려웠다. 나는 운명의 바람에 온전히 몸을 던지고 여생을 그저 하루하루 살아가기로 결심했다. 이런 상황에서 공포와 불안은 쉽사리 사라질 것 같지 않았다. 그 힘은 너무 거대하여, 나는 그저 보잘것없는 것처럼 보였다. 매일 수천 명씩 죽는데, 누가 이 한 사람에게 혹은 안전하게 감옥에 가두어놓은 수천 명의 죄수들에게 신경을 쓰겠는가! 밤의 고요와 함께 나는 혼자 감방을 독차지하는 사치를 누리며 푹 잘 잤다. 지난 3개월 동안 수송 과정에서 워낙 시달렸기에 폭파와 총격만 아니었더라면 혼자 보내는 밤은 천국으로 느껴졌을지도 모르겠다.

소련에게 전쟁이 불리하게 진행되지 않았다면, 나는 좀 더 빨리 인도되었을 것이다. 하지만 1941년 9월 1일 밤 이후 모스크바의 모든 사람들은 진격하고 있는 독일군에게 열중하여 죄수들을 귀찮아할 시간도 없었다. 다음 날 아침 나는 모스크바의 부티르카 교도소[21]로 이송되었다. 부티르카 교도소는 모스크바 도심의 오래된 유명한 감옥이다. 차르 시절 수많은 유명 인사들이 이 교도소의 벽 안에 갇혀 있었다. 소비에트 시대에 와서는 수천 배나 많은 사람들이 이곳에 투옥되었다. 커다란 창문이 있어서 채광이 좋고 통풍이 잘 되는 꽤 큰 감방으로 15명의 죄수들이 밀려 들어갔다. 내가 지금껏 갇혔던 감방들에 비하면 여기는 천국 교도소다. 아마도 이곳은 소련이 외국인 방문객들에게 보여주기를 주저하지 않을 만한 교도소였다. 이 교도소는 다른 교도소와 비교해서 너무 다르고 잘 관리되었기 때문에, 이 교도소만 본다면 아마 소비에트 러시아의 진짜 감옥들에 대해선 잘못된 인식을 갖고 갈 것이다.

모스크바의 이 감방의 죄수들은 모두 지식인이라는 점에서 상당히 독특했다. 전쟁의 결말에 대해 열띤 토론이 이어졌다. 그들은 스탈린 정권 붕괴에 대해선 정말 기뻐했지만, 러시아가 또 다른 철권의 손에, 즉 정복자의 손에 넘어가는 것에 대해선 깊은 유감을 표했다. 그렇지만 이 정권이 무너지고 외세가 러시아를 정복하게 될 때, 실제로 그 일이 일어나고 난 다음에야 우리는 그에 대하여 알게 될 것이라고 마무리지었다. 그 그룹의 15인들은 모두 소련 군대에게 충분한 장비와 물자를 보급해줄 기적이 일어나지 않는 한 러시아의 몰락은 확실하다고 믿었다. 매일 밤 독일 폭격기가 모스크바에 큰 파괴를 가져왔다. 아침에 매일 하는 운동을 위해 교도소 마당에서 원을 그리며 걷다가 우리 죄수 중 하나가 몰래 파편 조각을 주워 감방으로 갖고 온다. 그러면 폭격에 대한 활발한 토론이 시작된다. 누군가 그 폭탄 하나가 감방을 덮쳤으면 좋겠다는 소망을 피력한다. 다음 사람은 반대표를 던진다. 세 번째 사람은 첫 번째 의견에 동조했고, 네 번째는 반대편에 섰다. 금

---

21 부티르카 교도소(Butyrka) : 모스크바 중심의 트베르스코이(Tverskoy) 지역에 위치한 오랜 역사를 지닌 교도소. – 역자 주

세 꽤 균등한 숫자의 두 편으로 나뉘어 철저하게 그들의 의견을 논의한다. 마침내 찬성파는 우리가 절망한 나머지 이것을 바랐다는 점을 항상 인정한다. 우리의 소망과 논의와는 별개로 폭격은 매일 밤 계속되었고, 그중 며칠 밤에는 우리 교도소 바로 근처에서 폭탄 몇 개가 터지는 소리를 들었는데, 이로 인해 벽과 창문이 흔들렸다. 9월 2일부터 10월 초까지 한 달 동안 우리는 계속 매일 밤 폭격 속에 있었다.

7. 모스크바 출발, 오렌부르그를 거쳐 사마라(쿠이비셰프)로 이동, 소련 비밀경찰(NKVD)의 심문

1941년 10월 2일 혹은 3일이었다. 감방 문이 열렸고 수많은 죄수들이 소지품과 함께 호출되었다. 그것은 모스크바 교도소의 소개 명령이었다. 전에도 그랬듯이 다시 수송열차에 가둬졌다. 10월 초까지 우리는 모스크바의 실정을 알 수 없었다.

수송열차에 최대 수용 인원인 20명 혹은 그 이상의 죄수들을 실었다. 그리고 열차를 측선으로 빼돌려놓았다. 우리들의 오른쪽과 왼쪽에 기차들이 줄지어 서 있었다. 우리들은 우리 철도선의 좌우로 여성과 아이들을 가득 실은 채 모스크바를 빠져나가는 기차들을 볼 수 있었다. 다른 기차들은 기계와 장비를 싣고 갔다. 우리는 하루, 이틀, 사흘, 나흘 동안 그곳에 멈춰 있었다. 그러나 우리가 탄 열차는 아직도 움직이지 않았다. 매일 밤 폭격은 사방에서 계속되었다. 우리도 대피하는 게 아니라면 왜 우리가 객차에 태워졌는지 이해할 수가 없었다. 우리 기차칸 앞에 서 있는 두 명의 경비원의 대화를 엿들었다. 그중 한 사람이 "모스크바는 적에게 3면이 포위되어 있어. 하나 남은 탈출 가능한 철도는 사라토프(Saratov)나 사마라(Samara)로 가는 남동선인데, 그나마도 매일 밤 폭격을 당하고 있기 때문에 아침마다 기차가 운행하기 전에 철로를 수리해야만 해."라고 얘기했다.

매일 새로운 열차가 하루는 오른쪽에 다음 날은 왼쪽에 나타났고, 여전히 여자와 아이들, 기계와 장비들이 실려 있었다. 그 기차들은 항상 어디론가 향했지만, 우리를 태운 열차는 무방비로 계속 거기에 서 있었다. 우리 수송열차의 경비원들이 초조해하고 흥분하는 모습을 볼 수 있었다. 그런 흥분과 부주의의 순간에 그들의 대화 중에 무심코 우리에게 매우 중요한 정보를 누설했다. 레닌그라드도 모스크바와 마찬가지로 3면이 포위되었고, 두 곳에서 모두 그곳들을 점령하려는 독일군과 목숨을 걸고 결연히 싸우고 있었다. 그들이 직면해야 할 순간을 아무도 추측할 수 없었다. 스탈린그라드도 같은 곤경에 처해 있었다. 우크라이나는 전부 독일에 넘어갔다. 흥분 속에서 죄수들은 우리 객차의 지붕은 얼마나 강력하고 견고한지 알아보려고 애썼다. 우리 객차는 14일 내내 폭격 속에 줄곧 서 있었지만, 폭탄에 맞지는 않았다. 10월 15일, 우리 기차도 모스크바를 출발했다. 역에서 불과 5에서 10마일 떨어진 곳부터 새로 깐 철로 위로 기어가듯 속도를 줄였고, 밤새 폭격으로 휘어진 레일들을, 수십 곳에 쌓아놓은 적재물을 볼 수 있었다.

볼가강 하류의 언덕에 위치한 사라토프까지 도착하는 데에 5일 밤낮이 걸렸다. 오후에 기차에서 내려 우리들은 다른 60명과 함께 커다란 감방에 갇혔다. 이 죄수들은 대부분 체포된 지 얼마 되지 않은 자들이었고, 상당수가 서부의 전장에서 바로 끌려왔다. 급하게 대피하면서 제한된 시간 내에 아주 많은 수를 처리하느라 감방 안에는 온갖 종류의 죄수들이 뒤섞여 있었다. 이 죄수들 사이에서는 단 한 가지 중요한 공통점이 있었는데, 그것은 배고픔이었다. 경비원이 수프 통을 가지고 들어왔다.

모두가 수프를 향해 돌진했다. 나는 나무 침상 위에 올라가 "동지들이여, 내 말을 들어라!"라고 소리쳤다. 침묵이 흘렀고 어떤 이는 내 말을 기꺼이 들으려는 성의를 보였다. "우리 모두 배가 고프다. 지난 4년의 감방 경험을 통해 나는 감방에서 질서 있게 행동하면 모든 이들에게 좋은 일이며, 특히 음식 배급에 있어서는 더욱 그렇다는 것을 깨달았다. 이를 위해서 감방에서는 배급을 총괄할 연장자가 필요하다. 그 사람은 감방의 전반적인 일에 대해서도 교도소 당국과 얘기를 해야 한다." 모두들 일제히 내 생각에 동의했고 나를 연장자로 선출했다.

국자를 들고는 모두에게 빈 접시를 들고 줄을 서게 했다. 일반적으로 감옥의 수프는 묽었고 그나마 있는 시리얼 알갱이는 매번 젓지 않으면 바닥에 가라앉았다. 내가 할 수 있는 한 정직하게 수프의 균질성과 양 모두를 고려해 공정한 배급이 되도록 노력했다. 이렇게 해서 모두 만족했고, 남은 수프는 2차로 제한된 수에게 돌아갔다. 2차 배분도 정확하게 지켜졌다. 매번 수프가 분배될 때마다, 2차 배분은 지난번에 제외되었던 사람부터 시작했다. 자기가 겪은 일들을 서로 이야기하는 것이 처음 며칠 동안 감방 동료들 간의 주요 대화였다. 내가 당했던 심문, 재판, 수용소 생활에 대한 이야기는 신참들을 꽤나 놀라게 했다. 마찬가지로 그들이 나에게 들려준 전선과 일반 여론에 대한 얘기도 놀라웠다.

그 감방에서는 일종의 동료의식이 싹터서 거친 행동과 험한 취급은 서로 죽이 맞아 완전히 형제 같은 태도로 바뀌었다. 그래서 나는 적어도 전쟁이 끝날 때까지 이 그룹과 함께 평화롭게 남아 있기를 은근히 바랐다. 지난 4, 5개월 동안 정말 많은 불행을 보고 경험했기에, 적어도 당분간만은 조용한 정착을 갈망했다.

　내 희망은 실현되지 않았다. 내 앞에 무엇이 준비되어 있는지 전혀 생각하지 않았다. 사라토프 감옥에서 2주를 보낸 후, 나는 다시 소지품을 갖고 불려 나왔다. 이번에는 소수의 죄수들만 수송열차에 태워졌다. 어디로 끌려가는 건지 전혀 감도 잡히지 않았다. 그래도 머릿속 한편으로는 재심을 받아 풀려났으면 하는 희망을 품고 있었다. 만약 그렇다면 어떤 종류의 절차가 어디에서 누구에 의해 처리될 것인가? 전혀 알 수 없었다. 재심은 처음 유죄 판결을 받은 곳에서만 진행될 수 있다는 소문이 있었다. 그렇다면 나는 알마아타로 돌아갈 수 있다! 몇 시간 후에는 내가 어디로 향하고 있는지 알려줄 것이다. 동쪽으로 향하면 알마아타일 것이다. 서쪽으로 간다면 나는 어떤 다른 수용소 캠프로 보내질 것이다!

　기차는 동쪽으로 움직였지만, 내 희망은 금방 끝났다. 3일 후 차칼로프(Chakalov)[22]에 도착했을 때 나는 기차에서 내려 그곳 교도소에 또 갇혔다. 2주 동안 갇혀 있었다. 이제는 모든 추측 게임을 포기하고 스스로에 대한 고문도 그만두었다. 아무리 생각해도 그들이 나를 어떻게 하려는 건지 알 수가 없었다.

　11월 30일경, 나는 다시 소지품을 가지고 불려 나갔고 수송열차에 올랐다. 이번에는 서쪽으로 가고 있었다. 5일 후, 전시 수도인 쿠이비셰프(Kuibyshev)[23]의 큰 감방에 갇혔다.

22　차칼로프(Chakalov) : 러시아의 남시베리아, 우랄강 유역의 도시로 1938년부터 1954년까지는 소련의 유명한 비행사 차칼로프(Valery Chkalov)를 기리기 위하여 도시의 명칭이 변경되었으나, 1954년에 다시 현재의 지명, 오렌부르그(Orenburg)로 변경되었다. 비공식적으로 오렌부르그는 러시아의 아시아 수도로 불린다. - 역자 주

23　쿠이비셰프(Kuybyshev) : 러시아 남부 볼가강 유역에 위치한 사마라주(Samara Oblast)의 주도인 사마라(Samara)가 옛 소련 시기(1935~1990)에 불렸던 도시명이다. 1586년에 설립된 사마라를 볼세비키 혁명가였던 쿠이비셰프(Valerian Kuybyshev, 1888~1935)를 기리기 위해 도시명을 쿠이비셰프로 변경하였으나, 소련 붕괴 이후 원래의 도시명인 사마라로 바뀌었다. 쿠이비셰프는 2차대전 중에 1941~1943까지 독일군의 공격을 피해 임시수도로 지정되기도 하였다. - 역자 주

온갖 종류의 죄수들이 한 감방에 있었고, 나도 그들 사이에 섞여 있었다. 3일 밤낮을 걱정과 불안 속에 보냈다. 감방의 분위기는 긴장되어 있었고, 죄수들은 서로에게 거의 비우호적이었다. 감방에 있는 100명 이상의 죄수들 중 극히 일부만이 정치범이었다. 나머지는 다들 교전 지역의 여러 도시의 교도소에서 대피한 일반 범죄자들이었다. 내 몫의 식량 배급을 받는 건 어려웠다. 뒤로 물러나 앉아 운명을 기다려야 했다.

지옥 같은 3일 밤낮을 보내고, 1941년 12월 6일 오후 4시경, 나는 소지품을 들고 감방에서 불려 나왔다. 나는 홀로 덮개가 있는 트럭에 태워져 도시의 다른 쪽에 있는 NKVD 건물로 갔다. 9월 1일에 모스크바 루비안카 NKVD 본부 독방에 수감되었을 때와 같은 상태가 되었다. 모스크바의 위급한 상황 때문에 그들은 나를 그동안 여기저기로 보냈던 것이다. 모스크바의 NKDV 본부가 쿠이비셰프로 옮겨와 있었다. 그것이 내가 사라토프 교도소에서 끌려나와 쿠이비셰프로 이감된 이유였고, 이제 드디어 내 문제가 다루어지게 되었던 것이다.

독방에 대한 교도소 규율은 더 엄격했다. 독서도 허용되지 않았다면 견디기가 훨씬 힘들었을 것이다. NKVD 본부의 일부로서 이 교도소는 밤낮으로 죽음의 침묵이 지배하고 있다. 건물 전체의 분위기가 불쌍한 수감자들을 엄습한다. 나는 다시 이런 제도 속에 갇혔다. 하나 위로가 되는 점은 이 감방은 난방이 된다는 것이다. 북극 바람의 추위와 힘든 노동에 비하면 육체적으로 훨씬 좋은 조건에 있었다. 하지만 다가올 날들에 대한 불확실성은 심리적으로 나를 압박했다. 4, 5개월의 여정으로 인한 육체적 고난과 인위적 흥분 상태는 수용소 마당에서의 5분 산책에도 함께하지 못할 만큼 나를 쇠진하게 만들었다. 나에겐 뼈와 피부만 남았다. 확실히 나는 아무 짝에도 쓸모가 없었다.

쿠이비셰프 NKVD의 첫날인 12월 6일 밤, 단독 감방에 누워 있는데, 이상한 생각이 머리를 스치고 지나갔다. 지난 4개월간 당한 것처럼 다시 이리저리로 끌려다닌다면 분명 석 달 내로 나는 죽은 목숨이 될 터이다. 건강이 비정상 상태로 떨어질 때마다 느껴지는 등의 통증은 몇 달 전부터 나를 괴롭히고 있었다. 누워 있는 자세가 이제 내게 유일하게 편안한 자세였다. 물론 이게 나의 마지막 날들을 의미할 수는 없다. 지금 죽기엔 나는 너무 젊다. 더구나, 평온히 죽기엔 아직 가치 있는 일을 해낸 것도 없다! 자기 연민이었을까? 아니면 내 인생에 대한 대차대조표를 만들어보는 것이었을까? 이런 생각들이 나를 엄습해 와서 밤새 깨어 있었다. 그런 생각들이 너무 생생하고, 그날 밤의 생각들이 끊임

없이 나를 찾아와서, 8년이 지난 지금도 그날 밤 침대에서 뒤척이는 내가 선명하게 보이는 듯하다.

1941년 12월 8일 자정 무렵, 감방문이 열리고, 나는 의복을 갖춰 입고 교도소의 전령을 따라오도록 소환되었다. 마침내 참을 수 없는 기다림과 더 이상 견디기 어려운 긴장감이 일시적으로 사라졌다. 나는 밝은 조명이 비치고 잘 관리된 NKVD 소령의 사무실로 인도되었는데, 그 소령의 이름은 결코 알아내지 못했다. 지금까지도, 나는 거기에 갖추어져 있던 음식 쟁반을 아주 분명하게 기억하고 있다. 소령은 친절했으며, 나를 옛 지인처럼 대했다. 나에게 그의 친절을 표현하는 첫 번째 제스처는 구석에서 내가 도착하기를 기다리고 있던 음식이 담긴 쟁반이었다. 그는 쟁반을 가리키며 나에게 먹기를 권했다. 4년 전에 내가 체포된 이후로 이런 종류의 식사는 처음이었다. 식사는 나의 마음을 즐겁게 했지만, 불안했다. 왜 갑자기 이렇게 나에게 친절한 걸까? 그러나 이런 귀한 음식을 보고 자극받은 굶주림과 식욕은 너무 강해져서 이 친절한 태도의 결과를 받아들여야 했다. 나는 음식이 담긴 쟁반을 더듬어가며 게걸스럽게 먹어댔다.

"당신은 굶주렸소, 그렇지 않소?"

NKVD의 소령이 나와 대화를 나누고자 시작한 첫 마디는 이것이었다.

"우리는 당신이 충분히 먹을 때까지 가만히 지켜보고만 있겠소."

나는 무언가를 좀 알아내려고 그를 응시하고 있었다. 나는 꿈을 꾸고 있는 걸까 혹은 깨어 있는 걸까. 소령은 내가 무슨 생각을 하고 있는지 짐작했을 것이다. 그는 소리 없이 씩 웃으며 다음과 같은 말을 계속했다.

"어제 일본이 진주만을 공격해서 전 미국이 일본과의 전쟁에 나서려고 들썩거리고 있다는 걸 알고 있소?"

물론, 전혀 모르는 얘기였다. 지난 한 주 동안 독방에 수감된 이래로, 나는 모든 사람들로부터 완전히 단절되어 있었다. 한국이 일본의 멍에로부터 자유로워질 기회가 있으리라는 생각이 순간적으로 뇌리를 스쳤다. 그의 다음 발언은 이것이었다.

"한국은 자유로운 국가가 될 것이오."

그는 내 생각의 흐름과 정확히 일치하는 말을 했다.

"우리는 나가서 당신 동포들을 위해 싸울 당신 같은 사람을 원하오."

이 역시 내게 굳이 얘기할 필요도 없는, 내 머릿속을 관통하는 생각이었다.

"물론이오, 소령, 내 민족을 위해 일하고 죽는 것만이 나의 행복이오. 그러한 특권을 갖는 것보다 더 좋은 건 없소."

그는 첫 만남에서는 명확하게 밝히지 않았지만, 나는 그의 발언 뒤에 숨어 있는 것을 읽을 수 있었다. 그는 계속 내게 암시를 줬다. 거의 한 시간 가까이 이어진 대화에서 그는 계속해서 한국의 사람들을 위해 싸워야 한다는 생각을 반복해서 이야기했다. 거기에 다음과 같이 덧붙였다.

"당신의 경우에는 재심을 해야 하겠지만, 그럴 시간이 없소. 우리는 당신의 재심에 시간을 낭비할 수가 없다는 말입니다. 당신이 정말 유죄라 할지라도, 이와 같은 시기에는 당신을 돌려보내서 당신 민족을 위해 일하게 하겠소!"

"당신의 석방에는 몇 가지 다뤄져야 할 기술적 문제도 있고, 지금과 같은 모습으로는 내보낼 수 없소. 당신이 실제로 석방되기 전에 정상적인 모습을 되찾을 때까지 우리는 당신에게 매일의 배급량을 늘리고, 입을 옷도 찾아볼 것이오."

그리고 그는 일어서서 내게 악수하고자 손을 내밀었다.

그때 나의 반응은 '용서'와 '망각'이었다. 나는 기꺼이 그의 손을 잡고 친근하게 악수를 했다. 감방에 돌아왔으나 잠은 전혀 오지 않았다. 금방 듣고 온 즐거운 소식은 그 자체로 잠을 쫓아버릴 만큼 흥분되는 것이었다. 그런데 더불어 그들이 뭔가 내게 알려주지 않은 것을 소매 속에 분명 감추고 있으리라는 생각이 들었다. 결국 나는 아직 이곳 NKVD 감방에 온전히 수감되어 있고, 언제라도 어떤 날, 어떤 시간에 그들이 마음을 바꾸어 수용소 캠프로 돌려보낼지도 모른다는 그런 생각이 들었다. 이러한 상념들이 하나, 둘 내 마음으로 연이어 밀려들었다. 그럴 때마다 내게 있어 항상 가장 중요한 것은 어떤 고통이나 위험을 감수하더라도 감옥에서 나가서, 러시아를 떠나는 것이라는, 내 스스로 내린 결론으로 매번 다시 돌아왔다!

밤은 길었으나 이윽고 새벽이 왔다. 머리는 공중에 떠 있었고, 발은 땅에 붙어 있지 않았다. 여러 번, 나는 내 감각이 아직 제대로 작동하고 있는지 알아보려고 스스로를 꼬집어봐야만 했다. 교도소 생활의 예정된 아침 의식이 끝나고 나서 나는 전날 밤의 대화를 평가해보려고 자리를 잡고 앉았다. 비관적인 생각이 나의 이성을 파고들어 이 모든 것을 그저 달콤한 꿈으로 포기하게 하였다. 그날 아침 9시쯤, 문에 달린 배식용 구멍이 열리고 나에게 식사가 밀어 넣어졌다. 그 식사는 소령이 나에게 말했던 것을 확인해주었고, 희망은 다시 피어났다. 그러나, 내 안의 무언가가 절망감이 너무 크지 않도록 너무 많은 희망을 두지 말라고 항상 경고했다!

오후 2시쯤 점심으로 감자와 함께 커다란 크기의 고기가 담긴 큰 접시가 들어왔다. 7시경에도 마찬가지였다. 그날부터 나는 하루에 여섯 끼니를 먹고 있었다. 원래 감옥의 배식량은 빵 한 번과 한 컵 정도의 묽은 오트밀 죽 두 번이었다. 내게는 하루에 세 번 추가로 고기와 야채들로 구성된, 푸짐하고 다양한 종류의 식사가 주어져서 정규 배급된 빵은 고스란히 남았다. 끊임없는 식욕은 먹으면 먹을수록 더 많은 음식을 갈망하게 했다. 확실히 불편할 정도로 배가 부르다는 것을 느낄 수 있었지만, 내 식욕은 잔뜩 커져서 얼마든지 먹을 태세였다. 그 식욕은 한 달 반 정도, 내가 음식에 약간 질릴 때까지 나를 계속 괴롭혔다. 하지만 음식에 대한 나의 관심은 오늘날까지도 결코 줄어들지 않았다.

남겨진 배급식을 보존하는 것이 당면한 과제였다. 매일 300그램의 빵 덩어리가 남았는데, 이것을 잘게 쪼개서 더 빨리 마르도록 만들었다. 이것들은 감방의 따뜻한 공기에 3일 정도 두면 건조되어 바위 조각처럼 단단하고 무거워졌다.

두 달에 걸쳐 이러한 나날을 보내면서, 나는 스스로를 가을에 잡아먹을 계획으로 살찌우는 돼지와 비교하지 않을 수 없었다! 12월의 남은 며칠과 1월, 2월 내내 이렇게 먹고 나니 남 앞에 내놓을 만한 모습이 되었다. 1941년 12월 8일 밤에 나누었던 대화에 대한 나의 믿음은 1월 초순부터 흔들리기 시작했다. 이르면 12월 중에 나가라고 부르기를 희망하며 기다리고 있었는데, 나는 거의 3개월 동안 아무것도 듣지 못했고, 아무것도 모르는 채로 지내고 있었다. 한 가지 위안이 되는 것은, 여전히 아침, 이른 점심, 저녁을 추가로 배식해주고 있다는 점이었다. 내 마른 빵 주머니는 부피와 무게가 점점 커져서 2월 말에는 60파운드가 넘었다. 만약 NKVD가 마음을 바꿔 나를 다시 수용소에 보낸다 해도 여분의 빵을 가질 수 있다. 압수하지 않는다면 말이다. 이제까지는 압수하는 걸 본 적은 없었다. 그래서 진지하게 모든 작은 빵 조각도 저장했다.

8. 모스크바 재이송, NKVD 요원 면담, 쿠이비셰프 이송, 석방

3월 1일 밤, 일제의 통치에 대항한 자랑스러운 삼일운동의 기억을 되살리게 하는 이 날 밤, 나는 소지품을 챙겨 완전히 가려진 수용소 트럭에 태워졌다. 지난 두 달 동안, 호출이 되어서 너는 자유인이고 원하는 곳으로 돌아갈 수 있다고 알려주길 기다려왔다. 이런 내 기대와는 달리, 나는 다시 끌려나와 어떤 알 수 없는 곳으로 보내졌다. 확실히, 그들은 했던 말을 바꾸어 나를 다른 감옥 혹은 수용소로 보내고 있었다! 물에 빠져 지푸라기라도 잡는 사람처럼, 나는 하나의 경우를 가설로 세워보았다. 만약 전쟁 상황이 상당히 좋아져서 NKVD의 본부를 다시 모스크바로 이전하게 되었다면! 그러면 그들은 나를 다시 모스크바로 데려가야 할 것이다. 내가 탄 호송기차가 서쪽을 향하고 있다면 내 가설이 맞을 테고, 그렇다면 나에겐 아직 기회가 있을 것이다. 그러나 호송 기차가 동쪽으로 빠져나간다면, 나는 분명 수용소 캠프로 돌려보내질 것이고, 의심의 여지 없이 러시아 수용소의 유령이 될 것이다. 그런데 시커먼 밤중에 기차가 어떤 방향으로 가는지 어떻게 알 수 있을까?

호송기차로 끌려가서 많은 죄수들이 있는 객실을 지나 독방 칸에 갇혔다. 자, 만약 내가 다시 수용소로 보내진다면 굳이 독방에 가두진 않을 것이다. 그럼 이제 다음으로 확인해야 할 것은 동쪽인지 서쪽인지이다. 철창을 통해 밖을 내다보니 모스크바행이라고 적힌 여객열차가 들어오고 있었다. 방향도 확인했으니 내가 탄 호송차가 움직이길 기다렸다. 드디어 기차가 움직이기 시작했고, 모스크바행 열차와 같은 방향으로 향했다!

의심과 불확실 속에서 호송기차를 타고 5일이 지나갔다. 4개월 쯤 전엔 차창을 통해서도 느낄 수 있었던 모스크바로 향한 철로변 사람들의 혼란은 비교적 안정되어 보였다. 모스크바를 향한 철도는 군사용 교통량으로 붐비지는 않았다. 모스크바에 도착해서는 서둘러 차양막이 있는 수송 트럭에 실려 루비안카의 독방에 수감되었다.

도착해서 이틀 밤을 지낸 후, 사복 차림의 NKVD 요원이 있는 사무실로 불려갔다. 그는 친절하고 따뜻하게 나를 맞이했다. 전쟁의 흐름이 바뀌어, NKVD 본부가 다시 모스크바로 복귀할 수 있을 만큼 충분한 거리로 독일군을 퇴각시켰다고 했다. 그래서 내가 그렇게 오랜 시간 동안 방치되어 있었던 것이다. 이제 그들은 내 사건을 마무리 짓기 위해 나를 모스크바로 데려와야 했다. 그는 덧붙여서, "모스크바에서는 생필품이 부족하고 어

잊혀진 이름, 잊혀진 역사

려워서 우리는 더 이상 당신에게 추가 배급은 줄 수 없다."고 얘기했다.

"그리 오래지 않아서 당신을 석방시켜줄 수 있기를 바랍니다. 하지만, 중국 대사관과 풀어야 할 약간의 기술적인 문제가 있어서 그런 것들을 다 처리하는 데에는 시간이 조금 걸릴 겁니다. 그동안 감방으로 돌아가 호출을 기다리세요."

이것이 1942년 3월 초였다.

굶주림의 날들이 다시 내게 찾아왔다. 쿠이비셰프(Kuibyshev) 교도소에서 말려서 챙겨 두었던 검은 빵 가방은 3월, 4월, 그리고 5월 중순까지 정말 큰 도움이 되었다. 나는 매일 200에서 300그램의 검은 빵을 더 먹었다. 즐라토우스트의 정치범 수용소 시절 이후 처음으로 읽을 책 몇 권도 주어졌다. 나는 날마다 나를 불러서 감옥에서 나가라고 하기를 기다리고 있었다. 몇 번쯤, NKVD 요원의 사무실로 불려가 이런 대화를 나누었다.

"머지않은 미래에 서울에서 당신을 볼 수 있기를 기대합니다. 산업부 장관이라든가 그런 비슷한 직책에 있는 당신을 보기를 고대합니다. 일본이 오래가지 않을 것이라는 건 확실합니다. 이미 일본의 군국주의가 약화되고 있다는 징후가 있습니다. 미국은 우리 공통의 적인 독일과 일본에 대규모 공격을 시작할 준비를 하고 있습니다. 우리는 한국이 해방되어 한국인들에게 되돌려지는 것을 보고 싶습니다."

그런 제의들에 나는 100% 동의한다고 답했다. 그러나, 감방으로 돌아와서는, 내 조국에서 NKVD 요원과 다시 만나길 기대한다는 말은 지킬 수 없어서 마음에 걸렸다. 다시 말하지만, 그때 그곳에서 가장 중요한 것은 입을 꼭 다문 채로 감옥에서 나와 러시아를 탈출하는 것이었다.

"중경에는 수많은 한국인 파벌들이 있습니다. 우리는 이들 중에서도 가장 신뢰할 만한 리더로 김약산을 생각하고 있습니다. 중경에 가서 김약산과 함께 일해주었으면 합니다. 중경에 도착하면 우리 쪽 사람이 당신을 찾아보고 그쪽으로 연결을 시켜줄 겁니다."

그는 대위 제복을 입은 NKVD 요원을 나에게 소개해주었다. 물론 이름은 가르쳐주지 않았다! 그게 5월 초였다.

"김약산은 공산주의자는 아니오. 우리는 공산주의라고 공공연히 알려진 자와는 함께 일하고 싶지 않습니다. 우리는 모든 사람들을 공산주의자로 만들려는 게 아닙니다. 우리는 한국인들이 자유를 찾고 독립을 하길 바랍니다. 한국이 공산주의 국가가 되든지 아니든지 그건 한국인들 손에 달려 있습니다! 그러니, 가서 한민족의 자유를 위해 일하는 사람들과 힘을 합치십시오!"

당연히 설탕 발린 말이지만, 내 생각과 상반되는 것은 없었다. 단지, 내가 불안했던 것은 그가 서울에서 나를 만나기를 고대하고 있다는 부분이었다. NKVD의 요원이 중경에서 나를 접촉하겠다는 제안이 있었고, 꺼림칙하긴 했지만, 내가 뭔가 이의를 제기하기에는 일방적인 협상이었다. 나는 감옥에 갇혀 내 인생을 마감하는 것보다 중국에서 자유인으로서 온갖 위험을 무릅쓰는 것이 훨씬 나을 것이라고 생각했다. 침묵은 동의의 표시였다. 나는 한국인들을 위해 일하기로 동의했다. 내가 어떤 식으로 민족을 위해 봉사할 것인지에 대해서는 그들과 얘기하지 않았다.

카이로 회담이나 얄타 회담 훨씬 전부터, 러시아인들은 계획적인 프로그램을 갖고 한국에 대한 전략을 세우고 있었다. 이 계획에 따라 러시아는 양쪽으로 작전을 펼쳤다. 우선 한국인들을 포섭했는데, 그러기 위해서 그들은 학대나 고문, 살인도 주저하지 않았다. 이것은 그들이 과거에 했던 도박이지만, 그들은 한국인들에 대해서 기꺼이 그 도박을 할 요량이었다.

다른 한편 그들은 한국에 연관하여 원하는 것을 얻기 위해 미국과 영국, 중국을 이용했다. 미국 정부는 한국 문제에 대해 아무런 생각도 없었고, 영국은 무관심했으며, 중국은 끼어들기에는 너무 약했다. 논리적으로, 한국 문제는 일본과의 전쟁이 끝나기 훨씬 전부터 열심히 공을 들였던 소비에트 러시아의 손에 넘겨졌다.

지금껏 러시아인들은 나와 포커 게임을 하면서, 나는 그들의 손에 있는 패를 전혀 볼 수 없는데, 그들은 내 패를 다 보고 있었던 것이다. 오래전에 그들은 "소련 주재 중국대사 샤오리즈(Shao Lizi)"의 요청에 따라 나를 석방하기로 결정했다. 1941년, 독일군의 침공을 불과 한 달 남겨둔 시점에 나를 보르쿠타에서 모스크바로 데려왔고, 어쨌든 나를 풀어주려고 했다. 그들은 "한국에서 우리를 위해 일해줄 사람"을 풀어주기로 결정했던 것이다. 잠깐 동안 나는 침묵을 지키는 것이 도덕적 문제가 있지 않나 느껴져서, 좀 더 현명한 나는 그들에게로 돌아가서 나의 진정한 마음을 털어놓으려 했다. 그러나 절박한 심정은, 나로 하여금 그 어떤 한마디의 저항도 하지 못하게 만들었다. 나는 침묵을 지켰다.

5월 중순의 어느 날, 여느 때와는 달리 낮시간에 사무실로 호출되어 갔다. 거기엔 회색 양복과 황갈색 겨울 코트가 있었는데, 둘 다 누군가 입던 것이었고 내게는 너무 컸다. 재단사가 양복과 오버코트를 나에게 맞추어 수선하기 위해 내 치수를 쟀다. 그로부터 5

일이 지난 후, 나는 수선된 정장과 오버코트를 입고, 구두와 액세서리까지 갖추게 되었다. 드디어 나는 모스크바에서 석방될 수는 없고, 일반죄수들처럼 감시하에 쿠이비셰프로 다시 보내질 것이라고 들었다. 쿠이비셰프에서 자유의 몸이 되는 마지막 순간까지 죄수로 취급될 것이라고 경고했다.

1942년 5월 25일 오후, 쿠이비셰프 NKVD 감옥의 독방에 다시 수감되었고, 모스크바 NKVD에서 받았던 옷의 반은 다시 빼앗겼다. 이런 모든 일들을 겪고 나니, 나는 그들이 정말 나를 내보내줄지 확신할 수가 없었다. 의심이 들었다. 내가 나가면 어떻게 행동할지 알아차린 게 아닌가 하는 어리석은 생각도 했다.

5월 25일부터 5월 28일까지 쿠이비셰프에서 보낸 사흘은 정말 힘든 나날이었다.

오후 3시경, 드디어 석방을 위해서 나는 NKVD 교도소의 사령관에게 불려갔다. 3일 전에 몰수당했던 소지품들은 모두 나에게 되돌아왔다. 나는 옷을 차려입고, 최종 지시를 받았다.

"쿠이비셰프에서 다른 곳으로 가지 말고 당신을 기다리고 있는 중국 대사관으로 바로 가시오." 그러고는 덧붙였다. "가능한 한 빨리 소련에서 떠나시오."

중국 대사관에서 생전 처음으로 주러시아 중국대사인 샤오리즈 씨를 만났다. 그는 자기는 아버지의 오랜 친구라고 했다.

"중경을 떠나 모스크바로 향할 때 네 아버지가 찾아와서 너를 러시아 감옥에서 구해달라고 부탁했다. 난 너를 구해내기 위해 내가 할 수 있는 모든 것을 다하겠다고 약속했었다. 석방을 위한 협상이 진행되는 동안에라도, 네가 위험한 상황에 처해 있다면 최소한 그런 곳에서는 벗어나게 해달라고 요청할 작정이었다. 내가 모스크바에 도착했을 때 먼저 해결해야 할 긴급한 외교 문제가 있었다. 그런 다음 네 문제에 착수했단다. 마침내 네가 감옥에서 나오게 되어서 기쁘구나."

1937년 NKVD에 압수되었던 중국 여권은 교도소를 떠나기 직전 돌려받았다. 오랫동안 기다렸던 순간이 드디어 찾아왔지만, 기대했던 것만큼 즐거웠다고는 말할 수 없다. 교도소의 문 앞에는 나를 맞아주는 가족도 친구도 없었다. 나는 황량한 거리의 한쪽 편을 걷고 있었다. 나와 함께 기쁨을 나눌 사람은 아무도 없었다. 나는 그저 길을 따라 걷는 행인이었다. 내 머리는 바싹 잘렸지만 많은 러시아인들은 삭발도 한다. 아무도 소련 NKVD의 지상의 지옥에서 방금 걸어 나온 행복한 영혼을 알아채지 못했다.

짧은 시간 내에 여권을 갱신하고 NKVD로부터 출국 비자를 발급받고, 중국 대사관에 3일간 체류한 끝에 알마아타로 향하는 열차에 탑승했고, 거기서부터 비행기를 타고 중경으로 떠났다.

여기까지 읽은 사람이라면 여전히 내가 왜 체포되었고 왜 그런 지옥을 겪어야만 했는지 궁금해할 것이다. 나는 심지어 카자흐스탄 금광회사에서 일한 7년 동안에 조금도 반소비에트나 반공산주의자가 아니었는데 말이다. 내가 그랬더라도, 나 자신은 깨닫지 못했다. 금광회사(Gold Syndicate)의 기술국장으로서 임무를 수행하는 데에만 열중하였을 뿐이다. 그렇다면 왜 체포되었을까? 후술하는 내용은 소련을 몇 번이나 휩쓸었던 숙청의 이면에 숨어 있는 동기를 밝히는 데에 도움이 될 것이다.

사회주의 성공에 대한 소련의 화려한 선전에도 불구하고, 굴욕적인 실패는 존재했고, 지금까지도 여전히 존재하고 있다. 이런 실패에 대하여 누군가는 그 비난을 감수해야 했다. 당과 정부 지도자들은 어떤 잘못도 범할 수 없다는 것을 모든 소련 인민들에게 알리는 것이 크렘린의 정책이었다. 소비에트 정권에 반대하는 특정 집단의 사람들 때문에 소련 정부와 당의 정책에 실패가 있었다는 주장이다. 실제로 그런 그룹이나 조직을 찾을 수 없더라도 만들어내면 된다. 중앙집중화된 보도기관인 라디오를 통해, 외국인 스파이와 연계된 소위 반혁명 조직이 만들어지고, 그들은 숙청을 시작한다. 숙청이 진행될수록 연루된 집단과 사람들은 더욱 광범위해지고, 증가하여, 결국 이 숙청을 시작한 비밀경찰까지도 스스로 감옥에 가게 된다. 1938년 당시 NKVD의 수장이었던 예조프(Nikolai Yezov)가 체포된 것은 한계를 모르는 숙청의 전형적인 사례였다. 일부 주요 실패의 비난을 누군가에게 돌리는 것이 이런 숙청의 이유 중 하나이다.

둘째로, 철길을 놓거나, 수력발전소를 짓거나, 수많은 다리와 수로와 공장들을 건설하는 수백 개의 거대한 프로젝트에 수백만의 노동자, 기술자, 그리고 자격을 갖춘 사람들을 투입했다는 점도 중요한 사실이다. 이 프로젝트들 대부분은 자유인이라면 무엇으로 보상하더라도 절대 가려고 하지 않을 야생의 미개척지에서 시작되었다. 실용적인 공산주의자들은 수용소 노동력을 투입하여 노동 공급 문제를 훌륭하게 해결했다. 이런 노동 수용소에서 소위 보스들은 대개 학교를 갓 졸업한 경험 없는 젊은 공산주의자였고, 반면에 한때 경험이 있는 전문가였으나 숙청당한 이들이 그들의 풍부한 두뇌와 노동을 공급했다.

세 번째로, 인간에 대한 모든 정의와 가치를 무시하면서, 자기들 멋대로 통치하는 공산당과 소비에트 정부의 지도자들은 반혁명, 반란, 봉기가 일어날 것이라는 의심과 두려움에 사로잡혀서 소련 내의 모든 사람들이 기존 질서에 반대하는 정적들인 것처럼 좌파, 우파를 가리지 않고 숙청을 진행한다. 이 괴물들이 채택한 철학은 100명을 제거하여 99명의 무고한 사람들을 희생시키더라도 1명의 진짜 적을 잡아낼 수 있다면 모든 행동이 정당화된다는 것이다!

그리하여 지상의 지옥이 소련에 생겼고, 소련은 수천만 명의 무고한 영혼들이 자신들이 저지를 것이라고 생각조차 해보지 않았던 범죄 혐의가 씌워져 시련을 당하는 지상의 지옥이 되어버렸다. 나는 소련 땅에서 고통받는 수천만의 영혼들에게 동정심을 느낀다. 유일한 탈출구는 인간 본성의 변화에 있다! 권력에 대한 열망은 동료인 인류를 섬기는 겸허한 정신으로, 증오는 사랑으로, 자만심은 겸손으로 대체되어야 할 것이다. 같은 인간인 동료들과의 시간 속에서 하느님을 볼 수 있고, 인간관계에서 동정과 관용을 가진 사람은 결코 소비에트 러시아의 그들처럼 인간의 생명을 그렇게 황폐하게 만들 수는 없을 것이다.

번역:손동관

허버트 김 이야기[*]

레너드 버치[**]

이 이야기는 더 일찍 기록되었어야 했다. 실은 이미 기록되었으나, 출판되지 못했다. 사실 이 원고는 설사 그 내용이나 도덕적 의미를 이해했다 하더라도 이내 잊어버린 한두 명의 미군 장교 외에는 읽혀지지도 않았다.

---

[*] 레너드 버치의 「허버트 김 이야기」는 하버드대학교 옌칭도서관에 소장되어 있다.(Bertsch Papers in the James H. Hausman Collection, HYL Bertsch Paper Box 1)

[**] 버치는 주한 미군정(USAMGIK : 1945년부터 1948년까지 한반도의 38선 이남 통치)의 정치자문단 (PAG)에 소속된 육군 중위였다. 그는 1910년에 태어나 하버드 로스쿨을 졸업하고 오하이오주 애크론에서 변호사로 활동하였다. 미국이 제2차 세계대전에 참전하자, 그는 미군에 입대하였다. 1년 동안의 훈련을 마치고 태평양 사령부에 배치되었고, 1945년 12월 중위로 한국에 파견되었다.

버치는 주한미군 사령관이었던 하지(John R. Hodge) 장군에게 발탁되었다. 하지 장군은 그에게 미·소 공동위원회의 고문으로 활동하면서, 한국의 정치 상황에 깊이 관여하도록 임무를 부여하였다. 한국에 파견된 후 그는 주로 대한 국민대표 민주의원(the Democratic Representative Council)을 지원하면서 그의 정치적 성향을 평가하고 모니터링하였다. 그는 1946년 5월 첫 번째 공동위원회 회의가 중단된 후 좌·우 연합위원회의 조직과 활동에 적극적으로 개입했다. 버치는 1948년 5월 38선 이남 지역에서 열린 총선을 통해 1948년 8월 대한민국이 건국될 때까지 한국 정치에 관여했고, 애크론의 변호사로 복귀한 후에는 한국과 동아시아의 냉전 상태에 대해 강의했다.

그는 1930년대에 경찰이 흑인 죄수에 폭력을 가하자 미국 흑인 지위 향상 협회(NAACP, National Association for the Advancement of Colored People)를 위한 무료변호를 하여 KKK(Ku Klux Klan, 사회 변화와 흑인의 동등한 권리를 반대하며 폭력을 휘두르는, 미국 남부 주들의 백인 비밀 단체)의 초기 희생자였다.

그는 군인들에게 강요된 일본뇌염 백신이 원인인 것으로 추측하는 파킨슨병에 걸렸다. 한국에 주둔한 많은 미군이 이 병에 걸렸다. 마비가 점점 진행되면서 그는 20년 동안 조용히 쇠약해지는 이 병에 시달리다가 1976년에 세상을 떠났다.

1946년 여름, 한국에는 비가 일찍 시작되었다. 흠뻑 젖은 6월의 어느 날 밤 나는 모란 정원의 문 옆을 지나 덕수궁을 빠져나가려다가 폭우 속에서 영어로 자신을 소개하면서, 몇 분 동안 시간을 내어줄 것을 부탁하는 초라한 옷차림에 온화하고 상냥한 얼굴의 한 한 국인이 기다리고 있는 것을 발견했다. 그는 정오부터 거의 내내 기다리고 있었던 것이다. 그 사이사이에 그는 반도호텔(우리는 한토호텔을 한국식으로 바꿔서 이제 이렇게 불렀다) 가까이 까지 두세 번쯤 다녀왔다. 거기서 그는 궁으로 전화를 걸려고 시도했으나 실패했다. 그의 시도가 실패한 것은 놀라운 일이 아니었다. 화이트호스(Whitehorse)를 통하지 않고는, 워싱 턴 교환도 궁(덕수궁)의 교환과 통할 수 없었던 때였다. 화이트호스는 도로의 다른 끝에 있 는 군사정부였고, 그곳은 혼란의 종착지였다. 서울에서 도쿄로 전화를 해서 화이트호스 보드로 다시 접속해야 하는 것으로 알려져 있었다.

통화에 실패하고, 궁의 경비원들에게 그가 궁에 들어가야 한다는 것도 설득시키지 못 한 내 한국인 방문자는 기다리기로 마음을 굳힌 상태였다.

그를 들여보내지 않은 경비원들은 옳았다. 왜냐하면 그는 당시 등록된 한국의 547개 정당 중 어떤 정당도 대표하지 않았기 때문이다. (여기에는 대표적으로, 이승만의 대표 민주 의 원과 같은 정당과 만월회처럼 더 재미있지만 아마도 덜 알려진 정당도 모두 포함되었다.)

그가 정당을 하나 만들어서 스스로 신임장을 써 왔다면 쉽게 통과할 수 있었을 것이 나, 그는 정치적 업무로 온 것이 아니었다. 허버트 김은 오로지 그의 아내와 아이를 찾고 싶었을 뿐이다. 그날 아침 누군가가 그에게 내가 그를 도울 수 있을지 모른다고 알려주었 던 것이다. 그리하여 나는 그와 함께 의사당 너머의 내 아파트로 걸어가면서 그의 나머지 이야기를 듣게 되었다. 나는 허버트 김이 김홍서의 장남인 김건후라는 것을 알게 되었기 에 나머지 이야기를 들었다. 이전에 나는 그들 둘에 대해 이미 들은 적이 있었다.

한국행을 준비하면서 나는 한국에 대해 영어로 쓰인 모든 것을 읽으려고 노력했고, 거의 성공했다. 이는 1945년 이전의 무고한 날들에서는 그리 대단한 일이 아니었다. 영 국인과 미국인들은 이 주제에 대해 별로 쓰지 않았지만 당시에 존재했던 정보들은 현재 쏟아져 나오는 많은 양보다 현저하게 높은 정보 가치를 지니고 있었다.

김홍서는 1910년 일본 합병 이전에 평양시와 평안남도 일대에서 주목받는 인물이었다. 평양의 주요 신문사 편집인이자 감리교 지도자였던 그는 우선, 일본인에게 최소한의 양보를 감수하는 노력으로 일본의 지배 상태에서 살아남으려 노력하였다. 결국 그는 타협이 불가능하다는 것을 깨달았다.

1912년[1]에 그는 점차 확대되어가는 애국자들과 함께 한국을 떠나 자발적으로 망명하였고, 결국 상해의 한국 망명정부에서 핵심인물이 되었다. 그와 함께 그의 아내와 여섯 살 된 아들 건후도 떠나갔다.[2]

망명 첫해는 혹독했다. 중국은 제국의 붕괴로 혼란에 휩싸여 있었고, 한국 이민자들은 중국인들이 품위는 있지만 무일푼의 손님들에게 관대하지 않다는 것을 알게 되었다. 두 번째 해에 그의 젊은 아내는 병이 나서 죽었다.[3]

이후 김홍서의 천재성은 서서히 이국의 환경에 적응하기 시작했고, 그는 번성했다. 김씨는 3천 년 이상 중국인이 고려인삼의 치유, 회복 및 최음 효과에 대해 큰 믿음을 가졌다는 것을 알고 있었다. 중국의 80대 노인들이 그들의 젊은 후궁들에게 보여준 지속적인 효능은 그들이 평생 동안 인삼을 섭취한 덕분으로 여겨졌다. 중국인들은 자국 내에서도 인삼 뿌리를 생산했지만 한국에서 성장한 것은 효험이 독특하게 강력한 것으로 여겼고, 중국 제품 가격의 4배에서 10배까지 지불했다. 당나라 이전에도 한반도의 고구려로부터 온 공물사절단은 중국 황실에 가장 값진 선물로 인삼과 은을 가져왔다.

현대의학은 한국 또는 그 밖의 인삼에서 어떤 가치도 발견하지 못했으며, 다만 인삼이 신진대사에 미치는 영향이 극히 미미하다고 평가하고 있는 것을 보면, 이는 더욱 흥미롭다.

그렇다 하더라도 수요가 존재했고, 김홍서는 그에 대한 공급을 준비했다. 그는 수입 사업에 진출하여 그 사업을 확장했고, 1925년에 그는 부자가 되었다. 1919년에 대한민국 정부를 창립하였으나, 낙담해 있던 다양한 망명자 그룹들 중에서 그는 단연코 가장 번

1 　김홍서는 105인 사건에 연루되어 오랫동안 도피 생활을 하다가 1915년 체포되었고, 1916년 출옥하자마자 망명한 것으로 알려져 있다. - 역자 주
2 　김건후가 1904/1905년생인 것을 감안하면 1916년 김홍서가 망명한 1916년에는 11, 12세 정도가 되었을 것이다. 그는 어머니와 동생(김건석)과 함께 부친의 망명길을 따랐다. - 역자 주
3 　김건후의 어머니 김도경이 망명 4년이 지난 1921년 7월에 별세했다는 소식은 1921년 8월 11일자『신한민보』에 실린 부고에서 확인할 수 있다. - 역자 주

창했다. 공화국이 탄생하고 얼마 지나지 않아 김씨의 돈 문제는 해결되었고, 그는 평안도 출신의 자발적인 망명자였던 젊은 애국자를 새 부인으로 맞았다. 그녀의 도움으로 중국과 한국인 사회에서 더 큰 신망을 얻어갔다. 그녀와의 사이에서 아들 다섯과 딸 하나를 두었다. 딸은 체면에 도움을 주지는 못했지만 환영받았다.

김홍서는 망명 중인 많은 한국인들의 끊임없는 배고픔과 흔들림 없는 정신을 지탱해주었다. 그는 이러한 후원 활동을 친근감과 섬세함으로 행하였던 것이 분명하다. 즉, 그는 매우 드물게 우파였던 김구로부터 트로츠키파였던 좌파 김원봉에 이르기까지 모든 귀국한 망명자들로부터 존경받았고, 그들은 공동의 후원자에 대해 칭찬을 아끼지 않았다.

장남인 허버트 혹은 건후는 홍서의 애국심과 탐구 정신을 물려받았다. 1924년, 2년간의 정중한 촉구 끝에 그는 아버지로부터 미국 유학을 허락받았다.[4] 전공은 그가 이미 오래전부터 결정한 분야였다. 젊은 허버트는 언젠가 한국이 자유로워질 것이라는 애국자의 믿음을 가지고 있었다. 그는 그곳이 가난한 사람들의 땅이라는 것도 매장된 자원이 풍부한 땅이라는 것도 알고 있었다. 그는 해방 후에 한국에 가장 잘 봉사할 수 있는 분야로 광산학을 선택했다.

미국에서 그는 사우스다코타에 있는 휴론 칼리지에서 과학 강좌를, 콜로라도 광산대학교에서 광산학 학위를, 컬럼비아대학교에서 대학원 학위를 받았다. 그런 후 그의 미성숙한 이상주의는 소련으로 향했고, 그는 엔지니어로 계약하고 러시아로 가서 한국의 해방을 기다리기로 하였다.

그는 1930년에 미국인 아내를 데리고 러시아로 향했다. 그곳에서 그는 소련이라는 거대한 유기체가 더 깊은 광기의 구덩이로 추락하여 의심과 좌절의 분노로 스스로 거의 죽을 지경에 다다른 숙청의 시기에 이를 때까지 7년간 소련에 봉사했다.

1937년에 허버트는 체포되어 재판 없이 반혁명분자로 사형선고를 받았으며, 아내와 자식을 잃었다.[5] 그는 관용적 측면에서보다는 경제적 측면에서 사형이 유예되어, 노예노

---

4   NARA California 자료에 의하면 김건후는 1923년 11월에 샌프란시스코에 도착하였다. – 역자 주
5   그는 1937년 11월 1일 페트로파블롭스크에서 체포되었고, 약 1년 동안 구금조사를 받은 후 1938년 12월 10일 알마티에서 재판을 받았다. – 역자 주

동의 감독으로 종신형을 선고받고 감옥살이를 시작하였다.[6]

1941년에 그는 전쟁의 발발로 구조되기에 이른다. 그의 아버지와, 깊은 인간애를 지녔던 YMCA 원장, 조지 피치(George Fitch)의 오랜 친구인 샤오리즈(Shao Li Tzu)가 주 모스크바 중국대사로 부임하였던 것이다. 샤오는 그가 아직 살아 있다면 전쟁 중인 중국을 위해 일할 수 있도록 그를 보내달라고 간청했다.

그는 1941년 늦은 여름에 중국으로 돌아와, 거의 5년 만에 처음으로 아내와 아들이 아직 살아 있다는 확실한 소식을 들었다.[7] 그들이 안전하게 미국에 도착했다는 편지가 1939년 초 그의 아버지에게 전해졌었다. 남아 있던 한국인들과 함께 나이든 김홍서와 그의 가족은 일본인들에 쫓겨 꾸준히 서쪽으로 이동해왔다. 그들은 상해를 떠나 남경으로 그곳에서 항주로 그리고 결국 중경으로 피신해 와 있었다.

허버트에게 맡겨진 임무는 힘들었지만, 그가 석방된 여름에 그에게 주어진 개인적 자유는 확실했다. 중국이 그를 구출해낸 것이다. 그 때문에라도 그는 전쟁 중인 중국에 전력을 다해 봉사해야 했다. 중경에서 일주일 동안 가족과 머문 후에 그는 감숙성으로 갔다. 그곳에서 그는 1945년 말까지 머물며, 중국을 방어하기 위해 광대한 내륙지방의 광물 자원을 동원했다.

1946년 5월에 전 가족이 한국으로 돌아올 수 있는 허가가 나왔고, 허버트는 가족과 서울로 왔다. 서울에 도착한 후, 그는 아내와 아이를 데려오기 위해 미국으로 여행 갈 수 없다는 것을 알게 되었을 뿐만 아니라 한국인들이 한반도 밖에 있는 그 누구에게도 편지를 쓸 수 있는 법적 장치가 존재하지 않는다는 것, 그리고 실제로 미군은 미국인들이 한국인들에게 메시지를 전달하기 위해 그들의 우편 서비스를 이용하는 것을 범죄로 간주한다는 것도 알게 되었다.

이러한 상황에서 누군가가 그를 나에게 보낸 것이었고 나는 한 번 더 군사범죄를 저질러서 그의 미국 가족의 새로운 주소를 찾기 위해 노력했다. 우리는 성공했고, 이후로 나는 그들의 우체국이 되었다.

---

6 알마티 재판에서 사형선고를 받았고, 9일 후인 12월 19일에 25년 형으로 감형되었다. ─역자 주
7 김건후는 1942년 5월 소련에서 석방되어 중경으로 떠나왔고, 폴린으로부터의 유일한 편지를 1941년 1월에 받아 모자(母子)가 뉴욕에서 안전하게 살고 있다는 것을 그는 이미 알고 있었다. ─역자 주

허버트는 아내와 아들과 다시 합치기를 간절히 바랐다. 그가 합법적으로 한국을 떠날 수 있는 방법은 없었지만, 밀수선을 타고 상해로 항해하는 것은 간단한 작전이었을 것이다. 서울에 있는 중국 영사관은 그의 의도를 알리자, 중국에 가면 그가 중국 시민권을 가진 것이 인정될 것이며 이는 그에게 미국으로의 비자를 보장해줄 것이라는 대답을 전해 왔다.

그러나 허버트는 지금은 완전한 한국인이 아님에도 불구하고 한국인으로서의 의무감을 가지고 있었다. 그의 아버지와 계모는 늙고 불안정하여 한국에 다시 적응하는 데에 어려움을 겪고 있었다; 그들은 한국인들이 40년 전보다 "덜 도덕적"이라 여겼다. 그의 미국 여행은 희망의 영역으로 다시 밀려나야 했다. 그는 기다림을 경험으로 배웠다. 그는 미군의 가족이 도착하기 시작했다는 생각으로 자신을 위로했다. 그는 곧 자신의 가족도 자신의 땅으로 데려올 수 있으리라는 희망을 버리지 않았고, 또한 내가 그에게 그런 희망을 가질 만한 이유가 있는 것 같다고 장담하자 그는 한국에 남아서 한국의 복구를 위해 일하기로 결심하였다.

그가 결심을 굳혔을 때, 나는 그에게 당시 군정 담당관(Military Governor)이었던 아처 라처(Archer Larcher) 소장에게 소개 서한과 강력한 추천서를 주었다. 나는 그가 장군을 직접 만난 적이 없다고 믿는다; 사무실 외부에서 시간제로 근무하는 직원 중 하나가 완벽한 영어를 구사하는 "동양인(gook)"을 발견하고는, 사실상 그는 그를 재산관리국 사무실로 잘못 배치된 장교인 친구에게 즉각 넘겨버렸다.

그 별난 혼란의 요새에 대하여는 그 자체로 별도의 이야기가 필요하다. 그곳에서 허버트는 통역관으로서의 새로운 임무를 맡았다.

며칠이 지나서 그가 불만을 제기한 것이 아니지만 우리의 운영 방식을 의아해했다. 나는 군정 광산국으로 전화를 걸어 그들이 한국 최고의 광산 기술자의 서비스를 받는 것이 좋을 것이라고 제안했다. 그들은 그의 존재를 알고 기뻐했고 그의 전근을 위해 5중 플러스제(quintuplicate-plus)라는 규정에 따라 신청했다. 그러나 군정청의 여러 사무실은 경쟁적으로 운영되었고 유능한 한국인들은 담당 장교들의 개인재산과 유사한 개념으로 간주되었던 터라, 그의 주임보다 더 나은 영어를 구사할 수 있는 통역사는 재산관리국 사무실이 포기하기에는 너무 귀중한 존재였다. 이 전근 신청은 군대의 얼어버린 기억의 바다 속으로 빠져버렸다. 그로부터 얼마 지나지 않아 결국 일이 터져서 서로 불쾌한 감정이 생겼고, 허버트는 그를 절실히 필요로 하는 부처인 광산국으로 들어갔으며 그곳에서 그는 독특한 능력과 독자적인 열정으로 일했다. 그의 노력으로 강원도의 붕괴된 석탄 산업은 성공적으로 재건되기에 이르렀다.

허버트 김은 세 세계에 대해 어렵게 터득한 깊은 지식을 지닌 철학자였다. 그는 헌신에 사로잡혀 있었지만 동시에 가장 즐거운 동반자였다. 나는 우리가 서로를 이해한다고 느꼈다. 그럼에도 불구하고 나는 우리 사이, 그리고 그와 그의 세상 사이에는 너무 많은 것들에 대한 무언의 기억으로 만들어진 침묵의 장벽이 있음을 느꼈으며 나는 이것을 뚫고 들어가지 못했다. 어느 겨울날 내게로 그의 주소가 적힌 두꺼운 봉투가 도착하여 그것을 알려주려고 그에게 전화를 걸었다. 나는 그날 운 좋게도 연결이 신속하게 이루어졌던 것으로 기억한다.

그는 그날 오후 늦게 덕수궁으로 왔다. 그곳은 아시아에서 가장 사랑받는 공원 중 한 곳으로 그곳에는 고전 그리스 양식의 프랑스식 건축이 한국식으로 모방된 건물이 있다. 한국적 아이러니라 할 수 있는데 영원한 미덕을 의미하는 덕수라는 이름이 한국인에게 별로 안 좋은 평판으로 기억되는 엄비라는 최초의 입주자에게 주어졌다. 엄씨는 특별히 인기가 없는 황실 여주인이었다. 그녀가 이왕가(李王家)에 들어간 것은 왕다운 정절에 대한 모욕이었고, 대단한 분개를 야기했다. 엄씨를 받아들인 것으로 고종은 스스로 그릇된 행실을 드러낸 것이 되었는데, 이는 그가 이전에 도덕적 의무를 수행하지 않았기 때문이 아니라, 그가 순결하지 않고 올바르지 않을뿐더러 아름답지도 않은 그녀를 받아들였기 때문이었다. 그리하여 그는 그녀를 위해 그들이 거의 살지 않는 궁전을 짓고 영원한 미덕이라는 이름을 지어주었던 것이다. 저택 마당에 원뿔형 천막을 둔 석유부자인 오세이족처럼 그들은 덕수의 차가운 유럽식 마룻바닥을 놔두고 그 옆에 있는 누각에서 살았다.

반세기가 지난 후에 이곳 덕수궁에서는 코 큰 야만인인 미국인들과 러시아인들이 모두 이고종(Yi Ko Chong) 왕국의 영혼을 위해 씨름하고 있었다. 중요한 편지가 전해진 그날에는 러시아인들과의 회담은 없었으며, 허버트가 늦게 도착했을 때 나는 혼자 궁전에 있었다. 그의 우편물을 열어보니 그가 러시아에서 9년 전에 마지막으로 본 아들의 사진이 들어 있었다.

우리는 그날 저녁 식사 시간이 지나도록 앉아서 이야기를 나누었다. 여러 군대식당

중에서 내가 돌아다녀야 할 의무가 있는 곳이면 어디에서든지 먹을 수 있는 특별한 자유로움을 누리는 것이 나의 습관이었지만 내가 그곳에서 선택한 곳이 어떤 곳이든 아시아계 손님에게는 약간의 어려움이 있을 것으로 예상되었고, 이론적으로 허용된 곳일지라도 손님으로 데려가지 않는 것이 더 편하다는 것을 알게 되었다. 대신 맑은 밤에 서울을 둘러싼 산들이 지켜보는 가운데 우리는 북서지구의 붐비는 거리를 돌아 내 아파트로 걸어가면서 이야기를 나누었고 침묵의 장벽은 사라졌다.

우리는 호주산 통조림 치즈와 K형 군대 휴대식량을 배불리 먹었고, 캐나다 위스키를 아주 형편없이 흉내 낸 일본 위스키로 씻어 내렸다; 거기에는 'Old Jockey Cap'이라는 레이블이 붙어 있었는데 고통스러운 술꾼들이 빤한 패러디로 이름을 바꿔놓은 것이었다.

나는 내 아파트에서 일본 전임자가 신을 모시던 널찍한 선반을 긴 의자로 개조하고 가정 수호신들을 몰아냈다. 식사를 마친 후 우리는 그 코너에서 각자 편안한 자세를 취하고 앉아서 동이 틀 때까지 이야기했다. 허버트는 나에게 세 대륙에서의 그의 삶에 대한 이야기를 자세히 들려주었고, 그 서사적 이야기는 노예로 4년을 보낸 길고 끔찍한 경험으로 이어졌다. 그 외에도 수년간의 이별과 고통을 겪으며 살아온 로맨스 그리고 일관되게 의미를 부여한 봉사에 대한 그의 열망을 이야기했다. 그는 미국 도착 초기에 대해 길게 이야기했다. 대부분의 동양인들과 마찬가지로 샌프란시스코에 대한 반응이었는데, 실제로 느껴지는 미국의 위대함과 번영 그리고 안락함을 보고 그도 자신의 눈을 의심하였다. 샌프란시스코에 도착했을 때 첫 6개월 동안 쓸 수 있는 용돈이 30달러밖에 없었지만 새 친구들 중 관대한 한 호스트가 그의 생활을 편안하고 안심할 수 있도록 도와주었다. 그는 우리의 명백하고 훌륭하기 이를 데 없는 관대함과 지나치게 상처를 주는 인종적 자부심의 차이를 가장 의아해했다.

그가 가장 행복했던 시절은 뉴욕에서였다. 거기에서 그의 관심은 YMCA와 인터내셔널 하우스에 집중되었고, 그는 조용히 희망 없는 사랑에 빠졌다. 폴린 립만(Pauline Liebman)은 NYU의 뛰어난 학생으로 토론의 리더였으며 비정상적으로 수줍은 외국인 학생의 희망 저 너머에 있었다. 그는 멀리서 흠모하는 것으로 만족해야 했다.

미국에서 6년을 지낸 후 그의 생계를 책임질 때가 왔다. 한국과 미국은 그에게 문이 닫혀 있었다; 중국은 시민 소요로 인해 피폐해 있었다. 소련은 외국 기술자들에게 문을 활짝 개방하였고, 허버트는 그 부름에 응답했다. 그는 항상 이론적 사회주의자였다; 러시아에서 그는 자신과 한국의 미래를 기다리는 동안 인간의 미래를 위해 봉사하려 마음먹었다. 그리고 또한 그는 본능적으로 친러시아였다. 1945년 이전에 모든 한국인은 친러시아적이었다. 그들은 러시아와 일본이 천적임을 알고 있었고, 그들의 적대감이 언젠가는 전쟁으로 이어지고 그 전쟁이 일본으로부터 한국탈환으로 이어지기를 희망하였다. 여전히 그는 공산주의자가 아니라 사회주의자였고, 그리고 사회주의적 꿈을 잔인하게 왜곡시킨 나라로 가는 것이 자신의 이상에 합당한 것인지에 대한 약간의 의구심이 초기에 있었다. 그의 견해를 선명하게 하도록 도움을 준 것이 폴린이었고, 실제로 그녀는 그가 결심을 굳히기 전에 예의상 부모의 동의를 구하려고 김홍서에게 보내는 편지를 작성하는 데에도 도움을 주었다. 그가 항해하기 전날 밤 뉴욕대학과 컬럼비아대학의 외국인 학생들과 그들의 YMCA와 YWCA 친구들로 구성된 그룹을 모아 그에게 작별 만찬을 베풀었던 사람도 폴린이었다.

그날 저녁 자신의 수줍음을 잊어버린 그는 자신의 영혼을 토해내는 연설로 그들의 행운을 비는 마음에 화답했다. 그것은 20년 전에, 이미 오래전에 죽어버린 세계로부터의 낙관론자의 연설이었다. 그리고 나자 그의 친구들 가운데 몇 명이 그에게 와서 폴린 립만이 그가 말하는 동안 눈물을 흘렸다고 말했다. 허버트는 그녀의 눈물로 대담해졌다. 그는 그녀가 자신을 도와줄 수 있는지, 그리고 용기를 내어 그녀가 그와 결혼하겠는지 물었다. 그녀가 수락하자 그들은 결혼식을 위해 그의 여행 예약을 취소했지만, 홍서 어르신에게서 동의와 축복을 받기 위한 편지를 쓰기 위해서도 연기했다. 허버트는 러시아에서 그들과 함께 근무하는 데서 오는 기쁨과 만족 그리고 의심과 두려움을 얘기했다. 즉 건설의 기쁨과 그것의 대가로 따라오는 잔인함을 목격해야 하는 괴로운 의구심에 대해 이야기했다. 그는 우랄의 동쪽 경사진 계곡에서 새로 정착한 시절에 대해 이야기했고 거기에서 그가 구리 채굴을 시작했으며 처음으로 그곳에서 그는 불가능한 생산량을 달성하기 위해 일하다가 유죄 판결을 받아 죽음에 이른 노동자를 목격했다. 그는 수감자들을 개선시키기 위한 인도주의적 개념으로 들리는 초기의 지침이 신념을 뒤로하고 점점 더 노골적인 통제로 대체되는 것을 지켜본 이야기도 했다. 그는 그가 어떻게 몇 년 동안 하나의 문구로 자신을 다독여왔는지 이야기했다. 이 문구는 점점 주문처럼 되었고, 이 주문의 의미 없는 반복이 이어졌다. 그 주문은 "미래는 더 나아질 거야. 그렇게 될 것으로 나는 믿어야만 해!"라는 것이었다.

그는 집안의 대를 이을 손자가 태어난 것보다 그의 아버지에게 알리기 위해 긴 전보를 보내느라 특수요금을 지불한 것을 더 자부심에 차서 이야기했다.

그 바로 후인 1936년에 그는 준 사막 지역인 카자흐스탄 공화국으로 옮겨와 고품질의 석탄광산들을 연달아 열었다. 이곳의 황량한 기후와 거친 새 건설 캠프 분위기가 아내를 우울하게 만들어서 그는 스베르드롭스크 지역의 친구들을 방문하도록 그녀와 아기, 바비를 보냈다.

그들이 떠나 있는 동안 그는 마지막 날의 불과 며칠 전에 위험에 대한 첫 번째 암시를 받았다. 석탄관리국의 한 방문간부는 그의 생산기록을 검토하고 그에게 그가 서명할 서류를 제시했다. 그것은 현실을 크게 넘어서는 생산량을 요구하는 것이었다. 그는 서명하기를 거부했다. 3일 후에 그는 체포되었다.[8]

그 후 몇 년 동안 그는 자신의 거절이 자신의 몰락과 관련이 있다고 짐작했었지만, 훨씬 후에 우연히 그 상사도 동시에 당했다는 것을 알게 되었다.

원인이 무엇이었든 간에 그는 사무실에서 체포되어 끌려갔다. 메모를 쓰거나 전화를 거는 것은 허락되지 않았고, 그는 경찰에 구금된 채 반나절 동안 자신이 전혀 알지 못했던 어떤 곳의 경찰 건물로 이송되었다.

그 시점에서의 그의 경험은 후에 그가 전형적인 것으로 생각한 것과는 달랐다. 그는 육체적인 학대는 받지 않았고, 어떤 것에 서명하거나 어떤 자백이나 공개적이든 아니든 간에 어떠한 요구나 간청도 받지 않았다.

며칠 후 재판도 기소도 진술도 없이 그 자신이 태업으로 유죄 판결을 받았다는 말을 들었고 사형을 선고받았다.

그러고 나서 그의 새로운 여행이 시작되었다. 그는 북쪽으로 향한다는 것 외에는 어디로 끌려가는지 몰랐다. 이것 역시 그를 어리둥절하게 만들었는데, 그가 죽기 전에 왜 그런 여행을 해야 하는지 몰랐기 때문이다. 그러나 이름도 모르는 한 마을에 이감된 2주후에 그는 다시 한번 낮은 계급의 관리에게 불려가서 그의 사형 선고가 무기징역으로 감형되었다는 말을 들었다. 감형 후 그는 그의 첫 무급 노동수용소를 향해 일주일 이상 여

---

8 허버트 김의 체포 과정에 대한 그의 친필수기 내용과는 다소 차이가 있다. 허버트의 친필수기는 1948/49년 겨울에 썼던 것으로 버치와 나눈 장시간의 대화는 그보다 1년여 전에 이루어진 것이다.

잊혀진 이름, 잊혀진 역사

행했다. 이곳은 우크라이나의 스탈리노(Stalino) 근처의 탄광이었다. 여기에서 그는 자유 노동보다는 행정사무를 보았고, 여기서 거의 1년 동안 머물렀다. 조건은 유별나게 까다 롭지는 않았으며 음식도 충분했지만 감시는 거의 없었다. 이러한 수감 생활은 1938년까 지 지속되었다. 그리고 다시 알려주지도, 알려지지 않은 이유로 열악한 쪽으로 변화가 찾 아왔다. 그는 유럽 쪽 러시아 최북단에 있는 우사(Usa) 계곡의 죄수 노동력을 이용하는 새 로운 석탄 개발지로 옮겨졌다.[9]

그때부터 그는 그의 지위와 일반 노동의 지위가 크게 다르다는 것을 의식하고 있었음 에도 불구하고 그의 노역 상태는 조금도 가벼워지지 않았다. 8년 후에도 우사 개발에 대 한 그의 주된 기억은 석탄 탄광 사무소에서 직원으로 일하는 자신과 같은 한 죄수를 만난 것이었는데, 그는 외교 공무원이었다가 새로이 숙청된 당원이었다. 몇 주 동안 기회를 보 다가 용기를 내어 그는 그 직원에게 폴린이나 로버트 김의 이름으로 출국비자를 신청한 것을 혹시 알고 있느냐고 물었다. 그 공산주의자 직원은 대답하기를 거부했다; 허버트는 그 거절은 두려움 때문이 아니라 죄수에게는 물어볼 권리가 없다는 확신에 근거한 것이 라고 생각했다.

이곳 북쪽에서의 음식은 그의 두려움과는 달리 여전히 충분했다. 그러나 여기서 그는 몇 달밖에 머물지 않았다. 겨울이 다가옴에 따라 그는 이번에는 힌두쿠쉬가 보이는 남쪽 먼 곳의 새로운 수용소로 다시 이동했다. 그 자신의 여행 조건은 나쁘지 않았지만 그는 난방이 되지 않는 짐칸에 많은 죄수들을 싣고 있는 시베리아 열차를 보았고, 대부분의 열 차에서 죽어가는 자와 죽은 자들을 하역하는 것을 목격했다.

그때도 그 후에도 그는 아내에게 편지를 쓰는 것을 허락받지 못했다. 중국에 와서야 그는 그녀가 카자흐스탄으로 돌아온 적이 있는지 아니면 그녀가 살아 있었는지 알게 되 었다.

그가 복역했던 지역의 이름과 날짜, 장소, 그리고 그가 수행했던 복역에 대한 음울한 묘사가 이어졌다. 그는 무덤에 들어갈 때까지 일해야 했던 보통의 노예가 아니었다는 점 에서 운이 좋았다; 그의 그러한 복역은 그의 생존권을 보장하기에 충분한 가치가 있었다.

---

9 허버트 김에게서 들은 이야기를 버치가 회고하여 기록한 것이어서인지 허버트 김의 수기와는 차이 가 나는 부분이 더러 있다.

그는 한때 토볼스크(Tobolsk) 동쪽 어딘가의 늪지대를 가로지르는 철도의 지선을 만드는 프로젝트에서 컨설팅 엔지니어로 일한 적이 있었다. 그곳에서 그가 여전히 기억하는 것은, 죄수들이 늪을 통과하는 선로를 메꾸는 작업을 했는데 그들은 늪 가장자리의 텐트에서 살았고, 평평한 차에서 큰 바위를 맨손으로 가져와서 앞에 뻗어 있는 선로의 진흙 속으로 던져 넣었다. 감시요원들은 여러 분대에 의해 운반된 암석 수를 주의 깊게 점검했다. 뒤처진 사람들은 배급량이 삭감되어 나중에는 더욱 할당량을 채울 가능성이 적어졌다. 그리고 그는 시베리아의 늪을 가로질러 소비에트를 개발하는 데에 바위와 함께 인간의 몸도 함께 메워졌다고 덧붙였다. 그는 보지 않으려 애썼던 조용한 메꿈 작업 하나를 떠올렸다. 그것은 암석 운반 할당량을 정하고 그의 암석들과 함께 늪지로 들어가버린 한 감독관 죄수의 죽음이었다.

또한 그는 잠시 죄수 수용소에 있었는데, 그중 한 구역에는 영국인, 미국인과 함께 다른 공산주의자들이 있고 그들은 모두 영어를 구사하는 사람들이었다. 그들은 세계 혁명의 고국인 소련으로 온 순례자들이었다.

1939년, 죄수 수용소에는 낯익은 얼굴들이 쏟아져 들어왔다. 그들은 소련이 일본 지배하에 있던 몬순 지역에서 아시아의 사막 지역으로 이주시킨 100여만 명의 한국인들에 속하는 이들이었다. 소련은 그들을 쌀 농사꾼에서 목화 재배자로 변화시키려 하였고, 여기에 반대하는 사람들을 투옥시켰다. 허버트는 많은 한국 사람들을 보았지만 딱 한 번 그가 그의 동포 중 한 명과 긴 대화를 할 수 있도록 상황이 허락된 적이 있었다. 그에게서 그는 한국인 이주자 집단지 중 가장 넓은 곳에서 발생한 재난에 대해 들을 수 있었다. 그는 연해주에서 10만 명 정도가 투르키스탄으로 이주당했고 그중에 수천 명이 식량, 주택, 의료서비스의 부족으로 죽었다고 했다.

1940년에는 폴란드 노예들이 홍수처럼 밀려왔다. 그해에 허버트는 시베리아를 건너 먼 콜리마로 갔고, 거기서 그는 시베리아 얼음에서 채굴한 금광석에서 어떤 부산물을 추가로 얻을 수 있는지 알아내기 위해 20여 명의 기술자 중 한 명으로 투입되었다. 여기서 그는 별다른 것을 본 것은 없지만 첫 겨울에 인명의 희생이 너무나 엄청나서 심지어 비밀경찰(GPU)의 간부들조차 가책을 느낄 정도였다고 여전히 속삭이고 있었다. 첫 겨울에만 5만 명이 넘는 인명이 금광 개설에 희생되었다고 하였다.

긴 세월이 느리게 흘러가고 상실의 고통 자체가 덜 강렬해지면서 그는 폴린과 바비가 살았는지 아닌지 결코 알지 못할 것이라는 확신이 들었다. 그러나 새로운 죄수들이 수용소에 들어오거나 철도 선로에 있는 여자 노예 열차가 지나가거나 반대편 열차의 느린 통행을 위해 한쪽으로 밀려나 있을 때 그는 희망과 공포를 안고 그 얼굴들을 훑어보곤 했다.

독일의 공격으로 그 노예 제국을 통틀어 희망의 전율이 찾아왔으나 즉각적인 영향은 수송을 방해하고 캠프의 음식이 더 부족하게 되고 탈출을 막기 위해 예방책과 통제를 두 배로 늘리는 것에 머물렀다.

러시아에서 허버트의 마지막 작업은 시베리아의 새로운 철도 노선을 위한 목재를 자르는 죄수의 일이었다. 그는 그 계획의 상세한 부분을 알지 못했지만 그는 그것이 아르한겔스크(Archangelsk)에서 하바로프스크(Khabarovsk) 지역으로 가는 노선을 건설하기 위한 것이라고 믿었다. 여기서 그는 기아 상태에 가까웠다. 보급품은 완전히 고갈됐고 심지어 그의 좀 나은 지위에도 기껏해야 쥐고기, 양배추 잎, 열매로 된 스튜가 제공되었다.

마침내 그를 모스크바로 데려갈 지시를 받은 장교가 왔다. 그는 결과에 대한 희망도 두려움도 없었다. 막연하게 그는 처형당할 것이라고 생각했다. 무슨 죄목인지 그는 더 이상 궁금하지도 않았다. 그는 왜 자신이 모스크바로 끌려가 죽을 만큼 중요한지가 하릴없이 궁금했다.

그의 호송자가 그를 그 유명한 루비안카(Lubyanka) 감옥으로 인도했다. 그곳에서 그는 병동에 수용되었고 한 달 동안 휴식을 취하고 살찌운 후에, 그가 사면되고 추방된다는 통보를 받았다. 다음 날 그는 중국 대사관으로 이송되어 아버지 친구의 보호관리로 넘겨졌다.

나머지 이야기는 빨리 언급되었다. 그때 중국에서는 해를 거듭하며 전쟁이 이어졌고, 한국에서는 환멸의 몇 달이 계속되었다. 어느 곳에서도 그는 자신의 모든 경험을 말한 적이 없었다. 중국인들은 곰(소련)의 기분을 상하게 하지 않으려고 몸을 뒤로 젖히고 있었고, 비판적 논의는 억제되었다. 실망스럽게도 그는 한국에서도 같은 태도를 접했다.

우리의 긴 대화가 끝나고 돌이켜보니 나는 그 이야기가 쓰여야 한다는 것을 깨달았다. 나는 허버트에게 다시 전화를 걸어 그가 할 수 있는 한 가장 정확한 순서로 날짜와 이름과 장소를 알려달라고 부탁했다. 그 자료를 근거로 나는 두 개의 보고서를 썼는데, 하나는 군을 위한 것이었고, 길게 쓴 다른 하나는 대중을 위한 것으로 생각했다. 첫 번째 보고서는 군의 엄격한 형식에 따라 정식으로 제출했다. 두 번째 것은 당시의 규정대로 출판 전(前) 승인을 위해 주한 미군사령부(USAFIK) 홍보 담당관에게 제출했다. 이때 북한에서는 러시아가 통제하는 라디오가 자니원 노트(Johny-one-note)의 노래를 시작한 지 1년이 지난 후였고, 그 주제는 미국 파시스트들은 4년 동안 서툴고 비겁하게 일본과 싸워서 쓸모없는 섬 몇 개를 얻은 반면, 소련 공화국의 영광스러운 정복 군대가 전쟁에 돌입하자 일본은 8일 만에 무너졌다는 내용이었다.

홍보장교는 내 원고의 길이를 보고 눈살을 찌푸렸다. 그는 그것을 읽기 시작했을 때 또다시 눈살을 찌푸렸다. 그러나 많은 페이지를 읽기 전에 그는 결론을 내렸다.

"이런 이야기의 승인을 생각할 수 없네, 렌." "군의 정책은 소련에 비판적인 어떤 논평도 반대야"라고 그는 말했다.

1년 후에 나는 다시 시도하였다. 당시는 소련-미국 동맹, 즉 일방적 밀월이 아주 약화되어 군대조차도 그 교훈을 배웠을 것 같았다. 그러나 이번에는 한국에서 미소 공동위원회(Joint United States-Soviet Commission on Korea)의 새로운 회기를 시작하려 했기 때문에 다시 출판 허가가 거부되었다. 내 기억으로는 이 위원회는 두 점령 지역을 통일된 공화국으로 만들려는 불가능한 과제를 안고 있었다. 이 위원회는 1946년 3월부터 1948년 1월까지 두서없이 만났다. 그 어떤 것에 대해서도 합의하지 못했고, 아무것도 성취하지 못했다. 러시아인들은 정복하려는 그들의 의도로부터 주의를 돌리게 하는 것 외에는 아무것도 이루어 낼 생각이 없었다. 적(敵)은 미국인들의 낙관적 성향을 알아챘다. 토론이 진행되는 한, 우리는 진전을 향한 문이 열려 있다고 믿는 것으로 여겨졌다. 공동위원회는 소련의 목적과 동일하게 제한된 방식으로 유엔에 의해 운영됐다; 이런 태도는 무기력한 기구에 대해 미국의 어리석은 희망을 유지시킴으로써 미국인들의 타성만 강화시켰다.

우리 자신도 토론을 계속하기 위해 놀라운 노력을 기울이긴 했다. 여기가 그 논지를 진행할 곳은 아니다; 그러나 의제의 부재 상황에서도 마치 우리가 한 가지에 합의한 것처럼 진행하도록 의회적 허구를 꾸며냄으로써 초기 7주간의 교착 상태에서 벗어났다는 것은 언급되어야 할 것이다.

한편, 북한에서 꼭두각시 군대는 공식적으로 만들어지지 않은 국가를 위해 훈련받았고, 북의 언론과 라디오의 적대감은 큰 변화를 가져왔다. 처음에 우리는 파시스트 검쟁이였다; 이제 우리는 파시스트 검쟁이인 동시에 북한, 중국, 그리고 세계의 정복을 준비하는 피에 굶주린 극악무도한 사람들이 되었다.

허버트의 이야기를 출판하려는 나의 노력은 실패할 운명을 맞고 있었지만 우리의 우정은 한 가지 불확실한 요소를 담고 있었음에도 불구하고 계속 깊어졌다. 나의 가족이 도착한 후 허버트와 그의 식구들은 우리를 자주 방문했다; 그들은 모여서 우리의 기쁨을 함께 나누는 것처럼 보였지만, 그들은 결코 답례로 우리를 초대하지 않았다. 이것은 대접하기 좋아하는 한국 사람들에게는 예외적인 일이었다. 나는 이 점에서 완전히 둔감했다; 나는 그 상황을 이해했어야 했다. 마침내 나는 종로 북쪽에 위치한 중심지구의 매우 가난한 지역의 방 두 칸짜리 호텔에서 온 가족이 살고 있다는 것을 알았을 때, 그때 진실을 보았다. 허버트의 용서받지 못할 전근 이후 재산관리국에 있는 그의 전 고용주의 악의로 그들은 적절한 집을 얻지 못하였다. 시간이 지나면서 우리는 이 방해도 피해갈 수 있었다.

1947년 말경, 오웰의 위대한 풍자소설『동물 농장』이 한국에 진출했다. 나는 사령부가 천 부를 사서 주요 한국인들에게 돌릴 것을 제안했다. 유머 지수가 높은 사람들 사이에서 이것은 패배한 게임에서 우리에게 한 가지 책략을 취할 기회를 줄 수 있었다. 사용할 수 있는 자금이 없었다; 군정 교육국은 예산이 많았지만, 과도하게 사용되었다. 한국의 문맹률이 83%에서 10% 미만으로 줄어든 것에 대한 축하의 뜻을 전하기 위해 1년 분량의 신문, 인쇄물 공급의 상당 부분이 사용되었던 것이다. 그 성과는 어떤 의미에서는 진정한 것이었다; 그러나 그것은 주로 이름 글자를 배운 농부를 그 범주에서 빼는 것으로 문맹률을 재정의함으로써 성취되었다.

나는 자비로 미국에 부탁해서『동물 농장』20부를 받았고, 그것들을 영어를 읽을 수 있는 한국의 지식인들에게 보냈는데 그들 대부분은 공산당이 서울을 처음 점령한 후 사라졌다. 많은 사람들이 그 책에 무슨 일이 일어난 것인지, 그리고 그것들의 일부가 새로운 책 소유자들 사이에서 천천히 의심의 싹을 틔울 조그만 기회라도 있을지 궁금했다. 아마도 그렇지 않았을 것이다.

허버트는 그 책을 널리 유포시켰고, 한번은 충직한 늙은 말인 복서의 캐릭터가 1930년부터 1937년까지의 자신을 고통스럽게 생각나게 한다고 말했지만 그것을 즐겼다.

때때로 나는 원고를 되살려서 출판 허가를 얻기 위해 다시 시도했다. 1946년에 새로운 정보처(G-2)가 24군단에 설치되었다. 이 무렵에 사적인 출판은 공보관(PRO)뿐만 아니라 그의 동의도 필요했다. 새 인물은 학식 있는 사람으로 알려지지는 않았지만 변화한 시대정신이 그에게 뚜렷하게 나타날지도 모른다는 생각에서 다시 허가를 신청했다.

그 원고는 다음의 간이 메모와 함께 돌아왔는데; "승인 없이는 출판할 수 없다"는 것이었다. 성질을 부린다거나 반항은 억제하면서 나는 "바로 이것이 내가 원하는 것이오."라고 이야기하면서 쪽지를 돌려보냈다. 그 일은 개인적인 인터뷰로 이어졌는데, 첫 번째 반대 이유는 그 정보가 비밀이라는 것이었다. 나는 몇 가지 사실에 대해 별도의 군 보고서를 작성했지만 제한적인 보고서가 아니라 원본 자료를 근거로 한 이야기를 대중들이 읽는 것에 반대하는 정책을 펼 이유는 없다고 지적하였다.

다음 반대 이유는 군대의 급여를 받으면서 그러한 일을 한다는 것은 있을 수 없다는 것이었다. 나는 그런 규제는 존재하지 않고, 허버트에게 어떠한 수익이라도 한국의 자선 단체에 배정하겠다고 약속했기 때문에 어떤 경우에도 그 불평은 이론적일 뿐이라고 참을성 있게 대답했다. 마지막 반대는 이 자료가 어쨌든 사실이 아닐 것이라고 하였는데, 왜냐하면 "이 동료는 처음에는 공산주의자를 아주 좋아했을 것이고, 더구나 한국인은 믿을 수 없다"는 것이었다. 나는 공산주의자들과의 우정이 그런 장황한 설명을 촉발시키지는 않았을 것이고, 마지막으로 내 오랜 경험에 비추어 나는 점령 중인 보통의 미국인들보다 한국인들이 결코 덜 명예롭지 않다고 여기게 되었다고 주장했다. 이런 상호간의 불협화음으로 그 인터뷰는 마무리되었다.

한국을 떠나기 직전 나는 정보처(G-2)로 돌아가서 원고를 찾으려고 했지만 잃어버렸다는 말을 들었다. 나는 우연이 아니라고 생각하지는 않았지만 그 당시에 정보처가 물건을 잘못 두었다는 사실이 훨씬 더 중요하다고 생각했었던 것 같다. 이 경우를 규범으로부터의 일탈이라고 생각할 만한 실질적인 근거는 없었다.

허버트와 나는 1949년 초까지 서신을 주고받았고 그의 편지에는 대한민국의 새 정부에 대한 조심스러운 실망의 함의가 들어 있었다. 그러나 한여름쯤 되자 그는 자신의 광산 사무소가 개인적 삶을 재건하는 데 시간을 할애할 수 있을 만큼 잘 운영되고 있다고 했고, 폴린과 바비를 한국으로 데려갈 계획을 세웠다. 그는 자신의 여행을 공무와 연결하기로 결정하였고 대부분의 미국 체류 시간을 밀워키에서 보내며 새로운 채굴 방법을 연구하고 앨리스—챌머스(Allis-Chalmers) 사에서 장비를 구입하는 데 쓰기로 하였다.

출장계를 내고 그는 먼저 아내와 아들이 있는 뉴욕으로 날아갔다. 그곳에서 그는 자신이 막연히 두려워했던 것을 확인하였다. 12년간의 별거는 그들을 서로 다른 세상으로 몰고 갔다. 서로에 대한 존경과 애정은 계속 유지되었지만, 세월은 그들에게 무의식적인 피해를 입혔다. 미래에 대한 의견 충돌의 문제도 추가되었다. 허버트는 그가 미국에 머물며 미국인의 남편으로서 시민권을 취득하고 안정된 삶을 누리고자 하는 아내의 바람을 이해했다. 유혹은 강했지만 아버지와 가족, 그리고 조국에 대한 의무가 가로놓여 있었다.

폴린은 아시아에 대해서는 고통과 공포로 가득 찬 기억을 가지고 있었다. 그녀는 돌아올 수 없었다. 그들은 마지못해 이별하는 데 동의했다.

허버트는 우리를 방문하기 위해 뉴욕에서 떠나왔고, 우리는 이틀 동안 추억에 잠겨 우정을 새로이 다졌으며 불길한 예감에 침울해지기도 했다.

이승만의 검열에 의해 조성된 억압으로부터 자유로워진 그는 적어도 자신의 생각을 말할 수 있었다. 그는 자신의 일에 만족하지 않았고, 조국의 정치적 발전도 불만이었다. 살아 있는 어느 누구도 소련이라는 적(敵)의 특성과 주요 위험에 대해 더 깊이 알지 못했고, 그는 이승만 정권의 부패와 잔인성이 남한의 애국심을 마비시키고, 적 앞에서 대중의 충성이 얼마나 손상되는지를 보았다.

그는 미국의 원조 자금이 권력층의 부를 쌓고 그들에게 도박을 건 사람들의 유리한 흥정을 위해 낭비되는 것을 지켜보았다. 그는 서투르게 시작된 토지개혁이 자신을 뽑아준 입법부의 반대에도 불구하고 오만한 대통령에 의해 거부되는 것을 보았다. 그는 경찰의 광범위한 부패에 사로잡혀 있는 한 국가를 애통해했다. 그는 각료들의 절도 행각을 밝히려는 면책특권이 있는 토론에 대해서 국회의원을 재판 없이 감옥에 가두어버린, 정부에 의해 짓밟힌 민주주의와 의회통치를 위한 진정한 국민의 분투를 보고 절망했다. 그는 자신의 직위를 잃을 위험을 무릅쓰고 전국청년회 내에서 날뛰는 이범석 패거리의 공포로부터 그의 광부들을 보호하기 위해 나섰다.

한국의 현장은 암울하고 절망적이었지만 의무는 그를 다시 불러들였다.

나는 그가 어떤 두려움을 말하던 한순간을 가장 생생하게 기억한다. 방문 초두에 나는 그의 러시아 이야기의 모든 사실적 배경, 이름과 날짜와 장소들을 다시 말해달라고 그에게 요청했다. 군의 승인이 필요없게 되었으니 마침내 출판되어야 한다고 생각했다. 나는 그의 이야기가 전해져야 할 것이라고 주장했고, 그는 대답하기를 "날 겁쟁이라고 생각하지 말게, 레너드. 난 여전히 내 이야기를 하고 싶고, 진작에 말해졌어야 했네. 하지만 우리 둘 다 스탈린이 언젠가 인민군을 남쪽으로 보낼 것이고, 그가 움직이면 공화국은 무너질 것이라는 것을 알고 있네. 우리는 모두 러시아인 치하에서 살게 될 것일세. 아마도 내가 겁쟁이일지 모르겠어. 나는 계속 살고 싶다네. 나는 강원도에서는 안전할 것이라 생각하네. 경기(도)의 멋진 사람들은 광부들이 급진적이라고 생각하지만, 우리는 우호적으로 일해왔네. 우리는 서로 신뢰하고 있네. 난 안전할 걸세. 나는 특별한 관심을 끌고 싶지도 않네. 용서하게."

나는 그의 목숨이 여러 가지 이유로 몰수당해왔다는 것을 알았기에 그 점을 따질 수가 없었다. 그는 미국 교육을 받았고, 군정에서 일했으며; 독립된 영혼이었다.

아마도 그의 아버지의 30년간의 망명 생활은 여전히 그에게 위협이었을 것이다. 이 분야에서도 공산주의자들은 진실을 뒤집는 독특한 재능을 보였을 것이다.

일본인에 쫓겨 중국으로 망명한 한국 애국자들은 공산주의의 정의에 따라 소급적으로 친일파가 되었고, 공산주의자들은 완전히 엉뚱하게도 가족이나 집단 죄책감이라는 개념을 완전히 따르고 있는데, 이것은 미개발 문화에서 흔히 볼 수 있는 현상이다. 반면에 결정적인 해인 1945년에 정당에 가입한 일본 휘하에서의 헌병 정탐꾼과 경찰관들은 반대로 눈보다 더 희게 씻어졌다.

애크론(Akron)을 떠나 허버트는 오벌린(Oberlin)과 베레아(Berea)에서 유학 중인 그의 동생들, 래리와 톰을 방문하러 오벌린으로 차를 몰고 갔다. 그는 그들에게 그의 환멸에 대해 거의 말하지 않았다; 그는 동생들이 고국으로 돌아오기 전에 러시아와 이승만으로부터 한국인을 구할 기회가 오기를 희망했다. 그러나 그는 그것이 희박한 기회라는 것을 알고 있었다; 그는 그들이 결코 돌아오지 않을 것 같다고 생각했다; 그는 적어도 그들이 미국에 남아서 대참사를 겪지 않게 될 것을 기뻐했다.

1950년 초에 나는 허버트로부터 마지막 편지를 받았다. 대통령은 그에게 한 충직한 추종자에게 자리를 비워주라고 지시했다. 그자는 훈련도 받지 않고 공적인 지위나 신뢰에 대한 독자적인 견해도 없었다. 허버트는 미국에 머물 기회를 포기한 것이 잘못이었는지 궁금해했다. 그러나 그는 현재와 무관하게 한국에는 명예롭고 국민에게 헌신적인 정권이 나올 것이며, 그를 위해 일할 것이라는 희망의 의사 표시로 편지를 끝맺었다.

서울에서 공산당이 퇴각한 후 우편물이 서서히 배달되기 시작했다. 12월에 나는 허버트의 마지막 이야기를 알게 되었다.

김홍서의 가족은 이승만 정부가 침략자들로부터 구하기 위해 이주시킨 사람들에 속하지 못했다. 그들의 행정부에 대한 충성심은 매우 불확실했다; 그들의 개인적 애정은 김구라는 살해당한 우익 지도자의 기억에 머물러 있었다. 김구는 중국에서 절망적인 대의를 이끌었고, 이승만의 하수인들의 손에 의해 죽음을 맞이하였다.

항공편은 정부의 몇몇 사무실에서 달러화로 구입할 수 있었지만 김홍서의 집은 암시장에서 거절당했으며 달러화 사용은 이승만의 남한에서 불법이었다.

서울이 함락된 지 사흘째 되는 날, 제복을 입은 김일성의 민병대 2명이 이끄는 30여 명의 집단이 서울 중구 을지로 자택으로 왔다. 그들은 반역자의 집에 있는 모든 남성들을 체포하라는 명령을 받았다. 그들의 명령은 온전히 수행될 수 없었다. 두 젊은이는 미국에 있어서 안전했다.

막내인 케니와 휴는 군대가 이미 퇴각한 도시를 지키기 위한 참호 작업에 동원되어 집을 비운 상태였다. 둘째 아들, 찰스는 새 신부와 함께 남산에 살고 있었다. 소련의 정의가 들이닥쳤을 때 가족의 모든 남자들 가운데 허버트와 그의 아버지만 집에 있었다.[10] 열성적인 한 소대에 의해 체포된 그들은 사슬에 묶여 끌려갔다. 나머지는 어머니를 거리로 내모는 것을 도왔다. 그녀는 옷가지를 등에 지고 떠나는 것이 허락되었다. 그녀는 되돌아오려 하거나 반역자 아들들에게 미리 알리기 위해서 그들과 소통하면 감옥에 갇힐 것이라는 경고를 받았다. 부서져 내린 벽에 탄환이 박히는 약탈과 살인의 장면 속에서 그녀는 서울을 가로질러 찰스의 집으로 향했다. 체포의 의무를 맡은 장교가 그녀에 앞서 이미 그곳에 왔고, 찰스도 체포되었다.

가까스로 두 여자는 그 작은 집에서 내쫓기지 않고 배급 카드 없이 적들이 서울을 점령한 3개월 동안 기아와 맞서 싸웠다. 거기서 그들은 홍서의 동생, 김윤서의 아내와 아이들과 합류했는데 김윤서의 죄목은 그가 미국인 밑에서 신한국회사(New Korea Company)

---

10 납치 현장(을지로 자택)에 함께 있었던 가족의 기억과는 큰 차이가 있다.

를 위해 한동안 일했다는 것이었다.

일제 강점기에 동양개발회사(Oriental Development Company)였던 신한국회사는 소작인이 많은 문어발식으로 토지를 가지고 있었다. 김윤서는 토지개혁의 열렬한 지지자였으며 그 때문에 그는 직장을 잃었지만 혁명적 정의가 결국 그에게도 적용됐다. 체포된 후에는 그의 행방에 관하여 아무 이야기도 들리지 않았다. 도시가 잠깐 해방되었을 때에도 그의 흔적은 발견되지 않았다. 아마도 그는 퇴각하는 군대에 의해 납치된 3만 명과 함께 있었을 것이다.

아이들 중 휴와 케니에 대해서는 아무런 말도 들려오지 않았고, 그들이 죽은 것으로 단념했다. 수복 후에 그들이 집으로 돌아오면서 이웃들로부터 경고를 받았다는 것을 알게 되었고, 그들은 공산주의자들이 그들과 닮은 다른 범죄자들을 추적하는 13주 동안 지하실에 잘 피신해 있었다.[11]

남산 아래 작은 집으로 늙은 김홍서는 마침내 찾아왔다. 거듭되는 구타 끝에 그는 처형하기에는 너무 늙었다는 말을 듣고 풀려났다. 그는 허버트와 찰스가 인민의 적으로 처형되었다는 소식을 서울 라디오가 전한 날, 집안 여자들에게로 돌아왔다.[12]

* * *

이렇게 그의 서양인 친구가 아는 김건후, 혹은 허버트 김의 이야기는 끝났다.

그가 죽음에 이르기 전에 그는 인간과 인간의 관계에 있어서 궁극적으로 지배할 것이라고 굳게 믿었던 정의에 대한 자신감을 잃었을지도 모른다. 그를 알고 있는 나는, 그가 섬기려는 나라에 더 좋은 날이 이제 시작될 것이라는 신념에 대한 그의 강한 흔들리지 않는 믿음을 가지고 죽음을 맞았다고 확신한다. 그리고 나는 그의 어머니의 말을 떠올렸다. "나는 누가 어떻게 이미 변화해버린 것을 변화시키려고 기도할 수 있는지 모르겠다; 그러나 너희가 그를 위하여 기도할 것이 있으면 그가 편안하게 죽기를 기도하여라."

---

11 납치 현장에서 김 홍서 · 건후 · 건영의 체포를 직접 목격한 김건택(Kenneth)의 증언과는 매우 다르다.
12 이 방송을 가족이나 그 누구도 청취했다는 언급을 듣지 못했다.

＊＊＊

　　우리가 이 글의 마지막 부분을 접한 다음 주에 젊은 래리는 우리와 슬픔을 나누기 위해 애크런으로 내려왔다. 주말을 지낸 후에 우리는 그를 오벌린으로 데려다 주었다.

　　우리가 대학 캠퍼스를 떠날 때, 라디오는 마오쩌둥 군대가 서울을 탈환했다는 소식을 전했다.

번역: 김재원

　　※ 버치의 글에서 언급된 내용이 허버트 김의 수기나 그동안 수집한 자료의 내용과 다른 부분에 관하여는 번역자가 임의로 각주를 달았다.

V 폴린의 기록

폴린 김

1. 폴린이 루스벨트 영부인에게 보낸 탄원서

1938년 2월 18일

소련
북카자흐스탄
페트로파블롭스크
호텔-17 레닌가(街)
1938년 1월 16일

친애하는 루스벨트 영부인,

저는 용감하게도 당신에게 쓸 자유를 택했습니다. 그러니 제발 저를 이해해주십시오.

저는 1908년 5월 4일에 뉴욕에서 태어났습니다. 당시 폴란드계 유대인 이민자인 부모님은 이미 미국 시민이었습니다. 1928년에 저는 뉴욕주 브루클린에 있는 맥스웰 교사학교(Maxwell School for Teachers)를 졸업했고, 1930년에는 뉴욕대학교(N.Y. University) 교육학과에서 학사 학위를 받았습니다.

저는 1929년에 남편을 만났습니다. 1930년에 우리는 뉴욕에서 호시 목사의 주례로 결혼했습니다. 제 남편은 중국 국적의 한국인입니다.

당연히 내 모든 친척, 특히 부모님은 우리 결혼에 크게 반대했습니다. 제 남편 허버트 김은 1923년 또는 24년에 미국으로 왔습니다. 1928년 그는 콜로라도 광산대학교에서 광산 엔지니어로 졸업했습니다. 그가 받은 교육은 자신의 노력과 결단으로 얻은 결실입니다. 콜로라도대학 신입생으로서 그는 골든의 어느 집에서 하우스 보이로도 일했습니다. 콜로라도대학의 총장이던 쿨보 박사님은 남편이 처했던 교육 조건을 알게 되어, 그가 총장님의 가족과 함께 살도록 권유했고, 그는 그 제안을 받아들였습니다. 콜로라도대학을 마친 후 그는 뉴욕의 컬럼비아대학에 새로 학생으로 등록했습니다. 1930년에 그는 야금 엔지니어 학위를 받았습니다.

그는 컬럼비아대학에 재학하는 동안 뉴욕대학교의 YMCA에서 파트타임 비서로 일했습니다. 바로 그곳에서 우리는 만났습니다.

1930년에 소련 정부는 외국인 엔지니어들이 소련에 와서 일하도록 초청했습니다. 그와 저, 우리 둘은 소련으로 가기로 결정했습니다. 아시다시피 미국에서 다른 종족 사이의 결혼은 흔한 일이 아닙니다. 저의 아버지는 부유하지 않습니다. 그의 아버지도 부유하지 않습니다. 우리가 소련으로 가지 말아야 할 이유는 없었습니다. 그러면서 우리는 만약 우리가 그곳이 마음에 들지 않으면 언제든지 중국이나 미국으로 가리라고 마음먹었습니다. 경험을 쌓았던 그는 쉽게 일을 얻을 수 있었습니다. 제가 1930년 7월에 미국 여권을 가지고 미국을 떠나려 했을 때 저는 제가 황인종과 결혼했기 때문에 미국 시민권을 잃었다고 들었습니다. 남편의 여권으로 미국을 떠나는 것 외에는 내게 아무것도 할 수 있는 것이 없었습니다.

1930년에 우리는 소련으로 왔습니다. 1934년에는 아들이 태어났습니다. 남편은 일했습니다. 우리는 행복했고 물질적으로도 만족스럽게 함께 잘 지냈습니다. 1937년 9월에 아무런 경고도 없이 남편이 해고되었습니다. 그 이유는 이제 소련에 많은 전문가가 있어서 외국 전문가인 허버트 김은 더 이상 필요하지 않기 때문이라고 했습니다. 그는 경고 없이 해고되었기 때문에 월급, 휴가비 그리고 한 달 반의 급여와 우리 두 사람의 철도요금과 짐을 모스크바로 다시 보내는 비용을 받았습니다. 당연히 남편은 분노했고 상처를 받았습니다. 우리는 전쟁 중인 중국으로는 갈 수 없었습니다. 즉시 저는 남편이 자리를 잡을 때까지 저의 친정에 함께 살 수 있는지 여쭈어보는 편지를 친정으로 보냈습니다. 저의 가족은 즉각 우리를 돕겠다는 의사를 전보로 알려왔습니다. 우리에게 루블은 넉넉했지만, 사실상 달러는 없었습니다. 그러나 우리는 뉴욕으로 가는 데 필요한 모든 것을 갖추어 나갔습니다. 남편은 일을 마무리하기 위해 모스크바로 갔습니다. 10월에 그는 돌아왔습니다. 그때에 그는 우리 짐을 모두 쌌습니다. 1937년 10월 30일에 남편은 지역 경찰로부터 우리의 출국비자를 받기 위해 지역센터가 있는 페트로파블롭스크로 떠났습니다. 그 후로 저는 남편을 보지 못했습니다. 1937년 11월 2일에 우리 짐은 내무부 경찰에 의해 낱낱이 열렸고 수색당했습니다. 우리의 주소록들과 영어와 중국어로 쓰여진 편지들이 압수되었습니다. 저는 11월 9일에 남편이 어디에 있는지 알아내기 위해 페트로파블롭스크로 왔습니다. 남편이 체포되었다고 들었습니다. 저는 그 이유를 듣지 못했고, 두 달 반이나 지난 지금도 그 이유를 모릅니다. 모든 혐의는 이제 하나로 모아집니다.

귀하는 트로츠키 그룹이나 한때 지도자로서 일부 반소비에트였던 다른 그룹의 일원이거나, 2. 귀하는 파시스트이거나, 3. 스파이이거나, 또는 이 모든 다양한 혐의를 다 갖춘 사람입니다.

남편은 1904년 한국에서 태어났습니다. 12세 때 그와 그의 어머니와 그녀의 아이들은 중국으로 이민을 갔습니다. 19세 혹은 20세에 미국으로 왔습니다. 그가 정치할 시간은 없었습니다. 우리가 소련에 왔을 때, 한때 지도자였던 모든 이들은 이미 신뢰를 잃었었고 더 이상 지도자들이 아니었습니다. 개인적으로 저는 그가 달 위의 사람보다 레닌 또는 트로츠키 프로그램의 차이점을 더 알지 못한다고 확신합니다. 따라서 첫 번째 혐의는 이유가 될 수 없습니다. 두 번째 비난도 무색합니다. 남편이 만약에 파시스트였다면 저는 인종과 국적을 떠나 그와 결혼하지 않았을 것이라고 확신합니다.

세 번째 고발에 관해서는 이야기할 것이 있습니다. ① 스파이가 되려면 특수학교를 졸업해야 합니다. (19세까지 그는 동양에 살았고, 1923년 이후 매일매일의 그의 생활은 콜로라도나 컬럼비아에 기록되어 있습니다.) ② 그런 비열한 일을 하는 사람들은 아마도 매우 높은 보수를 받을 것입니다. 남편은 상당한 월급을 받았습니다. 우리는 더 이상의 러시아 루블은 필요로 하지 않았습니다. 그러나 만약 우리가 아주 많은 돈을 가졌었다면, 저는 확실히 1930년 이후로 적어도 한 번은 부모님을 뵈러 갔을 것입니다. 남편은 부친의 장남입니다. 남편이 돈을 가지고 있었다면 부친께 우리를 만나러 오시도록 돈을 보내드리거나, 우리가 그분을 만나러 중국에 갔을 것이라고 생각지 않으시는지요. 남편은 1923년이나 24년에 중국을 떠났고, 14년 혹은 15년 동안 자신의 부친을 만나보지 못했습니다. 우리가 살고 있는 이곳은 온통 초원인데, 무슨 스파이가 있다니요. 오직 제가 말할 수 있는 것은 어떤 실수가 있었다는 것입니다.

세상 모든 곳의 감옥이 휴양지가 아니듯이 소련의 감옥도 예외가 아닙니다.

저는 제가 남편을 도울 수 없다는 것을 압니다. 저는 지난 2개월 반 동안에 갈아입을 따뜻한 속옷을 그에게 보내도록 딱 한 번 허용받았습니다.

11월 13일에 저는 중국 당국에 도움을 요청하기 위해 모스크바에 갔습니다. 그들은 항의를 보내기로 동의했지만 그들에게서 아무런 성과도 도움도 받지 못했습니다.

저는 아들과 함께 소련을 떠나려고 허락을 구했지만 7번이나 거절당했습니다. 언제나 그들은 내일 오라고 말합니다. 다음 날 그들은 말하길; 어떤 의문점이 있는데, 2주나 10일 후에 해명될 것이라고 합니다. 소련에는 제 사건을 기꺼이 맡아줄 변호사가 왜 하나도 없는지요. 1934년까지 소련 내에서 외국인들은 선호되었고, 대접받아 응석받이가 되기도 했지만, 현재 외국인들은 '스파이'라는 단어와 동의어입니다. 여기에는 저를 도와줄 분이 아무도 없습니다. 무슨 일이 일어날지 누가 알겠습니까. 소련의 사업가나 학교나 어디서도 저를 고용하려 하지 않습니다. 우리가 소련을 떠나겠다고 신청했을 때, 소련 당국은 우리의 여권을 모두 가져갔고 지금 저는 아무런 서류 없이 살고 있습니다.

저는 어찌해야 할까요? 소련 당국이 "여기 당신 비자가 있소, 가도 됩니다!"라고 말할 때까지, 아니면 그들이 저를 체포할 때까지 앉아서 기다려야 할까요. 저는 당신에게 이 편지가 도달되기 전에 아마도 체포되었을 것이라 거의 확신합니다. 그러면 우리 아이는 어떻게 될까요.

남편에 대해 다음의 분들께 여쭈어보실 수 있을 것입니다.

1. M.F. 쿨보 박사(콜로라도주 골든 메이플가 1700)

2. 프랭크 옴스테드 씨 + 팅커 씨
   (뉴욕시 워싱턴스퀘어 워벌리 플레이스 26 YMCA 뉴욕대학교 지부)

3. 로버트 차르 박사(필라델피아 PA 29번가, 1251번지)

저의 부모님 주소

　　D.M. 립만 씨(뉴욕 브루클린 뉴랏츠로 191)

　　제가 당신께 이 편지를 쓰는 이유는 아마도 당신은 사람들이 저와 같은 처지에 있을 때 무엇을 해야 하는지 알 수 있거나, 이미 알고 계실 것이기 때문입니다. 감사합니다.

진심을 다하여 올립니다

폴린 김

2. 폴린이 허버트에게 보낸 편지

뉴랏츠로 191
뉴욕 브루클린
1940년 2월 28일

사랑하는 허브,

모스크바 주재 중국대사관에 이 편지를 당신에게 전해줄 수 있는지 문의했어요.

바비와 나는 1938년 11월에 뉴욕으로 돌아왔어요.

나는 너무 오랫동안 자리를 비웠기 때문에 교단으로 다시 돌아갈 수가 없다네요.

나는 간호사가 되기로 결심했어요. 그것은 두 가지 목적을 가지고 있어요. 당신을 잊을 수 있게 해줄 것입니다. 또한 그것은 우리가 어디에 살든지 간에 내 생계를 해결해줄 것입니다.

바비는 사립학교에 다니고 있어요. 아주 좋은 학교지요. 나의 부모님과 자매들이 바비를 지원해주고 있어요. 그는 러시아어를 한마디도 기억하지 못해요. 당신의 사진을 원하고 있어요.

나는 당신의 삼촌과 아버지가 계신 곳을 알아냈어요.

어머니는 우리를 용서하셨어요. 그녀의 유일한 소원은 우리가 다시 함께하는 것입니다.

곧 우리가 결혼한 지 10년이 되네요. 내게 후회는 없어요. 그것을 쓸 필요도 없겠지요. 나는 당신의 생각을 알고 있어요. 당신은 내 생각을 알 것이고요.

나는 오직 한 가지 걱정거리를 가지고 있는데, 그것은 당신의 건강이에요.

바비와 우리 가족의 사랑을 당신에게 보냅니다.

영원한 당신의
폴린으로부터

번역: 김재원

에필로그 : 안개 속 여정

김재원

1. CSM 캠퍼스에서

딸은 눈 덮인 거대한 로키산맥을 배경으로 은빛으로 반짝이는 천막 형상의 덴버 국제공항을 내려다보았다. '아버지, 90여 년 전에 어떻게 이곳의 학교를 아시고 오셨어요? 어떤 경로로? 기차로? 며칠이나 걸려서?' 궁금해하는 딸을 향해 아버지는 미소를 보낸다. 광활한 평원에 자리 잡은 공항을 크게 돌아 덴버 시내로 향하는 택시 안에서 딸은 온화한 표정의 아버지를 지그시 쳐다보며 '함께 계실 거죠?'라고 묻는다. 햇빛은 5월의 날씨가 무색할 정도로 강렬하게 쏟아지는데, 바람은 제법 쌀쌀하다. 여긴 아직 봄이 오기를 망설이고 있는가 보다. 분명 인디애나폴리스 공항을 오전 9시 11분에 출발하여 3시간 가까이 날아왔는데도 덴버 시간으로는 오전 10시가 조금 지난 시간이라니!

수다스런 행정직원은 캠퍼스를 돌며 연신 설명하고 있다. "당신의 아버지, 허버트 김이 다닐 때 이 CSM(Colorado School of Mines) 캠퍼스에는 구겐하임 홀(Guggenheim Hall), 스트래턴 홀(Stratton Hall), 광산연구소(Mining Institute) 등의 건물만 있었지요. 유럽뿐만 아니라 중국이나 러시아 등 전 세계에서 광산학을 전공하려는 젊은 수재들이 몰려들었어요. 이곳 이름이 골든이잖아요? 그만큼 금광 개발이 한창이라 핫한 곳이었다는 얘기죠! 이 광산연구소 건물이 바로 광산학과가 있던 이 학교의 중심 건물이었어요."

'여기까지 구겐하임의 영향력이 미쳤구나… 어느 구겐하임이었을까?'

딸은 "그 당시에는 학생들이 덴버로부터 이곳 골든까지 어떻게 이동했을까요?"라고 묻는다. 아버지가 다니시던 그때를 상상해보려는 듯하다. 어떻게 이 외진 곳까지 오셨는지.

"당시에도 덴버와 골든을 오가는 롤리가 있었어요."

"지금도 롤리가 있다는 얘긴가요?"

원, 세상에! 100여 년 전에 다니던 롤리가 아직도 운행되고 있다니…. 아버지는 덴버까지 걸어 다니셨던 듯 빙그레 웃으신다.

'아~ 여기! 참 오랜만이구나…. 여기 다닐 땐 꿈과 희망이 가득했었지….'

아버지는 곁에서 감격한 듯 숨을 크게 들이마신다.

캠퍼스의 풍경은 매우 독특하다. 도심에 위치하며 기능중심적인 유럽의 대학 건물과도, 커다란 울타리 안에서 거대한 단지를 이루고 있는 한국의 캠퍼스와도, 여느 미국 대학의 잘 계획된 캠퍼스와도 다르다. 북동쪽 끝으로 실습을 위한 광산이 멀리 보이고, 남쪽의 큰 골짜기 너머에 근엄하게 서 있는 '캐슬바위(Castle Rock)'를 향해 완만하게 흘러내리는 지형을 그대로 이용하여 캠퍼스가 조성되어 있고, 이 캐슬바위는 독특한 형태와 고유의 황토색으로 사람을 끌어당기는 힘이 대단하다. 이 대학의 불변의 상징 같다. 차차 광산대학의 테두리를 벗어나 명실공히 공과대학으로 확대되면서 지어진 현대식 건물들을 지나 캠퍼스 중심에 있는 쿨보하우스(Coolbaugh House)로 향했다. 이 붉은 벽돌로 지어진 아담한 2층 저택을 보면서 아버지의 숨이 빨라진다.

'여전히 아름답구나….'

아버지는 학비를 벌기 위해 골든의 한 저택에서 하우스 보이로 일하셨는데, 먼 나라에서 와서 어렵게 공부하고 있는 그를 눈여겨본 쿨보 총장(Dr. Melville Fuller Coolbaugh, 1877~1950, 재임 1925~1946) 부부의 배려로 이 집에서 2년 넘게 한 식구가 되어 사셨다. 이 집에 들어오고 나서야 아버지는 비로소 안정되셨을 것이다. 저택의 실내는 오랜 세월이 배어 있는 단순하고 기능적인 아르데코 가구로 꾸며져 있고, 소박한 분위기에서 그분들의 검소한 체취가 여전히 느껴진다. 숙식을 제공해주시고 장학금까지 배려해주셨다니 아버지가 얼마나 고마워하셨을지 짐작이 간다.

'아버지, 미국에 20여 년 만에 다시 오셨을 때 총장님 가족과 함께 사진 찍었던 곳이 바로 이 집 현관 앞 계단이었죠?'

그 사진에는 미국 유학 중이던 건옥 고모와 건억 삼촌의 모습도 들어 있었다.

캠퍼스의 중심도로와 평행을 이루며 골짜기 방향으로 길게 뻗은 워싱턴 애비뉴는 주말이면 학생들이 모여 맥주잔을 앞에 놓고 이야기꽃을 피우며 떠들썩하던 거리였다. 소극장과 크고 작은 가게들이 모여 있어 학생들이 자주 들러 주말의 여유와 자유를 맛보던 곳이었다. 지금은 스키와 로키산맥의 독특한 분위기를 즐기려 모여드는 관광객들의 명소가 되었다. 5월답지 않은 추운 날씨에도 여전히 많은 사람들이 오간다.

'아버지도 주말엔 여기서 친구들과 자주 어울리셨었어요?' 답이 없다.

'왜 아버지의 대학 시절 별명이 Fighting Irishman이었어요?' 아버지는 할 말이 많은 것 같았으나 끝내 입을 여시지 않으신다.

딸과 사위는 눈 내리는 매서운 추위를 피해 워싱턴 애비뉴의 낡은 산장을 연상시키는 시끌벅적한 피자집으로 들어갔다. 언 몸을 녹이며 해산을 앞둔 밝은 표정의 젊은 임산부의 친절한 서비스를 받았다.

아버지도 이 집에 들르셨을까? 굉장히 오래된 집으로 보이는데….

숙소로 돌아온 딸은 자신의 미술사 수업에서 PPT를 돌리듯 CSM 캠퍼스에서 보낸 하루의 장면들을 한 장씩 넘기며 잠을 청했다. 아버지가 종일 함께하셨을 것이라 믿으면서. 그런데 막내삼촌은 왜 CSM 직원에게 갑자기 전화를 거셨을까? 딸이 여기까지 오더라도 별로 수집할 자료가 없을 텐데, 어째서 그 먼 곳까지 오는지 모르겠다고 하셨을까? 도대체 왜? 이렇게 아버지가 다니시던 거리와 캠퍼스를 거닐어보고, 그의 눈에 생생하게 담겨 있을 풍경을 바라보고, 그가 마시던 이곳의 공기를 마시며 아버지를 느껴보려는데…. 뉴욕에서 아버지가 다니시던 컬럼비아대학교에서도, 조교로 일하시던 NYU에서도, 틀림없이 아버지께서 사셨던 것으로 믿어지는 뉴욕의 워싱턴 플레이스 76의 작은 집을 바라보면서도 느끼지 못했던 강한 전율이 여기서는 느껴지는데… 막내삼촌은 대체 왜 그러셨을까?

2. 정정식과 결혼, 그리고 한국전쟁 발발

사실 나는 아버지, 허버트 김을 만나본 적이 없다. 어머니(정정식 교수)의 극진한 보호를 받으며 자라나서 아버지의 부재(不在)가 내게 큰 그늘을 드리우지 않았다고 생각하지만, 부산 피난 시절 집에 남자 손님이 오면 얼른 부엌으로 달려가 큰이모에게 저 남자가 아버지인지를 물었고, 3~4세 땐 을지로 집에서 일하던 김씨에게 돈을 주면서 시장 가서 똥 싸는 아가와 아버지를 사 오라고 했다는 이야기를 들어보면 무의식중에라도 아버지를 그리며 자라났던 게다. 나는 성장하기에도 벅찬 시간을 보내다가 철이 들기 시작하면서 아버지에 대한 나의 무관심을 떠올리며 매우 죄송하게 생각했던 적이 있다. 그리고 언젠가는 어머니가 들려주신 이야기들을 확인하고, 아버지의 삶에 관한 자료를 모으고 기록하리라 마음먹었다. 비록 어머니가 자신의 추억 공간에 담고 계시다가 내게 들려주신 아버지에 관한 이야기가 많지는 않았지만 내겐 여전히 깊게 남아 있다.

이화여대 음악과에 재직하면서 프랑스 유학을 준비하시던 어머니는 춘원 선생 부부의 중매로 아버지를 만나셨다. 1949년 늦여름 어느 날 춘원 선생의 부인(허영숙 선생)으로부터 퇴근길에 효자동 집에 들르라는 전갈이 학교로 왔다. 어머니는 아무것도 알지 못하신 채 효자동에서 허 선생과 인력거를 불러 타고 조선호텔로 따라가셨지만, 사실 그날은 춘원 선생 내외가 중매를 서는 날이었다. 춘원 선생은 상해 시절 할아버지(김홍서, 상해 임정의정원 의원)와 교류가 있었고, 서울에서는 외할아버지(기농 정세권, 건양사 창업주)로부터 경제적 도움을 받았던 터라 이미 29세가 된 기농의 차녀를 결혼시키는 것이 그에 대한 보은으로 생각하였던 것이다. 나이 많은 신랑감은 매일 이화여대 교정에 나타났고, 그의 이러한 눈에 띄는 행동은 입소문을 타고 이화 교정에 널리 퍼졌다. 어머니와 같은 건물에서 근무하시던 미술과 교수님은 아버지와 그의 빨간 오픈카를 여전히 기억하고 계시다고 훗날 내게 들려주셨다. 아버지는 유학과 결혼 사이에서 갈등하던 어머니와 많은 대화를 나누며 결혼으로 이끌었다. 어머니의 결혼 전 일기에는 자신의 혼란스러운 상황에 대한 심경이 자세히 적혀 있다. 유학을 고집하는 어머니에게 아버지는 유학의 필요성을 함께 토론해보고 결정하자고 제안하여 긴 토론 끝에 결국 어머니가 백기를 들었다. 아버지를 처음 만난 외할아버지는 이혼한, 나이 지긋한 신랑감에게 곱지 않은 시선을 보냈으나, 둘만의 긴 대화를 나누고는 이내 결혼을 승낙하셨고, 외할머니의 무언의 반대를 극복하는 데에는 시간이 걸렸다. 어린 나이에 상해에서 친어머니의 병사(病死)를 지켜봐야 했던 아버지는 결혼 후 외할머니의 따사로운 보살핌에 감동하였다. "오마니!"라며 따르던 둘째 사위가 눈 깜빡할 사이에 안개처럼 사라졌다며 외할머니는 매우 안타까워 하셨다. 가톨릭 신자로 명동성당 성가대 반주자이던 어머니는 개신교 집안으로 시집가게 되어 난감하게 여겼으나, 아버지는 결혼식에 앞서 평소 알고 지내던 윤을수 신부님과 상담하여 자녀는 신자로 키우겠다고 약속하고 관면혼인을 허락받았다.

결국 오랜 개신교 집안이던 신랑 측이 원하던 대로 정동교회에서 양주삼 목사님의 주례로 1949년 11월 15일에 결혼식을 올렸다. 양가의 일가친척들은 물론이고 많은 신랑, 신부의 친지들이 참석하였다. 덕수궁 돌담 주변 도로에는 축하객들이 타고 온 자동차를 정리하러 교통경찰이 출동해야 했을 정도로 유난스러운 결혼식이었다.

아버지의 대가족은 을지로 2가의 큰 일본식 적산가옥에서 모두 함께 살고 있었는데, 그 집은 아버지가 레너드 버치의 배려로 미군정청으로부터 소유권을 넘겨받았었다. 그곳에서 어머니의 어려운 시집살이는 시작되었다. 30년 중국 망명 생활을 마치고 1946년에 귀국한 시댁 식구들과 함께 사는 것은 새 신부에게는 한국말로 소통이 잘되지 않는, 외국인들과의 생활 같았다. 다정다감한 남편이 아니었다면 견뎌내지 못했을 낯선 시집살이였다.

아버지는 부모님과, 미국으로 유학을 떠나실 때 갓난아기였던 첫째 이복 남동생과, 소련에서 석방된 후 처음 만난 이복동생들—여동생 한 명과 남동생 네 명—과 함께 해방 후 귀국하였다. 귀국 후 큰남동생이 먼저 결혼하였고, 여동생과 둘째, 셋째 남동생은 아버지가 결혼하기 전에 미국으로 유학을 보낸 상태였다. 그래도 대식구였다. 할아버지는 새로 결혼한 큰아들 부부와 외출하기를 즐기셨는데, 늘 새 며느리를 가운데에 세우고 다니셨다. 그것도 시댁의 다른 식구들에게는 시샘거리였다. 그 시샘이 부담스러우셨는지 아버지는 강원도 광산으로 출장 가실 때는 어머니를 외할머니 곁에 데려다 놓고 다녀오시곤 하였다.

어머니는 매일 양복을 바꿔 입고 출근하는 아버지가 멋쟁이였다고 기억하였고, 그가 세계 정세에 매우 밝은 것도 어머니는 놀랍기만 했다. 두 분 모두 영화를 좋아하여 주말이면 극장을 찾고는 했다. 아버지는 자주 뒤에서 어머니를 깜짝 놀라게 하고는 어린아이처럼 즐거워하는, 나이 든 장난꾸러기 새 신랑이었다. 그는 새 신부를 어린아이 다루듯 씻기고 입히고 먹이고 챙겼다. 결혼 직후 아버지와 삼척의 상동광산으로 떠났던 겨울 여행의 추억을 어머니는 늘 간직하였다. 광산 엔지니어였던 아버지는 곁에 어머니를 꼭 잡고 산을 오르내렸는데, 땅에 발이 닿지 않는 듯, 나는 듯 느껴졌던 아버지와의 등산이 어머니에게는 그저 놀랍고 신기할 뿐이었다.

특히 그는 사람들과 모여 함께 이야기를 나누는 것을 좋아하는, 훈훈하고 사교적인 성격을 가졌었다. 외국인들과의 모임에도 자주 부부가 함께 참석하였는데 영어가 서툴던 어머니에게는 즐거운 일만은 아니었던 듯하다. 결혼 축하 인사로 이화여대 김활란 총장이 공관으로 신혼부부를 초대하셨지만 영 따라나서지 않는 남편 때문에 난감했던 기억도 어머니에게 남아 있었다. 아버지는 시베리아 강제수용소에서 얻은 허리 통증이 있었는데 결혼 후 외할머니가 정성껏 찾아낸 민간요법으로 많이 호전되었다. 어리둥절 시작된 신혼은 곧이어 임신, 임신중독으로 인한 입원과 퇴원으로 이어졌다. 어머니가 임신중독으로 생명이 위태로운 지경에 이르자 아버지는 하염없이 눈물을 쏟았다. 외할머니의 보살핌과 백인재 원장의 오랜 경험 덕분으로 어머니는 백 원장의 가회동 사택에서 겨우 위기를 넘겼다. 곧이어 아버지는 어머니에게 이화여대에 사표를 제출하도록 하고, 오직 그의 아내로, 태중 아기의 어머니로 머물도록 하였다. 두 분은 아이가 태어나면 상동 광산의 고문으로 가서 세 식구가 살 계획을 가지고 있었다. 아버지는 미국에 두고 온 아들이 성년이 되면 한국으로 데려오기를 원했고, 어머니도 그에 동의하신 터라 멀지 않은 장래에 네 식구가 함께할 단란한 꿈을 지니고 계셨었다.

전쟁의 참혹함을 비껴갈 수 있는 이들은 매우 드물 테지만, 어머니에게 닥친 전쟁은 특히나 혹독했다. 전쟁이 나자 새까맣게 질려버린 아버지의 얼굴을 어머니는 평생 잊지 못하셨다. 미 대사관이 제공하는 마지막 탈출 버스가 반도호텔 앞에서 출발한다며 간단한 짐을 챙겨 집을 나섰던 아버지는 결국 탈출을 포기하고 집으로 돌아오셨다. 자세한 이야기는 들려주지 않았지만 자신과 달리 미국 입국비자가 없던 임신한 아내를 두고 홀로 탈출하는 것을 포기했던 것으로 어머니는 짐작하셨다. 피난을 마다하신 할아버지는 을지로 집에 머무셨고, 급박한 상황임을 인식했던 아버지와 어머니는 며칠 동안 안전한 곳을 찾아 서울 시내를 전전하였다. 우선 효자동의 춘원 선생 댁으로 갔으나 선생의 건강이 매우 좋지 않아 하룻밤만 지내고 김규식 선생 댁으로 피해 갔다. 거기서는 김규식 선생의 보좌진 사이에 이념 싸움이 밤새 이어졌고, 두 분은 공포에 떨다가 다시 을지로 집으로 돌아와야 했다. 6월 30일에 을지로 집에서 둘이 함께 임신복을 만들고 있던 중, 오후 3시경에 인민군 1소대가 들이닥쳤다. 성인 남자 세 식구에게는 꼼짝 못하게 총을 겨누었고, 나머지 식구들에게는 총부리를 겨누고 끌고 다니며 집 수색을 시작했다. 유독 어머니에게는 양옆에서 총부리를 겨눈 채 온 집을 구석구석 샅샅이 뒤지려 이리저리 끌고 다녔다. 그 광경을 무력하게 바라보며 당해야만 했던 아버지는 공포와 고통으로 울부짖으며 "아내는 임신 중이니 괴롭히지 말고 놔두라!"며 소리쳤다. 소용이 있을 리 없었다. 수색 시간이 얼마나 걸렸는지, 집안 어디를 어떻게 끌려 다녔는지 어머니는 기억하지 못했다. 단지 남편의 울부짖음만 귓가를 맴돌았다. 그들은 집을 빼앗고 할아버지, 아버지, 큰삼촌을 납치해 갔다. 이것이 아버지와 어머니의 영원한 이별 장면이다.

어머니와 할머니, 미성년이던 작은 삼촌 둘, 역시 임신 중이던 숙모 등 남은 다섯 식구는 을지로 집에서 쫓겨났다. 할아버지는 사흘 만에 풀려나셨으나 아버지와 큰삼촌에 대해서는 할아버지의 온갖 노력에도 불구하고 이후 아무런 소식도 듣지 못했다. 전쟁이라는 끔찍한 폭력이 어머니의 신혼 생활을 8개월 만에 무참하게 짓밟아버린 것이다. 남편을 잃자 시어머니는 "너는 다른 여인네들이 한평생 받을 남편의 사랑을 이미 다 받았으니 아무런 한(恨)도 하지 마라…"고 하였지만, 어머니가 받은 충격은 이루 말할 수 없이 큰 것이었다. 친척 집으로, 친정으로 뿔뿔이 흩어졌던 식구들이 9·28수복을 맞아 을지로 집으로 들어갔다. 어머니는 11월 중순에 3일 동안의 산고(産故) 끝에 을지로 집에서 태어난 딸 하나를 기르며 평생을 남편에 대한 애틋한 추억으로 버티셨다. 할아버지는 남아(男兒) 이름을 지어놓고 기다리셨기에 실망감을 감추지 못하셨다. 하지만 그 손녀에게서 장남을 만나보시려는 듯 애절하게 바라보곤 하셨다. 예기치 못했던 그 상황을 영원한 이별로 받아들이기까지 꽤 오랜 시간 혼란과 좌절을 어머니는 겪어내셔야 했다.

부산 피난 시절에 어머니는 바이올린 독주의 피아노 파트를 의뢰받아 피아노 앞에 앉았으나, 아무것도 할 수 없었다. 악보도 읽히지 않았고, 피아노 건반도 생소하여 몹시 당황하였다. 충격으로 인한 기억상실임을 눈치챈 바이올리니스트의 배려와 도움으로 서서히 기억을 회복하였고, 이화여대 부산 피난캠퍼스에 복직하셨다. 그 긴 악몽에서 깨어나 되돌아보니 당신이 알고 있는 남편의 삶이 분절된 조각들뿐이어서 매우 안타까워 하셨다. 그 조각들을 딸이 짜 맞춰보겠다고 약속했으나, 그 약속이 지켜지기 전에 어머니는 떠나가셨다. 비록 짧은 동안이었으나 온화하고 따뜻했던 남편과의 아름답고 지극한 사랑의 추억으로 어머니는 한평생을 사셨다. 평생 품위와 소신을 지키며 사시다가 2015년 작고하신 어머니와의 약속을 늦게라도 꼭 지키려는 딸의 진심이 이 여정을 시작하게 하였다.

3. 아버지의 흔적을 찾아서

정년퇴임 후 2016년 봄, 나는 막막함을 안고 아버지의 행적을 찾아 긴 안개 속으로 걸어 들어왔다. 어디서 어떻게 시작해야 할지 전혀 모르는 상태에서 인터넷만 뒤지며 한 달여를 지냈다. 이 프로젝트를 시작하겠다고 하자, 먼저 가족으로부터 도움이 전해져왔다. 사위는 인터넷을 뒤져서 방선주 박사가 쓴 아버지 관련 글과 미군 노획 문서에 들어 있다는 김건후 심문록의 존재를 알려주었고, 월터 키신저(Walter Kissinger, 1924~ : 헨리 키신저의 동생. 1945~1947년 미군으로 한국에서 복무)가 허버트 김을 찾는다는 70년대 신문기사도 찾아주었다(『경향신문』 1972년 3월 30일). 희미하게나마 빛이 보이기 시작했다. 남편도 인터넷에서 「덕수궁의 작약정원 문에서(The Peony Garden Gate of Duk Soo Palace)」를 찾아냈는데, 그 정확한 출처는 알아내지 못하였으나 아버지의 사연이 자세히 적혀 있었다. 버치(Leonard M. Bertsch)가 1945~47년 서울에서 근무하는 동안 아버지에게서 직접 들은 사연을 기록한 에세이였다. 그때까지 구한 자료 중에서 가장 자세한 정보가 들어 있었다. 아버지가 헤어진 가족을 애타게 그리워하는 모습에 남편은 눈물을 쏟으며 읽어 내려갔다. 엄청난 수확이었다.

방선주 박사가 쓴 글의 출처를 찾아, 첫 번째 국사편찬위원회 방문에서 이동헌 연구사와 김득중 연구관을 만났다. 그들로부터 미국 워싱턴의 방선주 박사와 NARA II의 윤미숙 선생의 연락처 등 실질적 정보를 얻을 수 있었다. 뿐만 아니라 그들은 CSM 동창회보와 콜로라도의 여러 지역신문에 실린 아버지 관련 보도도 찾아주었다.[1] 큰 감동이었다.

---

1 ① 콜로라도 광산대학교 동창회보(The Mines Magazine), 1938년 3월호, pp.70~71("Alumnus Jailed in Russia")에 실린 기사; 소련에서 구속된 동창인 허버트 김의 구명을 위한 동창회의 입장과 소련의 스탈린에게 보낸 탄원서 전문 게재.

② 콜로라도 광산대학교 동창회보 1982년 12월호, pp.16~17("Fate in Russia Raises Alarm of Heroes and Tungsten")에 실린 기사. 허버트 김의 일찌감치 텅스텐의 중요성을 인식했던 뛰어난 광산 엔지니어

세상에 이런 정보들이 그렇게 오랫동안 잠자고 있었다니.

비슷한 시기에 국내에서는 매우 드문 스탈린 시기 소련 인권 문제 연구자인 김남섭 교수를 찾아냈다. 김 교수에게서 스탈린 체제에서의 정치범 재판 과정, 외국인 엔지니어의 생활, 소련에서의 외국인에 대한 인권 유린의 사례 등에 관하여 많은 정보를 얻을 수 있었다. 김 교수는 모스크바의 '메모리얼(Memorial)'이라는 비영리 단체를 통해 아버지가 조작된 국제 스파이 혐의로 희생되었던 사건에 관한 기록을 찾아주었다. 그 자료에는 아버지의 학력, 미국과 러시아에서의 광산 근무 경력, 구사 언어, 체포, 재판, 석방 관련 정보가 연도별로 간략하게 기록되어 있었다. 곧바로 나는 모스크바 메모리얼에 아버지에 관한 더 상세한 자료를 직접 요청하였다.

그해 10월, 더 이상의 자료가 나오지 않아 조바심이 일기 시작했다. 아버지와 직접 교류가 있었던 분들을 만나보고자 하였으나, 이미 너무나 많은 시간이 흘러가버렸다. 상실감이 매우 컸다. 그러다가 1977년 신문에서 김홍서 대리 수상 기사(『경향신문』과 『동아일보』 3월 22일자)와 김건혁 수상기사(『경향신문』과 『매일경제』 10월 28일자)를 찾았다. 김홍서 할아버지께 추서된 건국훈장 국민장과 김건혁 삼촌(아버지의 셋째 동생)이 받게 된 국민훈장 모란장을 수상하러 삼촌이 한국을 방문하셨던 것이다. 그분들의 수상 소식도 기뻤지만, 건혁 삼촌이 텍사스(Texas, Abilebe)의 맥머리대학(McMurry University) 총장이었다는 것을 알게 되

였음을 그의 후배 토머스 노스럽(Thomas Northrop)이 조명.

③ 콜로라도 광산대학교 동창회보(Mines Magazine Colorado School of Mines Alumni Association) 2000년 봄호 Vol.90, No.2, pp.11~13("The History and Mistery of Herbert Kim")에 실린 기사; 쿨보 총장의 아들이며 허버트 김 후배인 데이브 쿨보(Dave Coolbaugh)가 쓴 기사로 쿨보 가족과 허버트 김의 깊은 인연에 대하여, 그리고 1949년까지의 허버트 김의 삶을 간략하게 소개.

④ 콜로라도 광산대학교 동창회보 2001년 봄호 Vol.91 No.2, p.2("Kim Update:The Last Word?")에 실린 기사; 데이브 쿨보가 2000년 봄호 Vol.90, No.2에 허버트 김에 관한 기사를 게재한 후, 토머스 노스럽이 그가 알고 있는 허버트 김의 이혼과 재혼 소식, 곧 태어날 아이 소식 등을 알려왔다고 소개.

⑤ 1948/49 허버트 김이 다시 미국을 방문했을 때의 인터뷰 기사. The Milwaukee Journal-Jan 14, 1949, "Life in Soviet Prisons was Grim, Visitors Say". https://News.Google.Com/Newspapers?Id=Tm-8Daaaaibaj&Sjid=Wimeaaaaibaj&Pg=2621%2C1868192

⑥ 1948/49 허버트 김이 다시 미국을 방문했을 때의 인터뷰 기사. The Milwaukee Sentinel-Feb 24, 1949, "Engineer tells Plight of Korea". https://news.google.com/newspapers?id=GeMeAAAAIBAJ&sjid=-AwEAAAAIBAJ&pg=6109%2C5180952

어 더욱 반가웠다. 그로부터 아버지에 관한 정보를 얻을 수 있을지 모른다는 희망이 솟아났기 때문에. 그런데 인터넷에서 김건혁(Dr. Thomas Kim) 삼촌이 2012년에 텍사스(Abilebe)에서 작고하셨다는 것을 알게 되었다. 그의 업적에 관한 보도가 여러 지역신문에 실렸고, 그의 장례식이 얼마나 성대하게 온 도시가 슬픔에 잠겨 거행되었는지, 그의 어디에 사는 어느 가족이 참석했었는지도 자세히 보도되어 있었다. 거기서 아버지의 막냇동생 김건택(Dr. Kenneth Kim)이 뉴욕주(Utica)의 한 종합병원에서 외과 전문의로 근무했다는 것을 알게 되었다. 그리하여 생전 처음 나는 장문의 편지를 그에게 보냈다. 삼촌과의 연결이 기적처럼 여겨졌다. 어쩌다가 내가 아버지나 김씨 가족에 대해 여쭈어볼 때마다 어머니는 자신이 아버지에 관해, 혹은 김씨 집안 내력에 관해 아시는 것이 많지 않다는 생각에 내게 매우 미안해하셨고, 미국에 살고 있는 아버지의 이복형제들과 연락이 두절된 것을 매우 안타까워하셨기에 더욱 의미가 깊었다.

이제, 미국에서의 아버지의 삶의 흔적을 확인할 단계에 이르렀다고 생각했다. 두 번째로 국편을 찾았다(2016. 12. 14.). 이동헌 연구원과 신재호 연구원을 만났는데, 신 연구원은 워싱턴에 1년 파견되었다가 최근에 귀국했다며 따끈따끈한 정보를 전해주었다. 그들로부터 미주리주립대 아시아센터의 김상순 원장과 유승권 박사, 그리고 패터슨 교수(Prof. Wayne Patterson : 워싱턴주 드피어(De Pere)의 세인트노버트칼리지(St. Norbert College), 동아시아 관련 역사학 교수)의 연락처를 받았다. 성의껏 도와주려는 그들의 마음이 고맙고 따스하게 전해졌다.

드디어 첫 번째 미국 답사를 시작하였다. 2017년 3월 17일 남편과 함께 인천공항을 출발하여 미국으로 향했다. 설레는 마음을 안고서. 우리는 아들의 도움을 받으며 일정을 조정하고 교통편을 결정하였다. 어디에서도 더 이상의 아버지 자료를 찾을 수 없을지 모른다는 불안감에 심리적 부담이 컸다. 그러나 안개 속을 헤치며 이 길을 왔으니 용기를 내어 부딪쳐 봐야만 했다!

예정대로 3개월 동안 미국을 답사하였다. 첫 인터뷰를 위해 찾아간 미주리주립대학 아시아센터에서 만난 김상순 원장, 유승권 박사, 김지형 교수의 깊은 관심과 따뜻한 배려에 많은 용기와 아이디어를 얻을 수 있었다. 미주리대 방문은 이 여정에서 잊지 못할 역사가 되었다.

워싱턴 DC의 국립기록관리처(NARA : National Archives & Records Administration I, II)에서 연구자 윤미숙 선생의 도움으로 그곳에 소장된 아버지와 폴린 관련 귀중한 자료를 찾을 수 있었다. 1951년에 작성된 납북자 명단에서 아버지 성함을 확인할 수 있었고, 폴린이 1938년에 루스벨트 대통령 부인에게 보낸 탄원서, 한국전쟁에서 미군이 노획한 문서에 들어 있는 김건후 심문록 원본을 찾은 것은 무엇보다도 큰 결실이었다. 윤 선생의 친절한 길잡이가 없었다면 3주 동안에 그렇게 샅샅이 검색하기는 어려웠을 것이다. 그녀의 차분한 응원은 여전히 내게 큰 힘이 되고 있다. 미국 국립기록관리처가 이렇게 자국뿐만 아니라 전 세계의 방대한 자료를 엄격하게 보관, 관리하고, 연구자들에게 제공하고 있는 것이 곧 미국의 국력이라는 생각이 들었다.

먼 길 마다 않고 워싱턴으로 와 필라델피아를 거쳐 뉴욕까지 동행하며 운전과 통역을 맡아준 아들 덕분에 이후의 여정을 안정적으로 진행할 수 있었다. 패터슨 교수를 그의 모교인 펜실베이니아대학교(University of Pennsylvania)에서 만나 20세기 초반 한국 유학생들의 미국 입국 과정과 실태, 안창호 선생, 선교사 윤산온(Dr. McCune), 한인 선교사 이대위 등의 활약과 아버지와의 연관성에 관한 그의 의견을 들을 수 있었다. 뉴욕의 컬럼비아대학교에서는 아버지의 학적부 기록과 졸업증명서를 받을 수 있었고, 아버지가 사시던 곳으로 추정되는 NYU 부근의 주택도 찾을 수 있었다. 아버지는 숙소의 창문을 열어놓고 김치를 익혀서 들곤 하셨는데, 어느 날엔가 이웃에 사는 사람이 자신의 아내가 입덧이 심하여 음식을 못 먹고 있는데 그 냄새 나는 것을 꼭 먹고 싶어 한다며 얻으러 왔었다는 그 집일 것이다.

콜로라도 광산대학교에서도 아버지의 학적부 기록과 졸업증명서를 받을 수 있었다. 또 김남섭 교수의 소개로 인디애나대학교 블루밍턴(Indiana University Bloomington) 사학과에 재직 중인 세계적인 소련 연구자, 구로미야 교수(Prof. Hiroaki Kuromiya)를 만난 것도 빼놓을 수 없는 수확이었다. 그는 아버지 사연에 깊은 관심을 보였고 많은 관련 자료를 소개해주었을 뿐만 아니라, 모스크바의 지인들도 소개해주었다. 깊은 감사의 마음을 안고 다음 만남을 약속했다. 미주리대학에서, 워싱턴 NARA에서, 펜실베이니아대학에서, 인디애나대학교 블루밍턴에서 묵묵히 진심을 다하여 도움을 주신 분들을 만나는 행운이 함께하지 않았다면 불가능했을 귀중한 수확을 거둔 답사였다.

귀국 후 그해 여름에 두 곳으로부터 연락을 받았다. 하나는 1년여 전에 모스크바 메모리얼에 보냈던 자료 요청에 대한 답신으로 주한 카자흐스탄 대사관을 통하여 10쪽 분량의 아버지 신상자료와 재판기록이 온 것이다. 러시아어 서류였다. 강제수용소에서 찍은 재소자 사진도 동봉되어 있었다. 그 사진이 준 충격과 아버지에 대한 연민을 어떻게 말로 표현할 수 있을까….

다른 하나는 아버지와 할아버지 관련 자료를 원하면 보내주겠다는 영문 메일을 받은 것이다. 미국에 사시는 사돈 어르신인 제임스 황(James Hwang)으로부터 처음 받는 메일이었다. 중국 망명기의 김씨 가족의 옛 사진들과 임시정부 요인들과 함께하신 할아버지의 사진 파일을 보내주셨고, 정확한 아버지의 미국 입국 기록을 캘리포니아 NARA에서 찾아 보내주셨다. 그뿐만이 아니다. 하버드대학교 옌칭도서관(HYL : Harvard Yenching Liblary)에 소장되어 있는 아버지가 피치 박사(Dr. George A. Fitch) 부부에게 보낸 친필수기 파일과, 버치가 쓴 「허버트 김 이야기」 파일을 보내주셨다. 피치 박사와 아버지의 돈독한 관계는 이미 피치 박사의 저서 『중국에서의 나의 80년(My 80 years in China)』(1974)에서도 발견했었다. 그 저서에서 그는 피치 가족과 아버지의 오랜 교류에 대해 언급하였고, 아버지의 시베리아 강제수용소 수감생활, 해방 후 서울에서의 활동, 그리고 한국전쟁 때 납북된 사연 등을 상세히 서술하였다.

그리고 예일대(Yale University) 도서관(Divinity School Library)에 소장되어 있는, 아버지가 에디 박사(Dr. George Sherwood Eddy)에게 보낸 수기의 파일도 보내주셨다. 사돈 어르신으로부터 엄청난 도움을 받았다. 이로써 2016년 5월에 남편이 찾아낸 「덕수궁의 작약정원 문에서」의 출처가 옌칭도서관에 소장되어 있는 버치 문서(Birtsch Paper)라는 것을 알게 되었다. 아버지가 피치박사에게 보낸 친필수기와 에디 박사에게 보낸 수기는 아버지가 겪으신 소련 강제수용소에서의 역경을 상세하게 전해준다. 반면에 버치가 기록한 에세이는 관찰자의 입장에서 허버트 김이라는 애국심 깊은 지식인이 겪은 격동의 시대상과 그의 불행한 운명과 좌절을 묘사하고 있다. 이 글들은 아버지의 삶과 역경을 파악하게 해주는 가장 핵심적 자료들이다.

2017년에 찾아낸 자료를 기초로 하여 아버지가 소련에서 겪으신 약 5년간의 강제수용소 생활을 정확하게 확인하고자 두 번째 답사를 계획하였다. 한국에 나와 계신 러시아인 교수, 김남섭 교수, 구로미야 교수 등의 자문과 미주리대 아시아센터에서 알려준 러시아 교수들의 조언을 받아 답사 일정을 짜고 또 짰다. 문의 메일을 보내고 일정을 짜는 것에 많은 시간이 소요되었다. 2018년 러시아 월드컵 기간도 피해야 했다. 여러 어려움을 겪다가 다행히 남편의 제자 배 변호사가 알마티에 거주하고 있어서 그의 도움으로 안내와 통역을 맡아줄 분을 소개받았다.

카자흐스탄의 아스타나에서 우리는 구로미야 교수의 소개로 유라시아 국립대학교 민족학 및 고고학과의 아르틱바예브 교수(Prof. Artykbaev)를 만났다. 그의 아버지는 허버트 김과 같은 금광에서 노동자로 일하다가 체포되어 고초를 겪었고, 그 사연을 얼마 전에 아들(아르틕바예브 교수)이 출판한 저서에서 허버트 김에 관해 언급했던 것이 연결의 계기가 되었다. 그의 도움으로 카자흐스탄 내무부에 들어가 400쪽 분량의 아버지 재판기록을 모두 볼 수 있었다. 언어의 장벽이 있었지만, 그 기록이 남아 있다는 것만으로도 엄청난 충격이었고 수확이었다. 아직 기밀서류로 분류되어 있어서, 40쪽 분량만 복사본을 이메일로 받을 수 있었다. 기밀 해제는 2023년이라고 했다. 아버지의 사진, 지문, 조서에 남긴 수많은 서명을 처음으로 직접 확인할 수 있었다. 아버지에게 형언할 수 없는 기쁨이었을 폴린으로부터의 유일한 편지도 있었다. 아버지가 그 편지를 품속에 숨기고 있다가 발각되어 압수했다는 기록이 남아 있는 그 편지였다. 스탈린 시기 모든 카자흐스탄 가정에 적어도 한두 명의 희생자가 있을 정도로 자신들도 희생당했다며 위로해주던 내무부 직원들의 친절도 인상에 깊게 남아 있다.

아버지가 체포 직전까지 부소장으로 일하시던 카자흐스탄의 졸림베트(Zholymbet) 금광과 페트로파블롭스크(Petropavlovsk) 방문 일정은 아르틕바예브 교수의 도움으로 별 어려움 없이 마칠 수 있었다. 그 교수의 친절한 배려는 깊은 고마움으로 기억 속에 또렷이 각인되어 있다. 졸림베트 금광 소장의 안내로 둘러본 광산은 어마어마한 규모였고, 여전히 많은 금을 채굴해내고 있었다.

출국비자를 받기 위해 아버지는 북카자흐스탄의 행정도시, 페트로파블롭스크에 가셨다가 1937년 11월 1일 밤 영문도 모르는 채 체포되어 NKVD 지하 유치장에 갇혀서 조작된 스파이 혐의로 1년여간 조사를 받으셨다. 페트로파블롭스크의 옛 NKVD 건물은 사라졌고 그 자리에 지금(2018년)은 거대한 건물이 들어서고 있었다. 그 앞 광장에는 희생자를 기리는 기념벽과 기념탑이 세워져 있었다. 기념벽에 수많은 희생자 성명이 새겨져 있는데 2018년 방문 때, 거기에서 아버지의 성함을 찾을 수 없어서 매우 실망하였다. 아르튁바예브 교수의 수고로 2020년 5월에 그 기념벽에 아버지의 성함(Ким Г)이 드디어 새겨져 그 기쁨과 보람은 말로 표현하기 어려울 정도이다. 이 과정에 문화체육관광부의 이건욱 박사의 배려와 도움이 내게 얼마나 긴요했는지 모른다. 이 도시에서 체포되기 전에 아버지도, 아버지를 구명하러 이 도시로 왔던 폴린도 머물렀던 호텔로 짐작되는 건물(옛 레닌가 17번지)도 어렵지 않게 찾을 수 있었다. 지금은 사무실 건물로 사용되고 있었다.

러시아의 우랄산맥에 위치한 공업도시 페름(Perm)의 스탈린 시기의 강제수용소 방문은 또다시 내게 깊은 슬픔을 남겼다. 그들은 과거에 그들이 저지른 끔찍한 과오의 흔적을 지우고자 했던 것일까. 한때 소련 전역에 수없이 많이 세워졌던 정치범 강제수용소들이 흔적도 없이 사라졌고, 이곳이 현재 러시아에 유일하게 보존되어 있는 스탈린 시기 강제수용소다. 절망과 고난의 현장이었다. 이곳은 2차 대전 직후에 만들어진 곳이어서 아버지가 복역하셨던 북쪽의 시베리아 수용소보다는 시설이 훨씬 잘 갖추어진 곳일 것이라는 안내자의 설명에 마음이 더욱 아파왔다. 페름 수용소는 2004년에 세계유산기금(World Monuments Fund : WMF)에 등재되어 보존되고 있다.

소박하고 가족 같은 분위기의 카자흐스탄과 러시아는 매우 달랐다. 모스크바의 차갑고 배타적인 분위기는 공항에서부터 느껴졌다. 호문혁 서울대학교 명예교수의 후배 학자에게 소개받은 모스크바대학교 박사과정생의 도움이 없었다면 더 어려웠을 것이다. 임박해 보이는 희생을 각오하면서 인권운동을 적극적으로 실천하고 있는 모스크바 메모리얼 방문과 아버지의 석방증명서 확보라는 소득 외에는 별다른 결실 없이 떠나와야 했다. 루비안카 광장에 위치한 국가정보원(FSB, Federal Security Service of the Russian Federation), 국립러시아사회정치사문서고(RGASPI, Russian State Archive of Socio-Political History), 러시아국립문서고(GARF, State Archive of the Russian Federation)를 찾아갔으나 자료 제공에는 매우 인색하고 권위주의적이었다. 고려인들을 만날 기회도 있었지만 큰 괴리감이 느껴졌다. 20세기 초 강대국의 폭력적 횡포와 이념 전쟁으로 짓밟힌 소수민족의 운명은 과연 어떤 의미를 지니는 것일까. 내동댕이쳐진 소수민족 개개인의 불행은 이렇게 무관심 속에 내팽개쳐져도 되는 것일까.

잊혀진 이름, 잊혀진 역사

아버지의 친필수기와 버치의 에세이, 「허버트 김 이야기」가 하버드대학교 옌칭도서관에 소장되어 있음을 알게 된 이상 그 원본들을 직접 확인해봐야만 했다. 아버지는 1948년 미국을 방문하셨을 때, 자신이 소련에서 경험한 체포, 구속, 수사, 재판, 시베리아 강제수용소 수감 생활, 석방 등의 이야기를 수기(手記)로 기록하여 피치 박사 부부에게 보내셨다. 그들의 사후, 자손이 그들이 평생 수집하고 간직해오던 어마어마한 분량의 중국, 한국, 대만 관련 문서들을 옌칭도서관에 기증하였고, 그 피치문고에 아버지의 친필수기와 그분들과 교환한 다량의 편지가 포함되어 있다. 어려운 걸음이었지만 2018년 가을에 보스턴으로 가서 아버지의 친필을 대하면서 느꼈던 감동을 잊을 수가 없다. 마치 아버지를 만난 듯했다. 역시 버치 문서도 그의 후손이 하버드대학교 한국연구소(Korea Institue)의 에케르트 교수(Prof. Carter Eckerert)를 통해 기증하여 옌칭도서관에 소장되어 있고, 그의 에세이, 「허버트 김 이야기」는 버치 문서에 포함되어 있다. 아버지를 느끼고 알게 해주는 이 귀중한 자료들을 어렵게 찾았으니 어떤 형태로든 꼭 출판해야겠다는 생각을 굳히게 되었다.

두 번째 미국 답사에서 드디어 막내 삼촌 김건택(Dr. Kenneth Kim)을 68년 만에 만나, 그 댁에 머물며 삼촌이 기억하고 계신 1950년 6월 30일의 끔찍한 사건 현장에 대해 자세히 들을 수 있었다. 제임스 황 어르신께도 직접 감사의 말씀을 드릴 수 있었다. 황 어르신은 김홍서 할아버지의 30년 망명기와 그 후손들의 가족사가 조명되기를 희망하며 한국, 중국, 미국에 산재되어 있는 자료를 지금도 수집하고 계신다.

아버지는 두 시기에 걸쳐 중국에 체류하셨다. 1916년경부터 1923년까지의 1차 시기는 남경과 상해에서 학생으로, 1942년부터 1946년까지의 2차 시기는 감숙성 광산국 광산 엔지니어로 계셨다. 소련의 강제수용소에서 자신을 구해준 중국 장제스 정부에 대한 보은의 마음으로 감숙성 광산개발 작업에 봉사하셨다. 2차 중국 체류기의 아버지 관련 자료는 전혀 찾지 못했다. 자료 접근의 경로를 아직 파악하지 못했다. 예상 밖 난제로 남아 있다.

나의 아버지, 허버트 김이 맑고 선한 심성을 지닌 분이 아니었다면 자신이 겪었던 억울한 역경에 대해 분노하기보다, 다시 주어진 생명에 대한 감사의 마음으로 앞으로의 생을 새로 독립한 조국을 위해 봉사하겠다고 다짐하지는 않았을 것이다. 버치의 언급대로 미국 이민이라는 유혹을 뿌리치고, 애타게 그리던 가족과의 결별을 감수하면서까지 되돌아온 조국에서 아버지는 불행하게도 "그가 꿈꾸던 명예롭고 국민에게 헌신적인 정권"을 만나지 못했다. 또한 그는 "독립적 영혼이었고, 최고의 교육과 경험을 쌓은 광산 엔지니어"였고, "그는 자신의 아버지로부터 물려받은 타고난 애국자"였다. 곧 태어날 아이와 함께 정의로운 조국에서 헌신하고 봉사할 날이 올 것이라는 희망을 가슴에 묻은 채 전쟁에 내몰려 무가치한 이념 대립의 두 번째 희생 제물이 되어 북으로 끌려가셨다.

허버트 김이 겪어야 했던 역경과 불행은 조국을 잃은 한 지식인이 짊어져야 했던 모진 운명이었다. 그의 삶은 한반도를 둘러싼 격동의 현대사에서 무력한 한 개인이 처참하게 희생된 현장과 과정을 생생하게 보여준다. 우리나라의 불행한 현대사에서 간과할 수 없는 한 부분일 것이다. 어쩌면 나는 만나본 적 없는 아버지의 처참했던 삶을 재구성해보려는 감상적 연민에서보다는, 미래를 위해 참혹했던 그의 운명을 거울삼아 우리나라 현대사의 현재적 의미를 찾고자 이 여정을 시작한 것인지 모른다. 과거의 불행은 과거의 사건일 뿐, 미래는 다를 것이라는 막연한 희망이 어떤 미래를 불러올지 지금 우리는 알지 못한다.

나라를 잃어 갈 곳 없는 디아스포라가 되어버린 아버지의 모진 운명을 확인하는 나의 안개 속 여정은 아직 끝나지 않았다.

2020년 한여름
딸 김재원

金鍵[建]厚, Herbert Kim, Ching Chien-heo, Герберт Ким

1905/1904년? 1월 7일(음)	평안남도 강서군 함종면 훈련리 210번지에서 부친 김홍서(사광학교 교감)와 어머니 김도경의 장남으로 출생.
1910년경	평양의 예수교학교, 광성보통학교 입학.
1916년	광성보통학교 졸업, 평양의 예수교중학교 진학.
1916년?	신민회 사건에 연루되었던 부친, 석방 후 상해로 망명(온 가족이 중국으로 이주한 시점은 불분명).
1918년	남경 금릉대 부속중학교 입학.
1921년	남경 금릉대 부속중학교 졸업. 남경 금릉대(現 남경대) 입학.
1921년 7월	모친, 김도경 상해에서 별세.
1921~23년	중국 국적(金鍵厚, Ching, Chien-Heo) 취득. 선교사 필드 피치(George Field Fitch)가 운영하던 장로교 출판사(Presbyterian Mission Press)에서 필드 피치 비서로 근무.
1923년 11월	유학차 도미(Herbert Kim). 사우스다코타주 휴론대학에 입학(12월).
1924년 9월	콜로라도 광산대학교(Colorado School of Mines) 입학.
1924~28년	여름 홈스테이크 광산(Homestake Mine, South Dakota)에서 하기방학 근무.
1928년 5월	콜로라도 광산대학교 졸업. EM(광산 엔지니어).
1928년	뉴욕 컬럼비아대 대학원 입학. NYU의 YMCA 간사.
1929~30년	뉴욕 한인학생회 및 한인교회 활동.
1930년	뉴욕 컬럼비아대 대학원 졸업(EM, Metallurgical Engineer).
	4월 8일 미국인 폴린 립만((Pauline Liebman)과 뉴욕에서 결혼.
1930년 7월	소련 광산 엔지니어로 취업, 소련으로 출국.
1930~37년	소련의 북카자흐스탄 지역의 여러 광산에서 광산 엔지니어로 근무.
1934년 1월 1일	아들 김득원(Robert) 소련에서 출생.
1937년 11월 1일	페트로파블롭스크(Petropavlovsk)의 비밀경찰(NKVD)에 의해 스파이 혐의로 체포(당시 졸림베트 Zholymbet 금광 부소장).

1937년 11월~ 1938년 12월	페트로파블롭스크의 비밀경찰에서 구금 수사.
1938년 12월 10일	알마아타(Alma-Ata, 현 알마티 Almati)로 이송 재판. 소련 형법 58조 6, 8, 11항 위반 판결, 사형 선고.
1938년 12월 19일	25년형으로 감형.
1938년 11월	아들과 아내는 1년여의 구명운동 후, 미국(뉴욕)으로 귀국.
1937년 11월 1일~ 1942년 5월 27일	소련 즐라토우스트 수용소, 시베리아의 솔로베츠키, 아르한겔스크, 보르쿠타 등의 여러 정치범 수용소, 모스크바의 루비안카 감옥 등에서 수감생활과 강제노동
1940년대 초	부친이 중국(중경)에서 그의 오랜 친구인 주소련 중국대사, 샤오리즈(邵力子)에게 구명 요청
1942년 5월 27일	샤오리즈의 도움으로 소련의 전시 임시수도 쿠이비셰프(Kuibyshev, 현 사마라 Samara)에서 석방.
1942년 6월 초	알마아타를 거쳐 충칭 도착.
1942년 여름~ 1946년 여름	중국에의 보답으로 중국 감숙성 난주에서 성 정부 광산공정사로 탄광 개발에 참여. 조선민족혁명당 당원 및 후보 집행위원 역임.
1946년 여름	귀국, 미군정의 광산국장 및 대한중석의 기술부장으로 재직. 군정 시기 아널드(Archibald Vincent Arnold, 1889-1973) 사령관의 비서였으며 미소공동위원회 기간 중, 미국 측 러시아어 통역.
1947년	미군정청 광무국에 의해 상동광산 기술고문으로 임명됨. 그의 지휘로 고품위 중석 380톤 생산, 2월 21일 대한민국 국호를 달고 세계시장으로 첫 수출.
1948년 10월~ 1949년 6월	미국으로 출장, 앨리스 챌머스(Allis-Chalmers) 사와 대한중석의 장비 구입 협의. 폴린과 합의 이혼. 피치 박사(Dr. George Ashmore Fitch)와 에디 박사(Dr. George Sherwood Eddy)에게 영문으로 작성한 소련 강제수용소 체류기를 각각 전달(친필수기 79쪽, 타자 기록 28쪽).
1949년 11월 15일	귀국 후 정정식(이화여대 교수. 건양사 창업주 정세권의 차녀)과 춘원 이광수의 중매로 재혼.
1950년 6월 30일	오후 3시경 을지로 자택에서 인민군에 의해 부친(김홍서), 이복동생(김건영)과 함께 납치. 부친은 3일 만에 석방.
1950년 11월 17일	딸 김재원 출생.
2015년 10월 30일	아내 정정식 작고.

* 카자흐스탄 내무부 소장 파일에는 김건후(Герберт Ким) 사건을 군검찰청이 재심한 결과, 카자흐스탄 형법에 의하여 증거불충분을 이유로 1993년 4월 14일 자로 무혐의 종결하였으며, 김건후(Герберт Ким)는 1999년 7월 22일 복권되었다고 기록되어 있다.

사진 및 문서자료

Photos and Documents

사진 1   허버트 김 : 콜로라도 광산대학교 졸업앨범 사진(1928)
Herbert Kim of CSM Days. Source: CSM Yearbook (1928)

사진 2 남경 고려학생 제8주년 기념사진(1918). 앞줄 가운데에 김건후와 아버지 김홍서.
A photo of the 8th commemorating anniversary of Korean students in Nanjing (1918). In the center of the front row, Kim Kun-Hoo and his father Kim Hong-Suh.

사진 3 대한민국 원년 구주 탄생 기념사진(1919.12.25). 앞줄에 안창호, 맨 뒷줄에 김홍서, 정인과 등, 중앙에 김건후.
A commemorative photo of the first year of Republic of Korea, that celebrates Christmas (1919.12.25). Ahn Chang-Ho in the front row, Kim Hong-Suh and Jeong In-Kwa in the back row, and Kim Kun-Hoo in the center.

사진 4 김건후의 도미 기념 가족사진으로 추정(1923년경 상해). 뒷줄 오른쪽부터 김건후, 아버지, 새어머니,
삼촌 김윤서. 앞줄 오른쪽부터 동생 김건석, 조부 김봉합 부부(조모에게 안겨 있는 아기는 첫 이복동생
김건영).
Clockwise from left, uncle Kim Yun-Suh, stepmother, father Kim Hong-Suh, Kun-Hoo, younger brother
Kun-Suk and grandparents (the baby on the front is Kun-Hoo's halfbrother Kun-Young).

Castle Rock from the steps of Guggenheim

사진 5 콜로라도 광산대학교 캠퍼스 구겐하임관에서
바라본 캐슬바위.
The Castle Rock from the steps of Guggenheim
of CSM campus.

사진 6 콜로라도 광산대학교 광산학과 건물
The Mining Department Building in CSM Campus

COOLBAUGH HOUSE
CSM. University Club

사진 7   콜로라도 광산대학교 캠퍼스에 있는 쿨보 총장 기념관
Coolbaugh House in CSM Campus

What really happened to Herbert Kim remains a mystery. What is known is that he had an eventful, difficult and often tragic life. He was an outstanding student and representative of CSM and was remembered fondly by those who knew him. Dr. Coolbaugh commented at the time of Kim's Soviet incarceration, "I recall few students at the School of Mines since I have been here who made such a favorable impression on his classmates, professors and others, as did this young man." ■

Herbert Kim (back row left) with Dr. and Mrs. Coolbaugh (in front) and Pearl Kim (center), another Kim relative, Lois Coolbaugh Hinkley (middle row right) and her three children taken in 1948 or 1949.

Mines Magazine   13   **Spring 2000**

사진 8   쿨보 총장 기념관 앞에서 총장 가족과 함께
         (1948/1949)
         Herbert Kim (in the back row) with the
         president of CMS, Dr. Coolbaugh and his
         family in front of the Coolbaugh House
         (1948 or 1949)

사진 9   콜로라도 광산대학교 동창회보에 난 허버트 김 관련
         기사(1982)
         An Article about Herbert Kim in the CMS Alumni
         Journal, "The Mines Magazine" (1982)

사진 10 뉴욕의 컬럼비아대학교 교정(허버트 김은 1928년 입학,
1930년 졸업)
Columbia University campus in New York City
(Herbert Kim attended the Graduat School from1928
to 1930)

사진 11 뉴욕 시기 허버트 김이 거주했던 곳으로 추정되는
건물(백색 건물, 옛 워싱턴 스퀘어 76)
A building presumed to be the residence of
Herbert Kim in the New York period (the White
Building, former Washington Square 76)

사진 12 허버트 김의 첫 번째 부인,
폴린(1908~2001)
Herbert Kim's first wife, Pauline
(1908~2001)

사진 13 허버트 김의 장남, 김득원
(1934~2000)
Herbert Kim's son Robert
Kim fom the first marrige
(1934~2000)

사진 14 해방을 맞아 30년간의 중국 망명 생활을 마감하며 온 가족이 함께(1946). 김홍서의 6남 1녀 중 차남 김건석은 1930년대에 열병으로 사망.
A whole family photo at the ending of 30 year exile life in China after the liberation of Korea from Japanese rule (1946). Among Kim Hong-Suh's six sons and one daughter, the second son, Kim Kun-Suk, died of a febrile disease in the 1930s.

사진 15 귀국 기념 가족사진(1947년경). 뒷줄 왼쪽부터 건혁, 건영, 건후, 건옥, 건화, 건억, 앞줄 왼쪽부터 건택, 어머니, 아버지.
A family photo of the whole family member's in Seoul after return to Korea (around 1947). From the left in the back row, Kun-Hyuk, Kun-Young, Kun-Hoo, Kun-Ok, Kun-Hwa, Kun-Euk, from the left in the front row, Kun-Taek, mother, and father.

사진 16 귀국 후 서울에서 아버지, 김홍서와 함께(1947/1948년경)
Herbert Kim with his father, Kim Hong-Suh (around 1947/1948).

사진 17
한미토론 그룹의
단체사진(1948년경)
A group photo of
members of Korean-US
Discussion Group (around
1948)

사진 18 서재필 박사 귀국 환영 기념촬영(1947). 백인제 박사 자택에서. 부친 김홍서(앞줄 왼쪽에서 두 번째),
　　　서재필(앞줄 오른쪽에서 세번째), 김건후(뒷줄 왼쪽에서 여섯 번째).
　　　A group photo of welcoming qathering at Baek In-Jae's residence on the occasion of Philip Jaison's
　　　home-coming. Kim Kun-Hoo's father, Kim Hong-Suh (third from left in the front row), Philip Jaisohn (third
　　　from right in the front row), Kim Kun-Hoo (seventh from left in the back row).

사진 19 허버트 김(서울, 1947년경)
Herbert Kim in Seoul (around 1947)

사진 20 서울 정동교회에서 정정식과 재혼(1949.11.15)
Herbert Kim's wedding photo with his wife, Chung Chung-Sik in
Jeongdong Church, Seoul (1949.11.15)

사진 21 피아니스트, 정정식 교수(1946년경)
A pianist, Prof. Chung Chung-Sik (around 1946).

사진 22 1950년 허버트 김의 납치 후 태어난 장녀
김재원(1952)
Herbert Kim's daughter (1950~), Kim Jea-
Won born after he was kidnapped by North
Korean soldiers (1952)

사진 23 페트로파블롭스크의 옛 NKVD 건물
　　　자리의 광장에는 희생자를 기리는
　　　기념벽과 기념탑이 세워져 있다.
A memorial wall and a monument were
stnding on the plaza in front of former
NKVD office building of Petropavlovsk.

사진 24 페트로파블롭스크 희생자 기념벽에 새겨진
　　　김건후의 이름(Ким Г.). 아래에서 다섯 번째.
Herbert Kim's name was inscribed on the
memorial wall to the victims of Stalin's
terror, fifth from bottom (Ким Г.).

171

문서 1　김건후의 남경대 입학원서(1921). 1921~1923 재학.
Kim Kun-Hoo's application for admission to Nanjing University. He attended the university from 1921 to 1923.

문서 2　김건후 모친상 부고(신한민보 1921년 8월
11일자)
The obituary of Kim Kun-Hoo's mother (Shin
Han-Minbo, August 11, 1921)

부고

김건후 자친쥬 김도경 여사(김홍서 씨 부인)는 병환으로 불행히 음력 6월 초 1
일(신력 7월 5일) 하오 7시에 별세하였기에 이에 고부.

장례 : 6월 초 3일 하오 4시

출관 : 상해 법계 날비덕로 226호

장지 : 상해 영계 정안사 서양인 묘지

신유 6월 초 2일

손정도, 차리석

최진하 씨

Here announced that Kim Kunn-Hoo's mother Kim Do-kyung (Kim Hong-Suh's
wife) unfortunately passed away at 7 o'clock on the 1st of June in the lunar
calendar (the 5th of July in the solar calendar) due to an illness.

Funeral : Early June 3rd 4pm

Departing Place of Coffin : No. 226, Nalbideok Road, Beopgye, Shanghai

Burial grounds : Westerners' Cemetery at Younggye Jingan Temple, Shanghai

Year of Shinyu, June 2nd

Son Jeong-Do, Cha Ri-Suk

Choi Jin-Ha (presumed to be funeral directors)

Colorado School of Mines

NAME KIM, Herbert

(ORIGINAL)

FRESHMAN YEAR — FIRST SEMESTER — REQUIRED

Course No.	Name of Course	Cr. Hr.	Sem	Year	Grade
Chem. 101	Gen. Chem. Lect.	3	1	24–25	P
Chem. 102	Gen. Chem. Lect.	2	1	24–25	P
Chem. 103L	Gen. Chem. Lab.	2	1	24–25	P
D. G. 101	Descr. Geom. Lect.	2	1	24–25	A
D. G. 103L	Descr. Geom. Draw.	2	1	24–25	A
English 101	Freshman Orientation. Lect.	2	1	24–25	P
Geol. 101	Gen. Geol. Lect.	2	1	24–25	C
Geol. 103F	Gen. Geol. Lab. and Field Trips	½	1	24–25	C
Math. 101	Elementary Analysis	5	1	24–25	C
MII. 101F	Mil. Sci. Field Work	1	1	24–25	C
MII. 101	Mil. Sci. Lect.	1	1	24–25	C
Phys. Tr. 101L	Gymnasium Class	1	2	25–26	C

SECOND SEMESTER — REQUIRED

Course No.	Name of Course	Cr. Hr.	Sem	Year	Grade
Chem. 102	Gen. Chem. Lect.	3	2	24–25	P
Chem. 104	Qual. Anal. Lect.	2	2	24–25	P
Chem. 106L	Qual. Anal. Lab.	2	2	24–25	P
C. E. 102	Theory Plane Surv. Lect.	1	2	24–25	C
C. E. 104F	Prac. Plane Surv. F. W.	5	1	25–26	B
D. G. 102	Descr. Geom. Lect.	2	2	24–25	A
D. G. 104L	Descr. Geom. Draw.	2	2	24–25	A
English 102	American Citizenship. Lect.	1	2	24–25	P
Geol. 102	Gen. Geol. Lect.	2	2	24–25	B
Geol. 104F	Gen. Geol. Lab. and Field Trips	½	2	25–26	P
Math. 102	Elementary Analysis	5	2	24–25	C
MII. 102F	Mil. Sci. Field Work	1	2	24–25	B
MII. 102	Mil. Sci. Lect.	1	2	24–25	B
Phys. Tr. 102L	Track and Field Athletics	1	2	24–25	A

SOPHOMORE YEAR — FIRST SEMESTER — REQUIRED

Course No.	Name of Course	Cr. Hr.	Sem	Year	Grade
Chem. 207	Quant. Anal. Lect.	1	1	24–25	PC
Chem. 209L	Quant. Anal. Lab.	2	1	24–25	PB
Geol. 202	Mineralogy. Lect.	2	1	25–26	B
Geol. 203L	Mineralogy. Lab.	2	1	25–26	B
Math. 203	Calculus	3	1	25–26	C
M. E. 205	Elem. Mach. Lect. and Prob.	1	2	25–26	C
M. E. 207L	Elem. Mach. Draw.	1	2	25–26	C
M. M. 201	Min. Land Surv. Lect.	5	1	26–27	B
MII. 201F	Mil. Sci. Field Work	1	1	25–26	B
MII. 201	Mil. Sci. Lect.	1	1	25–26	A
Physics 201	Gen. Physics. Lect.	4	1	25–26	DC
Physics 203L	Physical Meas. Lab.	2	1	25–26	B
Phys. Tr. 203L	Gymnasium Class	1	1	27–28	C
English 203	English for Engrs	1	1	25–26	B

SECOND SEMESTER — REQUIRED

Course No.	Name of Course	Cr. Hr.	Sem	Year	Grade
Chem. 208	Quant. Anal. Lect.	1	2	24–25	B
Chem. 210L	Quant. Anal. Lab.	2	2	24–25	A
Geol. 204	Descr. Mineralogy. Lect.	2	2	25–26	C
Geol. 206L	Descr. Mineralogy. Lab.	2	2	25–26	C
Math. 204	Calculus	3	2	25–26	C
M. E. 206	Machine Design. Lect.			Completed Junior card	
M. E. 208L	Machine Design. Draw.			Completed Junior card	
M. M. 202	Mine and Min. Land Surv. Lect.	4	2	26–27	A
MII. 202F	Mil. Sci. Field Work	1	2	25–26	B
MII. 202	Mil. Sci. Lect.	1	2	25–26	B
Physics 202	Gen. Physics. Lect.	4	2	25–26	B
Physics 204L	Physical Meas. Lab.	2	2	25–26	B
Phys. Tr. 204L	Track and Field Athletics	2	2	26–27	C
English 204	Adv Eng for Engrs	1	2	25–26	C

문서 3 허버트 김의 CSM 성적증명
Herbert Kim's academic records of CSM.

174

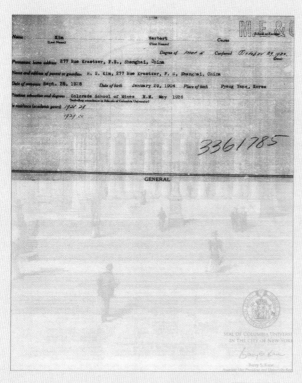

문서 4 허버트 김의 뉴욕 컬럼비아대학교
재학증명
Herbert Kim's Certificate of
Attendance at Columbia University
in NYC

Columbia University *in the City of New York* / *New York, NY 10027*

OFFICE OF THE REGISTRAR : STUDENT INFORMATION SERVICES
210 Kent Hall, MC 9202 (212) 854-4400

October 13, 2015

Dr. Kenneth Kuntak Kim
7584 Foote Road
Clinton, NY 13323

NAME:	Kim, Herbert
DATE OF BIRTH:	NA
ID #:	NA
FILM # :	0336-1785
DATES OF ATTENDANCE:	SEPTEMBER 1928 – AUGUST 1930
DEGREE(S) OR CERTIFICATE (S) EARNED/DATE(S):	Metallurgical Engineer October 29, 1930
SCHOOL(S) AWARDING DEGREE(S) OR CERTIFICATE(S)	School of Engineering and Applied Science
MAJOR (IF AVAILABLE) :	METALLURGY

This letter serves as official certification of the academic record of the above-named
individual as shown. Please call with any questions or concerns.

Sincerely,

Bill W. Santin

Bill W. Santin
Registrar Services Associate

For records prior to Sept. 1982, requests should be made in writing to the above address. We will
respond within two business days when possible. Response will be by 1st class mail only, or by
phone call to requesting party's toll-free ("800") number. Fax responses are not provided.

Thank you.

문서 5
허버트 김의 뉴욕 컬럼비아대학교 재학증명
Herbert Kim's Certificate of Attendance at Columbia
University in NYC

175

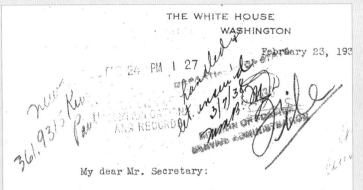

THE WHITE HOUSE
WASHINGTON

February 23, 193

My dear Mr. Secretary:

Mrs. Roosevelt asks me to send
you the enclosed letter. Inasmuch as the
writer was once an American citizen, Mrs.
Roosevelt wonders if you could not refer
her case to some one in Russia who could
help her get back to her parents in this
country.

Very sincerely yours,

Malvina T. Scheider

Malvina T. Scheider
Secretary to
Mrs. Roosevelt

Honorable Cordell Hull
The Secretary of State
Washington, D.C.

문서 6
루스벨트 영부인의 비서가
폴린 김이 남편, 허버트 김을
위한 탄원서의 내용에 대해
알아보도록 국무장관에게 보낸
편지(1938).
The secretary to Mrs.
Roosevelt', Melvine T.
Scheider's letter to the
Secretary of State, Cordell
Hull, concerning Pauline
Kim's petition for her
husband Herbert Kim (1938).

워싱턴 백악관

1938년 2월 23일

나의 친애하는 비서관!

루스벨트 여사께서 동봉한 편지를 당신께 보내라고 하셨습니다. 발신자가 한때 미국 시민이었기 때문에,
루스벨트 여사는 당신이 그녀의 사건을 러시아에 있는 분에게 의뢰할 수 없는지 궁금해하십니다. 진심 어
린 안부를 전합니다.

말비나 T. 샤이더
루스벨트 여사 비서관

U. S. S. R.

North Kazakstan

Petropavlovsk

Hotel - 17 Lenin St.

Jan 16, 1938

My dear Mrs Roosevelt,

I am very bold to take the liberty to write to you. But, please bear with me.

I was born in New York on May 4, 1908. At that time my parents Jewish immigrants from Poland, were already American citizens. In 1928 I was graduated from Maxwell School for Teachers in Brooklyn, N.Y. and in 1930 I received my B.S from N.Y University (School of Education).

In 1929 I met my husband-to-be. In 1930 we were married by Reverend Hosie in New York. My husband is a Korean, a

문서 7　폴린 김이 루스벨트 대통령 영부인에게 보낸 탄원서, 총 9쪽 중의 첫 페이지(워싱턴 NARA 소장)
The first page of a nine-page petition of Pauline Kim to the First Lady Mrs. Roosevelt
(Source : NARA II, College Park)

문서 8 게르베르트 김(Герберт Ким)의 재판기록 파일 커버

카자흐스탄 국립문서고에 보관된 게르베르트 김 재판문서 파일의 일부가 그의 가족의 요청에 따라 2017년 주한카자흐스탄대사관과 2018년 카자흐스탄 내부부 국립문서고를 통해 제공되었다. 여기의 문서 8~26은 그 가운데 해독 가능한 부분을 선정하여 연도별로 요약 및 정리한 것이다.(이후 러시아어 기록물 번역 : 이건욱)

Herbert Kim's trial record filecover.

A part of the Herbert Kim trial documents reserved in the Kazakhstan National Archives were provided to his family at their request through the Kazakhstan Embassy in Korea in 2017 and the Archves of Ministry of Internal Affairs of Kazakhstan in 2018. The Documents No.8 to No.26 were selected and readable parts of them, summarized and organized in yearly order.(Translation from Russian to Korean hereafter : Dr. Lee Kun-Wook)

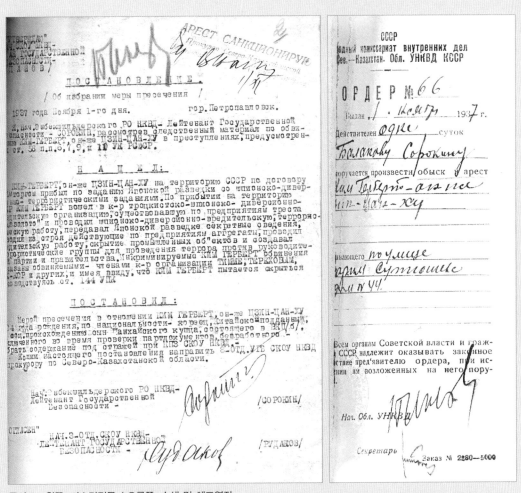

문서 9 왼쪽 : 기소결정문 / 오른쪽 : 수색 및 체포영장
Left : Prosecution decision / Right : Search and arrest warrants

1937년 11월 1일 페트로파블로브스크 시 내무인민위원회 과장이자 국가안보국 경위 소로킨은 법령에 의거하여 김-게르베르트, 진-잔-후를 기소함. 그는 스파이-사보타지-테러의 목적으로 일본의 첩보 임무를 띠고 소련에 입국하였음. 금광사무소에 있는 트로츠키-스파이-사보타지 조직에 가담하여 적대적 임무를 수행하며, 일본에 비밀 정보를 전달하였음. 그는 당과 정부에 대항하는 테러조직을 구축하였음.

On November 1, 1937 Sorokin, head of the People's Committee for Internal Affairs of Petropavlovsk City and Inspector of the State Security Bureau, in accordance with the decree, indicted Герберт Ким. He entered the Soviet Union on a Japanese spy mission for the purpose of spy-sabotage-terrorism. He participated in the Trotsky-Spy-Sabotage organization of the gold mining office, in order to perform hostile missions and deliver confidential information to Japan. He established a terrorist organization against the party and the government.

ВОПРОСЫ	ОТВЕТЫ
...вания	Ким
...я отчество	Герберт эн-эн. Ч13ин-Чиан-Ху
...и место рождения	Родился 1904. с. Хам-чонг. Пин-ян сан гор. Кореа. обл. край, район гор. село
...ванное местожительство (адрес)	Джеламбитское рудоуправление Сталинский район Сев.Казах. области
...о службы и должность, или род заня...	Зам управляющего рудника Дже-Ламит по Технической части
...фессия и профсоюзная принадлежность ...билета	Инженер-горняк
...щественное положение в момент вре-...(перечислить подробно недвижимое ...имое имущество, постройка, слож-...и простые с-х орудия, колич. обра-...анной земли, количество скота, ...лей и прочее, сумма налога с-х и ...квид. Если колхозник, указать иму-...тв. положение до вступления в к-з ...вия вступления в колхоз).	не имел.
...е до 1929 года	тоже
...е до 1917 года	тоже
...ложение в момент ареста	Служащий
...жба в царской армии и чин	неслужил
...жба в белой армии и чин	неслужил.
...жба в Красной армии ...дов службы ...вская категория	не служил.
...ьное происхождение	сын служащего
...тическое прошлое	националист.

문서 10 체포인의 신상정보
Arrestee's Personal Information

1. 성 : 김	1. Name : Kim
2. 이름 : 게르베르트, 진–잔–후	2. First Name : Gerbert, Ching Chien Hoe
3. 출생연도 및 출생지 : 1904년, 한국, 평양 함종	3. Year of birth and place of birth : 1904. Korea, Pyongyang Hamchong
4. 현 거주지 : 북카자흐스탄주 스탈린스크 현 졸림베트 광산회사 사무소	4. The present address : Office of the Zholymbet Mining Company, Stalinsk County, North Kazakhstan
5. 직장(직위) : 졸림베트 광산회사 사업소 기술부 부소장	5. Profession : A technical deputy director of the Zholymbet mining Company
6. 직업 : 광산 엔지니어	6. Specialty : Mining Engineer
7.~9. 질문사항 불명확 : 해당사항 없음	7.~9. Unclear question : Not available
10. 체포 당시 상태 : 화이트칼라	10. Status at the time of arrest : The White Color
11.~13. 군대경력 : 해당사항 없음	11.~13. Military experience : Not available
14. 출신성분 : 화이트칼라의 아들	14. Origin : Son of the White Color
15. 정치적 성향(?) : 민족주의자	15. Political orientation (?) : Nationalist

ВОПРОСЫ	ОТВЕТЫ
16. Национальность в гражданство	Кореец, *[handwritten]*
17. Партийная принадлежность, с какого времени и № билета	б/партейный
18. Образование (подчеркнуть и указать точно, что закончил)	Внешнее, скончил: горни... *[handwritten]*
19. Категория воинского учета	не состаю
20. Состоял ли под судом и следствием а так же приговор, постановление или определение	не судим
21. Состояние здоровья	здоров

22. Состав семьи перечислить: отца, мать, сестер, братьев, сыновей и дочерей (имя и отчество, место службы, должность или род занятий и адрес.

Степень родства	Фамилия, имя и отчество	Возраст	М работы, должность или профессия	Мест
жена	Ким Галина	1908	школь...	5
сын	Ким Роберт	1934	малыш	
отец	Ким Дзе-Конг	51	ранее работа...	К
брат	Ким Кук-Сук	1909	синжин... хими...	К

Подпись арестованного *Ким Роберт*

1. Особые внешние приметы _____
2. Кем и когда арестован *Сев-Казахстанским обл. нкв*
3. Особые замечания _____

Подпись сотрудника, заполнившего анкету *[signature]*

문서 11 (문서 10의 계속)

16. 민족, 국적 : 한국인, 중국

17. 정당활동 : 무소속

18. 학력 : 고등교육. 1928년 미국 컬럼비아대학교

19. 군적등록(?) : 해당사항 없음

20. 과거 전과기록 : 없음

21. 건강상태 : 양호

22. 가족관계 :

부인– 김 팔리나, 1908년 생. 학교에서 근무. 현 주부.

아들– 김 로베르트 1934년 생.

부친– 김홍서, 예전에 신문사에서 근무.

동생– 김건석, 1909년 생화학 엔지니어.

북 카자흐스탄 주 내무인민위원회에 체포.

16. Ethnicity, Nationality : Korean, Chinese

17. Political party activity : Not available

18. Education : Higher education. Columbia University in 1928.

19. Military registration (?) : Not available

20. Past criminal record : None

21. Health : Good

22. Family Relations : Wife - Kim Palina, born in 1908. Worked at school, current housewife. Son - Robert Kim, born in 1934. Father - Kim Hong-Suh, formerly was a jounalist. Younger Brother - Kim Kun-Suk, born in 1909, a chemical Engineer. Arrested by the People's Committee of the Interior of the State of North Kazakhstan.

181

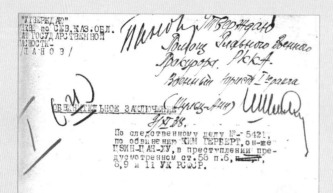

문서 12 기소장(총 5쪽)
Bill of indictment (Total 5 pages)

내무인민위원회는 소련에 자본주의를 재건할 목적으로 트로츠키주의자인 쿨리코프에 의해 조직된 트로츠키-부하린주의 스파이들이 사보타지와 테러를 계획하기 위해 광산사무소에 조성된 조직을 색출, 박멸하였다. 이 조직의 중요 행위는 풍부한 금이 매장된 금광을 숨기고, 고의로 금광 매장 조사를 지체시키고, 매장지의 평가를 허위로 기재하고, 조사되지 않은 곳으로 광부를 배치하는 것이었다.

The People's Committee of the Interior sought out and exterminated the spy organization of Trotsky-sm-Bucherism. This group planned the sabotage and terrorism by the Trotskyist Kulikov with the purpose of rebuilding capitalism in the Soviet Union. The organization's key actions were to conceal gold reserves in mines, deliberately delay exploration of gold reserves, falsely state the evaluation of burial sites, and dispatch miners to uninvestigated areas.

иностранным разведывательным органам, на важнейших
предприятиях треста "Каззолото" создавала к-р группы
о частичение" на ответственные участки члены к-р.
организации-кадровых троцкистов /АЧЕРСОН, ТЕРНОВ,
ЧАКОВ, ТАРАТОНОВ и других/, через которых развернули
к-р подрывную деятельность. Практическая к-р работа
проводилась по линии:

а/ скрытия богатых золотых месторождений;
б/ умышленного задержания темпов горно-разведы-
вательных работ и дачи неправильных оценок месторожде-
ниям золота;
в/ вредительства в горно-подготовительных, очист-
ных работах на рудниках и тормоз внедрения механизации;
г/ закладки шахт на неразведанных месторождениях
о последующей консервацией;
д/ вредительского направления капиталовложений
по геолого-разведывательным работам, капитальному
строительству рудников и другим видам строительства
на предприятиях треста "Каззолото", тем самым омертвили
крупные государственные денежные и материальные сред-
ства отпускаемые на золотодобычу;
е/ сознательного проведения диверсионных актов,
путем организации обвалов и обрушений в шахтах с чело-
веческими жертвами.

Одновременно с этим, члены к-р организации, прово-
дили среди рабочих троцкистскую национал-фашистскую
пропаганду. С целью создания недовольства среди рабо-
чих рудников, к-р организация сознательно задерживала
зарплату и снижала расценки на работы, срывал жилищно-

бытовое и культурное строительство.

Одним из активных участников этой к-р организа-
ции является привлеченный по настоящему делу КИМ
ГЕРБЕРТ он-же ПЗИН-ДАН-ХУ, 1904 года рождения, по нацио-
нальности кореец, подданный китайской республики, бес-
партийный, служащий, уроженец с.Хам-Цомг, Пинг-Янской
губернии, гор.Пинг-Ян /Корея/. Сын купца гор.Панхай, обра-
зование высшее, окончил Колумбийский университет и горный
институт в Америке.

В СССР работает с 1930 года, до ареста работал
зам.директора по технической части Джаламбетского рудо-
управления треста "Каззолото".

Обвиняется в том, что он:

В 1930 году завербован в Нью-Йорке сотрудником
Японского консульства ТАНАКО и через Амторг как специа-
лист-горняк, направлен для шпионской, диверсионно-вреди-
тельской работы в Советский Союз. /См.л.д. 17-18, 19, 20,
155/.

Находясь в тресте "Каззолото", в 1933 году был
вовлечен б/главным инженером треста СТРУЧКОВЫМ в к-р.
троцкистскую организацию и по день ареста проводил
активную к-р подрывную работу. /л.д. 20-24, 35, 50-53,
68, 69, 76, 83, 84, 98, 99, 100, 150 /.

По заданиям Японо-Германской разведки и к-р.орга-
низации треста "Каззолото", вшшек для диверсионно-
вредительской, шпионской работы в тресте 31 человек,
создал к-р националистические группы, проводившие дивер-
сионные и вредительские акты. /л.д. 21-24, 48, 49, 59-62,
92, 127, 134, 135, 137, 22, 60, 87, 127-129 /.

문서 13 기소장(좌, 우)
Bill of indictment (left and right)

이러한 행위에 김 게르베르트는 적극적으로 가담하였다. 1930년 뉴욕에서 일본영사관의 다나카에게 포섭되어 미국의 소련무역협회를 통해 광산기술자로 소련에 들어왔다. 1933년에 카즈졸로타 사무소에 있으면서, 책임 엔지니어 스트루츠코프에 의해 트로츠키 조직으로 잠입하여 체포시까지 적극 활동하였다. 김 게르베르트는 자발적으로 일본의 첩보원으로 일본 측의 임무를 전달해주는 '리틀페이지'의 엔지니어 자문관 등과 접촉하였다.

Kim Gerbert took an active part in these actions. In 1930, he was recruited by Tanaka of the Japanese consulate in New York and entered the Soviet Union as a mining engineer through the USSR trade association in US. While he was working in the Kazzolota office in 1933, he infiltrated the Trotsky organization led by the chief engineer Strutzkov and was active until his arrest. Kim Gerbert voluntarily contacted as a Japanese spy the engineer advisor 'Littlepage', who delivered him missions of the Japanese side.

문서 14 기소장(좌, 우)
Bill of indictment (left and right)

그가 주로 한 일은

– 이르모프카, 미카인, 졸림베트에 기술지원을 지연시켰다.

– 자금 손실 의도로 사전조사가 충분하지 않은 곳에 광부를 배치하였다.

– 매몰 등의 사고 조장을 위한 적대적 행위들을 하였다.

– 노동자들의 불만을 야기하기 위해 불편한 주거시설을 설치하였다.

What he did mostly ;

- He delayed technical support for Irmovka, Mykain, and Zholymbet mine.

- Due to the intention of losing funds he let miners to be deployed to the place where preliminary investigation was not sufficient.

- Hostile actions were taken to encourage accidents, such as collapses.

- He let inconvenient residential facilities to be installed in order to cause dissatisfaction among workers.

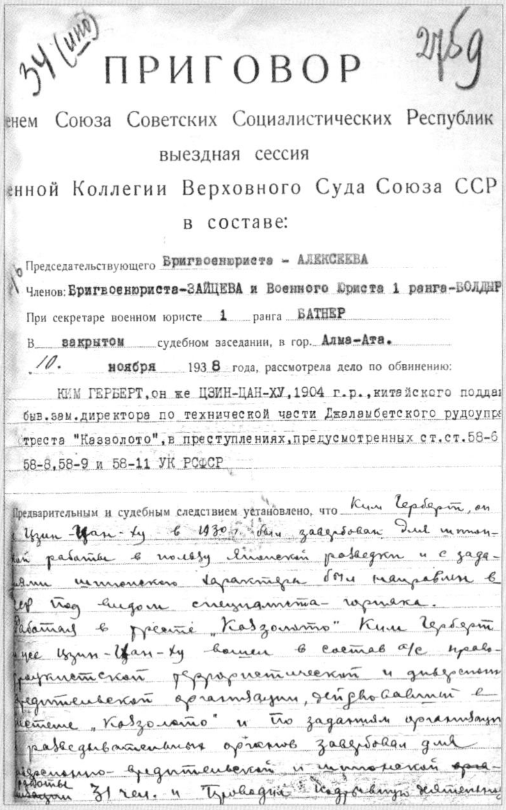

34 (ино) 2759

ПРИГОВОР

...енем Союза Советских Социалистических Республик

выездная сессия

...енной Коллегии Верховного Суда Союза ССР

в составе:

Председательствующего Бригвоенюриста - АЛЕКСЕЕВА

Членов: Бригвоенюриста-ЗАЙЦЕВА и Военного Юриста 1 ранга-БОЛДЫР...

При секретаре военном юристе 1 ранга БАТНЕР

В закрытом судебном заседании, в гор. Алма-Ата.

10. ноября 1938 года, рассмотрела дело по обвинению:

КИМ ГЕРБЕРТ, он же ЦЗИН-ЦАН-ХУ, 1904 г.р., китайского поддан... быв. зам. директора по технической части Джаламбетского рудоупр... треста "Каззолото", в преступлениях, предусмотренных ст.ст. 58-6 58-8, 58-9 и 58-11 УК РСФСР

Предварительным и судебным следствием установлено, что Ким Герберт, он же Цзин-Цан-Ху в 1930 г. был завербован для шпионской работы в пользу японской разведки и с заданиями шпионского характера был направлен в СССР под видом специалиста-горняка.

Работая в тресте „Каззолото" Ким Герберт он же Цзин-Цан-Ху вошел в состав а/с право-троцкистской террористической и диверсионно-вредительской организации, действовавшей в тресте „Каззолото" и по заданиям организации и разведывательных органов завербовал для диверсионно-вредительской и шпионской работы 31 чел. и проводил вредительскую деятельность,

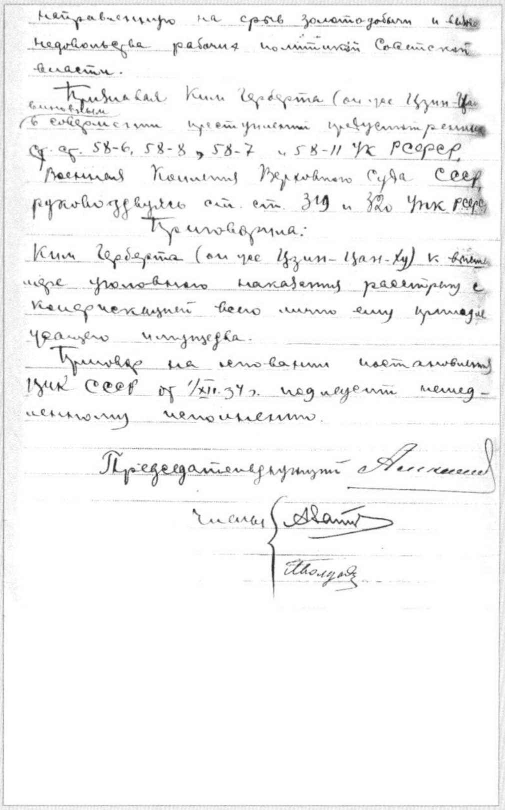

направленную на срыв золотодобычи и вызов недовольства рабочих политикой Советской власти.

Признавая Ким Герберта (он же Цзин-Цан-Ху) виновным в совершении преступлений предусмотренных ст.ст. 58-6, 58-8, 58-7 и 58-11 УК РСФСР, Военная Коллегия Верховного Суда СССР, руководствуясь ст.ст. 319 и 320 УПК РСФСР

Приговорила:

Ким Герберта (он же Цзин-Цан-Ху) к высшей мере уголовного наказания расстрелу с конфискацией всего лично ему принадлежащего имущества.

Приговор на основании постановления ЦИК СССР от 1/XII.34 г. подлежит немедленному исполнению.

Председательствующий [signature]

Члены [signature] [signature]

문서 15 판결문(좌, 우)
The Verdict (left and right)

1938년 11월 10일 알마아타 비공개 법정. 범법행위에 대한 서술. 총살형 선고.

November 10. 1938 Alma-Ata, Closed Court. A description of the offense.
Gerbert Kim sentenced to death by firing squad.

ЗАКЛЮЧЕНИЕ
по архивному уголовному делу № 3392
в отношении Ким Герберта /Цзин-Цан-Ху/

По приговору военного трибунала выездной сессии Военной Коллегии Верховного Суда СССР
от "10" ноября 1938 осужден:

КИМ ГЕРБЕРТ, он же ЦЗИН-ЦАН-ХУ, 1904 года рождения уроженец села Хам-Ноич Пинг-Янской губернии /Корея/, кореец, гражданин Китая, женатый, ранее не судимый, с высшим образованием, бывший заместитель директора по технической части Джаламбетского рудоуправления треста "Каззолото" арестованный 1 ноября 1937 года

по ст. 58-6, 58-8, 58-9, 58-11 УК РСФСР к высшей мере уголовного наказания -расстрелу, с конфискацией имущества.

В кассационном порядке приговор не обжалован, поскольку являлся окончательным.

В надзорном порядке приговор постановлением Пленума ВС СССР от 14 ноября 1938 года высшая мера уголовного наказания заменена 25 годами лишения свободы, с конфискацией имущества.

Военным трибуналом Ким Герберт/Цзин-Цан-Ху признан виновным в том,что, проживая в СССР, занимался шпионажем, совершал террористические акты, диверсии, организовал деятельность, направленной на подготовку и

- 2 -

на совершение контрреволюционных преступлений.
Из материалов уголовного дела усматривается, что ни один из пунктов, предъявленного Киму Герберту /Цзин-Цан-Ху/ обвинения, в процессе предварительного следствия не доказан. Его обвинение построено на "признательных" показаниях и на показаниях Терехова Т.Д., Землянова В.С. и других, обвиняемым по другим делам, которые после ареста Кима Герберта /Цзин-Цан-Ху/ по делу не допрошены /к материалам приобщены копии допросов/. По делу экспертные исследования не проводились, не допрошен ни один работник, якобы завербованный для шпионско-диверсионной деятельности. В деле отсутствуют показания, изобличающие бы Кима Герберта /Цзин-Цан-Ху/ в шпионаже, в подготовке и проведении террористических актов, актов вредительства и диверсий.

Изучением материалов уголовного дела установлено: вина Кима Герберта /Цзин-Цан-Ху/ в совершении инкриминированных ему деяний материалами дела не доказана, в силу чего его репрессирование надлежит признать необоснованным, обусловленным политическими мотивами.

С учетом вышеизложенного,на основании п.п. "_А_" ст. "_5_" Закона Республики Казахстан "О реабилитации жертв массовых политических репрессий от 14 апреля 1993года и Закона РК от 22 июля 1997 года "О внесении дополнений в Закон Республики Казахстан "О реабилитации жертв массовых политических репрессий"надлежит прийти к выводу,что Ким Герберт /Цзин-Цан-Ху/ подлежит реабилитации и считается реабилитированным.

Военный прокурор 4 отдела
юстиции _____ Е. Зазулин
"7" июня 19 99 г.

문서 16 재심판결문(좌, 우)
The Retrial Document (left and right)

1938년 11월 14일 재심.
김 게르베르트의 범죄행위에 대한 증거 불충분을 이유로 그의 재산을 몰수하고 25년 형으로 감형한다.

November 14. 1938 Retrial.
On the grounds of insufficient evidence for Kim Gerbert's criminal activity, the authority confiscates his property and the sentence is commuted to 25 years in prison.

문서 17 수형자 기록카드
Prisoner's personal record.

1. 성 : 진-잔-후 김	1. Name : Ching Chien Hoe Kim
2. 이름 : 게르베르트	2. First Name : Gerbert
3. 아버지 이름 : ___	3. Father's Name : _____
4. 출생연도 : 1904년	4. Year of birth : 1904
5. 출생지 : 평양	5. Place of birth : Pyongyang
6. 주소 : 카자흐스탄, 스텝니약	6. Address : Kazakhstan, Stepnyak
7. 직업 : 광산엔지니어	7. Profession : Mining Engineer
8. 직장 및 직급 : 졸림베트 광산회사 사무소, 기술부 부소장	8. Job and Position : A technical deputy director in the Zholymbet Mining Company
9. 정당 : 무소속	9. Political Party : Not available
10. 민족 : 한국	10. Ethnicity : Korean
11. 국적 : 중국	11. Nationality : Chinese

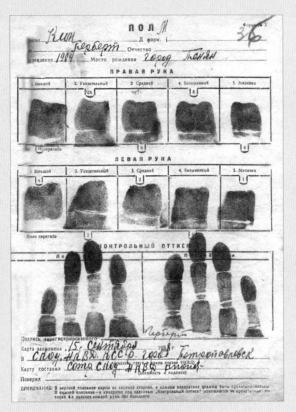

문서 18 수형자(게르베르트 김) 지문 카드
Prisoner Gerbert Kim's Fingerprint record

개인정보(성명, 출생연도, 출생지, 국적, 학력 등)
이전 수감 기록 —   1937년 11월 1일~1938년 11월 1일, 페트로파블롭스크
                 1938년 11월 1일~1939년 2월 1일, 알마아타
작성일 : 1938년 9월 15일
체포장소 : 카자흐 소비에트 사회주의 공화국 페트로파블롭스크 시

Personal information (name, year of birth, place of birth, nationality, educational background, etc.)
Records of previous imprisonment — November 1. 1937-November 1. 1938, Petropavlovsk
                 November 1. 1938-February 1, 1939, Alma-Ata
Date of Record : September 15, 1938
Place of Arrest : Petropavlovsk city, Kazakh Soviet Socialist Republic.

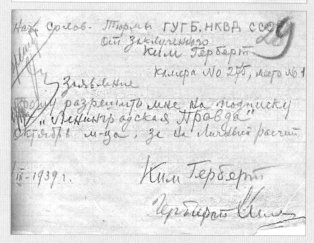

문서 19 위 : 내무인민위원회 작성 수형자 카드
　　　　아래 : 275번 감방, 김 게르베르트 김의 청원서
Top : Prisoner's personal record prepared by the People's
Committee of the Interior
Abobe : Cell 275, Kim Gerbert's Petition

소콜로프 님께
개인비용으로 지급하겠사오니, 『레닌그라드 프라우다』 10월호
를 구독할 수 있도록 허락해주시기 바랍니다.

Dear Mr. Sokolov
I will pay for it personally, so please allow me to subscribe to
the October issues of 『Leningrad Pravda』.

문서 20 1939년 11월 19일, 알마아타에서 아르한겔스크로 이감되면서
작성된 문서로 추정.
It is presumed that the document was recorded on
November 19, 1939, when he start to be transferred from
Alma-Ata to Archangelsk.

15. Кем, когда и где арестован _Обл. НКВД Северо казах. об 1?._

16. Прошлые судимости (кем, когда осужден, статья УК, срок, где отбывал наказание) _нб_

17. Семейное положение _Женат_

18. Члены семьи:

Отец, мать, жена, муж, брат, сын, дочь	Фамилия, имя и отчество	Год рожден.	Место жительства
Жена	Липбман Леонид Лео	1908	Севаст
отец	Ким. Хон-со	1884	Китай
сын	Ким. Кон-оок	1909	Китай
сын	Ким. Роберт	1934	Севаст

19. Кто из родственников подвергался репрессиям и за что _нб_

20. Профессия _Горный и металлургический инжен_

21. Специальность: а) общая _инженер_

б) узкая _Горный и Металлургичеан_

22. Работа до ареста (не менее одного года) _Трест Каз. золот_

Точное наименование предприят. или учреждения	Занимаемая должность	От года до г
Трест Каз. Золото	инж инит	с 1933г

Об ответственности за дачу ложных сведений мне об'явлено.

Подпись: Заключенного _____
(полностью фамилия, имя, отчество и подпись)

Кто опрашивал: _____
(должность, фамилия и подпись)

Постановление квалификационной комиссии _____

от „___" _____ 19__ г. протокол № _____

문서 21 아르한겔스크에서 보르쿠타 수용소로 이감되면서 작성된 서류로 추정되며, 서류의 뒷부분이다. 가족관계에 대한 기록 등 개인정보 카드이다.
작성일 : 1940년 3월 12일

It is presumed that a personal information was documented during the transfer to the Vorkuta camp from Archangelsk region, and this is the back page of the document. In that card are the family members recorded.
Date of Record : March 12. 1940.

문서 22 우흐트–페체린스크(보르쿠타의 옛 지명) 수용소의 수형자 기록카드(좌, 우)
Personal register cards during the prisoner life in the Ucht-Petzerinsk (the former name of Vorkuta) camp (left and right)

개인정보(출생연도, 출생지, 학력, 전공, 체포일시 등 통상적 기록) 외에

언어능력－영어, 중국어, 일본어, 러시아어

만기일－1962년 11월 1일

키－중간

건강상태－ 양호

머리색깔－검정

코 – 반듯

눈 색깔－갈색

기타사항－없음

등이 기록되어 있다.

In addition to personal information (normal records such as year of birth, place of birth, educational background, major, date of arrest, etc.) are recorded followings :

Language ability - English, Chinese, Japanese, Russian

Expiration Release Date- November 1, 1962

Height - middle

Health - good

Hair color - black

Nose - straight

Eyecolor - brown

Others – None

ПРОТОКОЛ

19/1 г. при личном обыске арестованного _Ким_

Герберт и его вещей, прибывшего в Бутырскую

ту ГУГБ НКВД из _калуг № 48_ было отобрано

ющее:

_При очередном обыске камеры № 48
было найдено в рубашке зашито письмо
которое прилагаю_

Подпись арестованного
Обыск производил надзиратель
Ответственный за обыск
ст. надзиратель

(Писать фамилию разборчиво)

문서 23 보고서
Report

1941년 9월 8일 48호 교도소에서 부트이르스크 교도소로 이송되어 온 김 게르베르트와 그의 짐을 수색한 결과, 웃옷 속에서 편지(해독 불가)가 발견되었다.

On September 8, 1941, Kim Gerbert, was transferred from Prison No. 48 to Bhutirsk Prison, his belongings were searched, and a letter (unreadable) was found in his jacket.

193

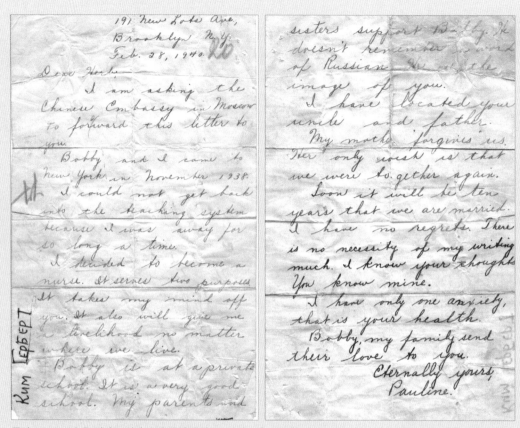

191 New Lots Ave,
Brooklyn N.Y.
Feb. 28, 1940.

Dear Herb,—

I am asking the Chinese Embassy in Moscow to forward this letter to you.

Bobby and I came to new York in November 1938. I could not get back into the teaching system because I was away for so long a time.

I decided to become a nurse. It serves two purposes. It takes my mind off you. It also will give me a livelihood no matter where we live.

Bobby is at a private school. It is a very good school. My parents and sisters support Bobby. He doesn't remember a word of Russian. He is the image of you.

I have located your uncle and father.

My mother 'forgives' us. Her only wish is that we were together again.

Soon it will be ten years that we are married. I have no regrets. There is no necessity of my writing much. I know your thoughts You know mine.

I have only one anxiety, that is your health.

Bobby, my family send their love to you.

Eternally yours,
Pauline.

문서 24 1941년 초 허버트 김이 수감 중에 폴린으로부터 받은 유일한 편지로 교도소 수색 과정에서 압수되었다.(좌, 우)
(문서 23 참조)
This is the only letter that Herbert Kim received from Pauline while he was in prison (early 1941), which was confiscated during the search process of the prison (cf. Doc.23).

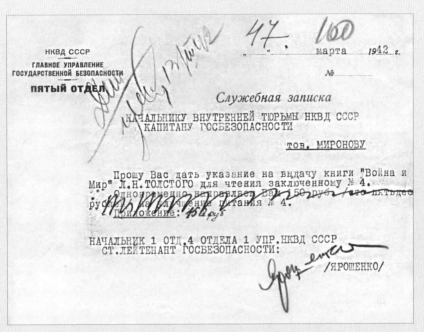

문서 25 내부 보고서
Internal Correspondence

소련 내무인민위원회 국가안보위 총무국 과장 야로센코가 소련 내무인민위원회 국가안
보위 교도소 과장, 미로노프 대위에게 부낸 문서이다. 톨스토이의 『전쟁과 평화』를 4번
수형자에게 전달해주기를 부탁하고, 음식의 질을 높이기 위해 150루블을 보내겠다는 전
달사항이 들어 있다. (1942년 3월 17일)

This is a document sent by Yarosenko, Senior Lieutenant of the General Secretariat of
the State Security Committee of the People's Committee of the Interior of the USSR to
the head of the prison of the People's Committee of the Interior of the USSR, Captain
Mironov. He asked him to deliver Tolstoy's "War and Peace" to Prisoner No. 4. It contains
a message that he'd send 150 rubles to improve the quality of the food. (March 17,
1942).

문서 26 이송 증명서(1942년 5월 16일 발급)
Transfer Certificate (issued on May 16, 1942)

미로노프 대위가 수형자 김 게르베르트가 모스크바를 출발하여 쿠이비세브로
이송될 것이라는 것을 공지하였다.

Captain Mironov announced that prisoner Kim Gerbert would be transferred
from Moscow to Kuibyshev.

6

Начальнику. Финотдела УНКВД К/О
Интенданту II-го ранга т. ГОЛОВКО

Здесь

2
818

На основании указания 1 Спецотдела НКВД
СССР № 8/6505 от 16.V-1942 г. просим выдать
деньги в сумме шестьсот тридцать восемь (638)
рублей, для вручения освобожденному из под
стражи КИМ Герберту, он же ЦЗИН-ЦАН-ХУ.

Начальник 1 Спецотдела УНКВД
Ст. Лейтенант госбезопасности
(ТИМОФЕЕВ)
Начальник 3 от-пия 1 С/О
Лейтенант госбезопасности
(ЕВСТАФЬЕВ)

ВИДОМ НА ЖИТЕЛЬСТВО СЛУЖИТЬ НЕ МОЖЕТ

СПРАВКА

выдана КИМ Герберту, он же ЦЗИН-ЦАН-ХУ,
1904 года рождения в том, что он с 1 ноября 1937 г.
по "27" мая 1942 г., на основании постановления
Пленума Верховного Суда Союза ССР от 14.XI-1938 года
содержался в местах заключения НКВД (в Кулойлаге и
других местах) по обвинению в преступлениях,предус-
мотренных ст.ст. 58-6,58-8,58-9,58-11 УК РСФСР и
"27" мая 1942 года освобожден из под стражи, на
основании постановления Пленума Верховного Суда
СССР от 26 марта 1942 года, которым КИМ Герберту,он
же ЦЗИН-ЦАН-ХУ тюремное заключение заменено высылкой
из пределов СССР.

Начальник 1 Спецотдела УНКВД К/О   (ТИМОФЕЕВ)

Начальник 3 от-ния 1 С/О   (ЕВСТАФЬЕВ)

문서 27 위 : 지급 요청서
아래 : 석방 증명서
Top : Payment Request
Above : Release Certificate

재무 담당자에게 석방되는 김 게르베르트(진-잔-후)에게 법령에 의거하여 638루블을 지급해주기를 요청하는 내용.

1937년 11월 1일부터 1942년 5월 27일까지 수감되었던 김 게르베르트를 1942년 3월 26일의 결정에 따라 징역형에서 소련 영토 밖으로 추방하기로 결정.

It asks the financial officer to pay 638 rubles to Kim Gerbert (Chin-Chien-Hoo), who is released from prison, according to the law.
Following the decision of 26 March 1942, Kim Gerbert, who was imprisoned from 1 November 1937 to 27 May 1942, was to be deported from prison to outside of the Soviet territory.

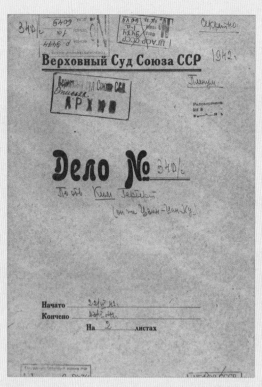

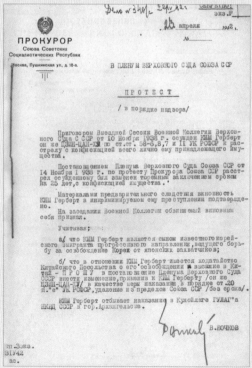

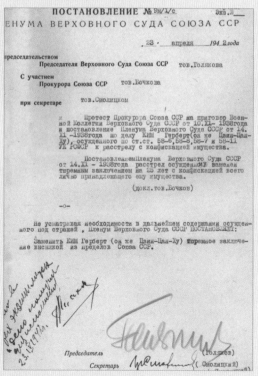

문서 28 모스크바 소재 러시아국립문서고(GRAF)가 2018년에
제공한 허버트 김의 석방 증명서류(위 : 파일 커버,
아래 : 증명서류)
Herbert Kim's release certificate file provided
in 2018 by The State Archive of the Russian
Federation (GRAF) in Moscow (top : file cover,
bottom : certificate documents)

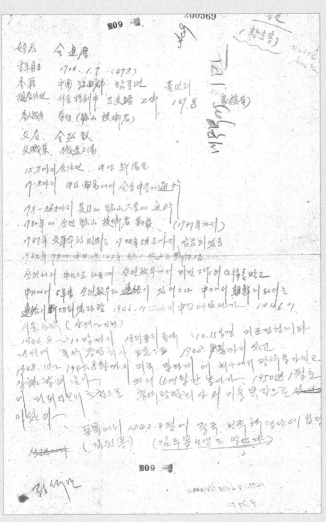

DOC NO 200569

CAPTURED AT PLACE & DATE UNKNOWN

DATE REC'D ATIS 9 OCT 50

문서 29
미국 워싱턴의 국립문서고(NARA)에 보관되어 있는 김건후 심문록. 미군이 한국전쟁 당시에 노획한 문서다.
The interrogation record of Kim Kun-Hoo which was written by North Korean official and was discovered in the National Archives of Washington (NARA II), among documents captured by the US military during the early phase of the Korean War.

6.25事變 Confidential

被拉致人士名簿

LIST OF PERSONS KIDNAPPED
AT THE TIME OF
JUNE 25TH INCIDENT

大 韓 民 國
REPUBLIC OF KOREA

六.二五事變被拉致人士家族會

ASSOCIATION OF FAMILIES OF PERSONS
KIDNAPPED AT THE TIME OF JUNE 25TH INCIDENT

문서 30 위:6 · 25사변 피납치인사 가족회가
1951년 8월 27일에 조사, 작성한 책자, 『6 · 25사변
피납치인사명부』 표지.
아래 : 납북자 명부에 기록된 김건후(위에서 다섯
번째)
Top : The Bookcover of 『List of Persons Kidnapped
at the time of June 25th Incident』. It was
researched and prepared by the Association of
Families of Pesons Kiddnapped during the Korean
War on August 27, 1951 in Korea.
bottom : Kim Kun-Hoo recorded in the abductee
list (fifth from top).

KIM IKK TONG	金 益 東	56	大東火災保險會社	会賢洞二街四		7	1
HONG JONG PILL	洪 鍾 必	41	曾 社 員	南山洞一街二一		8	1
HAN JEA KYEM	韓 在 謙	56	朝興銀行人事部長	茶洞一三四의二		7	1
CHAN SHU KILL	張 壽 吉	40	信託銀行常務役	鍾路惠化洞二二의三0		8	1
KIM KWON HOO	金 建 厚	47	朝鮮電氣會社技術課長	乙支路二街一四ル		7	
ANN SHOO MAN	安 壽 万	2ソ	漢陽印刷所長	山林洞二四		7	1
SUNG MYENG DUK	朱 明 德		永色及電所 朝鮮電業株式會社			8	
REE CHANG WHAN	李 昌 煥		ソ	ソ		9	

* 『6 · 25사변 피납치인사명부』는 2017년 워싱턴 NARA II에서 발견하였다.

* 『List of Persons Kidnapped at the time of June 25th Incident』was found at NARAII Washington in 2017.

A Forgotten Name,
A Forgotten History

: Kim Kun–Hoo, Ching Chien–heo, Herbert Kim, Герберт Ким

This book tells the forgotten story of Kim Kun Hoo, who lived in the turbulent times of the early 20th century. Born in Korea as Kim Kun Hoo (金鍵厚), he became Ching Chien-Hoe when he acquired Chinese citizenship. Upon arriving in the United States, he got another name — Hebert Kim — and started a new life as a young man. However in 1930, the Great Depression of the U.S. forced him out to the Soviet Union after he finished his studies, and there, Herbert Kim was called Gerbert Kim (Герберт Ким) in Russian. These different names attest to the tumultuous life he lived through. At the highest stage of the Stalin's Great Purge he also became its victim in the Soviet Union, and later the other one of the Korean War in Korea. He was a Korean intelligentsia and mining engineer through tempestuous times. The stories of his life have been mentioned in numerous places over the years, but his family in Korea did not know his whole life. Some pieces of his past were conveyed to his wife, Prof. Chung Chung Sik, and passed on to his daughter, Kim Jea Won, until she researched all kinds of materials to shed light on his life.

The trajectory of Kim Kun Hoo's life was a result of the domestic and international political turbulence in and around Korea rather than his personal choice. The colonization of his homeland, his exile to China with his father, the impoverished life of the Shanghai independence activist family, the Japanese invasion of the continent and the changing balance of power in Northeast Asia, cooperation and confrontation between the U.S. and the Soviet Union, and the Korean War as the first East-West ideological conflict affected his life. All of these caused great hardships for him, and determined the fate of a Korean diaspora.

The initial intention of this project was to delve into the relationship between his personal life and the historical situation following his footsteps from Korea, to China, the U.S., and Russia. Although basic information about him have been discovered, some periods of his life are still remain unknown. In addition, it was considered that there are restrictions on academic approach because some of the crucial documents are still classi-fied. So we decided to start with publishing the story of his life based on his handwritten manuscripts. This book is organized into 6 chapters in both Korean and English.

In the short introduction, Prof. Hiroaki Kuromiya describes what the case of Kim Kun Hoo, a Chinese citizen, means in the history of NKVD's (Soviet secret police) great purge in the 1930s, which was committed to foreigners on suspicion of espionage. And he regards the handwritten manuscript of Herbert Kim as the most vivid, extensive and rare record of prisoner life in a Soviet concentration camp.

Chapter 2 summarizes the whole life of Kim Kun Hoo based on the material collected so far. The primary sources include; Herbert Kim's statement on his family history, the classified documents of the Japanese Consul in Nanjing on the investigative reports on the Korean resident in Nanjing, his father's resume presented to Heungsadan in 1920, Kim Kun Hoo's application form for admission to Nanjing University, China in 1921, his short resume of 1949, the temporary register filed by his father for the displaced family in Seoul in 1955, the material on him kept by NARA II in the United States, and prisoner and court records of him stored in the National Archives of the Ministry of Internal Af-fairs of Kazakhstan.

His early days had strongly been influenced by his father, Kim Hong Suh. This chap-ter introduces his years at Nanjing middle school and Nanjing University in China, and at Colorado School of Mines (CMS) and Columbia university in the United States, and why and how he moved to the Soviet Union. However, the impact of the Great Purge, which reached its climax in 1937, also struck Herbert Kim. Eventually he was arrested and faced with life-and-death situations. He was released from prison with the help of the Chinese Ambassador to the Soviet Union, and then served in the Republic of China for four years. He returned to Korea after the liberation of Korea, but was kidnapped as soon as Seoul was occupied by the North Korean army in June 1950. Eight years after Kazakhstan's independence from the Soviet Union in 1999, Kim Kun Hoo dismissed the conviction of 1938 and was reinstated after being declared innocent.

Herbert Kim's handwritten manuscript in Chapter 3 is the core of this book. He visited the U.S. again in 1948 after 18 years, and while staying for 8 months he wrote down his experiences in the Soviet concentration camps. From November 1937 to May 1942, he went through the internment, the trial process, the inhumane treatment and the hunger and cold as a forced laborer that became commonplace in the Siberian Gulag. Here he described such mental and physical violence in detail. Even though 6 years had passed since he was released from prison, he vividly described his prison life as if he had been recording it on the spot. The descriptions are so meticulous as if he measured the structures and other spaces such as cells, camps, or mines in Vorkuta camps and kept records of them. The mind of an engineer had always been at work. He also did not leave out a critical analysis of the Soviet system, which he had experienced as a mining engineer and convict for 12 years.

The memoirs were passed on to long-time friends Dr. and Mrs. George A. Fitch, and after their death, their descendants donated them to the Yenching Library of Harvard University. This text was divided into six chapters without a title, but for reader's convenience it was edited to 8 chapters with adequate titles in the order of his transfer route.

Chapter 4 is comprised of "the story of Herbert Kim", written by Leonard M. Bertsch, who served in Seoul as a political adviser to General John Reed Hodge of the U.S. Military government in Korea from December 1945 to early 1948. In this story, he wrote when and how he met Herbert Kim, what he heard from Herbert Kim about his experiences in the Soviet concentration camps, and his inability to publish Herbert Kim's story due to bureaucracy within the US military. Further he point out the issues surrounding Herbert Kim's mission to work within the military government and their internal conflicts. He then mentioned Herbert Kim's beliefs, his spiritual background, and his own impressions on Herbert Kim's humanity. He supposed that Herbert deceased when Seoul fell to the advancing North Korean armies in June 1950. This paper was also donated to the Yenching Library of Harvard University by his descendants after Bertsch's death and is housed there.

Chapter 5 is a petition of Herbert Kim's wife Pauline presented to Mrs. Roosevelt, the wife of the President of the United States in 1938 calling for her husband's release. There she attested her husband's innocence and pleaded to the U.S. government to do whatever it took to free him. Despite the petition she could receive no help from the government. The petition is kept in the National Archives of America (NARA II).

This chapter contains another letter, that was the only news Herbert Kim received from Pauline at the Vorkuta camp in Siberia. It was delivered through arrangement of the Chinese Embassy in the Soviet Union. This letter was secretly kept by Herbert Kim, but was caught and confiscated by the prison authorities.

The final Chapter, epilogue tells his daughter's journey beginning in the Spring of 2016 in search of his traces. It contains the story of his remarriage to Prof. Chung Chung Sik and the scene of his kidnapping in the beginning of the Korean War. It also acknowledges the numerous experts from Korea, the United States, Kazakhstan and Russia who supported and advised her along the journey.

This Herbert Kim project would not have been possible without the tremendous help and support from numerous people, and it is especially indebted to the following people. First of all, we would like to express our deepest gratitude to Mr. James Hwang from L.A., for his intense interest and active help in collecting material. In particular, we'd like to express our sincere gratitude to Prof. Kuromiya of Indiana Univeristy for guiding us to understand Herbert Kim's case in relation to the changes of the global and international political situation around the Soviet Union. Prof. Artykbayev of the National Eurasia University in Kazakhstan actively cooperated in finding the Herbert Kim file stored in the National Archives of Kazakhstan, and made it possible to visit the Zholymbet mine, where Herbert Kim worked.

Further we'd like to appreciate support of the Editorial Researcher Dr. Kim Deuk-Joong and the Editorial Researcher, Mr. Lee Dong-Heon of the National History Compilation Committee, Prof. Kim Namsub of Seoul National University of Science and Technology, Prof. Yoon Dae Won at Kyujanggak of Seoul National University, Professor Yoon Eun-ja of Nanjing University, China (Currently Research Professor, Korea University Institute for Korean History), Director Mr. Kim Sangsoon and Dr. Yoo Seungkwon of the Asian Institute of the University of Missouri, and Prof. Patterson of St. Norbert College. They provided us a wider perspective in searching Herbert Kim-related documents. We are deeply grateful to Mrs. Misuk Yoon of NARA II, Ms. Mikyung Kang of Yenching Library, Mr. Dmitry Shin of overseas Korean organization in Moscow, and Mr. Saratovsky of Moscow Memorial. We'd like to say also special thanks to Dr. Kun-wook Lee, a Senior Curator of the Korean Ministry of Culture, Sports and Tourism, who is in charge of interpreting and translating from Russian to Korean.

The institutions that have contributed to the Herbert Kim project include Colorado School of Mines (CSM) in Golden, Colorado, Columbia University in New York City,

National Archives of Kazakhstan, National Archives of the United States (NARA I, II) and Memorial in Moscow, Nanjing University of China.

We would like to take this opportunity to express our sincere gratitude to Mrs. Han Bong-sook, CEO of Prunsasang Publishing, who was willing to take charge of the publication, and Ms. Kim Su-ran, editor-in-chief, who was devoted without hesitation. Without such support and encouragement, this publication would not be possible and we still have been wandering in the darkness.

Autumn of 2021
Kim Jea Won and Lee Soong Hee

Contents

A Short Introduction

Hiroaki Kuromiya

By all accounts Herbert Kim Kun Hoo or 金鍵厚, Ching Chien-heo/Jin Jianhou (1904/5– ?), had an extraordinary life. From an idealistic young Korean mining engineering student in the US during the Great Depression to a life as a mining engineer in the USSR, coinciding with Stalin's reign of political terror, a return to Korea after five years in the Soviet Gulag, only to disappear into the chaos of the Korean War, abducted by North Korean forces. The arc of Herbert Kim's life follows that of the political tension and turmoil of the time. This collection of essays offers at least a partial picture of his life. The full story is still unknown owing to the lack of access to North Korean archives as well as restrictions placed on access to his personal file kept in the archive of the former KGB (Soviet Secret Police) in today's Kazakhstan, formerly a constituent republic of the Soviet Union. His file in Kazakhstan is expected to be fully open in 2023, after which another publication on Kim may follow. According to various sources, documents on Kim are also held in the central archive of Russia's Federal Service of Security (FSB, the successor to the KGB) in Moscow. However, in response to an inquiry by Kim's daughter, Professor Kim Jea Won, in 2018, FSB responded that it did not possess any documents. Searching for Kim's life in the Soviet Union presents a tortuous history in itself. Its saga is detailed in the epilogue by Professor Kim Jea Won, "A Journey in the Fog."

1. Life in Korea, China, the United States, and the Soviet Union

Born in Kangsu in the south of Pyongyang in 1904/5, Kim and his family fled to China in 1916 because his father Kim Hong-Suh (1886–1959), a leading Methodist, educator, and editor of a major Pyongyang newspaper, fought against the Japanese occupation of Korea. Kim's father subsequently played an important role in the Provisional Government of the Republic of Korea, a government-in-exile founded in Shanghai in 1919. In Shanghai Kim, who had acquired Chinese citizenship, was active in the YMCA and eventually decided to study in the USA, a decision that his father supported. (A more detailed discussion of Kim's life is in Chapter II:"The Life of Herbert Kim Kun Hoo" by Professor Lee Soong Hee.)

In 1923 Kim moved to the United States to study at Huron University in South Dakota. According to Kim's account in 1949 as told to George Sherwood Eddy (1871–1963), a socialist Christian missionary who had worked in China, Japan, and elsewhere, Kim felt that "as a young Korean, we ought to go in for more practical fields than anything else . . . I saw in the future practicability in mining engineering."[1] Accordingly in 1924, after Huron, Kim moved to the Colorado School of Mines in Colorado and worked during the summer at the gold-producing Homestake Mine in Lead, South Dakota. Graduating from the School in 1928 with a degree in Engineering of Mines, he moved on to study at Columbia University's Graduate School in New York City, from which he graduated two years later with a Master's degree in Engineering of Mines. In 1930 he married Pauline Liebman, an American.

The timing of his graduation coincided with one of the darkest eras of American history, the Great Depression that struck the world in 1929. Seeing an opportunity in the Soviet Union where Stalin was transforming the first socialist state in history, Kim found employment at a Soviet mining company through "Amtorg"(for Amerikanskaia torgolvila, literally "American Trade," a Soviet trade organization in the United States, at that time a de-facto Soviet diplomatic post because Soviet-American diplomatic relations did not

---

1 "The Story of Herbert Kim" (As told to Sherwood Eddy—May 18, 1949) in George Sherwood Eddy Papers, Yale University, RG 32, p.1.

open until late 1933). Kim and his wife moved to the Soviet Union in 1930. Initially he worked in Minusinsk Krasnoyarsk region, Eastern Siberia, a small town more than 4,000 km from Moscow by rail and much closer to Ulaanbaatar, Mongolia, than to Moscow.

He soon found it difficult to work with the mine's Soviet engineers and requested to be transferred. In 1931 he and Pauline moved to Kazakhstan where he worked in several gold mines. There Kim was far better treated by his Soviet colleagues. He was trusted and had an active social life as well. In January 1934 a son, Kim Deuk-Won [?] or Robert, was born. His last place of work was Zholymbet Mine where he served as a vice technical director or chief engineer from 1936 to 1937.

2. A Change of Heart

Kim's political transformation in the Soviet Union is critical to the understanding of his subsequent life. Like his father, Kim was politically aware. As Leonard Bertsch says (Chapter III), Koreans at the time were anti-Japanese and therefore "by instinct pro-Russian." (Bertsch even maintained that "Before 1945, every Korean was pro-Russian.") Kim was politically inclined to socialism, a "theoretical socialist" according to Bertsch. "The Soviet Union held an open door to foreign technicians and Herbert answered the call." After his initial difficult experience in Minusink, Kim went on to have a successful and happy professional life in Kazakhstan. The Soviet people, Kim told Eddy, "gave me complete trust, inviting me to all kinds of their parties as well as professional union meetings — Party meetings."[2] He conveyed his happiness with his life in the Soviet Union to Dr. Melville Coolbaugh. President of the Colorado School of Mines from 1925 to 1946, Coolbaugh and his wife had taken a personal interest in Kim and "invited him into their home to live with them and their four children."[3] After moving to the Soviet Union, Kim

---

2   Ibid., p.3.

3   This and the following quotes come from Dave Coolbaugh, "The History and Mystery of Herbert Kim," *Mines Magazine*, 90:2 (spring 2000), pp.11–13, written based largely on Kim's letters to the Coolbaughs from Kazakhstan in the 1930s.

wrote to the Coolbaughs regularly. Even though food was in short supply and life was tough, he held high hopes for the Soviet Union, insisting that the "majority of the people [in the Soviet Union] were satisfied with socialism, including those mining and farming."

Kim's diligence and integrity as an engineer won the respect and praise of his Soviet colleagues, a rare occurrence in the Soviet Union at that time. (Almost all American engineers Kim knew had left the Soviet Union by 1933.) According to the Coolbaughs, he was so respected that in 1935 he was "elected a member of the executive committee of the district government." The respect he received, Kim wrote to the Coolbaughs, "make[s] me want to stay on in the USSR where Pauline and I see a good future and about the best place for our son to grow up and be educated." In any event, he was respected and trusted by the mining community to the extent that he was invited to join the Soviet Communist Party in 1933. Kim told Eddy in 1949 that "I saw no reason of not joining so I put in my application to become a member. It turned out that as a foreigner I would not have any possibility to become a member of the Russian [Soviet] Communist Party." It was possible, however, for foreign citizens to join the Communist Party. Whether he was accepted into the party or not remains unclear.

Kim must have known that his letters abroad went through the hands of Soviet censors. His letters to the Coolbaughs therefore cannot be taken at face value. However happy he might have felt with his life in the Soviet Union, Kim would have known the reality of Soviet life too well to be uncritical. His doubts must have begun almost immediately upon his arrival in the Soviet Union. 1930, the year of Kim's arrival in the Soviet Union, coincided with Stalin's drive for the collectivization of agriculture, which was accompanied by the dispossession and exile (or imprisonment and execution) of so-called kulaks or wealthy peasants. (In fact, anyone opposed to the collectivization was branded as a "kulak.") Hundreds of thousands of them were exiled to Kazakhstan, which Kim witnessed first hand. He told Eddy in 1949 that he had seen some 3,000 dispossessed peasants from Ukraine, who were "made to live in enclosure." Protected only by wood and canvas from the harsh winter of Kazakhstan, they "died like flies." Kim estimated that approximately 50 percent of them died from cold and hunger.[4]

---

4   Eddy, p.3.

He seems to have tried to dismiss these events from his mind and to concentrate on his work. Even Stalin's political terror that began striking his own colleagues in the mid-1930s did not initially change Kim's views of the Soviet Union fundamentally: he believed in the official propaganda that those arrested were plotters against the regime and were duly arrested.[5] What decisively changed Kim's political attitude to Soviet Communism was Stalin's terror against ethnic Koreans in the Soviet Union. The son of a Korean patriot, Kim took particularly hard this terror against innocent people. Stalin regarded ethnic Koreans with suspicion, just as he did many other "diaspora" groups such as ethnic Poles, Germans, and Latvians. Stalin viewed Koreans as potential traitors and spies for the Japanese. The terror against ethnic Koreans started in the early 1930s but gathered decisive momentum soon after the "Marco Polo Bridge Incident" on 7 July 1937, which quickly led to the all-out Sino-Japanese war. By a issued in August 1937 ethnic Koreans were uprooted and deported almost wholesale (more than 170,000) from the Soviet Far East to Kazakhstan and Central Asia. Numerous Koreans were branded as Japanese spies and executed throughout the Soviet union, including in Ukraine, remote from either Korea or Japan. Kim told Eddy about what he saw:"Korean's [sic] who had been moved to Central Asia and to Kazakhstan were not provided with living quarters nor sufficient food so in the first place the children died off in great numbers; then from exposure and hunger the general population of Korean people died off at rate reaching to over 30% to 40% of the whole Korean population in that portion of Asia (that was in 1936 [sic, clearly 1937]." Moreover, "People above me were in Moscow in prison, people who were working under me, including engineers and technicians, had been disappearing."[6]

Kim decided to leave the country. In the process of applying for and receiving exit visas for himself and his family, Kim was arrested in Petropavl (or Petropavlovsk in Russian), Kazakhstan, on 29 October 1937 (on 1 November by official Soviet records). He was accused of being a Japanese spy, among other false accusations, and sentenced to death on 10 November 1938. His detailed reminiscences are reproduced in the present volume (Chapter II:"Memories of Nightmare Days in Siberia") and numbers among the most

---

5   Ibid., p. 5.

6   Ibid., pp. 5 and 7.

moving and powerful of the vast personal writings on Stalin's terror and the Soviet Gulag.

3. Death, Survival, and Return

One can read Kim's reminiscences because ultimately Kim was not executed: his death sentence was not carried out but was commuted to 25 years of imprisonment just four days after the death sentence had been handed down. Kim's description of himself and others on death row is vivid and powerful. That the death sentences for him and others with him were not carried out was moreover extraordinary. Several factors account for Kim's survival.

First, his foreign citizenship helped. Foreign citizenship did not always save people from execution. Indeed many foreigners were executed in the Soviet Union at that time. Still sometimes, if not always, the Soviet authorities were more careful in dealing with foreigners than with Soviet citizens. Kim's Chinese citizenship also helped. Korea was not an independent state at that time and no Korean citizenship existed. Korea, unlike China, could not provide any counterweight against Japan. Therefore Stalin dealt with the Koreans far more harshly than he did with the Chinese, just as he terrorized the ethnic Poles more severely than he did the ethnic Germans. His logic was that China's resistance to Japan was critical in order to get Japan mired in China and direct Japan's aggression away from the Soviet Union. So Stalin helped China in numerous ways to fight the Japanese. By contrast, Korea provided no bulwark against Japan. True, Stalin used Korean partisans and spies against Japan just as Japan used, though largely unsuccessfully, Koreans as spies and secret agents against the Soviet Union. Here a comparison with Germany and Poland is helpful. Stalin was interested in striking a deal with Nazi Germany while he was determined to destroy the much smaller country called Poland. So he terrorized the Poles with abandon while dealing with the ethnic Germans more carefully. Likewise, the Chinese mattered to Stalin far more than the Koreans.

Second, the delay, in part in sentencing caused by his foreign citizenship also helped Kim. It took more than a year for him to be sentenced. In cases like his, normally a few weeks or at most a few months were enough for the arrested to be sentenced and executed. By the autumn of 1938 the Great Terror was winding down, hastening many executions. Yet Kim's case was delayed and finally the death sentence was commuted.

Third, his expertise also helped him. Stalin arrested specialists with irreplaceable expertise and forced them to work in captivity. Roman H. Kim (1899–1967) is just such an example. He was a Soviet Korean who studied in Japan and knew the Japanese language very well. He was also a Soviet secret police operative who rendered critical service to the Soviet government. In 1937, he was nevertheless arrested as a Japanese spy. His expertise was so valuable that in prison he was used as a translator of Japanese documents few other Soviets could read. In 1945 he was freed and in 1959 he was exonerated of the crimes of which he had earlier been accused.[7] Like Roman Kim, Herbert Kim was accused of spying Japan. He spent a life of hell in the Soviet Gulag, traveling under extreme conditions tens of thousands of kilometers from one labor camp to another. He wrote in his memoirs:"Could there be any other place on earth where human beings were subjected to such adverse conditions both from nature and human creation as were in Vorkuta?"[8] Kim's expertise, however, allowed him to live a comparatively privileged life, which helped him to survive. The Soviet government used Roman Kim, Herbert Kim, and many others as free or cheap laborers, namely as virtual slaves.

Fourth, the Chinese government, in Herbert Kim's case, stepped in, which was probably the most decisive factor in rescuing Kim from the Soviet Gulag. Kim was respected and liked by people around him, and when news of his arrest reached the United States, his friends and colleagues petitioned Stalin and the Soviet government to release him. However, these petitions undoubtedly had no impact on Kim's fate. Nor did the petition of his wife Pauline (her petition is in Chapter IV). After all Stalin paid no attention even to American inquiries about the fate of American citizens who had disappeared in the Soviet Union. In fact, President Franklin D. Roosevelt (1881–1945) accommodated Stalin because he wanted to use the Soviet Union as a counterweight against Japan in the Far East. His own Ambassador to the Soviet Union, Joseph E. Davies (1876–1958), willingly

---

7   See Aleksandr Kulanov, *Roman Kim* (Moscow: Molodaia gvardiia, 2016).

8   Vorkuta was one of the many labor camps where Kim worked. Ir is a very isolated coal-mining town in the Komi Republic in Russia located in the north of the Arctic Circle.

accepted Stalin's patently absurd show trials as just.[9] China was different. Stalin needed to keep Japan mired in China. So Stalin rendered generous assistance, both material and human, to China. Therefore, even though China was dependent on the Soviet Union, the Soviet Union was sensitive to China's wishes and demands. To Kim's great fortune, his father Hong Suh knew the Chinese politician Shao Lizi (邵力子, 1882–1967), China's Ambassador to the Soviet Union from 1940 to 1942, who mounted a rescue operation for Kim. As Kim's memoirs show, he was successful and Kim was allowed to return to China, where he worked as a mining engineer until Japan's defeat in 1945. Without Shao's help, Kim, like countless other foreigners, might have disappeared into oblivion.

4. Disappearance

The end of WWII did not make Kim's life any easier. He returned to Korea in 1946. Knowing both English and Russian, he worked as an interpreter and analyst for the Joint Soviet-American Commission in Korea and worked as a mining engineer as well. He had family matters to attend as well. His wife Pauline and son Robert had returned to America in 1938 after a year-long ordeal following Kim's arrest. Even if his marriage could not have survived the many years of separation, he could have chosen to remain in America close to his son. Yet his patriotic devotion to his homeland drew him back to Korea. In his letter to Eddy (20 October 1949), Kim wrote:"I want a chance to give myself completely up to the benefit of the Korean Government."[10] After his divorce from Pauline, Kim married Chung Chung-Sik in 1949.

As his clear-eyes memoirs show, Kim's experience of the extreme inhumanity and cruelty in the Soviet Union destroyed any illusion he had held about Soviet Communism. After World War II Korea finally achieved the independence for which he and his father

---

9   On Roosevelt and Davies, see Tim Tzouliadis, *The Forsaken: An American Tragedy in Stalin's Russia* (New York: Penguin, 2008).

10 The George A. Fitch Papers, Harvard University Yenching Library, 000603667/s/do5(B)ox8/s/do5(F)W/s/do5(0)048.

had fought. Yet Kim found the new Korea inhospitable politically. Korea had become a ground of fierce political contention, in particular between Communism and anti-Communism. Despite the horrors he had endured in the Soviet Gulag, Kim came to be suspected of sympathy with Communism in the newly independent Korea, simply because he had lived in the Soviet Union for more than ten years, five years of which, however, were in captivity. This accusation was absurd, but proved to be politically useful to discredit Kim.

In June 1950 Kim Il-sung, with the support of the Soviet Union and Communist China, incited civil war in Korea against the Republic of Korea, established in 1948 with Seoul as its capital. The North Koreans occupied Seoul within a few days. Herbert Kim, his father, and his step-brother (Kim Kun-Young) were abducted by the North Korean forces. His father, Hong-Suh, was released after three days, Herbert and Gun-Young disappeared without trace. Their fate remains unknown to this day.

Kim's memoirs suggest that he was targeted by the Communists for abduction. When Kim was released from captivity in the Soviet Union, a Soviet secret police officer told him: "Korea is going to become a Free nation. We want man [men] like you, go out and fight for the freedom of your people." Kim did not need to be told, because that was exactly what was on his mind. However, in another conversation with the Soviet secret police before he was released, Kim was told:"Some day in the not long distant future, I expect to see you in Seoul. Then I expect to meet you as a Minister of Industry or something similar to that. It is a sure thing that Japan will not last long. . . . We want to see Korea liberated and given over to the Korean People." Kim was disturbed by the idea of meeting him or any other Soviet secret police agent in China or Korea. Moscow had freed Kim so that he would one day work for the Soviets in Korea. Kim dreaded this prospect. It appears that his fear materialized in 1950.

Moscow was always reluctant to allow foreigners who knew too much about the reality of the Soviet Union to return home. Sometimes, however, as was the case with Kim, it was deemed a political necessity. In such cases Moscow almost always sought to use foreigners as agents abroad, forcing them to pledge to cooperate with Moscow after their return home. Indeed, as Kim stated in 1950 when abducted and interrogated by the North Koreans:"When I left the Soviet Union for China, I received a covert mission from the Soviet government. While in China, I was in contact with the Russian government for the next 5 years. However, when I left China and came to Joseon, the contact was cut off."[11] One can only guess at Kim's relief when he left China and was no longer subjected to secret contact with the Soviet authorities.

Sadly his nightmare returned when he was abducted by the North Koreans who captured Seoul in 1950. Kim almost certainly refused to work for North Korea and the Soviet Union. It is likely that he was dealt with accordingly (imprisoned and died and/ or killed). Kim's experience of life in the Soviet Union is well known from his memoir (Chapter II) in which he wrote: "the Soviet Union is the hell on earth with tens of millions of innocent souls suffering for the crimes they hadn't even thought of committing." One might speculate that Kim may have capitulated to the North to save himself, but it is doubtful that the North would have let him go, in any case, even to Communist China or Taiwan or some other country where no one would recognize him as Herbert Kim Kun Hoo. Whatever the outcome, Moscow must certainly have documents on his fate after 1950. Clearly Kim's case is still considered a state secret, which is why Moscow's secret police denies even to his daughter that it possesses any document on Herbert Kim.

Herbert Kim lived an extraordinary life, encompassing at least four countries and filled with remarkable events, many of which he experienced in Stalin's Soviet Union. He moved to the Soviet Union with hope but returned from a Soviet hell completely disillusioned with the country. His dream of making a contribution to the new, independent Korea never came to fruition because of political conflicts among the Koreans themselves. In the end, it appears that he fell victim to Communist terror twice. Almost certainly the secret archives in North Korea and/or Russia hold documents on his end. His second wife, Chung-Sik, passed away in 2015 without knowing the fate of her husband. One only hopes that one day the secret archives will become open. It will bring some kind of closure to the family of Herbert Kim, and to the tumultuous history of Korea during this period.

---

11   National Archives and Record Administration, US invasion document, Interrogation record, Doc No 200569.

The Life of Herbert Kim Kun Hoo

Lee Soong Hee

1. Kim Kun Hoo's Early Life and his father's Influence

Kim Kun Hoo was born in the southeast of Pyong Yang, 30km away from it, Kang-suh Province. He was registered as the first son between Kim Hong Suh, his father and his wife, Kim Doh Kyung born in 1905 according to the Korean register book and the population census of the U.S. South Dakoda state. But the other documents indicates that the year of his birth is 1904. From early days Kim Kun Hoo visited the village school for learning Chinese characters and classics, and attended later Kwang Sung elementary school organized by the U.S. Methodist church and graduated at the age of 12, 1916.

His father Kim Hong Suh (1886–1956), who in his early days had contacted with the modern sciences and had been influenced by the U.S. missionaries of Methodist churches in Pyong Yang. He was active as a nation's educator, a deputy principal of Sakwang of Methodist School as well as a Journalist in the news papers "Daehan Maeil Shinbo" (Korean Daily News). He took part in the Shin Min Hoe (New Nation's Association) and engaged in the social movement as a nation-wide liaison. Kim Hong Suh and an enlightened intellectual An Chang Ho who came from the same town of Kang Suh Province had actively participated in Korean independence movement in and out of Korea from the beginning. In 1905 Japan became a hegemon in Korea that won exclusive power by defeating the last intervening state of the imperial Russia. Kim Hong Suh realized the miserable future of Korea finally aggregated by the unequal treaty of Eulsa that deprived

The Life of Herbert Kim Kun Hoo

221

diplomatic sovereignty. The hopeless fate of Korea was deep concerns of him. Entangled in the 105 persons incident in 1911, that was motivated by Shin Min Hoe, but fabricated by the colonial power of Japan in Korea, he was arrested by the Japanese police in 1915 and jailed 4 months. As soon as he was set free, he moved to China the following year and joined the independence movement in China

Kim Kun Hoo followed his father with his mother and a younger brother, and entered the middle school subjected to Nanjing University in Nanjing, China in 1918.

2. Ching Chien-heo's Life in China

In the early year of Kims' difficult exile life Kim Kun Hoo's mother died of illness in 1921. Within less than one year he had to accept his young step-mother, Kim Jung Sook.

In 1921 he entered Nanjing University. The university was established by 5 denominations of protestant churches based in the New York State. Most of the professors at the university were Americans, and classes were conducted in English. While enrolled in Nanjing University he worked as a secretary of the publisher of Presbyterian Mission Press, George Field Fitch (1845–1923). His connection with the Fitch family was traced down to his son, George Ashmore Fitch (1883–1979), by whom he worked together in the activities for Shanghai YMCA. The Presbyterian Mission Press, where once Yeo Un Hyung, an activist of Korean independence movement, also worked, sent about 1,500 young Chinese and Korean students to the U.S. for study.

The circumstances which he lived, studied and worked under, led him to a dream to study in the U.S. To make the matter serious, his relationship with his stepmother was not a cozy one. Despite of financial difficulties, his father supported him to take a passenger liner, President Cleveland, directed to San Francisco. At that time confronting uncertain future, many young Korean refugees in China were eager to go abroad, but very few students could fulfill their dreams.

3. American Life of Herbert Kim

According to the report of Shin Min Ilbo (November 15. 1923) and record of NARA California, Ching Chien hoe, the Chinese named of Kim Kun Hoo, arrived in San Francisco on November 14, 1923. Then he possessed a Chinese passport. But right after his arrival in the U.S. he began to call himself Herbert Kim. His father's friend, An Chang Ho, who was active in the Korean expat society of San Francisco, helped him. Thereafter he incessantly participated in the organization of Heung Sa Dan that Mr. An established in 1913. After the stay of several weeks he left for South Dakoda to attend Huron College, where Dr. George S. McCune was its dean.[1]

Herbert Kim was registered in Huron College until the spring term of 1924 and moved on to Golden, Colorado to study mining engineering at the Colorado School of Mines (CMS). He graduated from the school with a good note of bachelor degree in the spring term of 1928.

During his time of study in Golden, he could stay at the President's residence in favour of the President of CMS, Dr. Melville Fuller Coolbaugh (1877–1950). There he was praised through his faithfulness and diligence. While studying in Golden, on every summer vacation he worked as a laborer at Lead's Homestake Mine in South Dakoda for practicing mining and earning living costs. Upon graduating the CSM, Dr. Coolbaugh recommended Herbert to continue studying further at the graduate school of Columbia University, NYC. Dr. Coolbaugh was himself a Columbia alumnus. Herbert Kim was honored with a scholarship and registered in the Metallurgical Department, from the fall term 1928.

While living in the near of New York University he also worked as a secretary for YMCA. He engaged in the activities of student communities like Korean Student Association in the area of eastern part of the US such as New York State.[2] During his stay in

---

1   Dr. George S. McCune called also as a Korean name Yun San On, was dispatched to Pyong Yang in 1905 and worked as principal of a middle school in Sun Cheon, North Pyongan province. In 1921 oppression of the colonial power of Japan forced him to leave Korea and he became a dean of Huron College and worked there untill 1927.

2   His activities of N.Y. times can be confirmed by the articles of Shinhan Minbo, published in U.S. Accord-

New York he met Miss Pauline Liebman and married to her just before their departure for the Soviet Union. Miss Liebman was Jewish and it took difficult times for her to convince her parents because Herbert was a Korean with Chinese passport.

The year of 1930, when he finished his study at Columbia University, was a beginning to the lowest point of Greate Depression. It was almost impossible a foreign mining engineer to find a job under such severe circumstances. At that time the Soviet Union was in the middle of rapid industrialization as a main part of the first five economic plan of Stalin (1928–1932), replacing the New Economic Policy. The five year plan pushed the Soviet government to open the door to foreign skilled workers and engineers. More importantly, the Soviets imminently needed to import the western technologies. To fund the industrialization, it was inevitable to develop and export natural resources, most of all, gold.

Herbert Kim also gained such an information that the Amtorg[3] propagated for the recruitment of mine engineers. He decided to go to the Soviet Union to get a job. The reasons for his decision; first, the severe economic downturn of the U.S., second, the Soviet Union was an attractive country for an mining engineer, where many sorts of metallic resources were buried, third, he thought for the foreseeable future he had to stay abroad, even when Korea had the few chance to be free from the Japanese colonial rule.

4. Herbert Kim's Miserable Life in the Soviet Union

According to the materials preserved at the National Archives belonging to the Ministry of Internal Affairs in the Republic of Kazakhstan, Herbert Kim began to work

---

ing to the paper he acted as a secretary of Middle Western Regional Student Conference organized by North American Association of foreign students, Columbia University and Yale University (Shinhan Minbo, May 30, 1929, October 10, 1929).

3   Amtorg Trading Cooperation, also Amtorg, the first trade representation of the Soviet Union in the US., established in New York in 1924. Even though Amtorg did not officially represent the Soviet government, it was controlled by People's Commissariat for Foreign Trade served as a de facto trade delegation and a quasi-embassy, before the beginning of the diplomatic relation between the USA and the USSR in 1933.

in August, 1930 as a miner in Irkutsk. After that he moved to Minusinsk, Stepniak (1931–1934) and Zholymbet in Kazakhstan (1936–1937). His last position was a technical deputy director in the Zholymbet gold mining. In 1934 he got his first son, Robert, during a relatively happy and affluent life. But from 1936 the wind of great purge came to blow to there too, the Zholymbet mining.

He could witness contradictions and irrationalities of Soviet communism and feel threat of purge nearing to himself. At last, he decided to leave the Soviet Union. At the end of October 1937, he applied a departure visa at the office of local police station in Petropavlovsk.

But his application was denied and he was arrested on suspicion of counter-revolutionary espionage. After one year of torturous imprisonment he was first sentenced to death and then 9 days later commuted to 25 years of forced labor. He was driven to be guilty through threat and persecution by NKVD that incessantly tortured him for a year right since his arrest. Finally, he could not help but to recognize their accusation by signing what they had written. The whole process was a typical measure they adopted to imprison innocent people. His imprisonment and forced labor began from Almaty (1938.12.-1939.3.), to Zlatoust of Ural region (1939.3.-1939.7.), to Solovetski island of the White Sea (1939.8.-1939.11.), to Kurupolda of Archangelsk district (1939.11.-1940.4.), to Vorkuta mine in the near of Usa river in the Komi Republic (1940.8.-1941.5.), to Lubyanka prison in Moscow (1941.8. and 1942.3.-1942.5.) and to Samara on the bank of Volga river (1941.12.-1942.5).[4]

The phase of the new treatment for Herbert Kim began on May 27, 1941 when he was ordered to be transferred to Moscow from Vorkuta mining camp. Such a measure of Soviet authority was initiated by the then Chinese ambassador to Moscow on the background of newly developed cooperative relationship between the USSR and the U.S. We could also find a favorable atmosphere between tacit cooperations between the Soviet

---

[4] The documents about his arrest, trial, imprisonment and forced labor are preserved at the National Archive of Kazakhstan Ministry of Internal Affairs in Astana (now Nursultan). His files amounts of 400pages contain his trial recording, health reports, transfer notices, prisoner's daily reports and his careers before arrest. About 10% of his files was declassified, but the rest will be remain secret untill 2023 according to the Kazakhstan authority.

Union and the Republic of China against Japan. The ambassador Shao Lizi (邵力子) was a friend of Kim Hong Suh, Herbert's father as well as of Dr. George A. Fitch.

Herbert Kim's long journey from Vorkuta to Moscow took 3 months. His release was postponed due to the German-Soviet war broken out in June 1941 but the Japanese sudden attack on Pearl Harbor, Hawaii, expedited his freedom. So after he arrived in Moscow he was dragged further from Lubyanka prison, to Butilka prison, to Saratov prison, and to the war time capital city, Kuibyshev's prison. At long last, on May 27, 1942 he got free and directly went to the Chinese embassy in Kuibyshev. He returned to Alma Ata by train and from there flied to Chung Ching, China.[5]

5. Return to Korea

After 19 years of separation, Kim Kun Hoo came to meet his father and the family in Chung Ching. In the meantime, the family got bigger with five brothers and a sister from step-mother. After two weeks of stay, he departed for next destination in Kansu Province, northwest of China. There he was about to take part in developing a new mine. That was a request of the former governor of Kansu Province, then the Chinese savior and ambassador, Shao Lizi. He stayed there until early summer 1946 when he left for Korea. Unfortunately it is unclear how he had spent his life in Kansu Province from the second Half of 1942 to the early summer 1946.

After the surrender of Imperial Japan in 1945, Kim Hong suh, Kim Kun Hoo and their family departed Shanghai on a ship for Incheon in the early 1946.

Till the Korean War broke out, Kim Kun Hoo worked as a department director of mining in the US military government and also as technical director at Korean Tungsten

---

5 Upon his release he received his Chinese passport(No. 1635560), Freedom Document and 638 roubles, and signed the acceptance. The reason why the highest court of the Soviet Union set him free are followings according to the amendments: His father, Kim Hong Suh fought the Japanese rule for Korean independence. The China ambassador committed himself earnestly to getting him free. There was no more cause to arrest him further. Letter of sentence of the Highest Court of the USSR, Incident No. 340/c(1942. 4. 23.).

Co. (Daehan Jungsuk). He was also employed as a secretary of military governor of Korea, Archbold V. Arnold and occasionally as an interpreter at the conference of US-USSR Joint Commission. For the first time in Korean export history, he principally contributed to export 380 tons of high quality tungsten as a technical director in February 1947.[6]

From October 1947 to February 1948 Kim Kun Hoo actively participated in the meetings of Korean American Discussion Group consisted of Korean social leading intellectuals and the US citizens residing in Seoul. They exchanged their opinions about political situation inside and outside Korea every one or two weeks. Most of them were American missionaries, officers of the US military government in Korea, Korean politicians, journalists, and intellectuals who studied in the United States. The attending list of about 30 included Alice R. Appenzeller, Jeanette C. Hulbert, Leonard Birtch, Mrs. and Dr. George A. Fitch, Evelyn Whang Kyung Koh, Cho Bong Am, Louise Yim (Yim Young Shin), Y.T. Pyun, Chang Kee Yong. Kim Kun Hoo took part in the meetings until he departed for America.[7]

In October 1948 he visited US to negotiate the issue of importing facilities for Korea Tungsten Company and to solve personal family affairs. After 18 years of absence, this visit has woken his deepest feelings up. More than anything else, it was precious to see his wife and son again after almost 12 years separation. When he met his wife, Pauline lived an independent life with their son Robert by earning a life as a nurse. She did not agree to the proposition that she would follow him to Korea. She knew well about the critical situation in Korea and experienced the emotional trauma caused by her former Soviet life. They reluctantly consented to the divorce after short talks. Then he came back home alone.

In the summer of 1949, as soon as he returned to Korea, he was unfairly dismissed from his post, because he was suspected of a communist who worked in the Soviet Union. The order of dismissal was due largely to the then president Rhee's misunderstanding. The conflicts or competition for power between Shanghai Provisional Govern-

---

6   70 Years History of Korea Tungsten Co. (Daehan Jungsuk 70 nyunsa), Daehan Jungsuk Gwangup Chusik Hoesa, 1989, p.163.

7   Fitch Selected Correspondence Sign in Sheets, Box−FD−0001~0005, Harvard Yenching Library.

ment group and the Rhee Syngman's group placed Kim Kun Hoo in an awkward position. Because his father, Kim Hong Suh, belonged to the Shanghai group around Kim Gu, he was naturally considered to be one of them, and shunned and excluded by the Rhee's group. But at the end of 1949, president Rhee confirmed at his personal meeting with him that he would be rehabilitated.

After he divorced Pauline Liebman he got remarried to a young piano professor at Ewha Woman's University, Chung Chung Sik (1921–2015), through the matchmaking of Chunwon Lee Kwang Soo, the renowned novelist at the Korean modern times. Chunwon had worked together with Kim Hong Suh at the initial phase of the Shanghai Provisional Government, and got financial supports from Chung Chung Sik's father, Chung Se Gwon (1888–1965), the founder of Housing Construction Company, Kun Yang Sa. He had enjoyed a long-standing friendship with these two families. The wedding ceremony took place at Chung Dong Church in the near of Duk Soo Palace on November 15. 1949.

With his father and a younger brother, Kim Kun Hoo was arrested at his residence in Ulchiro by a platoon of North Korea's People's Army on June 30, 1950. It was just 5 days after the Korean War broke out. Three days later, his father set free, but he and his brother was dragged to North Korea. After that, there has been no information of them. As he left his wife of 8 months, she was pregnant and gave birth to a daughter in his absence in November 1950. His daughter, Kim Jea Won, came into world and never met her father.

6. Rehabilitation

On July 10, 2017 the Head of Information and Analytical Center of the Ministry of Interior of the Republic of Kazakhstan informed the rehabilitation of Herbert Kim, at the request of Dr. Kim Jea Won. The Ministry Prosecutor's office of Kazakhstan Republic government concluded on June 7, 1999 that "Herbert Kim's guilt in committing acts incriminated to him by the case file has not been proven" and Herbert Kim should be rehabilitated "based on pp 'A' Article 5 of Law of the Republic of Kazakhstan 'On the Rehabilitation of Victims of Political Repression on 14, April 1993 and the Law of the

Republic of Kazakhstan dated July 22, 1997 on Amendments to the Law.'"[8]

If he would have survived today, he would be 116 years old. He might have left this world before he would know the latest verdict of his innocence.

---

[8] Several pages of the copy of the document were transferred through the Kazakhstan Embassy in Seoul to Dr. Kim Jea Won, Archival Criminal Case No. 3728.

Herbert Kim's Nightmare of Prisoner Life in the Soviet Gulag*

Herbert Kim

1. My Arrest, Trial, Nine Days in Death Cell

It was a chilly night of Oct 29, 1937. Little village of Shchuchinsk in North Kazakhstan was already deserted by the village people for they go to bed early. Though it was only about 8 o'clock, up in the high latitudes, the sun had been down the horizon for over four hours. I came out of the house into the abyss of total darkness. Only few stars here and there flickered. My heart was heavy, sprit low. After 7 years of hard and conscientious work, in face of all the arrests right and left, the Main Office of All Union Gold Trust "Glavzolots" had found its necessary to disengage my services. I just had said goodbye to my wife cuddled up comfortably in her bed with a book. Started to leave the room when my wife reproached me for not kissing our son, not quite four years old, sleeping away in his crib. I went back bent down and kissed the warm lips, little suspecting that was going to be my last act of love to my only son for many years to come. I was going to Petropavlovsk, the seat of Prefecture to get our visa to get out of the Soviet Union.

The train leaves the Station, Kurort Borovoi as 11 o'clock and gets to Petropavlovsk early the next morning, after 8 hours. Straight from the station, I went to the District NKVD. I had hoped that I would have the visa all straightened out that very morning,

---

*   This original handwritten manuscript is kept in Yenching Library of Harvard University. (HYL Fitch Paper Box 8)

Saturday, Oct. 30. 1937. In previous occasions visa had been issued in the presence of the applicants and it took only 15 minute to half an hour. This time, our passports together our application for visas were taken in and with very stern and business like manner, he told me to come back Monday morning, Nov. 1, 1937. Coming out of the visa Bureau NKVD, it made me ponder why on earth, they should delay with our visa. I used to have friends in all the important offices of the District of Petropavlovsk. The Secretary of The District Committee, the president of the District Executive Committee (Soviet Government) were old Acquaintance of mine who in previous occasions, coming to our mines always looked me up. I started out to call on them. In each case, I found new face and I was greeted with most unfriendly gestures. I was told that they were, all of them, had been taken by NKVD, in undertone or by the peculiar wink of the eye. I decided to take a hotel and wait over the weekend for Monday. Nov. 1, 1937.

Monday morning, I appeared again in the Bureau of Visa, NKVD. I was told that it will take several more days to finish their investigation before issuing the visa. I will be notified when the visas will be ready. I told him my hotel and decided to wait a couple more days.

That Monday night, Nov. 1, 1937, about at 11 o'clock while I was already in bed, I heard couple men coming into the hotel and heard the voices asking for Herbert Kim. Captain Sorokin, who used to be the chief of NKVD of Stepniak and had known me and worked with me for at least three previous years accompanied by a Lieutenant came into my room and showed me the so-called arrest warrant. I told them, and I thought myself just them, that there must be a big mistake. I would gladly go explain anything and I was sure they would let me out that very night. So I got dressed, picked up what I had in the way of belongings and got ushered into the waiting NKVD car. I was one of the many millions who had been stolen away in the death of the night, no body knew when, what for or where to and become the victims of Soviet cruelty, injustice and legalized lawlessness of twentieth century. They have done this in the name of communism, directed by the brains of the communists, executed by the hands of communists. Yet they come out into the world trumpeting everywhere, "We are the champions of justice, fighters for peace."

The third biggest town in Kazakhstan was in darkness and quiet. Every thing seems to be at a state of rest except this huge Building, District NKVD. It works day and night putting more emphasis upon night work. Every office was lighted and every body was busy, each office with his own victim. I was pushed into one of these rooms. Couple minutes ago I was a free man (at least I thought as for 7 odd years), now the more atmosphere inside the building over-whelmed me with helplessness and despair. Finally I was brought into the office of Rudakob, Major in the District NKVD and I had known him in ordinary life. Captain Sorokin and Lieutenant stayed a while and left. All the while neither the captain nor the lieutenant had said a word to me and I did not see them again.

Rudakob, in his artificial manner of self assurance and confidence, billowed out at me saying, "We have the information and concrete proof against you."

"You are a member of the Counter Revolutionary Group. In fact you had come into Soviet Union in 1930 as foreign agent to pass out the secret information concerning the Soviet Government. You have been working, hand in hand with the counter-revolutionary group in the country in their spying, sabotage and wrecking activities." I was dumb-founded. Had I not worked all through these seven long years, putting with the work all I had to increase the production of Gold? Had I not been responsible to put Valarian Mine from the age old hand drilling method of driving development work into the modern method of machine drilling. Wasn't it through one that they had brought in heavy type English made drifter, later additional shipment of Chicago Pneumatic Drills, increasing the speed of advancement in drifts from 20 meters to 72 a month? Wasn't it I who had put Shaft International into steady daily production of 300–350 tons of ore, enabled in to give its quota of 1000kg of gold in 1933? Had I not been instrumental in getting 5 shafts getting developed for production in Dzelambet (Zholymbet). In all, had I not taken the vital part in increasing the production of gold of Stepniaks from about 230 kilograms in 1930 to about 7000 kilograms in 1937?

"All that we know best that was only camouflage. You have to tell us your real self. No body got out of this place without doing what we want him to do. You write out your confession, consisting."

1. By whom were you first recruited into the counter-revolutionary group?
2. Where and under what circumstances?

3. What counter-revolutionary activities were you engaged in?

4. Whom did you recruit into the counter-revoluntary group?

I laughed for I didn't know what was coming to me. I told Rudakov that he might do anything he wished but he could get nothing out of me for I wasn't guilty of any of the above mentioned charges! He said, "that is what we hear from every body when they first come in but you will think differently when you will have stayed in jail for some time."

Then I was ordered out of his room and turned over to the prison warden. Rough handling started from that moment. Belts and even the shoe strings were taken off me. My loose leaf notebook which never had left me for over ten years, my pocket watch were taken away from me. By now, it was about 2 o'clock Nov. 2, 1937.

I was led out of the Warden's Room. Opening a door which divides the two worlds, one Heaven in Hell where you may see the sun light, books, office furnitures most of all passers – by through the investigator's windows; the other, hell on earth where once fallen, one is absolutely lost out of sight from his friends and enemy alike. This side of the door was the prison of Petropavlovsk NKVD.

The dim light of the corridors hardly show the face of the other man close by. Dark figures of prison wardens moved up and down the gloomy hall way, now stopping in front of this and then that cell to look through the peep holes. No. 72 was designated to me and I was stopped and a door was opened with a click and clank of the heavy iron latch and bar.

Startled by this unexpected intrusion; two former occupants of the Cell No. 72 sat up in their beds to greet the new comer. I was set aback by the ghostly sight of these two occupants but already the door got slammed behind me. Getting accustomed to the dim light, I began to perceive things, most of all the expression of their faces.

I was naive, dumb and stupid. I held myself aloof the other two. Why, I was absolutely an innocent man and by some sort of mistake I was taken into this place. Surely things will get explained and I will be set free. I could perceive this expression of pity and understanding. Sympathy? They had but they had been in prison too long to really show any of it. They said they had felt exactly the same way as I did when they first got arrested. The occupant No.1 was an Austrian, a war prisoner of World War I. He became the war prisoner in 1917 and had been sent to Siberia. While there, he met the October Revolution and taking the side of the Bolsheviks he fought the forces of Kolchak, and later the Japanese. For his sevices with the Bolsheviks, he had been hailed and welcomed, became the member of the Communist Party. He was very active in the Collectivization Program. Becoming a war prisoner when he was only in early twenties, he had married a Russian and settled down as a good devoted Soviet "Kolxoznik." Yet in Oct. 1936, NKVD came and took him from his country home away from his Russian wife and children and now he was there for the 13th month.

The other cellmate was a Galician. He had crossed over the border line in 1933 to find a better place to live. He was not a talkative man and he had been in prison for 7 months and was charged with espionage. Both of them had been finished with their investigation and I had been informed the following from these cell mates.

Ghostly looking, they were. They were nothing but bones and skin with overgrown hair and whiskers. They said that they were not hoping anything else but have enough bread to satisfy their hunger even for once.

"Our only wish is that we will soon be taken out of this prison and be sent to prison labor camps where we may see the sun, breathe the fresh air and most of all have more food. When we were first arrested, we thought exactly the same as you did. We were innocent. We did nothing wrong against the Soviet Union. In the name of justice we may protest. They may do anything to us but we could never admit anything we are not guilty of. But they do not stop at anything to get what they want from us. They won't let you sleep for weeks at a time. They don't give you enough to eat. If you do not give in the first time, they keep on doing it the second, third, fourth — until you will do what they want."

Listening to what they had to say, I said to myself, "You might have done what they wanted, but I will never do it. I will die before I will do what they want me to." Then I thought of my wife and child. "What, if they will do something to them. If only they will get out of Russia, out of the reach of these outlawry then, I will die in peace."

They wanted to know the news from the outside world! But what could I tell them? This purge has been going on for the last year and half but in the outside world, people are totally ignorant of it. Innocent people give very little thought to what is going on in the way of clearing up the country from the counter-revolutionists, foreign agents and the enemies of the people. The papers are so well controlled and played up with the purge that nobody dares to thinks that any innocent man may get hooked in. If he thought of it he dares not to express it even to himself for fear that he might be overheard. Innocent men never thinks that he will get arrested therefore he shows no interest. So and so was arrested by NKVD. Well he was a nice man but must be he is guilty. Outside of that everything seemed as usual. All I could tell them were the names of nationally and locally prominent men who had been mysteriously disappeared. One hour in this cell made me understand more mysteries than in all the years I had lived in Soviet Union!

The cell was about 10 ft by 6 ft. and small window with iron bars and outside hood barely shows little piece of sky. Two wooden decks big enough for a man to lie are fixed and stacks leaning to the opposite walls may be let down upon the stools to sleep on during the sleeping hours. When these decks were swung up to the wall, stools may be used for the two occupants. The third arrival had to stay down on the floor. I must have been tired for I was awakened up at six o'clock by the yelling of the warden.

Cupful of water is given for such inmate of the cell to wash. A tin can is given to a cell to be used for toilet. There, at seven o'clock, the happiest hour of the inmates when each gets a hunk of black bread, for most of them it wake up the appetite but never satisfies. I couldn't eat a morsel of the bread. I broke the eatable hunk of bread into two and gave each to my cell-mates. The expression of gladness of having the additional bread stays in my memory to this day.

This sharing of bread went on for about two weeks, with shares diminishing each day until finally I found the ration was not enough for myself. From now on one day was very much the same as the other one. They had kept me in the cell for a whole month without calling me. Much thinking, had gone through my head each day bringing me sense of the hopelessness of my case.

The so-called investigation started just one month after my arrest. By this time, I was beginning to feel the hunger, getting morally depressed. I was dying to know what became of my wife and son. The investigation consisted of getting me into on a chair in a room with a guard. The only thing the investigator says is to write down my confession. I say, "I have nothing to confess." Then I was kept on sitting with my investigator changing three shifts. Thus I was made to sit up day and night without sleep for a week at a stretch. At the end of the week, they let me go back to my cell with the warning that, in my second investigation which will be followed soon, if I refused to do what was told of me, then they had to issue the order to arrest my wife, put my son to the orphanage.

It was just like a thunderbolt struck my head. All these while, against my reasoning, I had hoped that Pauline with our son ought to have made her way out of Soviet Union. Now, I could see that they were not going to let my wife and son out of the country.

For a whole month, they did not call me again. In the middle of January I was called again, this time they were determined to squeeze out of me what they wanted. For ten days, I sat there and absolutely refused to write anything. They had written an arrest warrant for Pauline. I gave in, I gave in on condition that they tear up the arrest warrant and never touch my wife. They promised. I was sent back to my cell for rest. It was in the beginning of February that I started to write what they wanted me to write, each page was written again and again for I could never write to suit their taste. Then they would type-write with all the corrections they want to make and then I would sign my name on each page. I became bona-fide counter-revolutionist, wrecker, saboteur and an international spy! But how do I know if my wife is still outside, free? I was to receive every two weeks some kinds of parcel from her. First one was pair of underwear and that was right after I started to write. The next one was my winter overcoat and fur cap. Then fully two months, I did not receive anything and I thought she was arrested too!

Some time in April, 1938 I was called out with my belongings from my cell where I had been living for last 6 months. I was transfered into a big cell where all the inmates had completed their investigation. Here the food is the same as before but the prison regime is not supposed to be as strict as the smaller cells. By this time I was run down physically so low that five minutes of daily walk allocated to each cell could not be taken advantage of and had to be stay in the cell most of the time. The names of some of the inmates still remain in my memory and they are Gaosikov – Sergin – Muntyan – Izoomov, Kacheganov – Gidrim – Okonenko – and few others representing five different nationalities.

The big cell was facing the yard for the daily walks of the inmates. Although the windows are closely covered up with wooden boards, as the boards get dry some cracks have invariably come into existence through which the cellmates got their biggest delight to identify faces of other cells which these people were taking their daily walks. One day, watching through these cracks as usual, one of my cellmates had recognized a woman walking to be my wife. For Weeks, I had been tortured by the idea that I was coerced into the so-called confession. After all, they had taken my wife into the prison. But about a month after that, in May, I had my last package of summer clothing and some cookies home-made and that was the last of the news I received from my wife. It was a great relief to know that she was still outside, free but why on earth doesn't she get out of Soviet Russia?

I might add here, that taken totally away from outside world and getting a thread of news by receiving something, no matter how small that they maybe, used to be the greatest joy to a prisoner. Little morsel of foods shared at the time of receiving such a parcel carries an unusual significance. There we were 10–15 people, not knowing the fate in store for us passing! Month after month of hungry days, most of us still hoped that some kind of miracle will happen and the political situation in the country might change, and general amnesty of all the political prisoners may come! Many of us had been sold to the idea that the Soviet Government, after all can not bring these people before the trial on such made up and fictitious charges. The thing we may expect will be that each one of us will be notified with the decisions by "Troika" in Moscow, some three some five and others ten years to some prison camps.

On Dec 1, 1938, exactly 13 months after my arrest, most of us from that cell were called out and hurriedly put into the prison truck and sent out to the R.R. station and loaded into the prison coaches in Petropavlovsk. Traveling in Soviet Railway over a long distance on third or fourth class one will find that the coaches are divided into sections crosswise, almost like compartments. Along one side of the coach is the long corridor. In these sections are two benches facing each other accommodating six people sitting face to face during the day and only two sleeping at night. Above them, benches are second pair of benches used only for sleeping. The third story benches are used for shelves for baggage. In these sections, where ordinarily 6 people are being accommodated, they had fitted with iron bars and doors to which they cram into between 18–26 prisoners. On top of that, they let you out to tend to your natural functions only twice in 24 hours. To get an idea how we traveled in these cars, open up a can of sardines and take off the flat cover and look into the can to see how the sardines are packed with their heads and tails alternately, then one will get the exact idea how we, the prisoners in Soviet Russia accommodated ourselves.

Yes, but we didn't know where we were being taken to! We the prisoners in one cage said to ourselves, "If the train pulls out toward East, we were being sent to Kolima, the gold mines, opposite Alaska. If toward West, we were being sent to Volgastroi." It was rumored that prisoners were mostly sent to these two prison camps and sentences were read to them after they were taken to the camps! That night the train pulled out and toward East. But when it got to Novosibersk, the train went southward and on Dec 6, 1938 we were put into prison in Alma-Ata. Why we were taken down to Alma-Ata we didn't know until a couple of days later.

On Dec. 9. 1938, about at 10 o'clock at night I was called out of Alma-Ata Prison and with all my belongings, put into a windowless black prison truck. I didn't know where I was being taken the truck pulled up to some place and I was ushered down from the black truck into a closely guarded big building, very brightly lighted. There were many vacant rooms. In each of these rooms three mats were prepared, and on each mat, a prisoner was made to lie down. Beginning from about 11 o'clock that night (Dec 9, 1938) till about 1 o'clock in the afternoon of the next day, I was made to lay there not knowing what was coming to me.

About 1 o'clock Dec 10, 1938, I was called out from my lying posture and two guards, one walking in front and the other walking in the back of me, led me to a room. An imposing sight was disclosed to me as soon as I stepped into the room. 5 military officers with rhombuses and other high insignia sitting in a raw in front of me. On my left side (I standing into front of the raw of these men facing them) another uniformed man who later on I learned to be prosecutor and as my right another man in military uniforms. I was made to stand at attention one guard on each side of me. They all arose and said that in the name of the Military Collegium of the Supreme Court of the U.S.R.R. the trial was open. The judge standing in the center asked my name, date of birth, nationality and finally asked me if I admitted the guilty or not. The whole procedure didn't last more than 3 minutes. Then the guard ordered me to walk out of the courtroom and kept me all alone in a vacant room for about 15 minutes. I was called into the courtroom again, this time only 5 judges came in and standing they pronounced the sentence "to be shot." The guard ordered me to walk out again and I automatically followed his command. When I heard the sentence, it was as though I had been hit by a club stick and I didn't quite believe my ears. Straightaway, I was taken over to a cell and opening the big door I was pushed into the cell. Already, there were 4 more ahead of me who were sentenced to be shot. Every ten minutes, the cell was opened again a new one was pushed in, and also of the same sentence until the final number got to be 11. All these eleven were foreigners and before talking about or thinking about our death sentence, some of us were more interested in the pailful of porridge the prison warden forget to take away from our cell when they prepared this cell for eleven of us. It wasn't even pailful but some porridge was left in the bottom of the pail. That was how hungry we were!

In the order of the heads we had occupied, the 11 inmates sentenced to be shot were:

1. Petko: A Bulgarian, worked in the Bulgarian Kommunist Party and was being sent to Soviet Union to be trained. Had been married to a Russian Girl and was going to political course in Alma-Ata.
2. Herbert Kim: Came into Russia in 1930 as one of the American Mining Engineers.
3. Tass: A German, speaking perfect Russian. He was about 45 years of age and his parents immigrated into Russia as a business man.
4. Myers: A German and an electrical engineer. Had come into Russia in 1933–1944 (1943)
5. Reites: An Austrian Engineer.
6. Wolf: A German worker, came into Russia in 1933 or 1934
7. Melxiov: An Austrian Engineer
8. Ridder: An Austrian worker
9. Chelmak: A Czechoslovakian Engineer
10. Kodim: A Czechoslovakian worker
11. Worm: An Austrian Worker

Of these 11 people, three of us Petko, Tass and I suffered the most. The rest of them didn't seem to think much about our fate. As for myself, I fell asleep the first night after I got the death sentence. However, the next morning, I couldn't get up from my bed. My limbs couldn't move. Be-sides they were aching just as though malaria fever was coming over me. My first thought was, "Where is my wife and where is my son? If they, by any means of providence have gone out of Russia, they will find means to live but what if they are still in Russia?"

Then comes the thought that I had been educated and trained to do some useful work and at 33 years of age, I was going to be killed on charges I was absolutely innocent of!

All day I was a sick man, so was Petko and Tass, and we were like that for about 3 consecutive days. Then, the days went on, very slowly for 9 days waiting every minute of each day to be called out and be executed.

On the 9th day, on 19th of December 1938. The door of the cell suddenly opened and every body in the cell was caught with fear and anxiety. One of the cellmates, Worm was taken out. Every body thought that the time had finally come. Dead silence reigned. Every body looked at each other with bewilderment and despair.

Long five minutes passed and the door got open again, Worm was pushed in and Chelmak was the second one to be taken out. Worm's face was as white as a white sheet of paper. He couldn't speak. Between his breaths, he whispered "25 years." Yes, the death sentence had been changed into 25 years imprisonment. The effect of his announcement was different with different individuals. Some were glad. Others, indifferent. Still others felt that death sentence would have been much better than 25 years imprisonment. My reaction was that of gladness. 25 years is a long time and many changes will come about if only I will not be shot to death right thus! But will they change the sentence for me too? I wanted to find out as soon as I could. I pushed myself in front, closest to the door so when the door opens again, I will get out next! Soon the door opened, Chelmak came in and I went out and followed the prison guard to a little room.

A Captain of NKVD sat there, in front of him a table. On this table a bunch of papers lying. There was a telegram which he showed me. The telegram was signed by Kalinin to the effect that all 11 of us, listed name by name were to be pardoned from the death sentence but to be charged with 25 years of imprisonment. So the wholesale arrest, sentence, slaughter or pardon went on, at the will and the command of a few in power.

By prison code of knocking as the wall of the cell, we had gotten the response of the joining cell, having the same death sentence as we eleven of us had. They were foreigners too but we never did find out what became of them. In Alma Ata alone, for the first 10 days in December 1938, during the session of the Military Court from Moscow, they had given verdict to over 800 prisoners, all of them death sentence. (Exact figures not verified). Of these 800, how many got the good luck of having their death sentences changed into 25 years! Working 10 hours every day, the military Court must have handed out one death sentence in every 6 minutes to put through over 800 people! They certainly gained their time on me for it didn't take more than three minutes!

2. Transitory Prison in Alma Ata, Zlatoust Political Prison, Solovetsky Prison

In a big cell of Alma-Ata Prison, Eleven of us from the Cell No. 10 of Alma-Ata NKVD, temporarily served as death cell for the Eleven, were the first arrivals. On the wooden floor in the cold winter of later half of December, we had to keep ourselves warm to the best of our ability. Beginning from the next day, the cell door was opened and closed and prisoners were shoved into the cell by tens and fives until the floor space was overcrowded. Already, there were close to 70 prisoners one encroaching upon another.

However, only eleven of us had gone through the horrible experience of death sentence. The rest of them were either tried by the local Military or Kazakhstan Military Tribunal whose verdicts were rarely more than 10 years. By some form of court procedure recognized by the Soviet Government, these unfortunates had been sentenced 5, 10 or 15 years and had been concentrated into one point waiting for the convenient time and means for transportation.

There was our first chance to compare the notes. We had all types of prisoners, from the illiterate "Kolxoznik" to the important member of District or Republic's Committee of Communist Party. Their charges were that the illiterate "Kolxoznik" neglected to take care of the calf of the "Kolxoz" and got 10 years of sentence and the responsible party worker had been accused to have betrayed the party and have gotten the same sentence. General belief prevailing in the cell had been that we were all going to be sent to the prison camp. One man's guess was as good as the next's.

Having experienced the agony of 9 days in the death cell, it seemed that anything would be welcome. Not only that, there was a strong faith in me that some day in the future, with the change in the world politics, these will come a time that a lost soul may find a way out to the free world again. If only wife and son were out of the Soviet Union. Until they do get out and tell my friends my hard fate, no one will know what happened to all three of us. My friend Petko whose friendship grown out of those 9 trying days in the death cell stayed by me and we shared each other in everything. His Russian wife was faithfully following him and must have come to the prison doors every day for about a week after we had been transfered over to Alma-Ata prison a package of clothing and food had been passed on to him.

Prison regime had gotten pretty much loosened up for those who had already been sentenced. Scanty, though it may be, there had been bi-monthly allowance for purchase of 1 kilogram of bread and five packages of cigarettes for those who have the credit in the prison cashier. One day, in the latter part of January of 1939 my name was called out to my great astonishment, and was taken over to the Prison office. Then I was notified of the transfer of 250 roubles in my name and it was made in Moscow.

There could be only one person in Russia who will dare to have anything to do with me and that was my wife. So she is in Moscow! I surmised that she was let go that far! That was the last thread of news I had from her until I got out of the prison in 1942!

In March 1939, a number of us had been called out of the cell and had been loaded into the prison coach, again, not knowing where we were being taken to. The condition and treatment to the prisoners hadn't improved from that of pre-trial days. After about a week's travel, we were headed into the Zlatoust Prison in Urals. Zlatoust is located in Central Urals and in former days Soviet Union had maintained a Prison for Political offenders. The prisoners were allowed to read books, newspapers and even allowed to write. Allowed several hours of walk in the fresh air. Allowed interview with outside, friends as well as relatives. But now such policies had been discontinued and all the political prisoners are simply prisoners under Statute 58, as such were dealt with utmost security in every respect. More freedom was given to bandits, murderers and other criminals. Once a person is charged with the Statute 58, he is forever excluded from the

Soviet Society.

Being a prison of long standing, it was managed more efficiently but this prison too was over crowded. Where, in former days, one prisoner used to be accommodated, four people were put in, each given a bed, separate dish for his soup. My cellmates were two with 25 years imprisonment, and the fourth one with 20 years. The cellmate with 20 years' sentence was a political prisoner who had been serving 5 years sentence. The trial was in 1933. In 1937, while he had one more year to serve, one day, without any extra investigation or any warning, served him in his cell with a notice that his 5 year sentence had been extended to 20 years. He was serving his second year of his new sentence of 20 years. He was a young man of about 35. He was taking his sentence philosophically. It was through him that we got to know the change in prison policy of the by-gone days to the present day of abuse, inhuman dealings with the prisoners.

The other cell mate was the famous Professor, a physician (Pletnev) who was tried in the famous Rykov – Yagoda – Bukharin Trial of 1937 in Moscow. He was one of the twenty-two, and one of the three who got away with 25 years sentence. He was an old man of over 70. Fast declining in his health, he would be very scarce with his words. He was bitter. He said he had done no wrong. "What would Soviet Union gain in making innocent men guilty and get rid of them?"

The young man was devoted to the Professor. The professor spent most of his hours lying in bed. Any little errands in the cell helping him around to go to the wash room was carefully and diligently performed by this young man. Any of us in the same cell would have been more than willing and glad to do all the service for this old professor but when we had seen the peculiar relationship, something like a father and son attitude between total strangers in a eye of common fate, we didn't want to disrupt the beautiful devotion.

The third cell mate was a tall pleasant natured Russian an old Bolshevik and one time President of Leningrad District Executive Committee, had been arrested in this purge and he had a prison sentence of 25 years. Kirov the Secretary of Leningrad District

Committee of Communist Party was killed on Dec. 1, 1934. He was killed by a man, Engineer Nikoliev. He had a wife who was very irresponsible and loose in her actions. She had love affairs with Kirov. Jealousy got hold of Nikoliev and killed Kirov. Immediately, the propaganda mongers attached political significance to the killing. Thousands upon thousands of innocent people had been put to death soon after the killing. Two years later, many more thousands had been made to confess to have belonged to the same group which planned the killing of Kirov. This man was also given that change and only through such occasion the real truth of the killing of Kirov could come out to light. Man who had been a member of the communist party most of his life and had held high governmental position was also hooked in as counter-revoltionist same as non-party members, engineers and specialists, and got 25 years. In many quiet talks with me he had always expressed his bewilderment. He was not bitter against the Soviet Power. He was disappointed. Up to his arrest, to this man, Soviet Power was very life to him.

Up until now, if I had been with small and provincial people and thought that an excessive zeal got hold of District NKVD, indulged excesses in prosecuting people to make their own name, now, I had chance to meet the one time big people from the very center of Soviet Union who had been arrested, prosecuted and tried the same way. In his moments of despair, Professor Pletnev would say, "They were stopped at nothing to make us say what they wanted out at the Trial! They used all kinds of torture, beating, sleepless nights and days each time we got back from the trials. The trial was on for the third time and everybody but we would be killed either way so most of us finally gave up to what was expected of us." Then finally, with emphatic but weak voice the Professor finishes, "What, after all does Soviet Union gain by killing such good, innocent hard working group of brilliant people!"

Three months in Zlatoust Prison with these cellmates had been a period of rest both physical and mentally for me. To be sure hungry as I was, I was among the people who were determined not to mention about hunger. These was a chance for me to read Russian Literature and I took advantage of it. During this period. I read Dostoyevski's Crime and Punishment, a collection by Tugenev. Reading in Russian was a painstaking job but to my great relief and delight, after about two weeks, reading went on in a very smooth and natural pace.

On 14th of July 1939, I was called out with my belongings. By now I had been completely changed into prion clothing. All my belong-ings had been taken away from me and had been stored away in a Prison store room. When I got out into the prison yard, there were already about 400 prisoners like me squatting on the cement court under the hot July sun. Each prisoner was given chance to identify his own bag from the prison store room before he was allowed to take with him. Prisoners kept on coming into the yard from every direction and by noon the number got to be around 700!

One thing was predominent. Most of the prisoners who were called out this time were foreigners! All the faces of the 11 of those where shared the same fate with me in the death cell of Alma Ata were there without exception. Only I noticed that Worm. an Austrian, had swollen face and was lame. All of us nodded and greeted with secret grin. Whisper started to go around. "Where are we going?" Mostly the answer is, "I don't know." That was the right answer for no one knew where we were going to be taken to!

Truckloads after truck loads 700 of us began to disappear from the prison yard. Up until this time, I didn't realize what immense structures these prison buildings were. There were three large 4 story brick buildings fitted to accommodate prisoners.

I was in the building for 3 months without ever knowing the extent of the prison. There might have been and were undoubtedly prisoners who were locked inside there over 10 years without ever looking at the outside view of the building he was living so many years! Many thousands of them were locked up inside yet you couldn't hear a sound from outside! These were some of the thoughts where I stepped into the truck to be carried away to the R.R. Station, to the waiting prison coaches.

Peace had gone out of my mind, in fact, out of every body's mind. The feeling of hunger had come back with the renewed force for I could see and hear nothing else but hunger on every ones face and lips. Usually, on every occasion like this, the scanty and precious food rations is totally forgotten by the prison authorities! Hell on top of Hell fire! It was scorching hot outside. The Prison Coaches had been heated up all day and to it we were cramped into each cell, 20 in ours. Every body yelled for water! Guards bring in bucket of water from the nearest available source. Every body fights for cupful of it through the iron bars. One falls on top of the other. Some one complains about carelessness. Second one comes back at him with a nasty remark. Inside the cell gets stirred up. Guards outside swears and threatens with ration cuts. Inside the cell, it is steaming heat. At one small corner, sitting there imaging myself saying, "Would be Biblical Hell be worse than this?"

If we haven't enough food in the Prison, we get plenty of water to drink. Unaware of the sudden call to the trip, all of us had been drinking water freely. With all the perspiration of hot weather, urination, only twice a day is not enough. So the first day in the Prison Coach bring in the acutest pains to our bladder, hence the most agonizing day of the trip. Beginning from the day we got on the prison coach, one cuts down the drinking of water so to adapt himself to the adverse condition. However people with less self control keeps on drinking unboiled water and plenty of it. He gets into trouble with the Guards and with himself.

We were loaded but we were not coupled to any train for several days. After three days, we stated to move westward. Going was slow and it took fully 10 days to get to Moscow. Diarrhea brock out in the crowd. Everybody yelled to be let out to go to toilet. Dozen of them had laid down with dysentery. Neither medical aid was available nor did they take the sick people down from the prison coaches. In Moscow, there dead bodies from dysentery were taken off. Two whole days, our prison coaches were standing, most of its occupants now sick with diarrhea.

For some unexplainable reason, some of us had nursed the theory that all of us, mostly foreigners were being taken to Moscow, our case to be reconsidered. But to be consistent with our theory, why were that some Russians among us. When we were coupled again and pulled out of Moscow, our hopes again had been shattered. This time the train was pulled toward Leningrad. Four day later the train stopped at Kemi on the Karelian line and we were unloaded out of the coaches. Looking at each of the prisoners, each one looked as though he had just come out of his seriously ill bed! The total loss, 5 deaths from dysentery, over 60% still sick of diarrhea and the rest, weak and wobbly in their knees. Kemi is a small R.R. Station, on the Karelian Peninsula, nearest station to Solovetsk Islands. Formerly Solovka was famous for the site of monastery. It was Holy Ground. Soviet Government had turned entire island into Political Prison. It was to this island we were being taken to.

It was pretty late in the afternoon about at 6 o'clock when we started to get off the train. Up there in the high latitude, in July we still had sun light at 9 or 10 o'clock in the evening. We were hurriedly put on the steamers and headed for the island. When we got to the Island, the sun light was already gone and against the dusk we could only perceive the gloomy looking domes of the cathedrals. Only gloomy looking future was waiting ahead of me and I wondered just then, if my life will not end in the island! We were headed into one big room to spend the first night in the island. The silhouette of the monastery against the dusk as we approached the island still remains in my memory! Eight cellmates were assigned to our cell. This time most of the cellmates were our old acquaintances, Petko, Tass, Wolf, Melxiov and myself were old friends from our Death Cell in Alma Ata. To us were added Matzux an Austrian also 25 years term, and two Italians, their first name, Dominik and Franz. Franz was a man nearly 60. He was born an Austrian for at the time of his birth, the little town was the Italian border belonged to Austria. Later that town became Italy and ever since that time he identified himself to be an Italian. Be that as it may, he was a gentleman and always spent his time in reading. One hour each day, he spent in learning English with me.

While the life of the political prisons in Solovka Prison, former site of Solovka Cathedrals, had been uneventful and monotonous, the short confinement in those Soviet improvised cells out of the by-gone abiding places of Greek Orthodox monks had given me a plenty of chance to relax. By now, I had completely laid my fate into the hands of destiny. I had come to realize that no amount of worrying or recollecting my past life in Russia would bring me any quietness in my mind. I was living day by day, trying to convince my ever hungry and gnawing stomach that I was getting the subsistence ration of food. No sooner had I almost succeeded in convincing myself that I was getting enough than my sub-conscious state would be aroused up by discussion and debate of the same subject of my fellow inmates. Surely we were not getting enough to eat, for every body feels the unceasing hunger, reduced to mere bones and wrinkly skin. The argument backed up by these unconquerable facts instantly drove away my self-hypnotized state of making myself believe something that isn't true.

Within the limits of the books permitted by prison authorities, as novels of picked out writers by the Soviet Prison Policy, and whatever scientific books the prison library had were given to us, at one book a week for 2 week periods. As we had 11 of us in our cell we had about 22 books at our disposal to read. Once engrossed in reading, these were the easiest and meaningful minutes in my prison life.

Added to this was the dead silence of the night, especially in this Island where the least movement of the wind outside registered against window frames and the early fall of the snow in the midst of White Sea just ate up the heart and soul of the prison inmates, for most of us were going into the third winter of this infamous prison life.

While there was no more worry among us that any one of us would be called out any time day and night to face the "sledovatel" or the prison inquisitor, nor will any one of us again face the horrible scene of trial, the prospect of living such kind of life for 25 years was certainly a gloomy one.

3. Kurupolda Prison Camp, Archangelsk Transitory Prison Camp

It was about the middle of October, about 2 months after we had been to this prison we had sensed some commotion in the entire prison. That kept on for several days until one day late in the afternoon, the door of our cell was open and every body was ordered to come out and follow the warden. Every body was looking at every one else with amazement and bewilderment. Just like a herd of sheep we followed as we were directed.

We were taken into the big store house of the prison and each was asked to identify his personal belongings. Two months ago when we were sent to our respective prison cells, our bundles, the so-called personal belongings, mostly old dirty worn to shreds street clothes we had to forfeit in exchange for the prison uniforms were taken away from us. Uncertain future greeted us for we knew they were preparing to take us away from here. But to what place?

Early the next morning, we the occupants of the prison, some 250 to 300, mostly foreigners had been evacuated and loaded into a small steamer. About 36 hours trip brought us to the transitory prison camp of Archangelsk. In the process of landing, under the strict supervision of armed guards of over twenty, my eyes were caught on a slender, reduced down to the skeleton fellow prisoner. Certainly, he must have been an old timer in prison camps for he did not have much to carry as his personal belongings and he was many times more down to the bones than the rest of us. There was an urge inside of me to be near him and even in whispers wanted to talk to him. By the time we get off the boat and were outside of the barbed wire gates of the transitory prison camp, snow had already fallen deep on the frozen ground of Archangelsk. Our teeth were chattering, lower ones against the upper, our feet were frozen to feel absolutely numb for we were standing out side the gate waiting to be admitted inside the barbed wire fence which looked like a paradise. By now, all of us had in the summer prison suit, our feet in old worn out shoes without socks or foot wrappers, and waiting in the bitter cold for over two hours!

I did get close to that fellow with the exchange of winks and whispers I had found out that that fellow was an American, got imprisoned in the night before he was to leave Moscow for the U.S. in 1933. He had been in Prison for 7 years when I first laid my eyes upon him. He was answering the name of Henry Lytola. However his real name was Henry Johnson of Maynard Massachusetts. According to the records left in the American Consulate and Foreign Affairs of NKVD, he had left Russia in the fall of 1933 yet in 1939, he was a walking skeleton in the Soviet Prison and Prison Camps. From that moment on for six consecutive months we shared a bunk together, sleeping under a common cover in the cold log cabins in the heart of the swamp land of Archangelsk District when tree felling and transporting of timber were done only in winter and by the Prison Labor!

The seemingly unending dispute between the guards finally ended. The receiving guard stood side by side with the head guard escorted us to this Transitory camp. For most of us a new life had already started. For exactly two years I had been confined within the 4 walls of prison cells seeing those same faces of the inmates day and night. Now our freedom of movement had been widened in the confines of the barbed wire fence. If up to now, the daily bread & water had been brought to us through the receiving door of the cell, from now on each prisoner may go for his bread and water himself to the kitchen. We no longer had to sleep with the stinking bed pail in the cell. All these seemed to be a magic change over night. Very little any one of us had any idea as to what we were about to face in exchange the freer movement within the prescribed boundary of sub-artic woods!

Another interesting fact was that, up until now, for nearly two years we were made to believe to be the terrible criminals as such we were allowed to live in a cell with only those charged with crimes of same severity. Now we intermingled with old and young, sophisticated, so-called educated class with the absolutely illiterate prisoners, prisoners with 20 to 25 years imprisonment with only 10 years termers. My! How I enjoyed the fact that I could go out of the barrack any time I felt like looking up the sky or feel like breathing some fresh air. But the novelty of it soon wore out in the face of the hard outdoor labor in the woods until bitter odd weather.

Several days had passed before they decided upon a Prison Camp to which they were to send us to. About at 5 o'clock the third day after our arrival we were ordered to march 15 kilometers into the woods. None was added nor subtracted from our group originally started out from Solovka Island. 15 kilometers is about 3 hours walk of moderate pace. Ordinarily it would have been a walk I would have enjoyed. I thought nothing of it and started out with the rest in good spirit. After about an hour's walk, my legs got heavy and they did not move as lightly as before. I noticed quite a few lagging behind and I was one of them. About the half way, I found that my heart was willing but my legs absolutely refused to move. The guard got annoyed, then got angry for he can not go a step faster than the slowest one of the prisoner.

I struggled and struggled, absolutely with no avail. I got down on my hands and knees and tried to crawl. In the deep snow, with bare hands and weary knees, crawling was not a solution of course. The guards were irritated but by now, I was not the only one. There were 20–30 of them in the same condition. For two years, we did not have any chance to give our legs the necessary amount of exercise. Then, again, for two years, we were hungry. But why do the rest walk the whole distance without stopping, as us body's business. Henry, looking worst of all, stood the walk better than anybody else in the crowd. The idea, that I was already a crippled man after two years of imprisonment, shot through my head and then and there I felt to be completely lost from this world!

Between crawling, resting and walking we, about 20 of us, made the distance in 6 hours. The place we went to was called the Prison Camp "Kurupolda," one of the hundreds of similar prison camp scattered all over the vast wood of Archangelsk. District. Henry helped me to nurse the crippled legs. That was my initiation to the life of Soviet

Prison Camps!

For about a month the prison authorities could not decide to give this group any kind of work. All the work will have to be done in the woods and we were considered to be too dangerous to be let out in the woods. This prison camp, with about 300 inmates lived peacefully for the composition of the whole group were all decent people who had no intention of whatsoever of bringing any harm of the Soviet Union. It did not take long to find out who was who among the 300 inmates. No fight, even quarrel ever went on in the barracks, very low abiding and decent people.

Over 50% of these inmates were foreigners representing every country in Europe except British, French and Netherlanders. They all were attracted by the sugar-coated propaganda of the Soviet Union and had left their own country to come to Russia either legally or illegally crossing border. More than half of them foreigners were from their countries of Baltic Sea, Latvia, Estonia and Lithuania. All of them were young people between 18-30 years of age, of poor family, hoping for better living in Soviet Union. Most of these people were absolute illiterates.

All the Russian population of the prison camp were well educated, once had responsible positions in the party, labor Union and governmental jobs. Teachers, engineers were the most numerous among the professions. One Ivan Sergewitch Batanov, about 55 years of age was an engineer of gentle, kindly nature, always had a ready smile in such kind of tragic environment. Hours after hours we would be talking about the political trend of Russia, stories how he used to work in Kazan. In all the time of our acquaintance of 6months, I haven't heard him say any thing of complaint or resentment. He had no illusions of getting out of the prison alive but he was facing his fate without any grudge against anybody. 25 years was his sentence his story was identical with millions of others.

After about month of idle life in this camp, all the prisoners up to 10 years of sentence were called out one day and formed into groups of 25 and gave them the names of brigades. From that time on, under heavy guards, they were taken out into the woods to work. With scanty food and clothing, each morning at 6 o'clock they were lived out in the yard in groups of 25 weather hovering at 25-30 degrees below 0 centigrade and chased them out to work for 12 hours! True enough, they were supposed to get increased ration of block bread ranging from 700 grams to 1000 grams according to the fulfillment of their daily norm. But considering the energy had to expend and the cold weather they were working under, 500–600 gm. of bread without doing any work has more subsistence value.

As time went by and more laborers were needed for the job, we, the prisoners of twenty five years sentences were sent out to work. For no goodly reason known to me, I was picked out as one of the brigadiers heading the groups of twenty-five. That was in the coldest moment of December, 1939.

All twenty five of us in the brigade were under the prison sentence of 20 years or more. All of us were foreigners, mostly simple uneducated young men of Baltic countries. Each morning, through the gates of the prison camp a dozen brigades of 25 prisoners each, guarded by 2 armed police would come out in the gray cold dawn, each prison shivering in the cold.

The sight of over 300 dark figures stretch out over the paths into the thickness of forest against the snow covered ground presented me each morning the hopelessness and tragic exposure for each and every one of us. The feeling was intensified by the dead silence each prison kept as they come out the camp ground and walking into the woods. The occasional coughing of someone in the row and the crispy squeaking of the frozen snow under the cotton stockinged feet of the prisoners were the only sound which broke the profound silence of the vast expanse of the Archangelsk forest land. Oh! The horror of the situation!

Sitting in my comfortably furnished room, with steam heat and all the up-to-date convenience of American home in Milwaukee Wisconsin, a cold shiver goes through my spinal as I write their lives. I wondered my times and I wonder again how I ever got out of that hell on earth alive!

It usually took about 25–30 minutes from the camp to the site of daily labor. Felling trees and dragging the heavy logs in the most primitive way known to human experience is considered to be a heavy work even for well-fed and strong laborers. This job was given to us, most of whom had been kept in prison under a starving ration of block bread and water for 1½ to 2 years! Each kind of work had been strictly given on piece work basis known to the Soviet Society as "Norm." Daily ration of bread was absolutely handed out to each prisoner according to the percentage against the fulfillment that "Norm" of the previous day. 100% for 700 grms. block bread, 100–110% 800 gm, 110–125 900 gm and 125% or over 1000 gm. On the other side of the scale the allowance goes down on the sliding scale of 100gms for each 10% below the "Norm," until it hits 400 gms. If a prisoner earn less than 400 gm, he is put into the penalty cell of the prison camp with daily allowance of 300 gm. and water.

The guards and the camp authorities had an easy time with us for we were all descent people obeying their rules without any dissenting voice. In my later experience when I was thrown in the prison camp with real criminals, thieves, murderers and other non-political offenders of Soviet law. I had witnessed tens and hundreds of them would rather stay in penalty cell than to submit themselves to work. Soviet law has it that a non-political criminal may get a prison sentence of 10 years at maximum no matter how atrocious his crime might have been. Again, the treatment to these criminals in the prison camps is far more liberal and obliging than to the fabricated political prisoners like us. Preference is given to these criminals for easy jobs as working in the kitchen, laundry, cleaning the barracks and office jobs.

Working in the woods, never were we given chance to segregate. Carefully picked guards with rifles were stationed at strategic points and their watching eyes never left us, though we got scattered in the woods according to our job. The type of work to be performed, the location and the result of the work had been given over to the brigadier and he is responsible for the entire group of 25 people. 50% of the working force went into felling trees and the other 50% in transporting. Each group was sub-divided into 6 teams of 4 prisoners each. The head prisoner gets his reward according to the average percentage of fulfillment of his men in their jobs.

Felling trees consisted of sawing down the standing timber. Next, trimming and cutting the logs according to standard sizes all by hand labor. Then other crews come along and drag them out of these places down to the river banks and pile them up along the sides of the river. This job must be finished before the snow begins to melt, and the prisoners must get out of the territory when the warm weather arrives. With the warm weather cover the free laborers or ordinary criminals, only to whose hands the Soviet Authorities entrusted the job of floating the logs down the river.

But felling and transporting logs are back breaking jobs. Strick measurement or evaluation of each man's job would mean that most of us could not get even 700 grms of bread! It was clear to me that the most important job for me was to supply my men with the max amount of bread, namely 1000 gm. each. If we were to get bread only for the number of logs transported for each given day, the case was hopeless. My crew was assigned the job of hauling logs.

To this end, I was fortunate in that I was able to hand in a daily report of neatly printed words. This left in very good impression upon the clerk in the time-keepers office. For about a week, I was called to the clerk every day and was being checked for my reports with such scrutiny that I had to be on guard all the time. However, after about a week, my report always passed the inspection at its face value.

At the end of each day, a careful check was made by the prison authorities about the amount of logs down at the receiving end. However, they were quiet indifferent so to the distance over which these logs had been hauled. In fact, it would have been too troublesome to go and check each log pile in the woods for they were scattered all over the woods at widely different locations. The "Norm" of haulage depended both on the quantity and the distance over which each log was hauled. Further the distance smaller the amount becomes. At the same time, each morning when we start our work, we had to clear the way to the log making a path for the haulage. The amount of snow thus cleared is never measured while there is a definite "Norm" for snow shoveling. Keeping the accurate account of the logs delivered to the final destination, there was always ample room to assist the under-privileged with distance and amount of snow disposed.

Never once there was a day when each man in my squad received less than 1000 gm. of bread. Once a crew is recognized as being hard workers there is less strict control on the side of prison authorities. Never was there any failure to show their satisfaction among the crew toward my leadership. Surely, there was hazard involved in padding, for once discovered I would have landed in jail inside the Prison Camp at list for a month, which will mean sure impairment of my fast weakening condition of health. But looking at the suffering fellow-prisoners like myself, if there was left my human heart at all, should I hesitate doing the right thing because of some personal risk involved? My future was uncertain. Death might have come any time. I realized them and there, I was finished man for under those severe conditions I wouldn't last for more than a year or two at the maximum if we had to work under unchanged conditions.

Nor can I forget even to this day the human suffering imposed upon us, each individual prisoner. The cotton padded jacket, breeches, cap with ear flapper and finally socks weren't much of a protection against the severe wind and -30 to -40 degree centigrade weather. The warmth of the feet gradually works out itself to the outer soles of the socks and its snow and ice melts on the bottom of socks. Half day will be over, our feet got absolutely numb with wet freezing feet. I would watch 4 of my fellow prisoners, with their cap flaps flapping their ears toiling at the end of each of the four ropes dragging the logs with their backs almost feet in double, their wet feet digging into the slippery frozen path. Struggling, each movement in their toil reminded of the legendary Volga boatman. Living such a hellish life, our hopes and and ambitions had been reduced down to mere animal instinct of satisfying hunger. Each night, coming home from the hard day's work I would take one of the crew along with me to receive 25 pieces of hard earned bread. Of course each hunk was carefully weighed and sometimes with an extra slice to make up exactly 1000 gms.

But to the eyes of hungry prisoners, piece going to the next fellow always seems to be bigger than his own. Most of them are ready to be reconciled in disputes originated on almost any issue. But when it comes to distribution of bread nothing but absolute fairness will satisfy them. With the 25 precious pieces of bread, I would be immediately surrounded by 24 fellow prisoners. I would ask one of the twenty four to turn around so he wouldn't see the bread. There I ask "whom to?" with my finger pointing to a piece. He, without looking, yells out one of the names of 25, until the complete distribution is made.

Dyomin was a likable fellow. About 30 years of age. coming from a peasant family of Estonia. At ordinary times, he must have weighed about 200 pounds, now reduced to mere 140 to 150 pounds. Yet he was strongest of the crew and did the major part of the horses work. His good nature and readiness to more than his share of work had given, many times the working of a well oiled machinery for the crew. Simple, good natured and ever ready to do more than his share of work, such youth as Dyomin would certainly have been an asset to any country. But the so-called Soviet justice had pinned upon him the accusation of foreign spy. Dyomin was an example of over 300 inmates almost like him in this prison camp. This prison camp is just an example of tens of thousands of prison camps all over the woods, steppes and vast territory of Siberian and Artic Wilderness.

All worn out and tired by the 10–12 hours hard labor and exposure, the prisoners were herded into prison camp in much the same manner as they were herded out in the dawn. Already, it was pitch black before we reach our camp. The first excitement of bread distributing is over and a bowl of hot soup (about ½ pint) and about 100gms of "Kasha" were given for the supper. For most of us, the wet frozen feet got numb and so swollen that it was a problem each night to remove our socks. What would be more wonderful than the vitality of young body. Under each abuse and suffering, we were as one man, would come out to reports at the gates every morning!

Couple months of this life had passed and more unfortunates could not stand such strenuous labor. They become weak and they were picked out to form what was known "Weak Brigade." Their ration cut down and the supposedly lighter work does not correspond to the reduction to the food ration. They keep on going down grade until finally they become the abandoned men of the prison camp. It then becomes question of time before the death comes to them to save there from this inhuman suffering. To my great sorrow, the only true friend of mine in this Prison Camp, that American, Henry Johnson, from Maynard, Mass. had to go to this "Weak Brigade" and that was in the beginning of March 1940!

With the coming of April, the rays of spring sun which began to melt the snow in the clearings, the prisoners body and heart got warmed up. But their feet, still booted in the padded cotton socks got soaked up in the icy cold water from early morning till night. In the middle of April, the whole camp was closed up and we were headed back to Archangelsk Transitory Prison Camp. The distance of 15 kilometers which was insurmountable distance for me to walk some 5 months ago my weaked legs did not give me any trouble on our way back. In our trip to that Prison Camp, a fellow 25 year termer, who had gone through with me the death sentence, and nine days of waiting on the death cell an old Austrian by the Name of Grill had to be left behind in the middle of the road and had to be given under custody of one of the Prison camps on the road. He was weaked and could not walk the distance. On our return trip, we had learned that he died soon after he was left in that camp in the previous November.

The Archangelsk Transitory Prison Camp was occupying a large territory equipped to handle over 20,000 prisoners. To this camp was concentrating many thousands of Prisoners, political as well as criminals. To this, They were concentrating these unfortunate souls very much in the same sense as the livestock being driven into the packing yard of big Chicago Packing House. We, the three hundred of us who have been kept together since we left Solovka Prison became just a drop in the bucket in the vast ocean of prisoners. Originally, we were meant to be sent to Artics the previous autumn but by the time we got to Archangelsk in November, the navigation season in the Artic Ocean had already been closed as we were switched over temporarily to the "Kurupolda" camp nearby to pass the winter.

We were kept in the Transitory Prison Camp for three months, until July, waiting for the navigation season in the Artic Ocean to begin. Prisoners kept on pouring into this Transitory Prison Camp every day until the vast camp was teaming with over 30,000, to 40,000 prisoners. Over 300 Chinese prisoners in the crowd and just looking at them, they were all of them just common illiterate coolies from Shantung Province who had come to Far Easter Sections of Soviet Union, Vladivostock, Habarovsk, Irkutsk and other Siberian centers of population to raise the vegetables for the city population. Country that professes to be champions of the poor, under privileged workers and farmers had herded these innocent, illiterate people and gave them 10, 15 and 20 years of Prison sentences!

A lot of loading and unloading of ships had to be done on the docks of Archangelsk Port. The camp authorities picked out the ordinary criminals first to go out of the camp each day, in groups of 20 or 25 under the guardianship of a fellow prisoner. Each criminal was given a pass and they go in and out of camp freely. When the ordinary criminal supply was exhausted, they called on the political prisoners. With these, the strict guards were put and for each crew, two armed guards went along.

Chinese were regarded to be hard workers. A Chinese crew of 25 people had been formed, all of whom political prisoners but their terms were 10 years or less. More of these were able to write their own name, ether in Chinese or other wise. So the writing of the report was entrusted to me yet because I was 25 years prisoner, they didn't decide to let me go out of the prison camp with the crew. Therefore, each morning, I would go out as far as to the gate and send the crew of Chinese laborers (prisoners) out to work with the armed guards. Each evening, when the crew come back, one of them Koh Yu Liang, would tell me what kind of work they had done and how much. There I would write out the report, get the bread for the entire crew. This lasted for about three months and I was getting the working man's ration without doing any thing all day.

The sympathy which grows out of the hearts of prisoners toward his fellow unfortunate beings is sometimes remarkable. One of the criminals who goes in and out of the camp rather freely had become quite sympathetic with the political prisoners. He had no use for the Soviet type of regime and he wasn't hesitate say so. One thing we learn about prison life as prisoners is to spot out the stool pigeon. This particular prisoner impressed me to be a genuine sympathizer. Every time we had a chance we used to get a good time together. One day he told me that if I wanted to write anything to my wife in the U.S. he will get the necessary paper, envelope and most important of all offered to mail the letter for me.

I did not take his offer at once for fear that I might get into trouble. But when he left, I thought and thought and finally decided to drop a line to my wife in N.Y., not knowing for sure whether or not she got out of Soviet Union. My message was something like the following. "Dear Pauline, temporarily stopped in Archangelsk on my way to far far North. Though my body is well and sound, morally I am very much depressed. Herb." I have that letter to the fellow and I didn't know what happened to it. My only hope was that Pauline might get that letter and know that I was still alive. Checking with Pauline after 11 years of separation, she did get that letter!

Whispers were going around in the camp saying that we were being concentrated in Archangelsk to be shipped to Vorkuta Coal Fields which was just started for development. We were waiting for the warmer weather when the sailing from North Sea out to Artic Ocean. In the meantime the member of prisoners in the camp was swelling up. The camp were far from quiet and peaceful as we were used to. Fights among the criminals were going on every day. Things were being stolen. Rations of bread disappear.

The weather was getting hot. The sun just goes down behind the horizon for couple of hours each day. Lots of rumors going around. Some of item were; Vorkuta Camp gives the best rations to the prisoners. It is under the top priority list for development of the coal field. It will be made the second Don Basin. Others say that once you are taken there you may never expect to got out from there again. Every body was getting impatient. This state of unsettled prison life was getting on every body's nerve.

4. Trip to Vorkuta, First Days in Vorkuta, Zone No. 2

In the first part of July, big commotion started in the Archangelsk Transitory Prison Camp. First party of Prisoners designated for Solovetski Prison Camp was to be evacuate. Between 5 to 7 thousand prisoners were to be loaded in three freighters anchored at the docks of Archangelsk Port. By this time, besides my American friend Henry Johnson, I had this Chinese friend, Koh Yu Liang with either of whom I would hate to part in my prison life. However, it depends entirely upon chance; to put together or to put apart among the prisoners was not done according the wishes of the prisoners.

Koh Yu Liang and myself were called out together along with 1500 other prisoners to be put into the front hold of freighter of 3000ton capacity. 6 groups of 1500 to 2000 prisoners were called out into entirely separate units from each other. Each steamer had two holds to accommodate, taking in between 3000 to 4000 each. Looking at the name plate of manufactures, the freighters I was on was made in England. Thought struck me in my mind that little the manufacturers could have guessed the product of this labor and capital would be in later years be put to use by the Soviet bureaucrats to torture the innocent souls.

Before I go to any detailed description of the life of the prisoner in the boat. A word or two of the preparatory work that had to be gone through before being cramped down into the hold.

A checking and rechecking was done by calling out the names of each prisoner. His accusation, prison term were carefully checked. A row of guards, standing in line pass each prisoner in the central scrutiny. A ring of guards is generally formed for each group, until some 6 or 7 thousand had been checked which sometimes take more than a day. It generally happens that all night long and through out the day, the prisoners have to spend out in the open, either sitting or lying on the ground. Supply of rations gets neglected and sometimes a whole day passes without any bread rations.

It was July when we were being loaded into the freights. In the Archangelsk, close to the arctic circle, the sun disappears beyond the horizon only for a couple of hours. Order was out to lead our group of 3 thousand on to its freights. 1500 of us, mostly criminal offenders with only small percentage of the political prisoners were shown down to the hold. Only one opening to the hold was provided and once the lid is down, the entire hold becomes pitch dark. The covers for the opening for loading and unloading freight had been sealed off most of the time.

There were five wooden decks, one above 4.5 to 5 feet above the other. Theses decks were more like wooden shelves, the width of each is just long enough for a man to lie on his full length. The shelves were built all around the inside walls of the hold. In the center, along the total length of the hold there were couple more rows of these shelves, 5 desks deep. Lowering down into this hold, each carrying his own bundles of personal belongings, first thing that hit my face, was the hot stuffy air. The sun comes up about at three o'clock in the morning and goes down about at 11:30 or 12:00P.M. The sun comes up or goes down in the north. The suns rays beginning from 3 a.m. shines and heats up the sides and top of the steamer. The black paint absorbs more heat than any other colors and by about 7 or 8 o'clock in the morning the inside of the hold gets to be just like the inside of a baking oven. Prisoners begin to throw off any extra clothing, wearing only a pair of under wear pants! Every prisoner perspires in big drops all over his body. They get thirsty and begin to yell for more water. The drinking water which had been originally provided had been exhausted long time ago. Yelling for more water goes up to the guards' ear in unison. There was no more water to be had. But the yelling was insistent. Guards got tired of it. Draws the river water and fills the wooden tank below.

Diarrhea developed which in several days turned into dysentry. There was a long line, an increasing line clamoring for toilet. The temporarily improvised toilet facilities on the outside deck takes care of only 5 at a time. Day and night, the line did not stop. Sitting down on the center shelf, perspiration coming down my face and body in big rain drops. I began to realize what the hell with eternal fire must be like. Yes that was the hell of eternal fire. It was hot but not enough to burn up my body in a short space of time. The heat was just hot enough to impose suffering upon me; to make me think of the hell fire. Yes,

I have gone through hell and that wasn't after I died enter.

Koh Yu Liang and myself went down the hold and settled ourselves on the middle shelf. While the preparation of loading was going on, we must have been watched by some of the fellow prisoners, down and out criminals. Both Koh Yu Liang and myself had a bundle each, consisting entirely of clothes, several pairs of underwear, suit of street T39. clothes, winter coat and a blanket. Most of these had been with us from the day we were taken and had been preserved intact. They were considered to be the coveted possession of the prisoners whose scanty prison clothing did not keep us warm. No sooner had we settled down ourselves, about 15–20 minutes after we came down to the hold, three fellows ganged upon us two. They tried to take away our bundles. Koh Yu Liang and I were able to shake them off. About 15 minutes passed 15–20 criminals attacked us two, some of them with jack knives. The odds were too much against us and we lost everything we had with only exception of what we had on us. All we had on were pair of short pants each!

All these happened even before the ship took up to anchor. The day after we were put into the holds, the ship sailed out of Archangelsk. It sailed down the River. It sailed only about 15 kilometers and put down its anchor again, standing right in the middle of the stream. It stood there one day, two days, three, four and five. Nobody knew the reason why we were standing there. Little by little whispers went around saying that nobody knows how long we would standing there in the middle of the stream. The stream of ice bergs from Arctic Ocean were flowing by the Port Mur-mansk going past the outlet of White Sea. That flow might continue for many days and while it is flowing, because of the fog and the ice berg itself, navigation was impossible.

Hot July weather was mercilessly torturing all of us and the diarrhea and dysentry cases got so bad that a dozen of these prisoners had been isolated into another section. Rumors went around saying that two of the victims already died. This was fifth day after the ship put down it's anchor. The disease got the upper hand upon all of us. Now more than 60% were lying down in the hold. Yes the ship kept on standing there. We were standing 13th day when we heard the anchor begin lifted up. Right and left, all sick people weakened with diarrhea and dysentry. The ship swung around and headed back for Archangelsk. Rumors went around again that the captain of the ship refused to take these sick prisoners out to the sea lest the consequence for him might be too great.

Coming back to Archangelsk, every one of the 3000 prisoners from my ship were taken out into a big yard. It was a sight to see more than 2000 of them were lying on the ground under the July sun waiting to be disposed of. My buddy Koh Yu Liang was one of those unfortunate sick ones for he too had drank the river water. The prisoner authorities came with physicians and picked about 800 out of 3000 whom they thought to be strong enough T40 to be sent back on board the ship. I was one of 800 and was following the crowd naked, only pair of short pants on and without any shoes. Naked, bare-footed, hungry, I began to realize that I too will fall into the same fate as 2000 or more fellow prisoners. They were so sick that their lives hung by the thread! The only reason why I didn't get sick this time was because, I had refrained from drinking river water. Each day the ship kept on giving us the daily allocation of drinking water brought with it from Archangelsk so it was only then I would drink the water. Rest of the time, no matter how thirsty I was. I refrained from drinking. When we were taken off the boat to be sorted out, I was so weak that I could hardly walk, but I was picked up as one of the 800 as one of the healthy ones.

Over two thousand fresh prisoners were added to the original 800 and we sit out for the place, none of us had any idea of. Once got out in the open, the sea so rough, boat so small that every body including the guards were sea-sick. The guards were too sick to overload upon us. The simplest solution which he followed was to shut down the lid keeping the 3000 prisoners just like the rats inside the traps. Two days and three nights the boat tossed on the high seas of the Arctic Ocean. The boat got out of White Sea, passing by the city of Murmansk, headed for North East in the Arctic Ocean, it finally got to Pechora River. Little ways up the Pechora River the boat dropped its anchor in the little town called Naryan Mar.

Coming out of the boat in Naryan Mar I picked up an old dirty and torn shirt dropped by a fellow prisoner. Looking back to that day when I got off the boat in Naryan Mar, dirty ragged, bare-footed, shivering from cold breeze of Arctic night I wonder again, how I ever got out of Soviet prison alive. My teeth were clattering from cold, feet sore, I faced the prospect of freezing all night for we were to spend the night out in the open inside the ring of armed guards. Up in the high latitude, July month didn't seem to have much say in bringing warmth during the night! Under the clear cold sky, North Star directly above our head in the vastness of Artic Region 5–6 thousand souls clustered together trying to keep themselves warm to preserve the already lost lives! Did they think of what is in store for them in the Arctic? I am sure I don't know what they thought of. As for me my mind was blank. The feeling that I was hungry, naked and cold was the only thing I had. Outside of that I didn't care for anything! The cold, sleepless night finally came to an end and the sun was high up in the sky when our frozen body began to be warmed up. Night before was already forgotten and its only thought was about that very day!

River barges with flat bottoms were already there to take the prisoners up the river Pechora. River Pechora is about the only river in the European Russia which empties into the Arctic Ocean. Having its origin in the high lands of Northern Urals, it winds its way in the vast expanse of sub-arctic and regions of Europe Russia, taking in on its course numerous riverlets which empties into her. River Usa and River Vorkuta are two important ones and we were to navigate up the stream of Pechora until the river Usa joins Pechora. Then taking the course on River Usa, we came up to River Vorkuta where we were to get off. Though the distance was not great, about 250 to 300 miles, the barges were equipped with so weak and small engines, that they did not make more than 20–25 miles a day. The barges sailed day and night.

After a night's freezing out in the open, getting into a barge was the most welcome event of the day. We were herded into them late in the afternoon.

Looking all around as far as the eyes could catch the sight of anything, we could not see any signs of inhabitants. The vast expanse of Artic plains stretched out in front of our eyes, with wild shrubs just tall enough to cover a man of a ordinary height. Naryan Mar was supposed to be near but we could not see any signs of a town, or even a village. Naryan Mar is an old town. It used to be outpost for political prisoners under the Czarist Regime. Now, under Soviet Regime, Naryan Mar is not an outpost anymore. It was a regular sea and river port and as such the tight and closer observation of the prisoners never slacked down. To most of us, even if the guards would let us loose on the tundra, it would have been sure death from hunger and exposure. On a barge of about 60ft. long and 15 ft. to 20 ft. wide, a sturdy wooden top had been built upon it with few peep holes from both sides. The only openings were the front and back ends where two pairs of armed guards standing day and night.

800 prisoners were jammed into one of these barges. We were wedged in on all sides so tightly that once a prisoner stands up his place immediately disappears. Sleeping at night, the luxurious way of sleeping on one's back could not be even thought of. Everybody sleeps on his side and if he gets so cramped, and he wants to turn around on the other side, that had to be done by common crescent and all in unison. Subjected to such a tight situation, unless the next fellow prisoner is a down and out criminal, he is very accommodating and tries his utmost to ease up the tension. Though the coldness of the open space didn't bother me any more, wedged in between new mates, all naked, dirty and tired, I couldn't for the life of me fall asleep. No regular meal or bread for the first couple of days, for the distribution was not organized. Pot of gruel was brought into the hood, 800 hungry souls struggle for his share of the food and by the time when the guard comes near us, the pot was always empty. This plight of several days must have been registered on my face. We were sailing up stream on a snails pace for the third day.

An intelligent looking prisoner, though in the same prison clothes, much better dressed than most of us, escorted by a guard made a round of looking at the prisoner. They stopped in front of me. They looked at me for a full minutes. Then the prisoner asked me if I could cook. Cooking on this barge meant putting stuff in together according to the ration of individual prisoner times the number of prisoners, with water into a big army kitchen (iron kettle) on wheels and boil it. Any body could do that and I nodded. They told me to get my things and follow them. As I didn't have anything I instantly followed them out of the jammed barge.

They took me to the flat roof of the barge. On the roof I saw couple of those army kitchen standing on the wheels. Next to them were temporarily built in provision room. Where they kept all kinds of food supplies including food and clothing. The intelligent looking prisoner was the head man, a prisoner not with political charges. He was put in charge of the whole barge during this trip. Following the policy of the Soviet Prison, he had put some of the ordinary criminals to work in the kitchen and supply. The result was that they stole food and everything else they has and didn't give enough for the prisoners to eat. He insisted to the guards to make a choice of the cook for himself and the result was that he came to pick me up.

When I was ready to pass my last days before I would have died from hunger, exposure and abuse, something miraculously turned up and saved me from becoming a permanently damaged person, if not from the very death.

I was assigned to a corner of the roof to sleep. Two army blankets were given to me with a big bag to put my worldly possessions in which I will acquire. Three changes of underwear and suit of prison clothes and a pair of army boots! I was told what the ration was, saying 15 gm. of sun flower seed oil, 10 gm. of dried fish, 30 gm. of cereals for each prisoner. I was supposed to put enough of those for 800 prisoners. With sufficient water to make a soup of accepted consistency. From that day on, I was the chief cook and pan washer.

I boiled three or four kettles of water and stored them away into couple of wooden barrels so any time drinking was water demanded, boiled water was always on hand. If I couldn't increase the ration of each item of food, I saw to it that they were getting all the food entitled to them. From the first day, the food which used to be insufficient to go around, we always had surplus after the first distribution of half pint to each. The surplus was given to different units in turn so in two or three days, or in 4 to 6 meals, each had his second helping. Stay put with such unfortunate prisoners, no matter how strict the instructions were, many guards showed their sympathy to these prisoners and measure for the any a well-being of prisoners within the builds of legality, was overlooked by most of them. The head man on the barge used to tell me that he has great sympathy for all these political prisoners. He has many friends, good people, worked all their lives for the building of Soviet Union are now taken up under political charges. They were in the same condition as we were. He ended up by saying, I would have been in the same boat as you fellows are had its not been that I was taken before the purge of 1936, and been indicted under a criminal law of mis-appropriating government funds.

In as much as enjoyed my job, I began to enjoy our trip. The scenery of Tundra which haunted me so much up until now, began to show new attractions. The shortness of summer season plus the long hours of sun-shine of each summer day made things grow thick and fast, as though each plant trying to make the most out of the summer sun shine.

The mornings and evenings were specially beautiful. Two whole weeks the barge labored up the rivers of Pechora and Usa. Toward the last couple of days before we got off the barge, we were pretty certain that some of the food would be left over and the head man had consulted the guards and increased the ration for one day. For the first time since I was arrested two and a half years ago, for about ten days I had as much food as my stomach craved for. Before I left the barge, I made some dough with flour and fried in deep oil (sun flower seed) to take along with me in my bag.

After 15 days trip on the barge, we finally came to our destination on its bank of river Vorkuta. The prison camp Vorkuta was about 60 kilometers further in the north eastern direction from this base. A narrow gauge railroad was running between these river base to the Prison Camp Vorkuta.

Getting on or off the train or boat, for the prisoners, is always torture. Handling several thousand prisoners, checking and rechecking by their name, age, political or criminal charges takes many hours and the prisoners are handled just like a herd of cattle. Coming down, from the barge, we were assigned to a clearing to wait for the completion of transfer of the prisoners. Feeling completely worn out and tired using my bag as a pillow, I fell asleep under the warm sun. There were guards all around us and thousands of prisoners, sitting, squatting or sleeping all around. When I woke up, I found my bag cut open with a sharp edge and almost everything inside gone! That was my second hard luck in this trip.

Prison Camp Vorkuta was open up only three or four years before our trip. Exploration work went on long before that. As the result of the exploitation works, they had discovered that the region was underlain with extensive reserves of bituminous coal beds. The rumors had it that the new region will assume the importance as the second Don Basin. For the development of this region they had started to build a railway about 1500 kilometers long between Kotlas and this new Basin, Vorkuta. In 1940, the railway had not yet been completed and the around about a way from Archangelsk to Naryan Mar, there up the River Pechora and Usa was the only road accessible to this Camp.

While waiting out turn to be loaded on the platform cars of the narrow gauge railway to make the final lap of our long and tiresome journey, a rather tall and slim fellow came to me and introduced himself to be Liferov. He was an Ukrainian, born and raised in Don Basin. He worked in the coal mines of Donetz Basin for over fifteen years working himself up to underground foreman. Without any theoretical training, he got the practical experience which is always needed in practical operation of mine. He was arrested along with many hundreds of thousands of technical men of Donetz Basin of 1936–1939 purge. After a rather brief conversation, we became fast friends and we stayed that way until I finally left the prison camp.

The trip of 60 kilometers by rail was uneventful. Only it was our last lap and we were all, except few down and out criminals, glad of it. All the trips we have had just finished, the criminals have the time of their lives, stealing, fighting and gambling. But once gotten into a camp, these criminals are put under strict observation and they dare not to infringe upon other prisoners. No sooner, we got on the train than a torrent of rain began to pour down upon us. To this day, we the prisoners were gleefully making remarks saying that the sky was lamenting over out fate. Someone ventured to wonder, how many of us might come out of the Artic tundra alive and would see the bright light freedom again.

Toward the evening about at seven o'clock, we finally arrived the District of Capital Shaft of Vorkuta Prison camps. All of us were drenched by the rain. The imposing structure of Capital Shaft was encircled by an extensive barbed wire fence. Within the fence, there were hundreds of temporary wooded structures, the barracks for the accommodation of the prisoners. Undertoned whispers were already on between the old prisoners and the newly arrivals. One of the old ones said, "About two years ago, when we first got here we did not have this fence. It was a part of the vast tundra. These were only few structures in the First District across the river. They brought us, over 10,000 two years ago to clear the place, the swamp during the summer, frozen ground during the winter. Of over 10,000 who came with us, only few of us are still here. Coming here just like you, new arrivals. Only difference between you and us is that you have a place to come to which we have made. We had to live out in the open many months before we built something to live in. In all probability, you will all be sent to new regions, like District II, III and IV to start out mines from nothing." Koreans, by hundreds were in the camp. All of them were one time prominent party workers in the Far Eastern Siberia. Now, they have been brought up here in the north Artics to separate them from the rest of the world. How completely they had busted up the hopes of once enthusiastic Koreans!

Suffering is a very relative thing. After the long trip under the most inhumane conditions, the life of the prison camp, living inside the barbed wire fence, in the sticky, stuffy and semi dark wooden barracks seemed to be an earthly heaven for a while. Once more, looking at the old timers of the Prison camp going to the kitchen with their cans for hot water in the morning, half pint of soup each for noon and evening meal appeared to us new arrivals, as city dwellers enjoying the normal conveniences of life. But this feeling did not last very long for two days after our arrival, we were chased out into District No. 2, an entirely new and untouched area with only boundary sticks driven into the marsh land of moss and water.

In cleaning the land, building barracks, sinking a shaft, many different qualifications are needed. Engineers, technicians, carpenters, black smiths and name any other qualifications you wish and they were all found among the prisoners. Both Liferof and I were assigned to Engineer Xaritonov. Xaritonov was a free man, a Soviet Engineer. By technical training and practical experience, there were lot of better qualified man to head the development of the Inclined Shaft No. 2. But Xaritonov was free engineer. The Soviet NKVD trusted him. He was the manager of Incline No. 2. Liferov alternated with me to take change of day and night shifts of 12hours each. Each shift had 70–100 men. While the barracks were going up each one of us had to find a corner inside the barbed wire to the best of each one's ability.

It was already second half of August, 1940. During the night already the wind was cold. The draining of the surface water for the site covering an area of 500 meters wide and almost 1000 meters long had to be done by a system of ditches. The entire land was covered with thick growth of moss and shrubs which never grow taller than an average men's height. During the short summer months, the thawing of the ground goes down only skin deep. All the moss is soaked with ice cold water even in the warmest of summer months. Dig down any place with a pick for three inches we encounter the firm layer of frozen ground. All of us were either bare-footed or wore anything given to us by the Prison Camp Supply. Old worn out shoes gets soaked in cold water for 12 hours and the feet of the undernourished prisoners became swollen and numb causing a lay off the these prisoners up to 25–30% how sickness contracted in such conditions of work. A half hour lunch time is given for those who brought any part of his daily ration of bread. For most of us, we didn't have any lunch and towards the end of each shift, most of them couldn't stand on their feet. When every ration was dependent upon the work performed, naturally, these prisoners could not make this quota of work and their strength went downhill even from the first days in Vorkuta Prison Camp. Looking at the human suffering all around us, suffering in work, suffering in lack of food, suffering in sleep, I came to the conclusions that most of us prisoners would never get out that Prison Camp alive.

Xaritonov comes around once or twice during the day for inspection of the work, lasting only half an hour each time. He left instructions with me and Liferov. Our usefulness to him will be measured in so far as we accomplish the work according to his instructions. The speed and quality of the job done would be two essentials in our accomplishment. Yet, neither could be assured with the totally unaccustomed labor in mining and the poorly clad and badly undernourished men we had.

We were subjected under a great pressure for speed. Aside from the speed the Soviet masters always insist upon in everything, we were pushed for the dire need of getting underground when the freezing weather will overtake us. These facts had been impressed upon us, two times and again every day. Yet, when I saw most of the prisoners were willing to do all they could at the beginning of each day only find themselves overcome by exhaustions and hunger long before the end of the shift, I could not drive them to work. When each meterage of ditch dug was measured, each acre of cleaned space is accounted, and each cubic meter of earth excavated was checked and rechecked, there wasn't any possibility of padding for increased ration of bread. Nor was there any chance for us to earn the confidence and trust from Xaritonov.

Clearing the ground, by digging the roots out of the frozen ground, skinning off the moss was the next job after draining the ground from the excessive water. The job was as back breaking as any other kind of digging and shoveling. Right in front of my eyes, there appears the tragic picture of 9 years ago. A group of poorly clad and skeleton like human creatures in the waste expanse of Arctic Tundra, digging, pulling and carrying on their backs the green growth of the land. Surely they were doing that because they wanted to but they were forced to. There was choice between quick ending of such miserable life by refusing to do any work, thus be locked up in the penalty prison to die there, or the slow death from gradual weakening of body from hunger and exposure in performing the work to the best of his strength! All of us choose the latter. Armed guards do

A Forgotten Name, A Forgotten History

not follow us around for the Camp authorities were quite sure that no fool would dare to escape from this camp. All the inhabited spots in this vast Artic region were prison camps. All that helplessness for the prisoners leave them just one path to follow. That is to walk out of the prison camp at the dawn of everyday, torture himself with the hand labor and come back to the camp ground at the dusk each day. Dawn and dusk in the Artic Exposure seemed to be more quiet and desolate. Not even birds except occasional crow would break the monotony of dead silence. September rolled around and already, at dawns when we walked to our work, thick ice cracked under our feet. In the past couple of weeks Liferov and I had talked several times about the precarious position we were in. Our men were not satisfied because the rations were too little. They feel, and rightly, were not able to fix up in our daily report. Our boss Xaritonov was suspicious for we could not show any accomplishments. We were ready for the consequences, which we felt that we would be entrusted to common labor. Just at this time two prisoners each 25 years of sentence appeared in our Zone. Markob and Zaporoshenko were the names of the two. Markob was about 50 years old and Zaporoshenko close to 60. They were qualified engineers of long exposure in Donetz Basin and were arrested in the purge of 1938. Both Ukrainians, they solicited the sympathy of Xaritonov.

These two people were assigned to the same job to get acquainted with our work. The main job of cutting the slopes around the column of the Inclined Shaft No.2 hardly showed any progress. Many prisoners had already fallen sick and the attendance had dropped to about 60%. Some 800 cu. meters of dirt had to be dug out and carried away. Underfed prisoner labor just did make any headway and it was behind schedule. Some body was tightening the screw of command upon Xaritonov. In the middle of September I was taken away from the job and found myself with a pick and shovel.

Working 12 hours with pick and shovel convinced me in actuality the suffering I had witnessed in my fellow prisoners. One day, after about a week of this hard labor, through an accident my partner had hit the thumb of my right hand. At the time it was sore but there was no kind of medical treatment for such accidents. Hoping that with the passage of time, the sore finger would heal itself. Instead, the little wound began to bother me. It began to swell up the third and fourth day with increasing pain. Pus began to collect under the finger nail yet there was no place to go for treatment. Wrapped it up with a piece of dirty cloth. The finger got worse and worse each day of labor. The pain got so acute that at nights I could not fall asleep. Already, in the third week after the accident, even I could smell of the rotting finger. Pain had gotten up to the arm pit.

I had to do something about it. Showed it sore finger to the boss. Looking at the finger, reluctantly signed a release slip and a tag to go to the Prison camp hospital about 5 miles away, Zone No. 1

Zone No. 1 is the oldest prison Camp Settlement of Vorkuta Prison Camp. Had been existence over 10 years. As such, it has hospital for prisoners. Some prisoners were old timers in the camp living there for three, four, five years. Indeed, they were lucky enough to retain in on easy job, as hospital attendants, kitchen workers. On the other hand, in this Zone, they had a group of several hundred who had been written off their books as far as their usefulness to do any work is concerned. They were the sick from hunger, exposure and hard labor! My mind caught sight of them and pictured myself as one of them in the very near future. Then and there, I hoped that something would happen to me which will take my life away in an instant. Nothing could be worse than to be written off, waiting the day of slow and torturing death.

After a long line of waiting, my turn finally came and I went into the doctors room. The waiting had to be long for thirty or forty of the prisoners having about the same trouble boils, wounds, waited in line for the surgeon. The surgeon was a prisoner too, a Russian. His assistant was a Korean. The doctor looked at the thumb and shook his head saying that I might have to lose the thumb. He looked this way and that, trying to decide whether to cut off the right there or try to cure the thumb first. My attitude was apathetic. I wasn't surprised to hear that the thumb might have to cut off for it looked to me that might be the best and quick way of curing the hand. Nor did such idea bothered me for then I gave up all hopes of coming out of there alive. The Korean assistant helped in making the decision for the surgeon, for he insisted to try and cure the thumb. Whereupon the surgeon nodded and the treatment was entirely given over to the Korean assistant.

He did a thorough job of operation on the thumb. It was hard to endure the pain, however, when I looked as the Korean who did all he could to cure that thumb, a feeling of gratitude surged out of my heart. Seeing me suffering too much from the pain, he took me over to his bunk and made me lie down to quiet myself. About a seven o'clock coming out of his bunk, started to walk out of the zone to go back to my place in Zone No. 2. However, the guard, at the point of his rifle stopped me. Knowing where I was from and why, he turned me back to zone No. 1 saying that it was too late for prisoners to run around. Fully two weeks of daily treatment by the Korean friend was required to save that thumb and to this day I have that scar on that thumb. Though it was a narrow escape from losing that thumb, I had about two weeks of rest from the hard labor of digging and shoveling. That was well into October, and snow and frost had set in thick and deep and the surface labor became more torturesome.

Artic winter is something to be thought of in the smug cozy seat in front of a crackling fire place of a comfortable living room. When it comes to actually living in it with scanty clothing and forever hungry stomach, it is something to be terrified at. The howling wind, once it gets started, doesn't know when to stop. With it, the wind picks up the snow and carries with it at 20–30 miles an hour gale, one simply can not find his direction. In the wide territory of Artic plains the storm sweeps down and little black dots of huts put up by the sweat and blood of the prisoners cluster among the bushes, begging, as it were for mercy from the phenomena of almighty nature. The temperature registers between -30 to -60 centigrade!

Beginning from October, you never see the sun. Ten o'clock in the morning stars are shining. Two o'clock in the afternoon, stars are shining again. In between, smirky, dawn and dusk combined. This gets even shorter as we enter into December, when stars are shining as 11 o'clock in the morning and at 1 o'clock in the afternoon. Finally comes a time about a month when stars are shining 24 hours a day. Yet, day and night, or rather for twenty four hours of Arctic night, prisoners are chased out of the huts to work.

Ordinarily no working face is more than twenty minutes walk. Yet during the winter some days get so stormy that two or three hours of hard pushing against the wind and snow could barley get us to destination. There had been half a dozen cases when some prisoners had been lost for several hours in their attempt to go to or return from their work. Could there be any other place on each where human beings were subjected to such adverse conditions both from nature and human creation as we were in Vorkuta?

In a small and low wooden hut, built in with two story bunks with only enough room for a person to walk by in between 30 to forty prisoners are cramped into to sleep, eat and live. It also serves as drying room. An orderly, always an old prisoner, as in charge of the place and keep the hut warm. A brick stove with iron plate on top (about 2ft by 3ft by two ft. high) provides a space for drying clothes. Lack of bathing facilities deprives the prisoners any kind of bath for 2 or 3 weeks. Lice is common thing in the camp and living so close to each other, if a prisoner has lice, and the rash of the hut are with them. Yet the cold, stormy Arctic drives each prisoner into these huts as the only heavenly spot. The closeness and the smell of the room will make an ordinary person from a civilized world faint. Yet we lived through and felt thankful every time we heard the angry wind howled outside the hut!

5. Life in Vorkuta Camp, Artic Winter, Zone No. 4, Zone No. 3

There were balmy days but those days without winds, the temperature usually went down way below, between -40 to -60 degrees centigrade. All around, dark, quiet, clear but it was no easier to work in the open for the frost was too severe to work out side. Such adversities voice hard on the prisoners but the Prison Camp Authorities did not stop expanding their work. By now, Zone No. 2 was well under its way. Inclined Shaft No. 2 had gone through another change in Supervisory Staff. Xaritonov, the manager didn't find it possible to have prisoners work as his assistants. Markob and Zaporoshenko were taken off the job and in their places were put couple of ordinary prisoners who had recently finished their terms. Most of these prisoners with ordinary criminal offenses, when they finish their terms, rarely go back to common society for the chances to come back to prison life again is too great. Therefore, by staying in Prison Camps as the "so called freely hired people" they stand better chance to remain free. There had been many cases when these people who had just finished their terms, started out to go back to their former society, only to have been arrested again then their road. Charges are easily cooked up and before they knew it, they were back in the prison camp, ready to serve another term of 3, 4 or 5 years.

Two more Zones had been opened up and two more Inclined Shafts had been indicated for their immediate sinking. That was well in the latter part of October. Suratov was a free man and engineer who had been hired by the NKVD to head up the Inclined Shaft No. 3 and Pregozinie was another engineer for Inclined No. 4. When my thumb got healed up and was time to report for work, the tide of opinion among the prison camp authorities had been turned around and again I was assigned to work as shift engineer of the newly started Inclined Shaft No.4. This time, again, I was teamed up with Liferov under the free man engineer and manager of Inclined Shaft No. 4 Pregozinie.

Already the nasty weather of Artic had deeply set in, and under the circumstances, we had to do all we could even if it didn't amount to just scratching the surface. Rightly enough the engineering Sections of the Prison Camp, adopted system of leaving the clearing job of the surface until the summer of the following year. A drive was on to dig under the ground, so we could sink the Main Inclined Shaft No. 4 on time to hit the coal seam by the first of the following year.

A hoist house, made of wooden boards, had been built. With the help of a pot-bellied iron stove, a 15 H.P. Hoist had been mounted on a wooden frame. The Hoist was electrically driven. A transmission Line from the Capital Shaft, about 5 to 6 miles away supplied the power. Right above the hoist house on a platform supported by three poles a 20 KW transformer was mounted. This transformer supplied power for drilling, hoisting and lighting of this New Incline No. 4. Incline No. 4 makes the fifth shaft started in Vorkuta and 3rd shaft to be started since I was brought to this camp in August.

The coal bed had a general direction of East and West strike with a dipping angle between 23 to 30 toward North. In the Western Wing, the dip is gentle with gradual increase to 30 degree toward East. There was a change of dipping angle from 23 degree in Incline No. 2 which was located at the Western Extremity, gradually to 25–26 degree in Incline No. 3. which was located about 8 kilometers further East and finally to 33 degree in Incline No. 4, about 2 kilometers further East from Incline No. 3. The deposit extends further to the East which was not known to us prisoners but the rumors went around that 6 more Inclines had been planned for this opening up for the following year, the year 1942. The average thickness of the coal seam was between 1.5 to 2 meters giving an excellent quality of coking coal.

The whole area had been covered with permanently frozen ground, of average thickness of about 10 meters. Penetrating through this frozen ground of covering at the angles of 23 to 30 degree inclined slope, for a distance between 30 to 40 meters these Inclines finally hit the actual coal bed. The entire surface layer must have been sediment of loose dirt, so no rock had been encountered until the coal seam was hit. The layer was deposited in horizontal beds, alternating layers of ice with layers of block frozen soil. This layer had been designated as the zone of permanent frost, and is a firm as any rock while in place. The broken pieces hoisted out to the surface, thawed and fallen apart into mud in spring,

Trained skill of mining men was needed to drive the shaft. Most of the tens of thousands prisoners in that camp did not have way experience in mining. It was to this dire need of trained men in Mining which saved me out of that hell on earth Vorkuta Prison Camp! Drilling with Electric Drills, standard holes for blasting had to be taught. Blasting, which job was not allowed to any political prisoners, had to be supervised by the technical men, the prisoners. After cleaning the muck pile timbering was a big job needing close supervision. While the fresh surface after blasting is as hard and firm as any rock, when the warm weather comes around in summer, the whole inside surface of the shaft will became an extraordinarily heavy ground. To prepare for that, double timbering system was adopted. Checking the slope the incline should take after timbering, laying down the sills as well as putting up the timber sets and the quality of timbers, all had to be examined by eyes of experienced men.

Our manager, Pregoznie was fresh from School bench and didn't know how to organize or direct his work but his attitude toward us prisoner was anything but friendly. During the work his presence was ignored or considered a nuisance. While he was not around, everything went smoothly. As soon as he comes everything went out of gear. In spite of his handicap with the manager, we got the work well started and in about two weeks we went down sufficiently deep to be out of way of the fierce wind and snow storm.

A little unauthorized shack was usually built by the prisoner's own initiative in each of the inclines, where an iron stove made of an old gasoline can or similar old iron container of some kind had been used as a stove. To this shack, the prisoners ran in and out to get some relieve from the bitter cold. Those who are resourceful enough to save a piece of these ration, black bread for their lunch, put them away in a corner of this shack to keep the bread from freezing. And finally, to this unauthorized shack, the manager himself or any other prison camp authority, happening to come by, always dropped in to warm themselves.

Finally that shack was used for supply room and lamp station. As it was nor authorized place, no electric light was installed. At any rate, electrical supplies were the most critical items and as such, they were allowed to be used only under absolute necessity. In this room one night I was all alone trying to fill up a lamp with gasoline against the glowing light of the burning coal inside the stove. I had just left the instructions for the shift and finding they needed additional light, I had come up to fix couple of lamps to take back to the shaft. As it was hard to see, I did not notice that some of the gasoline had been spilled in the dark. As the shack was very hot and close, evaporation of the gasoline must have been almost instant. Not knowing what had happened, I struck a metal to light the lamp. An explosion went off with a bang and I was right in the flame for a second most of my eye brows burned up. Fortunately, the flame smothered of itself and I was saved from a disaster.

Noticing the explosion, people came into the room, among whom was our unfriendly manager. I was greeted with sympathy and mental relief by my fellow prisoners but by the manager himself. I was regarded with suspicion and distrust. The relationship between the manager and myself had so strained that a month later I had to leave. I wanted to see Duratov, the manager of Inclined Shaft No. 3 whom I had seen an other occasions and thought to be is decent fellow. By now, he had Markob and Zaporoshenko working for him with quite a bit of harmony. From both of them I had learned him to be rather decent manager.

By this time, at the end of December, the Inclined Shaft had been driven down to 20th meter and another 10 meters will strike the coal seam. As soon as the coal seam is reached, the job gets to be easier, for coal is easier to work. Foolish Pregoznie didn't quite realize how it was that his Incline No 4 was running so smoothly and putting out such good quality of work.

During my working in Inclined Shaft No. 4. Suratov had been to our shift and had watched me directing the work. He had seen the quality of driving, including the timbering which any body accustomed in mining would be proud of. He had been specially cordial to me every chance he had to see me at work. One day! About 2 weeks after the explosion incident, while Suratov was visiting our Inclined again, I had requested him to transfer me over to his mine. He listened and didn't say much. I gave up hope but about 2 weeks after that, an order of transfer came and by the beginning of January, 1942, I was put under the direction of Suratov, Manager of Inclined Shaft No. 3.

Suratov, knowing that by taking advantage of the experience and ability of these unfortunate prisoners, he could keep the mine in much better working condition than with the inexperienced so-called pro-Soviet ex-convicts, had but under his staff all engineers, political prisoners. Makov, Zaporoshenko, Liferov and I all were assigned to Inclined Shaft No. 3. However, by the time I was transferred to him, he did not have a definite job waiting for me so, he assigned to me a job on the surface, straightening out the surface tracks of the mine. The fact that he understood the importance of well laid out track showed that he was quite different from the ordinary run of the Russian Engineers.

Frog and switches were not known to the ordinary mining men in Russia. They were very careless about laying out curves. No body thought of tamping the ties. Rail spikes have made by the blacksmiths in only old way. Consequently cars with one ton load were pushed around with greatest difficulty and often gets off the track. The job was not a hard one. Any ordinary trackman in a mine may fix that in no time. But there is the Vorkuta Camp, it was going to be big job because of the severe cold and stormy weather. Snow drifts and frozen ground all made the simple job very complicated. Sketches of frogs, switch points were made and they were forged in the blacksmith shop under my supervison. Every spot needing replacements of rails, ties, places needing switches had all been carefully checked with Suratov himself.

One day, in the middle of January, when the temperature outside was between -35 to -40 C., wind was hauling, the snow drift constantly covering up the track, I was given with 25 laborers, prisoners to repair the track. One good thing was that all of them were political prisoners and most of them from Baltic countries. Simple, honest folks ready to do any kind of work. I had worked all day with them and at the end of the day, I had written out the report.

Suratov looked at the report and couldn't believe his eyes. He must have thought I padded the report. He picked up his coat and fur cap and motioned me to follow him.

With my report in his hand, he went from place to place and checked item by item, measuring distances, volume of snow cleaned and checked the track wherever the repair was made. At the end, Suratov remarked that the volume of snow reported was less than the actuality and in his own hand writing increased the underestimated figure. For two months there after, if there was any emergency job to be done Suratov always called me with my men and no more checking was done on my reports any more. At the long last, temporarily our minds had been at rest and twenty five of us were receiving the highest food ration the camp had to offer for.

Inclined Shaft No. 3 had intersected coal seam and level. Driving had been started for quite a while. An auxiliary Incline of smaller cross-section was to be driven about 400meters west of the Inclined shaft No. 3. Also, right in the vicinity of Inclined Shaft No. 3 a Ventilation shaft (vertical) had to be sunk. Both jobs were urgent. I was called upon to supervise both job. That was in the beginning of March. While the weather was still cold, we began to have considerably longer day light.

In driving the main Inclines, we had encountered frozen ground alternating with layers of ice for a distance of 30–40 meters, or until we reached the thawed ground. As the luck would have it, after going down about 12 meters on the incline of 25 degrees, we ran into a running sand with water! If I didn't experience it with my own eyes, I couldn't believe that such condition may be possible inside of the zone of permanent frost. Because no one anticipated water and running sand, we did not have prepared any pumps for drainage. Water wasn't much, about 2–3 cubic meters an hour but it was enough to retard the work.

Laying down the sill was the hardest job under such conditions! Sills have to be laid absolutely level which keeping in step with the general slope of the incline. Drawing water bucket by bucket relaying up to the mine car, sand was removed sufficiently to put down the sill. But no sooner we were able to put down than the pressure of running water and sand forces the log up. After repeating about half a dozen times, we were barely able to lay a sill. While forcing the logs down with temporary braces rest were timbered, set after set. Suratov used to come down every day to see its progress of the work. He used to be very much satisfied with the progress of this auxiliary Incline. After we struck the water and quick sand, the progress was slow and he didn't quite understand the trouble we were facing.

One day, Suratov came down to watch us while we were trying to lay down a sill. He watched for about 2 hours to see us finally put up a timber set in. After that set was well in place, he called me up to the top and told me that he didn't know any body else in the camp who could sink that shaft. We moved on in a snail's rate, made about 5 meters in 15 days but we did go through that part and by the time we got through, there was no more water and running sand. It must have been a small pocket of water and sand inside the frozen ground. About three days after we had penetrated through this pocket, which I was in the Incline to watch the timbering, a messenger came running toward me. He told me that they had hit another sand and water pocket in the vertical shaft (ventilation shaft).

By the time I got there, water began to appear on the shaft bottom. Preliminary examination with a iron bar shoved soft Sandy Ground to the full length of the bar and it was over 1.5 meters. My first judgement was to go through that with poling. Prepared some wooden slabs with lower ends trimmed to pegs. Tried it but the cross section of the shaft was too small to set no work inside after poles were driven in. Also great difficulty was met for driving down each pole. The only alternative was to undermine the last set of timber and push the last set lower and lower with upper sets following consecutively for a distance of about 1 meter. That gave us about meter's advance. But as the water increased, sand was running faster rate than we could cope with. The once accurately fitted up timbers sets all got out of line with the back of these sets empty from drawing too much running sand out.

Finally a wooden caisson was improvised and with that the rest of the pocket of 3 meters had been penetrated. That was in the middle of April, 1941. Since then I was recognized as an engineer who ought not to be kicked back and forth all over the Prison camp!

It was about the middle of February, 1941 when I was called to the special section of NKVD. The man in charge pulled out a small piece of paper on which I recognized the familiar writing of my wife. The letter was written to me c/o Chinese Embassy, Moscow. I read the note and learned for the first time that my wife and child were well and safe in New York. Coming out of that office, walking toward my barrack, I didn't feel that my feet were touching the ground. Getting into barrack I yelled out to the room mates,

"I got a letter from my wife in New York." Everybody in the room jumped and were amazed at how NKVD had ever let a letter pass through to a prisoner! As for me I was so contented that if I were to meet death right there and there I would have died smiling! Whole week, I was elated and I wanted to tell every body that my wife and child were safe in New York! Room mates as well as camp mates began to speculate what that might mean. They concluded, it couldn't be a bad sign. The letter was addressed to the Chinese Embassy. Chinese Embassy must have requested to pass that letter to me.

The severe winter finally passed by. It took a long time but gradually the white expanse of Artic wasteland changed into dark brownish bushes and gradually the green leaves and moss replaced the dark brown color. In May, the entire territory was covered up with a layer of water, ankle deep. The water can not seep through the ground and the rate of evaporation do not quite take away the melting of snow and frozen surface of the ground with the appearance of warm sun, hard work becomes easier and surroundings seem more friendly.

6. A Sudden Call to Pack up, Trip back to Moscow from Vorkuta, First Bombing of Moscow, Moscow Prison

On 27th of May 1941, returning from my work about at 7 o'clock I was met with a roommate of mine who frantically hurried me saying, that there had been summons from the Headquarters of Vorkuta Prison Camp that I was to appear to the Headquarters, Capital Shaft about 5 miles away, taking along all my personal belongings. All my friend there was rejoicing for me for they felt sure I was called back to have my case reconsidered. But I was dumb-founded. I was hesitating. I didn't know what to do. So I walked out and went to the Camp office and asked them if I had been called. I was told "Yes" and "I had to hurry because a group of Prisoners had been called to Capital Camp for immediate departure.

I returned to my barrack and picked up my things and walked out of the barrack. Rarely, if even a prisoner, not yet finished his term of sentence was called out Vorkuta. If called out, it could not be for the worse because there couldn't be any worse predicament than to be sent to Vorkuta. A guard was named and he took me over to Capital. When I got there a party of prisoners had already taken by the train about an hour before. Upon asking why I was late, the guard answered that they could not find me on time. A coal train was preparing to leave that very minute and they looked at each other and said, there is still time for him to catch that boat for the boat will not leave until the next morning.

So the guard took me upon one of the coal cars and left the Vorkuta Camp and that was about 9 o'clock in the evening of May 27th 1941. That was the last train of the day and it took 3 hours to get to the Camp Base on Vorkuta River. There were a party of prisoners who had been called out from Vorkuta camp and arrived to the Base just one train ahead of me. They were ready to start out on the barge early the next morning down the stream to Ust Usa. Thus I joined the group by the skin of the teeth. I was turned over to the command of guards. Twenty Seven of us, prisoners were in our party. Our spirits were high. None of us knew where we were going and what for. But most of us nursed high hopes of reconsidering our case.

This encouragement had gotten hold of us for the guards were of entirely different type. There was no strict control over us. They had left us almost to our free will of talking to among ourselves. Between 3 guards, 27 prisoners were not hard to handle. None of us were trouble makers for the guards. Therefore the trip down the stream was a pleasant one compared to the other trip just about a year ago. By now the sun was warm and the river banks were covered with thick growth of green grass. The trip took about 12 hours and just about at noon we stopped for about an hour at a prison camp on the River bank where they kept only the women prisoners. They had a farm and the prison authorities were trying to grow something way up there beyond the Artics.

A girl we had met in the previous summer in Archangelsk Transitory Prison came out to see us, a brief conversation revealed that she was not getting enough to eat and most of the women were going down fast in their health. This girl who was only about 25 surely looked just like a shadow compared to what she was just about one year before. A gloomy feeling swept over our crowd, and for the rest of the day nobody said much. Every body went back to his own thoughts and looking at with our own eyes the human suffering that was going on along the bank of Vorkuta River, we couldn't keep but feel the hopelessness and cruelty all around us.

If, one year before, we had to make the long tedious trips by sea and up the Pechora River, in 1941, going back from Vorkuta we didn't have to do that any more. A system of bridges over River Pechora, and Vorkuta would have connected Vorkuta Prison Camp with outside world directly by Rail. The main rail way had been finished up to Ust Usa. A railroad of 1500 kilometers had been completed from the Railhead of north Central part of European Russian, Kotlas. The entire length of the railway penetrated through the uninhabited forest land of Artics, through forest and swamps. How long it took to finish this road, how many lives of prisoners had been sacrificed to build this railroad will be known only to the high Officials of NKVD. This railroad was exclusively for the development of the Coal fields of Vorkuta and no money and no lives were spared in building this road. Being just completed, the trains had to run at a very slow rate. 15 days were required to cover the distance of approximately 1500 kilometers. This gave us good chance to see at what expense of human lives, the rail road must have been completed.

We were detained at the Prison Camp, Ust Usa about 3 days, waiting for the train to pull out. On June 2, 1941, we, 27 of us had been loaded into a box car. Using straw on the floor of the box car, we were comfortably settled for the trip. Soon we found out that we would have in numerous stops on the road, formerly prison camps of the railroad builders now turned into junctions for the service to the trains. Every 5 kilometers or so along the railway we had seen the remnants of Prison Camps. A clearing in the forests, with old buildings surrounded by posts, once served as barbed wire fences could be seen all along the way. Taking the number of camps along the line to be 300 and in each camp 1000 to 1500 prisoners then the number comes up to the staggering figure of 300,000–450,000 only for this project. Half million army of prisoners had been used to build this railroad, in a hurry. I hate to guess the number of prisoners who had lost their lives from hunger, exposure and sickness in building this railroad!

What was the big idea of such an urgent and speedy development of Vorkuta? That answer was brought out clearly in the couple of months following. Soon after the invasion started by the Germans in the Polish Front, Ukraine and with it the whole of Don Basin fell into the hands of Germans. Then cutting off the main source of coal supply. This must have been keenly felt. By developing Vorkuta, the quality of coal not inferior to Don

Basin, Soviets had hoped to rely upon Vorkuta for them coal supply in case of national emergency. But, in doing that, as free men, no matter how high the pay will be, will be willing to go to the Artic Wasteland to work. Therefore, the best solution was to use prison labor. To have enough prison labor for her hundreds and one gigantic projects, they carried on purges herding the innocent people in by millions! Without prison labor, they could not have built the railroad to Vorkuta, they could not have developed the Vorkuta coal fields! they could not have built Volga Dam:they could not produce gold in Kolima!

On 18th of June, the train pulled into Kotlas. As always the case, nobody seemed to know where we were supposed to go. After about 2 days running back and forth, we were turned over to the Transitory Prison Camp in Kotlas. There were thousands of Prisoners in the camp, going both ways, waiting to be shipped off. Here, in the camp, to my great surprise, Kodim, a Czecho-Slavakian who went through the Trail in Alma Ata on the same day, later living in the Death Cell for 9 days, then been around together until we were loaded to the ship for Vorkuta, was there waiting to be disposed of. Of the eleven from that Death Cell in Atma Ata Prison, I was the only one who had been shipped to Vorkuta. All the rest, I didn't know where they had been taken to. By shear chance, I came face to face with this Kodim. As we always do, we compared notes about our life in the past years since we got parted in Archangelsk. He was taken to the Railroad Building and he had to work every day out in the open in one of the camps along the railway. He was very much downhearted for he said he would not last another winter. He did not know where he would be taken to next.

The news of the invasion of Germans in the western boarder of Soviet Russia had an effect upon the prisoners of Kotlas Transitory Prison camp like electric current. The very day, June 22nd, 1941 the prisoners had the access to the news. The effect of the news to the prisoners was different among the different nationality groups. The Russians were hopeful for a more liberal policy of the Soviet grip upon them in such a time of national emergency. On the other hand the Germans, Austrians, Czechoslovakians were most apprehensive. They feared the turn of the tide of the feeling against them, resulting into more desperate and inhuman treatment. Again, there was a great number of prisoners who didn't stop to analyze the event but blindly welcome the national emergency for Soviet Union. To these prisoners anything would have been better than to be under the status quo. A change will surely come in either event, victory or defeat, and change was welcomed by the suffering millions of Russian prison population.

Already, there was a decided change in the attitude of the guards toward the prisoners. They became surprisingly communicative. These guards were no longer sure of themselves. As all the prisoners in this Transitory Prison Camp were on the move, for some days, the camp authorities didn't seem to know what to do with these prisoners. There was Slacking down on the severity with which the Prison Camp rules were enforced. But, these was no violence on the part of the prisoners. This just shows the composition of the prisoners. They had shown the willingness to wait in peace. Had any of the prisoners been really belonged to a counter-revolutionary organization as they had been accused and convicted to be, there was a good chance to come out and stir up the prison population. They were, all of them honest, good peace loving people who would do anything to avoid getting into trouble with any body, at any time. Many Russians prisoners had come out with the statement that they were willing to forget about all the injustice and sufferings they had been imposed upon by the Soviet Government, if they were freed. Yet, for some unknown reason to all of us, these good people had been arrested, prosecuted and sentenced to 10, 15, 20 and 25 years. No wonder, there was jubilee among the prisoners when the news reached them that Germans were invading the Western borders of Russia.

Kotlas was out of the way section of North Central Europe Russia. Therefore, there was no direct effects of the Soviet Union at war. However, news trickled in about the fast and successful advance of the Germans. Every thought and energy of the Kremlin Lords was occupied in meeting the German invasion. Nobody could give any thought about several thousands of prisoners stranded in the out of way prison camps of Kotalas! However, every one of us prisoners felt that there was a big population of potential revolt if they were not rightly handled. Caught in such a dilemma, any hope I had about my immediate future was gone with the winds of war. An unpleasant thought of excessive atrocities that might be committed by the hard pushed NKVD toward the prisons haunted me day and night during those early days of war. A life of suspense and uncertainty for the immediate future had lashed for two weeks.

One afternoon, in the early part of July, the group which originally was called out from Vorkuta numbering over 20 plus some 50 others had been called out with our belongings. We were loaded into the prison car at the Kotlas Railway Yard. If during the first days of the German invasion, the guards were hesitant and almost friendly, by now after about two weeks, all of those had completely disappeared. Surely, there had been enough time for NKVD to pass out directives as to what should be their attitudes toward the prisoners. Severity and cruelty have again come back only this time to higher degree than before.

We were cramped into the prison car, 15–23 in one compartment, with no sitting room for any body. It was in July. the hottest season of the year. Yes, we were loaded into the car but after then, we seemed to have been forgotten. We sitting there day after day for a whole week. Rumors went around that they were short of locomotives to pull any of the trains out of Koltas. Life in hell started for us again. Sweating in streams, 15–23 people cramped into the compartment with very little movement of any kind, waiting for the piece of precious bread once a day every morning our thought were reduced again from one ration of bread to the next. No more speculations as to our immediate fate could be heard. Everybody was facing the hard fact of Prison life in Soviet Russia. None of us knew where we are headed, and what for. We were clearly aware of the fact that we would be exterminated like flies if when and where that action will relieve of them of a tight situation. A whole week had passed in this manner and at last our coach was coupled to a train and was pulled out of Kotlas rail yard.

City of Kirov, formerly known by the name of Viatka was on the main line of Northern Railway, connecting Moscow with Sverdlovsk in Urals. From Sverdlovsk further east, the line joins the Trans-Siberian Railway. The branch line from Kotlas comes with the main line at Kirov. Arriving Kirov, nobody seemed to be concerned with our train. We were standing there in the Kirov Railway yard. Train after train was passing by us, loaded with soldiers. They were not carried on the passenger coaches. They were in freight cars, on platforms and whatever else rolling stock they could couple on the train. They were moving westward. One thing stood out clearly, looking through the window of the prison car was the expression of the soldiers on their faces. The fear and morbidness were clearly written on them. Whispering among ourselves, one of the prisoners in our compartment had made the remark saying that they were being herded around as much as we were, only they were getting 1000 gram of black bread to our 400. Train after train passed by our coach and we were watching the Soviet Russia at war!

After two days and two nights on the rail yard, we were finally taken up on the prison truck and herded into the Prison in Kirov. The torturing experience we had in the cell of Kirov Prison for about 3 weeks, defies any description. Close to 160 prisoners put into a cell which was originally intended for 15–20 left each individual just enough room to just squat. Sitting in that position day and night for three weeks was not a punishment but real honest to goodness torture. On top of this, the cell was provided with only two small windows which may be opened only partly. The July and August air outside was hot enough. But the humid, stuffy air that is heated up from breathing and sweating of 160 prisoners made the cell just like a Turkish Bath. Every body was taking off what they had on except a pair of shorts. Every body was gapping for breath. Only for a couple of hours in the morning after 2 or 3 o'clock, the condition of the cell lets up little for the inmates to catch a little sleep.

On the bare floor, scattered all over, each inmate did the best he could find a place for himself. There was a conglomeration of all races, nationalities. By comparing the notes each had pretty much the same story. Each asked the other, where he thought he was being taken to. The answer was invariably "I don't know." Some who had been in prison for many years and had been through many prison camps. Others just had their sentences freshly served to them. From these fresh ones we had learned that the NKVD, in the years of 1939, 1940, did not go through the forms of investigation but apply the methods of inquisition in a quick order using all kinds of beating, hanging a man by the feet, pouring water into the noses and mouthes. Each inquisitor was given a deadline to wring out confession from his victims. Armenian was cursing at Mikoyan, Georgian was swearing at Beria and Stalin, we had all of them with us in that cell, waiting for something none of us knew what.

It was about the last half of August, my name was called out and ordered to come out of the cell with my belongings. By this time, the NKVD must have caught up with their breath. Hurriedly and efficiently I was loaded with about 20 other prisoners into a waiting prison coach and that night we were headed for some place. The trip lasted only about 24 hours, and we were taken to Gorky formerly known to be Nizhny Novgorod. By this time I was pretty sure that I was being taken to Moscow. From the rail way station to the Prison, though we were taken in total darkness, inside the loaded prison truck, we could listen to the shouting songs of marching soldiers in streets of Gorky. By now, just about two months after the German invasion started, the movement of the troops toward western border had been considerably lessened.

In the cell of Gorky Prison, to the greatest surprise of most of the inmates, we had met couple of young fellows in Red Army uniforms. They had been picked up by the secret police of the Red Army with an accusation that they had planned deserting the army. It was through them that for the first time, we had learned about the fast advance of German Army in Ukraine and White Russia. It was through them that the Germans were near Smolensk, about 500 miles west of Moscow. They told us how the Red army was losing ground to the advancing Germans. They told us how poorly the Red Army was supplied with food ammunitions and equipments. They predicted that inside of two months, the Germans would be at the gates of Moscow and Leningrad.

Being not far away from Moscow, as early as August 1941 prisons of the neighborhood of Moscow had been evacuated. Now these prisons were used for the accommodation of prisoners of Red Army or fresh arrests since the start of war. After a short stay of about a week, on the 30th of August, I was summoned to get on the prison coach and on 31st August I was in the rail yards of Moscow. September 1st was the day, when I was taken down from the Prison Coach and put into a solitary confinement of Lubyanka the most feared and talked about, of course in undertone, the Headquarters of NKVD in the heart of Moscow. It was about at 7 o'clock, Sept. 1st, 1941, that I was ushered into my solitary confinement.

The very atmosphere of the place gave me the shivers all over my body. Death silence reigned all over the huge place. The guards walking noiselessly over the carpeted aisles looked to me to be the very ghosts claiming upon my life. The first few hours of my apprehension was hardly over, I heard the hurrying feet out in the aisles.

Sirens were blowing and lights were turned off. We were left on total darkness. Fully an hour passed in suspension and fear! It was the first time I heard such siren. In fact, it was the first time whole Moscow heard such sirens. Sitting in the dark, I was thinking of the possible combinations of events to my life if one of those bombs dropped in Lubyanka and destroy the Headquarters of NKVD. The idea was very attractive and I would be gladly one of the many innocent prisoners who will be blown off if only that bomb will destroy the whole machinery of NKVD. But that thought was dismissed presently as a wishful thinking. If such a bomb did drop on Lubyanka, most likely all the innocent prisoners will be the foremost sufferers. Possibly some of the guards may be the victims. All the big shots of NKVD must have taken their shelters long before the actual bombing would occur. The previously attractive thought became ugly and I hoped to live and hoped it very badly.

There were another siren, another and still another. Explosions were heard, far and near. The sound of anti-aircraft guns rattered right above the very head of me. The explosion and the shooting lasted for about an hour. That was about at 11 o'clock. The explosion seemed to have been going off right and left and above me. The only thing I could do then was to hope, and hope the night soon pass away for explosions like that during the day time did not seem to be half as bad. Second wave of bombing and third. Only about at 3 o'clock the city seemed to have fallen into quiet stillness again. That was the first experience for me to listen to bombing much later on, from the fellow prisoners that that was the first baptism of bombing for Moscow. Why was I brought back to Lubyanka. Didn't even try to guess, for every time I did, my hopes were too much out of the bounds of sound reasoning that I feared for the disappointment I was bound to have later on. I resolved to live day by day, throwing myself completely to the winds of fate. Fear and apprehension didn't seem lost long under such circumstances as this. The forces against you seem so great and I seem so insignificant. When thousands upon thousands are falling death every day, who would care about one person, or thousands of prisoners locked safe behind the bars! With the quietness of the night, I had a sound sleep in the luxury of occupying a cell alone. I much had been abused for the last three months on the road that a night alone would have seem to be heaven had it not been hurried by the explosions and shooting.

Had it not been for the bad turn of the War for Soviets, I might have been taken up sooner. But every body in Moscow, since the night of Sept. 1, 1941 was so absorbed in the advancing Germans that they had no time to be bothered with the prisoners. Next morning, I was delivered over to Butilka Prison in Moscow. Butilka Prison is an old famous Prison in the heart of the City. Tsarist Times many famous people had been locked up within the walls of this prison. Since Soviets had it, thousand times more souls have been imprisoned in these cells. Into a big cell, well lighted by large window and well ventilated 15 of us were shoved in. Each had a bed of wooden board. Compared to all the prison cells I have been pushed into so far, this cell is the heaven of Prison. Perhaps, this was a prison the Soviets do not hesitate to show to foreign visitors. So different and well kept this prison is compared to the rest of the prisons that looking at this prison alone will always go away with as wrong conception of the real prisons of Soviet Russia.

The numbers of this cell in Moscow was quite unique in that all of these were intellectuals. Hot discussions would ensue as to the outcome of the war. While they actually rejoiced the idea of the fall of Stalin Regime, they always expressed the deep regret that Russia will fall under another iron hand, that of a conquering power. But finally they conclude saying, this regime gets to fall and when we come to a foreign occupation of Russia, we will see about that later when it actually happens. Every body of the group of the fifteen believed that Russia's fall was eminent unless some miracle happens which will bring enough equipments and supplies to the Red Army. Every night, the German bombers who raise havoc upon Moscow. Each morning walking around in circles in the prison yard for our daily exercise, one of us would fig up in secret and bring a piece of a shrapnel into the cell. A hot discussion starts on bombing. A wish was expressed by someone that one of those bombs hit the Prison. Another one objects. Third one joins with the first. Fourth one sides with the objector. Pretty soon, two sides divides up pretty evenly and thrash out their opinions. Finally, always the first group concedes that they had wished it out of desperation. Independent of our wishes and discussions, the bombing went on every night and few nights we had heard several bombs exploding right close to our prison, shaking the walls and windows. Beginning from September 2, for a whole month until the beginning of October we were constantly under bombing attack every night.

7. Departure from Moscow, Saratov Prison, Trip to Samara (Kuibishev) via Orenburg, Interrogation of NKVD Official

On the 2nd or 3rd of October, 1941 the prison doors were open and a large group of prisoners were called out with their belongings. That was the evacuation of the prisons in Moscow. Locked up as we were. We did not know the real situation of Moscow by the beginning of October.

Whole trains of Prison Coaches had been loaded, cramping each compartment with the maximum capacity of 20 and over. We were a switched back to a siding. There were trains after trains formed right and left of us. We could see a train loaded full of women and children, pulling out of Moscow, from the right and left of our track. Other trains were pulling out with machinery and equipments. We stood there one day, two days, three and four. Yet, our train did not move. Every night the bombing goes on, right, left, back and front of us. We couldn't understand why we were loaded, if they didn't mean to pull us out. We overhear the discussion of couple of guards standing in front of our cage. One of them said, "Moscow is surrounded on three sides by the enemy. One opening left by rail for anybody to get out and that is the South Eastern line to Saratov or Samara. Even that line is being bombed every night so every morning the road have to be repaired before they could pull out couple trains each day."

Each day, a new train load appears, one day to our right next day to our left, still with women and children, machinery and equipments. They always were pulled out but ours stood there unheeded. We could see the guards in our coach were getting impatient and excited. During their excitements and in their unguarded moments, they let out, unawares, in their talks what were vital importance to us. Leningrad was surrounded on three side just as Moscow was. Both Leningrad and Moscow were fighting for their lives against Germans who were determined to take them. As to when they will face, any body's guess was as good as anybody else's. Stalingrad was in the same predicament. All Ukraine was lost to the Germans. In moments of excitement, prisoners tried and found out how strong and firm the roof of our coach was. Our train kept on standing for 14 days right in the midst of bombing. Yet we were spared of the hit. On 15th of October about at noon, our train was pulled out of Moscow. Only about 5–10 miles from the station, the train slowed down to a crawling speed over the fresh laid rail we could see tens of places the embankment with twisted rail bore the marks of nightly bombing.

It took 5 days and nights to get to Saratov on the bank of lower Volga. It was in the afternoon when our train was unloaded and we were locked up in a big cell with about

60 others. Most of these prisoners were newly arrested. They were from the West mostly and quite a few of them directly from the battle ground. In a hurry to evacuate, and handling too many in the limited time, there was a mixture of every kind of prisoners in the cell. Only one thing was common among these prisoners. That was hunger. Can of soup was brought in by the guard.

Everybody rushed for the can. I stepped up on top of a wooden cot and yelled out, "Fellow prisoners, listen to me!" There was silence and some showed the willingness to listen to me. "We all are hungry. From my past experience of Prison life for nearly four years, I found out it is for the good everybody in a given cell to conduct ourselves orderly, especially this is so for distribution of food. To do this, a cell always has an elderly who will see to it that fair distribution of food was made. It will be his business to speak with the prison authorities concerning the general affairs of the cell." EveryBody in unison agreed to this idea and elected me to be the elder.

It took the dipper in my hand and requested every body to line up with their empty dishes. Generally, the prison soups are thin and the few grains of cereal which might be found in the soup settled down to the bottom of the can, if the soup is not stirred up before each serving. A fair job of serving had been tried as honestly as I knew how, taking into consideration of both consistency of the soup and quantity. It worked out to every body's satisfaction and there was enough left for second helping for a limited number. The record of second helping was accurately kept and each time the soup was distributed the second serving always started when we left off the previous time. Exchange of experiences was the main conversation among the cell mates for the first few days. Listening to my experiences of inquisition, trial and prison camp life was as much surprise to these newly arrested as the news they had to relate to me from the front and from the general public. A kind of fellowship developed in that cell where by a tough acting and rough handling of the fellow inmates had been completely replaced by the congenial and brotherly attitude toward each other. So much this had been so that I hoped secretly that I would be left in peace with this group, at least until the war will be over. So much misery had I seen and experienced in the past four or five months that I craved for a quiet settlement at least for the time being.

My hopes were not realized. Little had I any suspicion as to what was in store for me.

About 2 weeks of rest in Saratov Prison, I was called out with my belongings again. This time only a handful of prisoners were loaded with a prison coach. But where we were being taken to, I had no idea. Still, in the back of my head, I nursed my hope that my case would be considered and set me free. If so, what kind of procedure or where this procedure will be handled and by whom? I did not know. There used to be rumours that any reconsiderations may only be carried out by the very district one was originally convicted and tried. In that event, I might be taken back to Alma-Ata! So the next few hours would let me know where I was being taken to. If to East, that would be Alma-Ata. If toward west, then, they must be taking me back to some kind of prison camp again!

The train did move Eastward but my hopes were short lived. After three days trip, when we got to Chakalov, (formerly Orenburg) I was taken off the train and put into the prison there. For two weeks I was kept in the prison. By now, I gave up all the guessing game and stopped torturing myself. For the life of me, I could not figure out what they were going to do with me.

About the 30th November, I was called out again with my belongings and put on the prison coach again. This time I was going westward. Five days later, I found myself in one of big prison cells of Kuibishev, the war time Capital. All kinds of prisoners were in the cell and I was lost among them. Three days and three nights I had spent the time in anxiety and apprehension. The atmosphere in the cell was tense and prisoners were most unfriendly toward each other. Of the over 100 prisoners in the cell only a small percentage was political prisoners. The rest of them were down and out criminals, being evacuated from the different towns of war zones. It was hard to get my share of prison rations. I had to lie back and wait for the fate.

Three days and nights of this hell, on Dec. 6, 1941, about at 4 o'clock in the afternoon, I was called out of the cell with my belongings. I was put into a covered prison truck alone and taken to another part of the town, with the Building of NKVD. I came right back to same status of Sept. 1, 1941 when I was put into solitary confinement in the NKVD Head Querters in Lubyanka, Moscow. Due to critical situation of Moscow, they had laid me off for the time being. The Moscow NKVD Head Quarters had been moved to Kuibeshev. That was why I was taken out of the Saratov Prison and brought to Kuibeshev, finally to be taken up with my case.

Prison regime for solitary confinement is more rigid and unbearable, especially if no reading was allowed. In prisons as part of NKVD Headquarters death silence reigns day and night. The way atmosphere of the entire building oppresses the poor inmates down. I was locked back into that regime again. One redeeming fact is that the cell was heated. Compare to the exposure of Artic winds and hard labor, physically I was far better off. But the uncertainty of the coming days, pressed me down psychologically. About four to five months of physically torture in traveling and the unnatural excitements had run me down to such an extent that I could hardly take in the daily walk allowed me for 5 minutes in the prison yard every day. Bone and skin were the only things left of me. Surely, I wasn't fit for anything.

Strange thoughts went through my head, lying there in my cell the night of Dec 6, the first night in Kuibeshev NKVD. If I were taken back and forth again as I was subjected to for the last four months, surely I would be a dead man inside of three months. Pain in my back which comes to me every time my health runs down to subnormal had been bothering me for many months now. Lying posture was the only comfortable position now. Surely, this could not mean to be my last days. I was too young for that. What is more, that I haven't done a thing worth while so I may go in peace! Was it a self pity? Or was it making out the balance sheet of my life. These thoughts haunted me and kept me awake all night.

So vivid was the thoughts and so insistently they came back to me that night that even now, after 8 years of the experience I could see myself clearly tossing in my bed that night.

Finally the impatient waiting and unbearable suspense was temporarily broken when about at midnight, Dec. 8, 1941 the door of my cell was opened and I was summoned to dress up and follow the prison messenger. I was led to the brightly lighted and well kept office room of a major of NKVD, I never did find out the name of the Major. To this day. I remember very distinctly the tray of food already with. The major was amiable and treated me as an old acquaintance. The very first gesture of his friendliness was the tray of food already put in a corner waiting for my arrival. He pointed to the tray and invited me to eat. It was the first meal of its kind since I was arrested just about four years ago. The food gladdened my heart but I was uneasy. Why all of a sudden, and friendliness toward me? But the hunger and the appetite aroused by the sight of such rare food was too strong to entertain about the consequence for such kindly attitude. I felt upon that tray of food and gobbled up.

"You are hungry, aren't you?" was the opening remark of the NKVD major for the conversation he was going to have with me. "We will see to it that you get enough to eat."

I was staring at him, trying to figure out what. I was dreaming or I was awake. The major must have guessed what was going on in my head. He grinned and went on with the following statements.

"Do you know that Japan had attacked Pearl Harbor yesterday and the entire U.S. is aroused up to go to war against Japan?"

Of course, I didn't know about it. For the past week or so, ever since I was locked up in the solitary confinement, I was absolutely cut off from every body. Thought flashed through my mind in an instant, that there would be a chance for Korea to become free from the Japanese yoke. The next sentence was; "Korea is going to become a Free nation." He was hitting exactly the same string of my thought. "We want man like you, go out and fight for the freedom of your people."

He didn't have to tell me that. That was exactly the thought going through my head. My answer was, "Of course, major, I will be lonely happy to work and die for my people. There will be nothing I will like better than to have that privilege."

He didn't make himself clear in the first meeting but I could read behind his words. The implication he was hinting at me. During the period my conversation with him, which lasted nearly an hour, he was harping again and again the idea of fighting for the people of Korea. He went on and said, "Your case ought to be reconsidered, but there is no time for that. We will not waste any time in reconsideration of your case. Even you are really guilty, as such a time like this," we will let you go and work for the freedom of your own people!"

"These are technicalities of your release to be taken care of and we can't let you go out the way you look right now. We will give you extra rations of food every day until you will look to be normal and also we have to find you something to wear before you will be actually let out!" He stood up, gave me his hand for a hand shake.

My reaction then was Forgive and Forget. I gladly took his hand for a friendly hand shake. Coming back to my cell, falling asleep was entirely out of question. The joyous news just related to me was itself an excitement enough to drive away the sleep. In addition, the thought that there must be something up in their sleeves which they haven't yet let me know. Finally the thought that I was still in the NKVD cell, securely locked up and any day, any time, these NKVD agents may change their minds and send me back to prison camp. These thoughts cause crowding into my mind one after another. All the time, I came back again and again to my self-made conclusion that the most important thing for me is get out of prison, get out of Russia at whatever cost and risk!

The night was long, but finally the dawn came. My head was up in the air, my feet not on the ground. Several times, I had to pinch myself to find out if my senses were still in working order. The scheduled rituals of the prison life was over for the morning and I was settled down to evaluate the conversation of the previous night. Skepticism invaded into my reasoning and was about give up the whole thing as a pleasant dream. About at nine o'clock that morning, the food slot on the door was open and a dish of food was shoved into me. That acted as a confirmation of what the major had told me and again my hope were brightened. But, always, something inside of me warned me against giving too much hope, lest the despair would be too great!

About two o'clock in the afternoon, lunch was shoved to me on a platter considerable helping with a big sized meat and potatoes. At about 7 o'clock same thing happened. Beginning for that day on. I was eating six meals one day. The regular prison ration of bread, about a cupful of thin gruel twice a day. However, the extra meals given to me three times a day had so much in volume and variety, consisting meat and vegetables each meal that the regular ration of block bread got left over in entirety. The incessantable appetite craved for more food the more I ate. I would feel my stomach so full as to be definitely uncomfortable yet my appetite was played up and could take in any amount of food! That appetite kept on torturing me fully for one and half month before I felt little bit in different about the food. Yet, my regard for food never lessens even to this day.

To preserve the extra ration left over was a problem at hand. I had about 300 gms of block bread that was left daily. Each day, I would break them up into small pieces so they would dry quicker. When it is spread out in the warm air of the cell for about three days, they get dry and become as hard and heavy as a piece of rock

Living through those days over two months, I couldn't keep but compare my self to a pig that was planned in and fed to fatten for the autumn kill! Rest of December, all of Jan. and Feb. of 1942, I was fed on a diet which would bring me look to a presentable appearance. My faith in that conversation of the night of Dec. 8, 1941 began to be shaken for the early part of January. I was hoping and waiting for them to call me and tell me to get out, as early as in the month of December. Here I was, knowing nothing, hearing nothing for nearly three months. One consolation was that they were still throwing me in with extra breakfast, brunches and suppers. My dry bread bag increased in volume and wt., until it reached over 60 pounds by the end of Feb. If the NKVD will change the mind and send me back to prison camp, I will have some extra bread. That is, if they do not confiscate. But up to now, I didn't see them do that. So, I religiously saved every little bit of block bread.

8. Sudden Trip to Moscow, Another Talk with NKVD Agent, Trip back to Kuibishev, and Release

The night of first of March, the day which brings the proud memory of Korean Uprising of 1919 against the Japanese Rule, I was called out with my things and put right in to a completely covered prison truck. I was waiting for the last two months, that I would be called in and be announced that I was a free man and might go back to wherever I wanted to. There, all of a sudden, contrary to my present anticipation, I was taken out and being sent to some unknown place. Surely, they had changed their original intentions and was sending me back to some prison or prison camp! Like a drowning man clinging to the last straw, I was assuming an hypothetical case. What, if the war situation had been so much improved that they might have moved NKVD Headquarters back to Moscow! Then they must take me back to Moscow. Now, if they put me in a coach which will be headed for West, then my hypothetical assumption might be true and I still have a chance. But supposing, the train will pull out Eastward, then surely I was being sent to a Prison camp and I will undoubtedly a ghost of the Russian Prison Camps. But in the black of the night how can I tell which way the train was pulling out?

I was led into the Prison coach. Passed the cells with many prisoners and locked me up in a solitary confinement. Now, the next thing for if I were being sent back to a Prison camp, then would be no use of keeping me in Solitary confinement. Now, the next thing to ascertain is the East and west direction. While looking out through the bar a passenger train was pulling in with the sign on the coaches indicating Moscow. Direction was ascertained and I was waiting for our train to pull out. Where it did pull out it moved to the same direction as the Moscow train did!

In doubt and uncertainty 5 days had passed in the prison coach. The confusion which could be noticed even through the prison car windows about 4 months ago, had been replaced by a comparative complacency of the population along the railway line toward Moscow. The railway were not as heavily loaded with army traffic. In Moscow, I was speedily put with a covered prison tracks and put with a solitary confinement in Lubyanka.

Two nights after my arrival, I was called into the office of the plain clothes NKVD agent. He met me with friendliness and cordiality. He explained to me that the tide of the war had changed. Germans had been driven back far enough from Moscow for NKVD Headquarters to move back to the city. That was the reason why I was left unattended so long. Now, they had to bring me back to Moscow to finish my case. He added, "Supplies are so scarce and tight in Moscow that we can not give you any more of extra ration. We hope that is will not be long before we will let you out. However, there are technicalities that have to be straighten out with the Chinese Embassy so it will take some time before we will attend to all of that. In the mean time, go back to your cell and wait for the call." That was in the first part of March 1942.

Hungry days were ahead of me again. The precious bag of black bread, which I had dried in Kuibishev Prison gave me a real lift during the months of March, April and about half of May. To the hungry prison ration. I added 200–300 grams of dry black bread each day. For the first time since the days in the Political Prison of Zolotoust, I was given some books to read. Day after day, I was waiting for them to call me and tell me to get out of the prison. Several times, I was called into the office of the NKVD agent and had carried on the conversation of the following type.

"Some day in the not long distant future, I expect to see you in Seoul. Then I expect to meet you as a Minister of Industry or something similar to that. It is a sure thing that Japan will not last long. There are already weakening signs of Japanese Militarism. United

States is preparing to launch a big scale attack upon our common enemy, the Germany and Japan. We want to see Korea liberated and given over to the Korean People!"

To such overtures, I answered that I agreed 100%. However, coming back to my cell, I could not keep but disturbed over the prospective meeting of this NKVD agent in my country. Again, something tells me that the most important for me then and there is to have mouth shut, and finally get out of the prison and get out of Russia.

"There are a lot of factions among the Korean in Chungking. Of all the factions, we consider that – Kim Yak San in the most reliable leader of them all. We want you to go to Chungking and work hand in hand with Kim Yak San. When you get to Chungking, our man will look you up and will make the connections that way." He introduced me a NKVD man, wearing a uniform of a captain of course not giving me his name! That was in the beginning of May. He added, "Kim Yak Sam is not a communist. We do not want to work with anybody who is openly known to be communist. We do not mean to make communist out of everybody. We want Korean to be free and independent. Whether Korea will be communist or not will depend upon the Korean People themselves! So, go and join the forces with the people who work for the freedom of Korean People!"

Sugar coated, of course, but what he said, had nothing against my way of thinking. Only thing that disturbed me was that fact that he was looking forward of meeting me in Seoul. There the proposal that their agent was going to look me up in Chungking. However disturbed I was, the bargaining was too much one sided for me to raise any objections. My final thought was that it will be far better for me to face all kinds of risks on my life in China, as a free man than to be kept in Prison and finish my meaning life there. Silence was the signs of consent. I agreed to work for the People of Korea. As to in what manner I was going to serve my people, I didn't get with discussion with them.

Long before Cairo and Yalta, Russians had a planned program and worked out strategy for Korea. With these plans, they had worked in both ways, in recruiting Koreans to work for them, even those whom they didn't hesitate to abuse, torture and put to death sentence. It was a gamble on their part but they were willing to gamble with the Koreans. On the other hand they had outmaneuvered the Americans, English and Chinese in getting what they wanted in regard to Korea. Too little thought had American Government given to Korean Problem. English was indifferent about Korea, China was too week to say anything. Logically, Korean problem had fallen on the lap of Soviet Russia, who had worked hard of it long before the end of the War with Japan was in sight!

So far, Russians were playing poker game with me in which they saw everything I had in my hand while I absolutely ignorant about their hand. Long before, they had decided to free me in answer to the request of "Chinese Ambassador, to Soviet Russia, Mr. Shao Li-tzi. Just about a month before the invasion by the Germans in 1941, they had called me and from Vorkuta to Moscow. They were going to release me anyway. They decided, "Why not free him to be our man working for us in Korea." I felt, for a while, a moral question was involved in keeping silence when my wiser soul longed for coming back at them and tell them a piece of my real mind about them. However, the sense of exigency kept me from saying any kind of revolt. I maintained my silence.

One day, in the middle of May, contrary to the usual custom, I was called into the office during the day time. There they had a suit of gray clothes and a tan winter over coat, both second hand and much too big for me. A tailor measured me to remake the suit and coat. Just about five days later, I was dressed up in revamped suit and over coat, including a pair of shoes and all the other accessories. Finally I was told that I could not be let out in Moscow but had to be sent back to Kuibishev under guard as a common prisoner. They warned that I will be treated as a prisoner right up to the last minute of my freedom in Kuibishev.

In the afternoon, May 25, 1942, I was put back into solitary confine-ment in NKVD prison, Kuibishev. Half of my clothing, given to me in Moscow NKVD was taken away from me. After all the things that had happened to me, I was not sure whether they would actually let me out. I had my doubts. I had the foolish feeling that they detect my real intentions when I get out. Those three days in Kuibishev, from May 25 to May 28, were hardest day to live through.

It was in the afternoon, about at 3 o'clock, I was finally called out from my cell into the commandant of the NKVD Prison for release. My things which had been confiscated about 3 days ago were all returned to me. When I had dressed up, I was given the final instructions. "Do not go any place else in Kuibishev but go directly to Chinese Embassy where they ought to be waiting for you."

Then added, "get out of the Soviet Union as quickly as possibly can."

In Chinese Embassy, for the first time in my life, I met Mr. Shao Li-tze, the ambassador to Russia. He told me that my father was an old friend of his.

"When I left Chunking for Moscow, your father came to see me and requested me to get you out of Russian Prison. Then, I had promised to do all I could to save you out of the Prison. If you were in a dangerous predicament, I intended to request Soviet Authorities to, at least take you out of such a place, while the negotiation for your release might go on. When I got to Moscow, there were some real pressing diplomatic problems which had to be attended to first. Then I had taken up your problem. I am glad to see that you are finally out of the Prison."

My Chinese passport which had been confiscated by NKVD in 1937 was given back to me just before I walked out of the Prison. The long waited moment had finally come but I can not say that I enjoyed as much as I had anticipated. No relative nor friend was there out at the prison gate to greet me. I was walking on the side walks of deserted street. There was no body who could share my rejoice. I was just a man walking along the street. My hair was closely clipped but many Russians shave their heads. No body ever suspected there was a happy soul walking just out of earthly hell of Soviet NKVD.

Renewal of passport, formulating exit visa from NKVD all followed in a short time and after three days stay in Chinese Embassy I embarked on board of Train headed for Alma-Ata and thence by Plane to Chunking.

Finishing up my story, any body will still wonder, why after all I was arrested and had gone through such hell. Was I even the least bit anti-Soviet or anti-communist during the seven years I was working in Gold Syndicate of Kazakhstan. If I was, I myself didn't know it. I was too engrossed in discharging my duties as a Technical Director of Kazakhstan Gold Syndicate. Thus, why was I arrested? The following might serve to clear up the motives behind the purges that had swept Soviet-land so many times.

Not withstanding all the glamorous propaganda of Soviet about the successes of this program toward socialism, there had been and still now existing some humiliating failures. For such failures, the blame should be laid upon somebody. It has been the policy of Kremlin to let all the people in Soviet Union know that party and Government leaders can not make any errors. There are failures in Soviet and Party Policy because of certain group of people opposed to Soviet Regime. Actually if they can not find such groups or organizations, they create them. With the aid of centralized press, radio the so-called counter-revolutionary organizations linked with foreign spies are created and they begin to purge. The circle and number of people ever widening and increasing as the purge goes on, until at last the secret police who started the purge ends themselves up in jail too! The arrest of Ezov then the national head of NKVD in 1938 was a classical example of the purge that knows no limit. Laying the blame of some of the major failures to some-body is one of the reason of these purge.

Secondly, comes the important fact using millions and millions of laborers as well as engineers and other qualifications for the many hundreds of gigantic projects such as building rairoads, hydro electric stations, opening up of numerous Construction of bridges, cannals and factories. Most of these projects had been started in the wilds of virgin lands where free people will be never willing to go for anything. The practical minded communists have solved the problem of labor supply admirably by introducing prison labor. In most of these prison labor camps, the so-called bosses are inexperienced, fresh from school bench young communists while the rich brain and labor were supplied by the purged onetime experienced specialists.

Thirdly, disregarding all kinds of human justice and human values those lawless leaders of Communist Party and Soviet Gov't are gripped with suspicion and fear lest there will be counter revolution, revolt and uprising, they launch out purging right and left until every body in the Soviet Union appears to be the political enemy of the existing order. The philosophy adopted by these monsters that if one real enemy is caught along with 99 innocent ones in a purge of 100, then action is fully justified!

So the hell on earth is Soviet Union and Soviet Union is the hell on earth with tens of millions of innocent souls suffering for the crimes they hadn't even thought of committing. My heart goes out in sympathy to those tens of millions of suffering souls in Soviet land. The only way out lies in the change in the nature of man! Desire for power will be replaced by humble spirit to serve the fellow human being, hatred by love, pride by humility. Man who is able to see God in the lives of fellow men, sympathy and tolerance in human relationship can never waste human lives as they do in Soviet Russia.

Herbert Kim's Story*

Leonard M. Bertsch**

This is a story that should have been written sooner. In fact, it was written sooner, but it wasn't published. It wasn't even read, except by one or two Army officers who forget both the material and moral, if, indeed, they ever comprehended them.

---

* L.M. Bertsch, "Herbert Kim's Story," Bertsch Papers in the James H. Hausman Collection of Harvard—Yenching Library (Bertsch Papers Box 1—C).

** Leonard M. Bertsch (1910–1976): Bertsch was an Army Lieutenant who was attached to the Political Advisory Group (PAG) of the United States Army Military Government in Korea (USAMGIK) [that governed the southern half of the Korean peninsula from 1945 to 1948]. Bertsch was born in 1910 and upon graduating from Harvard Law School, was active as a lawyer in Akron, Ohio. With the U.S.'s entry into World War II, Bertsch enlisted in the U.S. Army. After one year of training, he was assigned to the Pacific Command and was subsequently dispatched to Korea as a Lieutenant in December 1945.

Bertsch was selected by General John R. Hodge, who was the commander of the American occupation forces in Korea. Hodge tasked Bertsch with deeply involving himself in Korea's political situation while acting as an Advisor to the U.S.–Soviet Joint Commission. After receiving his assignment to Korea, Bertsch mainly aided the Democratic Representative Council while also monitoring and assessing its political leanings. He actively intervened in the organization and activities of the Left–Right Coalition Committee after the first Joint Commission meeting broke down in May 1946. Bertsch was involved in Korean politics through the general elections that were held in the part of Korea south of the 38th parallel in May 1948 right until the Republic of Korea was established in August 1948, after which he returned to practice law in Akron while also giving lectures about the Cold War in Korea and East Asia. He was an early sacrificial victim of the KKK when in the 1930s he did probono work for the NAACP when police beat a black prisoner.

He contracted Parkinson's which has been correlated by many to Japanese encephalitis vaccines forced upon soldiers. Many members of the American military stationed in Korea contracted it. He quietly suffered with this debilitating disease for 20 years, as he became more and more paralyzed. He left his body in 1976.

* * *

The rains had set in early in the Korean summer of 1946. One soaking night in June, I left the Duk Soo palace by the peony garden gate found waiting in the downpour a shabbily-dressed, pleasant-faced, mild-mannered Korean, who introduced himself, and who asked in English for a few minutes of time. He had been waiting, intermittently, since noon. In that time he'd made two or three times side trips to the nearly Banto Hotel (whose name we had just Koreanised from Hanto); there he tried unsuccessfully to phone the palace. It was'nt surprising that he had failed to make his connection. This was one of those days when you couldn't reach the palace exchange from Washington exchange except through Whitehorse. Whitehorse was military government, at the other End of the avenue, and that meant the ultimate in confusion. People had been known to phone Tokyo, from Seoul, to get back into the Whitehorse board.

Failing to make his call and failing to convince the palace guards that he should be admitted, my Korean caller had settled down to the business of waiting.

The guards had been right not to admit him, for he had no credentials to represent any of South Korea's five hundred and forty-seven political parties, then registered. (These included such aggregations as Syngman Rhee's Representative Democratic Council, and such lesser-known, funnier, but perhaps equally representative groups as the Full Moon Mating Society.)

Had he invented a party and written himself a set of credentials, he could have passed easily enough, but he didn't come on a political errand. Herbert Kim wanted only to find his wife and child. Some one had told him, that morning, that I might be able to help him. And I learned the rest of his story as we walked together to my apartment from beyond the Capitol compound. I say the rest of it, because I realized that Herbert Kim was Kim Kun Hoo, eldest son of Kim Hong Suh. I had heard of them both before.

In preparing for Korea, I had tried, and nearly succeeded, in reading everything written about Korea in English. This was not so great a task in the innocent days before 1945. Englishmen and Americans had written comparatively little on the subject, but what was in existence had a notably higher information value than the current deluge.

Kim Hong Suh had been a figure of note in the city of Pyongyang and the province of Pyongan Namdo before the Japanese annexation of 1910. A leading Methodist and editor of Pyongyang's principal newspaper, he had first tried to survive the conquest with the minimum of yielding to the Japanese. In the end he had found compromise impossible. In 1912 he had left Korea to go into voluntary exile with the slowly-growing band of patriots who were eventually to become the nucleus of the Korean government-in-exile in Shanghai. With him had gone his wife and their six year old son, Kun Hoo.[1]

The first years of exile had been hard ones. China was torn by the disturbance that followed the collapse of empire and the Korean emigres found the Chine sehonorable but not generous hosts to their penniless guests. In the second year, the young wife had sickened and died.

Later, the genius of Kim Hong Suh had slowly begun to adapt itself to the alien environment and he had prospered. Kim had known that the Chinese, for three millennia or more, had placed great faith in the curative, restorative, and aphrodisiacal effects of Korean ginseng. Many an octogenarian in the Middle Kingdom had ascribed to a lifetime of ginseng consumption his continued efficacy with his young concubines. Though they produced their own domestic root, the Chinese regarded the Korean growth as uniquely potent, and they paid for it from 4 to 10 times the price of the Chinese product. Even before the days of the T'ang, the Korean tribute missions from the peninsular kingdom of Kogoryu had brought ginseng and silver as their most valued gifts to the Dragon Throne.

This is all the more notable, since modern medicine finds no value in ginseng, Korean or otherwise, and ascribes to it only a minute effect on the metabolism.

Be that as it may, the demand existed and Kim Hong Suh prepared to serve it. He went into the import business, and branched out from it, and by 1925 he had become a rich man, by far the most prosperous among the motley and discouraged exile group who in 1919 created the Korean Republic. Soon after the birth of the Republic, Kim's money problems solved, he took to himself a new wife, a young patriot who was also a voluntary exile from Pyongando. With her aid, he achieved even greater prestige in the eyes of the

---

1   According th the Great Encyclopedia of Korean Nation and Culture, Mr. Kim Hong-suh is known to take asylum to China in 1916 (http://encykorea.aks.ac.kr). Therefore, his son, Herbert Kim would be over 10 years old when he went to China.

Chinese and Korean communities, for 5 sons who were born to their union, as well as a daughter, who, though she brought no added prestige, was nonetheless welcome in the house.

With his funds Kim Hong Suh sustained the constant stomachs and the wavering spirits of many of the exiled Koreans. Apparently he did so with that finesse and delicacy of charity which is so greatly admired and so seldom found, for from all the returned exiles, from Kim Koo on the right to Kim Won Bong on the Trotskyite left, there was never other than praise for a common benefactor.

The eldest son, Herbert or Kun Hoo, inherited Hong Suh's patriotism and questioning spirit. In 1924 after 2 years of respectful urging, he won his father's consent to go to the United States to study.[2] The field was one which he had long since decided upon. Young Herbert had a patriot's faith that Korea would one day be free. He knew that it was a land of poor people, rich in buried resources. He chose mining as the field in which he could best serve Korea in the day of liberation.

In America he took a science course at Huron College in South Dakota, his mining degree at Colorado School of mines, and a graduate degree at Columbia. Then his immature idealism going to the Soviet Union, he had gone to Russia as a contract engineer, there to await the liberation of Korea.

Taking an American wife, he had sailed for Russia in 1930; there he served the Soviets for seven years, til the time of the purges, when the great organism had descended into a deeper pit of madness and had nearly stung itself to death in the fury of its suspicions and frustration.

In 1937, arrested and condemned without trial to be executed as a aboteur, Herbert was lost to his wife and child.

Reprieved, as an act of economy rather than of clemency, he started to serve a life sentence as a director of slave labor.

In 1941 he was rescued through the accident of war. Shao Li Tzu, an old friend of his father and of the great YMCA worker George Fitch, was Chinese ambassador to Moscow and Shao begged for him to be given to China for its war work, if he still lived.

---

2   According to NARA California records, Herbert arrived in San Francisco, USA in November 1923.

A Forgotten Name, A Forgotten History

He returned to China late in the summer of 1941, to find, for the first time in nearly five years, the evidence that his wife and son still lived. A letter reporting their safe arrival in the United States as of early 1939 had found its way to his father. With the rest of the Koreans, old Kim Hong Suh and his family had moved steadily westward before the Japanese. They had fled from Shanghai to Nanking, from there to Hankow, and eventually to Chungking.

Herbert's duty was hard but certain in that summer of his personal liberation. The Chinese state had rescued him. To it he owed full service in its war. After a week with his family in Chungking he went to Kensu. There he stayed until the end of 1945, mobilizing the mineral resources of the vast land-locked province for the defense of China.

In May of 1946 permission had been granted for the repatriation of the entire family to Korea. Herbert accompanied them to Seoul. Herbert accompanied them to Seoul. Once there, he learned not only that he could not make the journey to the States to hunt for his wife and child, but that there existed no legal facilities for Koreans even to write to anyone outside the peninsula, and indeed that the American Army held it a crime for Americans to use their postal service to convey messages for Koreans.

It was in this situation that someone had sent him to me, and so I compounded one more military crime and set in motion an effort to locate the new address of his American family. We succeeded. Thereafter I was their post office.

Herbert was desperately anxious to rejoin his wife and child. There was no way he could leave Korea, legally, but it would have been a simple operation to sail with the smuggling fleet to Shanghai. The Chinese Consulate in Seoul, apprised of his intent, assured him that once in China he would be recognized as having Chinese citizenship, which would secure him a visa for the States.

But Herbert, though now only partly Korean, had a Korean sense of duty. His father and his step-mother were old and uncertain.

They were having trouble readjusting to Korea; they found the Korean people "less virtuous" than forty years before. His trip to America must be put back again into the company of hopes deferred. He had learned to wait. He consoled himself with the thought that American Army dependents were beginning to arrive. Perhaps soon he could bring out his own dependents to his own land. When I assured him that there seemed reason to hope that it would be possible, he decided to stay in Korea and to work for its rehabilitation.

When his decision was reached, I gave him a letter of introduction and of strong recommendation to Major-General Archer Larcher, who was then Military Governor. I believe that he never saw the General; one of the time-servers in the outer office found the "gook" with the perfect English, and in effect, sold him at once to a friend, an officer equally misplaced in the office of the Property Custodian.

That particular citadel of confusion deserves its own separate story. There Herbert undertook his new duties as interpreter.

Some days after he mentioned his employment to me, not in complaint but in wonder at our ways of government.

I went calling at the Military Government Office of Mines, where I suggested the propriety of their obtaining the services of Korea's best trained mining engineer. They were delighted to learn of his existence and they made due application in quintuplicate-plus for his transfer. But the various offices of the Military Government operated as rival satrapies, and competent Koreans were regarded as something very like the personal property of the officers in charge, and the possession of an interpreter able to command better English than his principal was something too valuable for the Office of the Property Custodian to surrender. The application for the transfer fell into the frozen sea of military memoranda. From there it was at long last blasted out, with some mutual ill-feeling, and Herbert went into the mining office, where he was badly needed, and where he served with unique ability and almost solitary zeal. Largely through his efforts, there was some success in reorganizing the collapsed coal industry of Kangwen Do.

Herbert Kim was a philosopher with profound and hard-won knowledge of three worlds. Though obsessed with a sense of consecration, he was at the same time a most pleasant companion. I felt that we understood each other. Nonetheless, I sensed that between us, and between him and the world, there was a silent barrier made of the memory of too many things unspoken, and this I failed to penetrate. The one winter day there came a fat envelope addressed to him through me, and I phoned to him to come for it. I recall that on this fortunate occasion even the connection was quickly made.

He came late that afternoon to the Duk Soo Palace, which was a Korean imitation

A Forgotten Name, A Forgotten History

of a French version of classic Greek architecture, set in one of the loveliest parks in Asia. With Korean contrariness, the Duk Soo, meaning Everlasting Virtue, was named for its first occupant whom Koreans remember as the 'infamous Lady Um'. Um was a royal mistress of particular unpopularity; her admission to the Yi household had been bitterly resented as an affront to kingly chastity. In taking Um, Yi Ko Chong had made himself unchaste, not by virtue of his previous obligations, but because she came to him unvirginal, and worse, unbeautiful. And so he built and named for her the Palace of Everlasting Virtue, in which they seldom lived. Like oil-rich Osages with a tepee in the mansion yard, they left the Duk Soo's cold European floors untenanted and lived in a pavilion beside it.

Here in the Duk Soo, half a century later, Americans and Russians, big-nosed barbarians both, were wrestling for the soul of Yi Ko Chong's kingdom. On the day of the great letter, there had been no session with the Russians, and I was alone in the Palace when Herbert came late in the day, and, opening his mail, had for the first time a picture of the son whom he had last seen in Russia nine years before.

We sat talking that evening until past the supper hour at the military messes. It was my custom to gravitate between the various messes, with unusual freedom to eat wherever my roving duties found me, but whichever I might have chosen, there might be expected some little difficulty with Asiatic guests, and I found it easier not to take them in as guests even where they were theoretically permitted. Instead, in the clear night, with Seoul's guardian mountains watching, we walked to my apartment, going the long way around the crowded streets of the northwest quarter, and as we walked we talked, and the silent barrier melted away.

We made a hearty supper of tinned Australian cheese and K rations, washed down with an extraordinarily foul Japanese imitation of Canadian whiskey; it bore the label "Old Jockey Cap" and the suffering drinkers had renamed it with obvious parody.

I had remade the spacious god-shelf of my apartment into a divan, evicting the Lares and Penates of my Japanese predecessor. After our meal, we adjusted ourselves comfortably in its corners and there we stayed while Herbert talked, til daylight. He gave me in detail the story of his life on three continents, and an epic tale it was with a long and harrowing recital of four years in slavery. Beyond that it was the story of a romance that had lived through years of pain and separation, and of a yearning for service that gave meaning to the whole. He spoke at length of his early days in the States. Like most Orientals, his first reaction to San Francisco had been disbelief in the testimony of his own eyes at the vision of tangible American greatness and prosperity and ease. He had thirty dollars left of his first six months' allowance when he landed in San Francisco, but a host of generous new friends made his life prosperous and easy. He wondered most at the contrast between our great and obvious generosity and our ferocious and hurtful pride of race.

His happiest days were in New York. There his interests centered in the YMCA and the International House, and there he fell quietly into hopeless love. Pauline Liebman was a brilliant student at NYU, a leader in discussions and beyond the hope of an abnormally shy foreign student. He contented himself with worship from a distance.

After 6 American years, the time came to earn his living. Korea and America were closed to him; China was torn by civil unrest. The Soviet Union held an open door to foreign technicians, and Herbert answered the call. He had always been a theoretical socialist; in Russia he would serve the future of man while waiting for the future of his own Korea; and, too, he was by instinct pro-Russian. Before 1945, every Korean was pro-Russian. Every Korean knew that Russia and Japan were natural enemies and hoped that their enmities, and hope that their enmity would one day lead to war and the delivery of Korea from the Japanese. Still, he was a socialist, not a Communist, and there was some initial doubts that he could best serve his ideals by going to a country which seemed to have perverted with cruelty the socialist dream. It was Pauline who helped to clarify his views, who helped, indeed, to compose the letter to Kim Hong Suh, in which he had in propriety asked the parental approval before his decision. It was Pauline who gathered together a group of their YM and YW friends and foreign students at NYU and Columbia to give him a farewell dinner on the eve of his sailing.

That evening, his shyness forgotten, he responded to their good wishes by a speech in which he declared his soul. It was the speech of an optimist in the long-dead world of 20 years ago. And after it, more than one of his friends came to tell him that Pauline Liebman had wept while he spoke. Herbert was made bold by her tears. He asked if she could care for him, and then, taking courage, if she would marry him. When she accepted, they canceled his reservation, to delay the trip for the wedding, but they delayed both while they wrote to old Hong Suh for his consent and his blessing. Herbert told of the joys and satisfactions, the doubts and fears that came with their service in Russia — of the joy of building and the troubling doubt that saw the cruelty that was its price. He told of the days in a new settlement on the eastern slope of the Urals, where he had opened a copper development, and where for the first time he saw convict labor worked to death to fulfill impossible quotas of production. He told of the watching, with belief suspended, while the early directives, sounding in humanitarian concepts of reform of the convicts, were superseded by more and more candid controls. He told how, through the years, he came to reassure himself with a phrase which slowly took on the purpose of a litany and the meaningless quality of a litany's repetition, "I must believe that all this must be, that the future may be better."

He told of the pride with which he paid out his special currency for a long telegram in which he told his father than a grandson was born to carry the family's line into a new generation.

Soon after that, he was transferred, in 1936, into the semi-desert Republic of Kazakstan, where he opened a series of coal mines of high quality. Here the bleak climate and the rough new construction camp atmosphere made his wife melancholy, and he arranged to send her and the baby, Bobby, on a visit to friends back in the Sverdlovsk area.

It was while they were away that he had his first intimation of danger, only a few days before the end. A visiting official of the coal administration had gone over his records of production and presented him with a document for his signature. It was an assertion of production greatly in excess of the reality. He had refused to sign it. Three days later came his arrest.

For years thereafter, he had assumed that his refusal had something to do with his fall, but much later he had learned by chance that the superior had fallen at the same time.

Whatever the cause, he was arrested in an office and led away. Without permission to write a note or make a call, he left in police custody and traveled half a day to a police building of some sort, the name or location of which he never knew.

At this point his experience diverged from what he later came to think of as the norm. He had no physical mistreatment and he received no demands or entreaties to sign anything or to make any confessions, public or otherwise.

A few days later, without trial, charges or statements, in his own behalf, he was told that he was found guilty of sabotage, and sentenced to death.[3]

Then he started on a new journey. He didn't know where it was that he was taken, save that it was northward.

This, too, puzzled him, for he saw no reason for such a journey before his death. But, after 2 weeks of renewed imprisonment, in a town whose name he never knew, he was called again into the presence of an apparently minor official, to be told that his death sentence had been commuted to life imprisonment. After the commutation, he traveled for more than a week to the place of his first unpaid labors. This was a coal mine near Stalino, in the Ukraine. Here he was in an executive capacity over free labor, and here he remained for nearly a year. Conditions seemed not unusually onerous, and he had sufficient food and but little surveillance. This lasted until 1938. Then came a downward change, again for reasons unknown and unstated. He was shifted to new coal developments, using convict labor in the valley of the Usa, in the far north of European Russia.

From then on his condition of servitude was unrelieved, though he was still conscious of the great differential between his status and that of common labor. His principal recollection of the Usa development, eight years after, was that it was here he met a party member newly purged from the Office of Foreign Affairs Commissariat, a convict like himself, working as a clerk in the coal office. After weeks of gathering courage, he asked the clerk whether by chance he knew of any applications for exit visa in the name of Pauline or Robert Kim. The communist clerk refused to answer; the refusal, Herbert thought, was grounded not on fear, but on the conviction that a convict had no right to inquire.

Here in the North food had still been sufficient, contrary to his fears. But here he stayed only a few months. The approach of winter found him on the move again, this time to a new camp in the far south, in sight of the Hindu Kush. His own conditions of travel were not uncomfortable but he found the railroads of Siberia carrying great numbers of prisoners in unheated box cars, and he noted that ordinarily each unloading car

---

3   In this part the court records held by the Ministry of Interior of Kazakhstan coincide with Herbert's handwriting, but his handwriting is not in agreement with Bertsch's writings exactly. cf. pp.214−216.

gave up its quota of the dying and the dead.

Neither then nor later was he ever permitted to write to his wife. Not till long years later, in free China, was he to learn whether she had ever returned to Kazakstan, or whether she even lived.[4]

There followed a dreary recital of names and dates and places of the areas where he had served and the services he had rendered. He was fortunate in that he was no common slave to be worked promptly into a grave; his services were sufficiently valuable to insure him something almost like a ticket of survival.

He worked once as a consulting engineer on a railroad project carrying a spur line across a section of swamp somewhere east of Tobolsk. There his principal memory was the filling of a path through the swamp, by convicts who lived in tents at the swamp edge, and who carried great rocks by hand from the flatcars and dumped them into the muck ahead of the advancing lines of steel. Agents kept careful check of the numbers of rocks carried by the various squads. Those who fell behind had their rations cut, making it less likely that they could live up to the quotas thereafter. And, he added, human bodies as well as inert matter went into the fill that carried Soviet progress across this Siberian swamp. He recalled one quiet filling which he had contrived not to see, through he approved it. This was the death of a supervising convict who set the rock quotas, and who went with his rocks into the fill.

Again he was briefly in a camp of convicts, one segment of which was composed of English, American and other communists, all English-speaking, who had come to the Soviet Union as pilgrims to the homeland of world revolution.

In 1939 there came a flood of familiar faces into the convict camps, as the Soviet Union moved a million Koreans from the monsoon country of the Japan set line into the deserts of Asia, changing them from rice-farmers to cotton growers, and imprisoning those who failed or objected. Herbert saw many of them, but only once did circumstances permit him to hold a long conversation with one of his countrymen. From him he heard of the destruction that had come upon the largest of the emigre communities

---

4 In early 1941, he received a short letter in the Siberian camp stating that his wife and son were living in the United States.

of Koreans. In the maritime provinces, he said, were left less than a hundred thousand, and those who had been moved to Turkistan were dying by the thousands, lacking food, housing and medical care.

In 1940 came the flood-tide of Polish slaves. In that year Herbert crossed Siberia to remote Kolima, going as one of a group of twenty-odd technicians sent to determine what additional by-products could be obtained from the gold ore being stolen from the Siberian ice. Here he himself saw nothing extraordinary, but it was still whispered that the sacrifice of life in the first winters had been so fantastic that even the G.P.U. officials were remorseful. It was said that more than 50,000 lives had paid for the opening of the gold workings in the first winter alone.

As the long years moved slowly by, and the pain of loss itself grew less intense, he came to the certainty that he would never know whether Pauline and Bobby lived or not. But there would be times when new convicts came into camp, or when he would pass slave coffins, of women on the railroad tracks, pushed aside to stand for the slow passage of an opposite train, and then he would scan the faces with hope and dread.

With the German attack there came a thrill of hope that coursed through the slave empire, but the immediate effects were to disrupt transportation, to make food still more scarce in the camp, and to double the precautions and the terror, to guard against escapes.

Herbert's last work in Russia was the convicts cutting timber in the path of a new railroad line in Siberia. He never knew more than a minute section of the plan, but he believed it was intended to drive a line from Archangelsk to the area of Khabarovsk. Here he came nearest to starvation. Supplies had completely failed, and even his preferred rank brought him, at best, a stew of rats, cabbage leaves and berries.

To him now came an officer with directions for him to be brought to Moscow. He neither hoped nor feared the result. Vaguely, he assumed that he would be executed. For what offense, he no longer wondered. He did wonder idly why he was important enough to be taken to Moscow to die.

His escort delivered him to the famous Lubyanka prison. There he was placed in a hospital ward and after a month of rest and fattening he was informed that he was pardoned and deported. The following day he was driven to the Chinese Embassy and given into the custody of his father's friend.

The rest of the story was quickly told. There followed the war years in China, and the months of disillusion in Korea. In neither place had he ever told all his experience. The Chinese were bending backwards not to offend the Bear, and adverse commentaries were discouraged. To his disappointment, he had encountered the same attitude in Korea.

When our long session was ended, and retrospect gave me perspective, I realized that the story should be written. I called Herbert again and asked him to give me dates and names and places in the best order that he could. Then I wrote 2 reports, one for the Army, and a broader one, I thought, for the public. The first report, in the Army's strait-jacketed form, was duly filed. The second I presented, in accordance with regulations then current, to the public relations officer of U.S.A.F.I.K., for his approval before publication. This was a year after the Russian-controlled radio in North Korea had started its Johnny-one-note song, on the theme that the American Fascists had fought Japan with cowardly ineptitude for four years, taking only a few worthless islands, while, on the other hand, when the glorious all conquering armies of the Soviet Republic entered the war, Japan had crumbled in eight days.

The P.R.O. frowned when he looked at the length of my manuscript. He frowned again and again when he started to read it. But before reading many pages he stated his conclusion.

"I can't think of approving a story like that, Len." he said "the policy of the Army is opposed to any comment critical of the Soviet Union."

A year later I tried again. By this time that unilateral honeymoon, the Soviet-American alliance, was becoming so thin that it seemed to me that even the Army must have learned the lesson. But again permission to publish was refused, this time on the ground that we were about to start a new session of the Joint United States-Soviet Commission on Korea. This commission, it will be recalled, had the impossible task of trying to create a unified republic out of the two occupation zones. It met desultorily from March 1946 to January of 1948. It never agreed upon anything and it never accomplished anything. It was never intended by the Russians that it should accomplish anything except to divert attention from their preparations for conquest. The enemy understood the proclivity of Americans to optimism. So long as the debate went on, we were supposed to believe that the door was open to progress. The Joint Commission served in its limited way the same Soviet purposes as are served by the UN; It fortified Americans' inertia by maintaining their fatuous hope in an impotent agency.

We ourselves went to amazing lengths to keep the discussion going. This isn't the place to develop that thesis; but it should be mentioned that we moved past the initial seven-week deadlock, only by inventing the parliamentary fiction that we could proceed in the absence of an agenda, as though one had been agreed upon.

Meanwhile, the puppet troops drilled in the North, in the service of a state which hadn't officially been created, and the hostility of the Northern press and radio made one significant change. At first, we had been Fascist cowards; now we became simultaneously Fascist cowards and blood-thirsty cutthroats who were preparing the conquest of North Korea, of China, and of the world.

My efforts to publish Herbert's story were doomed to failure, but our friendship continued to grow, though it contained one uncertain element. After my family had arrived, Herbert and the others of his household paid frequent visits to us; they seemed to share our pleasure at the association but they never invited us in return. This was a strange omission in so hospitable a people as the Koreans. I was thoroughly obtuse on this point; I should have understood the situation. Finally I saw the light when I learned that the entire family was living in a two-room hotel/novel in a desperately poor block in the central ward, north of the Street of the Bell. The malevolence of Herbert's former employer in the Office of Property Custody, unforgiving since his transfer, had sufficed to prevent them from acquiring a decent home. This, too, in time we were able to circumvent.

Toward the end of 1947, Orwell's great satire, "Animal Farm" found its way to Korea. I suggested that the command buy a thousand copies and let them circulate among leading Koreans. Among a people with a high humor quotient, this offered us a chance to take one trick in a losing game. There were no funds available; the Military Government Department of Education had a hearty budget, but it was overspent. It had used a generous fraction of a year's supply of newsprint to spread broadcast its congratulations to itself on having reduced Korean illiteracy from 83% to somewhere below 10%. The achievement was, in a sense, genuine; but it had been accomplished principally by redefining illiteracy, to hold that a farmer who had been taught the characters of his name thereby fled the category.

I sent to the States for 20 copies of "Animal Farm" on my own, and gave them to English-reading intellectuals, most of whom were missing after the first Communist occupation of Seoul. One many wonder what happened to their books and whether there is an off-chance that some of them may spread a slow ferment of doubt among the new owners. Probably not.

Herbert circulated his copy widely, and enjoyed it, though he said once that the character of the faithful old horse, Boxer, reminded him painfully of himself during the years from 1930 to 1937.

From time to time I resurrected my manuscript and tried again to obtain permission to publish it. In 1946 a new G-2 was installed in XXIV Corps. By this time, private publishing required his consent as well as P.R.O. The new man came with no reputation for literacy, but I thought the changing spirit of the times might be apparent to him, and applied again for permission.

The manuscript came back with a buck-slip reading; "Can't publish without approval." Suppressing the urge to humor or profanity, I wrote "that's what I'm requesting" and sent it back. That brought a personal interview, at which the first objection was that the information was secret. I pointed out that though I had made a separate Army report of some of the facts involved, there was no reason of policy against the public reading a story, based, not on the restricted report, but on the original material.

The next objection was that I couldn't be paid for such work while on the Army's payroll. I replied patiently that no such regulation existed, but that the complaint was, in any event, academic, since I had promised Herbert to assign any revenue to Korean charities. The last objection was that the material probably wasn't true anyway, because, "this fellow must have liked the commies pretty well in the first place, and besides, you can't trust a Korean." I argued that friendship for the Communists would scarcely prompt such a recital, and finally, that my longer experience had led me to regard the Koreans as no less honorable than the average of the Americans in occupation. On this note of mutual uncordiality the interview closed.

On the eve of my departure from Korea I went back to G-2 to try to obtain my manuscript, and was told that it had been lost. I might have thought of the less as not so accidental, but for the fact that in that time G-2 misplaced items much more important.

There was no real basis to think of this instance as a departure from the norm.

Herbert and I corresponded through early 1949, and in his letters there was a cautious undertone of disappointment at the new government of the Republic of South Korea. However, by mid-summer, he thought that his own Office of Mines was running well enough that he could take time to rebuild his private life, and he planned a trip to the States, to take Pauline and Bobby back to Korea. It was decided that he would combine his trip with public service, and would spend most of his American time in Milwaukee, studying new mining methods, and buying equipment, at Allis-Chalmers.

Taking leave of absence, he flew first to New York to his wife and son. There he found confirmation of what he probably had feared. Twelve years of separation had carried them into worlds apart. Each had continued to hold the other in respect and affection, but the years had taken their unconscious toll. There was the added problem of conflicting views for the future. Herbert understood his wife's wish that he stay in the States and earn a decent living, taking his citizenship as the husband of an American. The temptation was strong, but duty to father and family and fatherland stood in the way.

Pauline had memories of Asia that were filled with pain and terror. She could not return. Reluctantly they agreed to separate.

Herbert came out of New York to visit us, and we had two days of reminiscing and renewal of friendship, clouded with forebodings.

Free of the inhibitions created by Syngman Rhee's censorship, he could at least speak his mind. He was unhappy in his work and unhappy with the political evolution of his country. No one alive had a more genuine knowledge of the character and the primary danger of the Soviet enemy, but he had seen the extent to which the corruption and cruelty of the Rhee regime were paralyzing South Korean patriotism and impeding popular loyalty in the face of the enemy.

He had watched American funds in aid dissipated to build the fortunes of the coterie in power and to make good the bargains of those who had gambled on them. He had seen the fumbling beginnings of land reform repudiated and nullified by an arrogant President, over the fruitless objections of the Legislature which had chosen him. He had suffered with a nation in the grip of universal police venality. He had despaired seeing its authentic striving for democracy and parliamentary rule trampled by an administration that jailed its congressmen, without trial for disclosing in privileged debate the thefts of cabinet ministers. He had risked the loss of his own office to shield his miners from the terror of Lee Bum Suk's swaggering hoodlums in the National Youth.

The Korean scene was bleak and hopeless but duty called him back.

I recall most vividly one comment that had spoken his certain fears. Early in the visit, I had asked him to give me again all the factual background, the names and dates and places, of his Russian story. I thought it should be published at last, now that there was no military approval needed. I had argued that his story was something that needed to be told, and he had answered, "Don't think of me as a coward, L, I still want to tell my story. It should have been told before. But we both know that Stalin will send the Inmingun south one of these days, and when he moves the Republic will crumble. We shall all be living under the Russians. Perhaps I am a coward. I want to go on living. I think I'll be safe in Kangwon Do. The nice people in Kyungi think the miners are radicals, but we've worked along in a friendly way. We trust each other. I think I'll be safe. But I don't want to ask for special attention. Please forgive me."

I couldn't argue the point, even though I knew his life was forfeit on half a dozen counts. He was American-educated, he had served the Military Government; he was an independent soul.

Probably his father's thirty years of exile were dangerous still. For in this field too the Communists had shown their peculiar talent for inverting truth.

The Korean patriots who went into exile in China to escape the Japanese had become, by Communist definition, retroactively pro-Japanese, and Communists off totally follow the concept of family or group guilt, which is common undeveloped cultures. On the other hand, the Kempeitai spies and police officers under the Japanese, who joined the party in the crucial year of 1945, have retroactively been washed whiter than snow.

Leaving Akron, Herbert intended to drive to Oberlin for a visit with his brothers, Larry and Tom, students in Oberlin and Berea. He had told them little of his disillusionment; he hoped that chance might save Korean from both the Russians and Syngman Rhee, before the boys would have to return home. But he knew that it was a remote chance; he thought it likely that they would never return; he was glad that they, at least, would be in America to survive the holocaust.

Early in 1950 I had the last letter from Herbert. The president had ordered him out of the office to make way for a faithful follower, without training, but also without squeamish views about public office and public trust. He wondered whether he had been wrong in giving up his chance to stay in America. But he closed on a note of hope that, regardless of the present, there yet would be in Korea a regime that would be honorable and dedicated to the people, and for it he would work.

After the Communist retreat from Seoul, the mail slowly started filtering through. In December I learned the last of Herbert's story.

The family of Kim Hong Suh had not been among those whom the Rhee government had moved to save from the invaders. Its loyalties to the administration were too uncertain; its personal affection went stil to the memory of the murdered rightist leader Kim Koo who had led the hopeless cause in China and who had come home to Korea to meet his death at the hands of a zealous office of Syngman Rhee.

Facilities for flight were purchasable from some offices of the government, for dollar currency, but the house of Kim Hong Suh had scorned from black market, and dollars were an illegal commodity in Rhree's South Korea.

On the third day after Seoul's fall, a group of some thirty people, led by two uniformed members of Kim Il Sung's militia, came to the home in Ulchiro, in central Seoul. They had orders for the arrest every male member of the house of the traitors. Their orders could not be carried out in full. Two of the boys were safe in America. The youngest two, Kenny and Hugh, had been away working on trenches to guard the city whose army had already retreated. Charles, the second son, was living in the Nam San with his new bride. Of all the men of the family, only Herbert and his father were at home when the Soviet justice struck. Chained, they were led away by an eager platoon of the arresting army. The rest remained behind assist in turning the mother into street. She was allowed to take the clothing on her back. She was warned that she would in prisoned if she tried to return or if she communicated with any of her traitors sons to warn them. Amid scenes of loot and murder, with bullets richocheting from the broken walls, she made her way across Seoul to Charles' home. The arresting officers had been there before her and Charles too had been taken.

For some reason, the two women were not routed from there small house, where, without ration cards, they struggled against starvation for the three months that the enemy held Seoul. There they were joined by the wife and children of Hong Suh's younger brother, Kim Yun Suh, whose crime was that he has for a while worked for the New Korea company, under the Americans. The New Korea company, which had been the Oriental Development Company in the days of Japanese rule, was a land of octopus with many tenants. Kim Yun Suh had been an ardent advocate of land reform, for which he had lost his position, but revolutionary justice reached him in the end. No word from him was ever heard after his arrest. No trace of him found when the city was briefly liberated. Possibly he was with the thirty thousand who were kidnapped by the retreating armies.

Of the babies, Hugh and Kenny, no word came, and they were given up as dead. After the liberation, it was learned that they had been warned by neighbors as they returned home, and they had made their good escape, to live for thirteen weeks in a cellar, while the communists' search for them and for other criminals of their character was pursued.

To the little house below Nam San old Kim Hong Suh eventually found his way. After recurrent beatings, he was told that he was too old to executed, and he was set free. He came back to the women of the household on the day that the Seoul radio gave word of execution of Herbert and Charles as enemies of people.[5]

* * *

So ended the story of Kim Kun Hoo, or of Herbert Kim, as his western friend knew him.

Before he came to his death, he may have lost confidence in that justice which he firmly believed would ultimately rule in the relations of man with man. Knowing him, I

---

5   It is different from the testimony of the family members who were present at the scene where Kim Hong suh, Herbert, and Charles were being taken to the People's Army on the afternoon of June 30, 1950. At Euljiro's house, all the family members were living together, and then they were taken, and the rest of the family — Kim Hong suh's wife, Herbert's wife, Charles's wife, Hugh and Kenny — was kicked out of the house. Kim Hong-suh was released three days later, and Herbert was at Seodaemun Prison before being taken north. There was also a testimony that someone saw Herbert in Pyongyang. It is said that there was no news about Charles at all after that.

hold the conviction that he went to his death with his faith unshaken, strong in the belief that a better day would yet dawn for the land which he had sought to serve. And I could echo of his mother's words, "I do not understand how one can pray to change what may have already been; but if you have prayers to say for him, pray that he dies easily."

* * *

The week after we had learned the final chapter, young Larry came down to Akron to share his sorrow with us. After the weekend we took him back to Oberlin.

As we drove away from the campus, the radio brought word that the armies of Mao Tse-Tung had retaken Seoul.

* The footnotes in this article are all from Herbert's daughter, Dr. Kim Jea Won, for an accurate description of his life.

V

Pauline Kim

1. Pauline Kim's Petition to Mrs. Roosevelt

FEB. 18. 1938

U.S.S.R.

North Kazakstan

Petropavlovk

Hotel – 17 Lenin Str.

Jan. 16. 1938

My dear Mrs. Roosevelt,

I am very bold to take the liberty to write to you. But please hear with me.

I was born in New York on May 4. 1908. At that time my parents, Jewish immigrants from Poland, were already American citizens. In 1928 I was graduated from Maxwell School for Teachers in Brooklyn, N. Y. and in 1930 I received my B. S. from N. Y. University (School of Education).

In 1929 I met my husband to be. In 1930 we were married by Reverbnd Hosie in New York. My husband is a Korean, a Chinese citizen.

Naturally all my relatives, especially my parents were very much opposed to our marriage. My husband, Herbert Kim came to America in 1923 or 24. In 1928 he was graduated from the Colorado School of Mines as a mining engineer. His education he obtained due to his own hard work and determination. As a freshman at Colorado he also worked as a housemaid for some people in Golden. Dr. Coolbaugh, president of Colorado School of Mines, after he was informed of the conditions under which my husband was undergoing to secure his education invited Mr. Kim to live with his family (the Coolbaugh). My husband did so. After he finished Colorado, he enrolled as a student at Columbia in New Work. In 1930 he received his diploma as metallurgical engineer.

While he was studying at Columbia he also worked as parttime secretary of the Y.M.C.A. at New York University.

It was there we met. In 1930, the Soviet government was inviting foreign engineers to come to work in the Soviet Union. We both, Mr. Kim and I decided to go to the Soviet Union. You see intermarriage of different races isn't a frequent event in the States. My father is not wealthy. Nor is my husband's father wealthy. There was no reason why we shouldn't go to the Soviet Union. Then we decided if we didn't like it we could always go either to China or America. With experience Mr. Kim could more readily obtain work. In July 1930 when I went to get my American passport to leave the State I was told that I lost my American Citizenship because I was married to a member of the yellow race. There was nothing left for me to do but to leave the State on my husband's passport.

In 1930 we came to the Soviet Union. In 1934 our son was born. My husband worked. We lived well together happily and materially satisfied. In Sept 1937 without any warning my husband was discharged. The reason given was, that now the Soviet Union has plenty of her own specialists and as a foreign specialist Herbert Kim was no longer needed. He was paid his salary, vacation money, a month and a half salary because he was discharged without warning, railway fare for both of us and baggage back to Moscow. Naturally my husband was both upset and hurt. We could not go to China because of the war there. Immediately I wrote home to ask if I could come to live with my family until my husband procured a position. My family immediately telegraphed their willingness to help us. Although we have plenty of rubles, we have practically no dollars. However we have all we need to get to New York. My husband went to Moscow to get things fixed up. In Oct. he came back. At that time he had all our baggage packed. Oct. 30. 1937 my husband left for our district center Petropavlovsk to get our out-going visa from the district police. I have not seen him since. Nov. 2. 1937 all our baggage was opened and searched by the internal police. All that was taken was, our address books, letters in English and letters in Chinese. November 9. I came to Petropavlovsk to find out where my husband was. I was told that he was arrested. I was not told why and altho 2 and 1/2 months have elapsed I still do not know why.

All accusations now are of one kind. Either you are a member of some anti-Soviet group as the Trotskists and other one time leaders or 2. You are a fascist or 3. you are a spy or diversant or all there accusations put together.

My husband was born in 1904 in Korea. At 12 years of age he and his mother and her children immigrated to China. At 19 or 20 years of age came to America. He had no time for politics. When we came to the Soviet Union all the one-time-leaders were already discredited and not leaders any more. Personally I am sure that he no more knew the difference between Lenin's or Trotsky's program than the man-in-the-moon. So the first accusation cannot be the reason. The second accusation falls flat too. If my husband were a fascist I'm sure that he would not have married out of his race and nationality.

As to the third accusation can only say. ① To be a spy you have to finish a special school. (until 19 years of age he lived in the Orient after 1923 every day of his life can be accounted for either at Colorado or at Columbia) ② For that kind of dirty work people probably get paid very highly. My husband earned a good salary. We have no need of more Russian rubles. If we had lots of valuta I certainly would have gone to visit my parents at least once since 1930. Also my husband is the oldest of his father's children. Don't you think that if my husband had money (valuta) he would not have sent his father money to come to see us or we would have gone to China to see his father. My husband left China in 1923 or 24 that is 14 or 15 years since he has seen his father. What is there is spy at in the place we live, here steppe all around. All I can say is that there is some mistake.

Prisons every place under the? in are not health resorts and Soviet prison are no exceptions.

I know that I cannot help my husband. During this 2 1/2 months I have been allowed only once to send him a change of warm underwear.

Nov. 13. I went to Moscow to ask the Chinese authorities to help me. They agreed to send a protest but I see no result nor help from them.

I asked for permission to leave the Soviet Union with my son, but I was refused 7 times. All they say is come tomorrow. The next day they say; some question is being cleared come in 2 weeks or ten days. There isn't one lawyer in the Soviet Union who is willing to take up my case. Up to 1934 foreigners in the U.S.S.R. were pampered, favored and ever spoiled but now foreigner is synonymous to the word "spy." There is no one here who will help me. Who knows what will happen. No Soviet business man or school will employ me. When we declared our intention to leave the U.S.S.R. the Soviet authorities took both our national passports and now I am living without any document.

What shall I do? Must I sit and wait until the Soviet authorities say "Here is your visa. You may go." or who knows they may arrest me. I am more that sure that for this letter to you, I may be arrested. what then shall become of our child.

For characteristics of my husband you may inquire.

1. Dr. M.F. Coolbaugh

   1700 Maple Str. Golden Colorado

2. Mr. Frank Olmstead,

   Mr. Tinker,

   N.Y. University branch Y.M.C.A.

   26 Waverly Place Washington Sq.

   N.Y.C.

3. Dr. Robert Charr

   1251 No. 29th Str. Philadelphia Pa.

My parents address is

Mr. D.M. Liebman

191 New Lots Ave. Brooklyn N.Y.

I write to you because you probably can find out or already know what people do when they are in my position. Thank you.

Yours very truly,
Pauline Kim

2. Pauline Kim's Letter to Herbert Kim

191 New Lots Ave.,

Brooklyn N. Y.,

Feb. 28. 1940.

Dear Herb,

I am asking the Chinese Embassy in Moscow to forward this letter to you.

Bobby and I came to New York in November 1938.

I could not get back into the teaching system because I was away for so long a time.

I decided to become a nurse. It serves two purposes. It takes my mind off you. It also will give me a livelihood no matter where we live.

Bobby is at a private school. It is a very good school. My parents and sisters support Bobby. He doesn't remember a word of Russian. He ask the image of you.

I have located your uncle and father.

My mother forgive us. Her only wish is that we were together again.

Soon it will be ten years that we are married. I have no regrets. There is no necessity of my writing much. I know your thoughts. You know mine.

I have only one anxiety, that is your health.

Bobby, my family send their love to you.

Eternally yours,

Pauline

Epilogue: A Journey in the Fog

Kim Jea Won

1. On CSM campus

The daughter looked down at the tent-shaped Denver International Airport from the landing plane that was shimmering in silver against the backdrop of huge snowy Rocky Mountains. "Dad, how did you know about Colorado School of Mines (CMS) and come here over 90 years ago? How did you get here? By train? How many days did it take?" The father gave his curious daughter a slight smile. A taxi carrying them turned around the Denver Airport on a vast plain and headed towards the downtown of Denver. In the taxi the daughter glanced at her gentle-faced father and asked him "You are going to accompany us, aren't you?" The sunlight was pouring so intensely, but the wind was so chilly that it did'nt feel like May. Spring was still on its way here. She left Indianapolis on a 9:11 AM Flight, and reached Denver after 3 hours. It was still 10 in Denver. Space and time feels so different in America.

The chatty administrative staff was walking the daughter around the campus and explaining the history of CMS over and over again. "When your father, Herbert Kim, attended, this campus had only buildings such as the Guggenheim Hall, the Stratton Hall and the Mining Institute. Young talented student not only from Europe, but also from China and Russia, who wanted to major in mining, came here. Practically they came from all over the world. The name of this city is Golden, isn't it? That means that gold mine development was here once in full swing, so it was a hot spot! The building of the Mining Institute was the central structure of CMS, where the Department of Mining resided in.

The name of Guggenheim reminded her of art collections in New York, in Venice or in Bilbao. But which Guggenheim would be in Golden? The daughter asked, "How did the students move to Golden from Denver at that time?" She wanted to imagine how her father's life was like. She wondered how he got to this remote small city. The staff answered, "At that time, there was also trolley between Denver and Golden." She retorted, "You still have a trolley for public transportation? Wow, I can't believe that trolley has been used for more than 100 years." The father smiled at her, as if he probably used to walk the stretch to save the fare.

He said, 'Oh, I have been to here a long time ago…. When I stayed here, I was full of hopes and dreams….'

The scenery of the campus was very unique. It was very different from the functionally-focused European university buildings that were mostly located in the center of cities. It was also different from the huge Korean university campuses which were enclosed by fences. The CMS campus did not look as well-planned as other typical American universities. At the far Northeast end we could see a full-scale mine for practice. The campus was constructed according to local land use and topography that was descending toward the "Castle Rock" soaring giantlike over the southern valley. This Castle Rock was a great attraction with its unique shape and prominent ocher color. It seemed like an everlasting symbol of this university.

Starting as a mining college, CMS kept pushing the boundaries and became an engineering college with departments hosted in more modern buildings. The daughter and the CMS staff passed through them, and headed towards the Coolbaugh House in the center of the campus. When the father saw this two-storied house of red bricks, he seemed to be gasping for breath.

He said, 'Ah, it's still so beautiful…'

The father worked as a house boy at a mansion in Golden to earn his living. President of CMS, Dr. Melville Fuller Coolbaugh (1877-1950) noticed that he, from a faraway country, was struggling and studying hard. In consideration of Dr. Coolbaugh and his wife he could live at the President's official residence as a member of the family for more than two years. The father must have been able to settle down mentally and physically after moving in here. Insides of the house were decorated with simple and functional Art Deco furniture that seemed to be used for a long time. The rustic atmosphere of the house made her feel frugality of the family. The daughter could imagine how grateful the father would have been for the accommodation and even the scholarship the President offered.

She asked, "Dad, when you came back to the United States after about 20 years' absence, you posed for a picture with the President's family on the stairs in front of the entrance of this house, didn't you?" In the photo there were the President and his family, including the father's sister, Kun-ok and his brother, Kun-uk who were studying in the U.S..

The Washington Avenue of Golden, which stretches out in parallel with the main street of the campus, was a busy one where students gathered on weekends and chattered with beer glasses in front of them. It was a place with small theaters and shops crowded with students enjoying their free time at weekends. Now it has come an attraction for tourists who enjoy skiing and the unique atmosphere of the Rocky Mountains. Even in the cold weather of May, many people were gathering.

She continued to ask further, "Did you often hang out with your friends here on weekends?" But she had no answer. "Why was your nickname 'fighting Irishman', when you were studying at college?" The father seemed to have a lot to answer, but he didn't say a word. The daughter and her husband went into a pleasantly loud pizzeria on Washington Avenue in order to avoid the flurry snow and a freezing cold, reminiscent of the old cabin in a mountain side. As they warmed themselves up, a young pregnant woman with a cheerful mien came to serve them. "Dad, surely you have tasted a pizza of this restaurant? It looks like a very old house!"

After she returned to the Hotel in Denver, she recalled snapshots of her tour on the CMS campus as if she were presenting them for her students in her art history class. It felt like she had walked with her father all day long. As she lay in bed, some questions started to float around. Why did the youngest uncle call the CMS staff and express his wonder about her visit to CMS? Why couldn't he empathize with her strong feelings to know her father better? Why the hell? Like today, she wanted to walk through the streets and corners of the campus where her father used to go, look at the sceneries that would be vivid in his eyes, breathe the air he was inhaling, and feel and experience his daily life. A walk in Golden gave her excitement that was hard to find at Columbia University where her father studied for his Master's degree. While studying at Columbia University her father worked as an assistant at YMCA and lived near New York University. She visited the small building at 76 Washington Place where her father supposedly lived, but it was Golden that made her feel closer to him. Why did uncle not want me to have this experience?

2. Marriage to Chung Chung Sik and the Outbreak of the Korean War

In fact, I have never met my father, Herbert Kim Kun-Hoo. As I grew up under the utmost care of my mother, Prof. Chung Chung-Sik, I assumed that my father's absence would not have cast a big shadow over me. Small episodes of my younger days, however, tell that I sorely missed my father. During our refuge from the Korean War in Busan, on any occasion of a male guest, I would run into the kitchen and ask my aunt if that man was my father. After returning to Seoul, we had Mr. Kim who served the household and I would ask him to go to the market and buy me a poo-poo baby and a father. As I grew older, life was busy and hard and thinking of my father just occurred occasionally. I felt guilty for my indifference, and decided to search for information about my father, and check and record the stories that my mother told me. Even though not many stories about him remained in her memory, they had a big effect on me.

It was on a late summer day in 1949 that my father met my mother. It was a match arranged by Mr. Chunwon Lee Kwang Soo and his wife. At that time my mother was preparing to go to study in France, while she was teaching as a professor at Ewha Womans University. One day she was asked to visit Mrs. Huh Young-Sook, Chunwon's wife at her house in Hyoja-dong, Seoul. Without any notice before, she took my mother to Chosun Hotel, where my mother met my father for the first time. In Shanghai, Chunwon had become friends with my paternal grandfather who was a member of the Assembly of the Korean Provisional Government based there. In Seoul Chunwon got financial support from my maternal grandfather, Kinong Chung Se kwon who was the founder of the "Kun Yang" construction company and built almost whole district of Korean traditional houses in Bukchon. Chunwon seemed to have thought that helping Kinong's 29 year old daughter find her match in a promising engineer would be a way to return Kinong's generosity.

The already middle-aged man appeared on the Ewha campus every day to meet my mother. His presence attracted attention of the Ewha faculty. Among them was an art professor who shared that he still remembered my father and his red convertible waiting for my mother almost every day in Ewha campus. As they dated, they had long conversations about their future. Especially regarding my mother's as she was planning to study abroad instead of getting married. My mother's pre-marriage diary details her feelings about her contradictory situation. They had a long discussion on why she should go to France and study piano more. Afterwards, she agree to stay in Korea and marry him. My maternal grandfather, who regarded him as a divorced and elderly bridegroom, showed no sympathy for him at first. A long conversation, however, turned my grandfather's mind and he soon approved of the marriage.

It took any length of time to overcome my maternal grandmother's unspoken opposition. My father, who was bereaved of his mother at his early year in Shanghai, was moved by warm cares of his mother-in-law after his marriage. When the second son-in-law, who used to follow her and call her "Omani"("mother" in Pyungan dialect), vanished into thin air in the blink of an eye, she was very sad. My mother, a faithful Catholic and the organplayer of the Myeongdong Cathedral, was embarrassed, when she was going to marry a man from a Protestant family. The couple consulted a Catholic priest, Father Yoon Eul-su, whom they knew well, how they could overcome the religious difference. Their marriage was allowed under the condition of raising their children as Catholics.

Their wedding took place at the Jeongdong church near Deoksu Palace on November 15, 1949 presided over by Pastor Yang Ju-sam. Friends, acquaintances and relatives of the bride and groom attended the ceremony to celebrate. The road along the stone wall of Deoksu Palace that led to the church became so crowded with people and cars that policemen were called to assist. It was an extraordinary wedding.

My father's family lived in a big Japanese-style house in Euljiro 2-ga. It was formerly occupied by Japanese, and he took over ownership of the house with Bertsch's consideration from the U.S. military government. My mother began to live a complicated newlywed life there. Her living with her husband's family members was like living with foreigners. They could not communicate well in Korean, because they had returned to their home country only three years ago after spending 30 years in China in exile. It would have been very difficult for her to endure the marriage life, if it were not for her thoughtful and loving husband.

My father returned home after the liberation of Korea from Japanese colonial rule with his family from whom he had spent a life time away. His eldest younger brother was still an infant when he left for America to study, and he met his younger half-sister and four half-brothers after his release from the Soviet Union in Chungqing, China. His eldest younger brother got married in Seoul, before my father started his second marriage. His younger sister and two younger brothers went abroad to study in America under his guidance. But it still was a large family. My mother's father-in-law enjoyed going out with his eldest son and his daughter-in-law. It naturally caused jealousy among other family members, especially of my father's stepmother. Because my father felt uncomfortable with the jealousy, he used to take his wife to the house of his mother-in-law and let stay there, while he went to business trips to Kangwon-do.

My mother remembered that my father was stylish, who wore new suits every day. She also was impressed by his knowledge of the global political situation. Both of them liked to go to movie theaters on weekends. He was a mischievous bridegroom, who was often playing tricks on her and surprising her from behind her and rejoicing like a child, when she was startled. He also took care of my mother as if she were a child. Shortly after the wedding, they took a winter trip to Sangdong mine in Youngwol, Kangwon-do, and my mother always enjoyed talking about it. He, a mining engineer, held her close by hand as they climbed the mountain together. She was at awe, as mountaineering with him felt like gliding or even flying through the woods.

My father was warm and sociable, especially fond of social gatherings and talking with people. The newly weds often attended meetings with foreigners, but for my mother it was not always fun as she struggled with English. At times, however, he could also be very particular about the occasions. One day Dr. Helen Kim (Kim Hwal Ran) of Ewha Woman's University invited the couple to her residence to personally congratulate their marriage, but my mother was not able to convince him to accompany her. She was very embarrassed. He said, "I can't find any reason to attend a dinner hosted by her."

He suffered from back pains caused by the imprisonment in the Siberian Gulag. After the marriage, my maternal grandmother carefully treated him with Korean traditional medicines to alleviate the pain. The newlywed life of my mother that began in bewilderment, soon had been followed by hospitalization and discharge due to pregnancy and pregnancy intoxication. When her condition worsened due to pregnancy complications and became a matter of life and death, my father shed tears incessantly besides her bed all the time. Thanks to her mother's care and intensive treatment of Dr. Pack In-jae, she overcame the critical moment in Dr. Pack's private residence in Gahoe-dong. Soon after that, my father asked her to submit her resignation to Ewha Woman's University and stay home only as a housewife and an expecting mother of a baby. After the baby was born they were going to leave Seoul and live in Sangdong as an adviser of the Tungsten Mine Company. My father had a son from his first marriage who was living in the US. The plan was to bring him to Korea and live together when he became an adult. My mother agreed, so my father was dreaming of his family of four living together in the near future.

The horrors of the Korean War left few families untouched. My parents were no exception. My father was horrified to hear the news of the war. My mother vividly remembered how his face went dark in an instant. He left the Eulji-ro house with a simple baggage, saying that the last escape bus provided by the US Embassy would depart in front of the Bando Hotel. But he eventually gave up fleeing alone and returned home. He wouldn't say exactly why he decided to come back, but she guessed that he could not dare to leave his pregnant wife behind. Unfortunately my mother did not have a visa to enter the US. My grandfather refused to flee and stayed at home in Eulji-ro, while my parents, realizing that the situation was urgent, travelled around downtown Seoul in search for a safe place for several days. Hurriedly they went to the house of Mr. Chunwon in Hyoja-dong, but stayed only one night due to Mr. Chunwon's deteriorating health. Next day they went to seek refuge in Mr. Kim Kyu-sik's house. Because Mr. Kim's two secretaries had a heated ideological argument through the night, my parents were terrified and had to return home to Eulji-ro.

On June 30, 1950, my parents were making clothes for my pregnant mother at home, and around 3 PM a platoon of the North Korean People's Army stormed in. The three male adults of the family were forced to be knelt down with hands bound behind. They aimed their guns at the rest of the family members and began searching the house. They dragged my mother through the whole house from one side to another. My father, who had to gaze at the scene helplessly, cried out in fear and pain, "My wife is pregnant, so don't bother her and let her go!" Nobody listened. My mother could not remember how long it took to search the whole house and how long she was pulled around in it. Only her husband's crying seemed to linger on in her ears. They occupied the house and kidnapped my grandfather, my father, and my eldest uncle. Since then, my parents never saw each other again.

The remaining five members of the family were all kicked out of the Eulji-ro house. Grandmother, two under-aged uncles and two pregnant women including my mother were now on the streets. My grandfather was released after three days, but they heard nothing from my father and my eldest uncle afterwards, despite all the efforts of my grandfather to rescue them. My mother's life with her husband ended there. It had been only 8 months since they got married. Her mother-in-law said to her, "During the short while, you have been loved more than any other wife would be loved in a lifetime. Be content and don't lament." But the shock of losing her husband and war itself shook my mother to the core. The family scattered and stayed in relatives' homes only return to their Eulji-ro house after the United Nations and South Korean army recaptured Seoul on September 28, 1950. I was born in mid-November of 1950 after 3 days of labor. My grandfather was expecting a grandson and prepared a boy's name 'Jea-won'. When he learned that the newborn child was a girl, he was apparently disappointed. He still attentively observed his granddaughter growing up, as if he were trying to find his eldest son in her. My mother struggled to accept her husband's disappearance and was confused and frustrated for a long time.

During her refuge in Busan, she was once asked to accompany a solo violin on the piano. Sitting in front of the piano, all of a sudden she was completely lost. She could not read notes and the piano keys were totally foreign to her. She was very embarrassed. It was a temporary memory loss caused by shock, and the violinist supported her throughout the recovery so that she returned to the professorship at Ewha Woman's University's Busan campus. As she recovered, she also realized the sad truth that she only knew bits and pieces of her husband's life. As I grew older, I promised her to try to compose the fragments of her memory about my father. Unfortunately, she passed away before I could keep my word. Despite the short span of their marriage, the memory of her loving and caring husband had supported her throughout her life. I came late to keep the promise, but started this journey to do my best while my time lasts.

3. A Journey to My Father's Days

After my retirement from professorship in the spring of 2016, I walked into a thick fog to trace my father's whole footprints. I spent about a month searching the internet without knowing where and how to start. When I said I would start this project, help came from my family. My son-in-law found an article about my father written by Dr. Bang Sun-ju, a document-researcher in NARA and a interrogation record of Kim Kun-hoo in documents obtained by the US military during the Korean War. He also found an article in Kyung Hyang Shinmun that Mr. Walter Kissinger, brother of the famous of Henry Kissinger, was looking for my father, Herbert Kim, during his visit in Seoul in the 1970s. Rays of light started to shine through. Decisively, my husband discovered an essay "The Peony Garden Gate of Deoksu Palace" on the internet. We failed to ascertain the exact source, but it contained the story of my father in detail. It was the most comprehensive and detailed information on my father collected so far. I got the greatest lead.

Sources mentioned in Dr. Bang's article led me to researchers, Dr. Lee, Dong-hun and Dr. Kim, Deuk-jung at the National Institute of Korean History in Gwa Cheon. From them, I was able to get the contact of Dr. Bang and Mrs. Yoon Mi-sook of NARA II at College Park in the U.S. In addition, they found and shared articles related to my father in CMS newsletters and several local newspapers in Colorado. It was extremely impressive. 'Oh my God, these precious materials had been lying there unnoticed for so long!' About the same time, I was able to connect with Prof. Kim Nam-sup at Seoul National University of Science and Technology. His research was focused on human rights in the Soviet Union during the Stalin era, which is a rare expertise in Korea. He walked me through about the trial process of Stalin's justice system, the life of foreign engineers, and cases of human rights abuses against foreigners by the Soviet government. Through the non-profit civil organization "Memorial" in Moscow, Prof. Kim could access my father's public records on where and how he was victimized by false espionage charges. They included brief documents on his educational background, his professional experience as a mine engineer in the U.S. and the Soviet Union, his knowledge of languages, arrest, trial and release. Immediately I reached out to Moscow Memorial for more detailed information on my father.

That year in October, progress was slowing down, and I started to grow impatient. I wanted to make contact with people who might have met or known my father in person, but it felt a bit too late. The sense of my disappointment was great. Sometime later, I stumbled upon articles about Kim Hong-suh and Kim Kun-hyuk in the newspapers of 1977 (Kyunghyang Shinmun, March 22, 1977 and October 28, 1977/ Dong-A Ilbo, March 22, 1977). Kim Hong-suh, my grandfather was awarded the National Medal for the Order of Merit for National Foundation, and my uncle, Kim Kun-hyuk received the Peony Medal for the Order of Civil Merit. He had visited Seoul to receive the Order of Merit for himself and for his late father in his place. I was delighted by this discovery, and even more excited to find out that uncle Kun-hyuk became a president of McMurry University in Abilene, Texas. I started to hope that I could meet and ask him about his personal experience with my father. But I found on the internet that Dr. Thomas Kim (Kun-hyuk) died in Abilene in 2012. The obituary of him got good press coverages in various Texan newspapers, detailing how grandly his funeral was held, how the whole city grieved over his passing and from where his family members came and attended. The article also detailed that my youngest uncle, Kim Kun-taek (Dr. Kenneth Kim), was still active as a surgeon at a general hospital in Utica, New York. So for the first time in my life, I wrote him a long letter. Reaching out to him itself was surreal for me. While my mother was still alive, I spontaneously asked her about my father's family. She did not have much to share, and was always apologetic. It was even more regretful that she had lost contact with my father's half-brothers living in the U.S., since they moved there.

It was time for me to start following his footprints in the US. In December, 2016 I visited the National Institute of Korean History for the second time, and met once again the researchers, Dr. Lee, Dong-hun and Dr. Shin, Jae-ho. In the meantime, Dr. Shin had visited College Park for a year and just came back, and I could get the latest information on NARA. They recommended me to get in contact with Mr. Kim Sang-Soon and Dr. Yoo Seung-Kwon of the Asia Center at Missouri State University in Columbia and Prof. Wayne Patterson at St. Norbert College in De Pere, Wisconsin. Their heartfelt support helped me set my early steps forward in the right direction.

Finally I decided to begin travelling for a follow-up research. On March 17, 2017, I departed Incheon International Airport with my husband and headed for the U.S. I had butterflies in my stomach, and a lot of them. Thanks to the help of our son residing in Indiana, we were able to adjust our visiting schedule and transportation. I was concerned because I was not sure what to expect. I could easily go home empty-handed without finding new information about my father. But I also had high hopes for the journey. You never know what you might end up experiencing on the road. So the only way was forward.

We stayed in the US for three months. Our first destination was the Asia Center in Columbia, Missouri. There we met director of the Center, Mr. Kim Sang Soon, Dr. Yoo Seung-kwon and Prof. Kim Ji-hyung. A meeting with them was valuable and we were welcomed with a delicious dinner. Their warm hospitality would be hard to forget. Visiting the University of Missouri has become an unforgettable moment in the journey.

At the National Archives & Records Administration I and II (NARA) located in Washington D.C. and College Park, Maryland, we could find some valuable materials of my father and his first wife Pauline Liebman. Researcher Mrs. Yoon helped us delve deep into the archives. There my father's name, Kim Kun-hoo was identified in the list of abductee, made in 1951, and Pauline's petition letter to President Roosevelt's wife was found. The original notes of an interrogation of my father by the North Korean authority was surely confirmed to exist in a bundle of documents captured by the US military during the Korean War. Those discoveries were the most rewarding. Without kind guides of Mrs. Yoon, it would have been impossible to achieve such a result in three weeks. Her calm and steady support helped me move forward. It occurred to me that America's great national power made it possible to serve the researcher from all over the world, like the NARA could do. The NARA strictly has kept, managed, and provided vast amounts of documents.

Our son joined our next journey from NARA, College Park and flew in from Indiana. He drove us to Philadelphia for interviewing Prof. Patterson at the University of Pennsylvania and helped us communicate with him. Prof. Patterson shared the history of early Korean immigrants to the US. The status of foreign students at that time, the process of entering America, activities of Mr. Ahn Chang-ho in California, the missionary story of missionary Dr. McCune, and a Korean missionary Mr. Lee Dae-wi interested us very much. His knowledge was especially helpful in understanding my father's life in America in a broader context. Then we drove to N.Y. City. In the near of N.Y. University we could find a five story building, in which my father was believed to have lived in. There I remembered a funny story my mother told me before. My father used to keep Kimchi by the open window for it to ferment. One day a neighbor came by for the smelly food because his pregnant wife had terrible morning sickness and had a craving for that strange, sour dish.

At the Colorado School of Mines and Columbia University we were able to confirm my father's academic records of impressive achievement and degree. We also had the pleasure of meeting Prof. Hiroaki Kuromiya of Indiana University, a world-renowned Soviet researcher at his office. He was one of experts who Prof. Kim Nam-seop recommended us to consult. He showed keen interest in my father's story. He introduced us a lot of relevant materials as well as his acquaintances in Moscow. Expressing our sincere gratitude, we promised him to visit him again. We are indebted to all the support we got from people we met in different places including University of Missouri, NARA II of College Park, University of Pennsylvania and Indiana University.

After I returned home from the U.S., I received two emails that summer. One was a message that the 10-pages documents about my father's personal information and his trial records would be sent through the Embassy of Kazakhstan in Seoul. Department of Committee of National Security, Kazakhstan responded to my request I made via the Memorial International Society about a year ago. The documents were in Russian. Two portrait photos of my father as an inmate taken at a Soviet Gulag camp were also attached. I was speechless with shock affected by the photos and I felt deep sympathy.

The other was from Mr. James Hwang saying that he would like to send me some information about my father and grandfather, if I wanted. He is a relative on my aunt's side living in California. He sent me old photos of the Kim's family during exile in China, including my grandfather's photos with the leading figures of the Korean Provisional Government in Shanghai. He also emailed me the exact record of my father's arrival at San Francisco that he found in NARA, California. He also fortunately stumbled upon my father's handwritten autobiography that was sent to Dr. George A. Fitch and his wife in the Fitch collection at the Harvard Yenching Library (HYL), and also the manuscript "Herbert Kim's Story" written by Leonard M. Bertsch. He recorded Herbert Kim's turbulent life based on his testimony. It was also revealed that the source of the essay, "The Peoney Garden Gate of Deoksu Palace." The close relationship between my father and Dr. Fitch are described in much detail in Bertsch's manuscript and can also be found in Dr. Fitch's book "My 80 years in China (1974)." The manuscript also describes the long relationship between the Fitch family and the Kim family, my father's life in Siberian Gulag camps, his activities in Seoul before the War and his abduction.

The another essay of my father sent to Dr. George Sherwood Eddy was also discovered by Mr. Hwang in the collection of Yale University's Divinity School Library. He sent me all these materials. It was such an unexpected support for which I am truly grateful. Additionally I was able to locate the original version of "The Peony Garden Gate of Deoksu Palace" in the Bertsch collection of the HYL. My father's handwritten autobiography and essays depict in detail the adversities he had to endure at the Gulag camps. The Bertsch essay attests to the intellectual and patriot Herbert Kim's tumultuous life and misfortune against the historical background from an observer's perspective. These are the most important sources which helped me take a glimpse at my father's life.

Based on information I collected so far we planned another research trip to trace my father's life in the Soviet Union, especially his five years in the Gulag camps. We organized the schedule and heavily relied on the expertise of Prof. Kuromiya, Prof. Kim Namseop, and the Russian professors who the Asia Center at the University of Missouri introduced us to. It took a lot of time to make a detailed itinerary. It was 2018 and World Cup games in Russia had to be avoided. We determined to hire a travel guide in Kazakhstan and Russia. After many trials, fortunately my husband remembered his former student, Dr. Bae Jeoung-han, who was working as an attorney in Almaty, Kazakhstan, who helped find someone to be the guide and translator.

Prof. Kuromiya introduced us to Prof. Artykbaev at the Archeology and Ethnology Department at the Eurasian National University, and we were able to meet him in person in Astana, Kazakhstan. Prof. Artykbaev's father had been arrested and tortured while working in the same gold mine of Zholymbet as my father. Years ago he published his father's story wherein he mentioned Herbert Kim. It was the book that reminded Prof Kuromiya to connect us with him. With his considerate preparation, I was able to see all of my father's 400-pages trial records in the Archives of the Ministry of Internal Affairs of Kazakhstan. There were language barriers, but the fact that the records remained was astonishing and was one of the most memorable moments on this journey. As the documents were still classified, I was able to get a soft copy of only 40 pages. The whole document will be declassified in 2023. I encountered my father's photograph as an inmate again, and saw his fingerprints and signatures on the records. There was one and only letter from Pauline that reached him in his imprisonment. According to trial records, he had always kept it hidden in his bosom, but it was uncovered and confiscated. An official of the Ministry kindly tried to console me by sharing that many Kazakhs had been sacrificed in the Stalin era to the extent there were at least one or two victims in any Kazakh family.

Our visit to the Zholymbet Gold Mine, where my father worked as a deputy director, and to Petropavlovsk was also arranged by Prof. Artykbayev. He kindly accompanied us to Zholymbet. And I am deeply grateful for his consideration and support. The Zholymbet Gold Mine, which we looked around under the guidance of its director, was enormous, and still mining a lot of gold.

In October 1937, my father went to Petropavlovsk, an administrative city in North Kazakhstan, to get an exit visa for himself and his family. He was arrested out of the blue at midnight of November 1st. He was imprisoned in an underground detention center at NKVD, where he was interrogated and terrorized for about a year on fabricated espionage charges. When we visited the city, the NKVD building had been demolished and a huge building was being built on the site. In the square in front of it, there were a memorial wall and a memorial tower dedicated to the victims of the Stalin era. A lot of names of victims were engraved on the wall. I was disappointed that I could not find my father's name. After our trip, Prof. Artykbaev worked hard on behalf of us and his name Герберт Ким was finally added on the memorial wall in May, 2020. I felt as if a stone was lifted from my chest. I am also greatly indebted to Dr. Lee Gun-wook of the Korean Ministry of Culture and Tourism, who has helped me correspond with Prof. Artykbaev. The building on 17 Lenin Street that used to be the hotel where my father spent his last night before the sudden arrest and also where Pauline stayed to find her husband was still on the same spot, but used as an office building.

A visit to the Soviet Gulag camp near Perm located in the Ural mountain range was very sad. Were the Russians trying to erase the remains of their terrible deeds in the past? Numerous political prison camps built all over the Soviet Union have almost disappeared without trace. The Perm Gulag camp was said to be the only Stalinist concentration camp currently remaining in Russia. It was a site of despair and suffering. The guide explained that it was built after the WWII and better equipped compared to the Northern Siberian Gulag camps where my father was imprisoned. It broke my heart. The Perm Gulag camp was included in the World Monuments Fund's Watch List of 100 Most Endangered Sites in 2004.

While Kazakjstan felt friendly and simple, Russia was different. The cold and exclusive atmosphere was apparent as soon as we landed at Domodedovo International Airport. It would have been much more difficult without the help of a Ph.D. student, Yoo Gi-in at the University of Moscow, who had been introduced by Prof. Ho Moon hyuk's acquaintance. We had to leave Moscow without any new material, except securing my father's release certificate obtained during our visit to the Moscow "Memorial." Memorial is a private organization actively engaged in human rights movement, despite financial difficulties and hostility of the government. We had high expectations for our visit in Moscow. We wanted to explore the Archive of Federal Security Service of Russia (FSB) on the Lubyanka Square, the Russian State Archive of Social Political History (RGAS-

PI), and the State Archive of Russian Federation (GARF), but it was impossible due to bureaucracy. We also had a chance to meet some Korean-Russians. But we struggled to build a connection as the way they perceived the history between Russia and Korea were completely different from us. How did gratuitous violence and ideological wars of great powers threaten the existence of ethnic minorities in the first half of 20th century? Where is their place in history? How can we bring justice to individual misfortunes caused by external forces in these minorities?

Once I confirmed that my father's handwriting and the original version of Bertsch essay were preserved in the HYL, I had to see them for my self. While my father visited the U.S. again in 1948, he left a handwritten autobiography about his bitter experience of prisoner life in the Siberian Gulags, from the arrest to interrogations, to trial and to his time at the labor camp. He sent his autobiography to Dr. Fitch. The HYL maintains a tremendous collection of documents related to China, Korea, and Taiwan which Dr. Fitch produced, collected, and kept throughout his lifetime. The Dr. Fitch Collection of HYL includes now my father's autobiographyical handwriting and lots of his letters to Dr. Fitch. When I directly cast my eyes over my father's handwriting in Cambridge in 2018, I could not help feeling overhelmed. Furthermore, Bertsch-Papers were there, which Bertsch's descents donated to HYL through Prof. Carter Eckert of the Korean Institute of Harvard University. As Mr. Hwang mentioned, "The Story of Herbert Kim" included in the Bertsch-Papers. In so far as the original texts were backed up, I had to do something with all the information I found about my father. Finally I was able to feel and understand him. Then I decided to publish his story.

During our second trip to America, I finally met my youngest uncle in 68 years. His and his family's warm hospitality made me feel comfortable and familiar despite the long separation and some language problems. Most of all, I could hear from him about the scene of the imminent moment my father was arrested and dragged by the North Korean soldiers. Mr. Hwang constantly helped me reconnect with my family in America and Korea. I stopped by at LA to meet him and to show my deepest gratitude. He is still collecting materials scattered in Korea, China and US to put together my grandfather's 30 years in exile and the history of his family.

My father lived over China in two separate periods of time. In the first period from

1916 to 1923 he was a student in Nanjing and in Shanghai, and in the second from 1942 to 1946 he worked there as a mining engineer at the Gansu Province Mining Bureau. Out of gratitude for Chinese Ambassador's rescue efforts, he served as an engineer in the mining development of Gansu Province. Unfortunately I was not able to find any information regarding the second period, and do not even have a clue at this point. This remains as the next challenge for me.

As Mr. Bertsch mentioned, even though my father resisted temptation to immigrate to America and came back to Korea at the risk of breaking up with his longtime missing wife and son, he unfortunately was not able to serve an "honored and devoted regime he dreamed of" in his homeland. He was "an independent soul, and a mining engineer with the best education and experience." He was also "a natural patriot inherited from his father. With hope in vain that days of his devotion and service for the newly independent Korea would be coming with his soon-to-be born child, he was driven into the War as a victim of the worthless ideological conflict the second time and taken to the North.

The adversities and misfortune my father, Herbert Kim, had to endure were probably inevitable for an intellectual who lost his country. His whole life is a vivid testimony of how a helpless individual could be terribly victimized in the turbulent modern history of Korea. His story is a tragic part of Korean history that cannot be overlooked. Instead of reconstructing my father's life with sentimental compassion, I hope the story of his life helps us reflect on Korea's modern history and contemplate on its meaning in the contemporary context. If we hope vaguely that unhappiness of the past will only be an event of the past, and the future be different, we will never know what and how to prepare for a better future and what kind of future will be coming to us.

I am still on my journey to follow my father's footprints and expect to encounter his legacy in different parts of the world.

In Summer of 2020

Kim Jea won, Herbert Kim's Daughter

Translated by Lee Soong Hee and revised by Lee Soojin

Chronological Personal History of Herbert Kim

金鍵[建]厚, Herbert Kim, Ching Chien-heo, Герберт Ким

Jan. 7, 1904/ 1905	Born in Hamchong-myeon, Kangsuh-gun, Pyeongan-do, Korea. First son of father, Hong-Suh Kim (vice principal at Sa-kwang elementary school in Kangsuh) and mother, Do-kyung Kim.
ca. 1910–1916	Educated at Kwang Sung elementary school in Pyong Yang.
1916	Entered the Methodist middle school in Pyong Yang.
After 1916	Exiled to Shanghai with father due to 'Shinminhwe (신민회)' incident.
1918–1921	Studied at the high school affiliated with Gum Rung University in Nanjing.
June 1921	Mother, Do-kyung Kim deceased in Shanghai.
1921–1923	Attended Nanjing Gumrung University (current: Nanjing University). Acquired Chinese citizenship as 金鍵厚 (Ching, Chien-Heo). Worked at Presbyterian Mission Press as an assistant to the missionary, George Field Fitch.
Nov. 1923	Arrived in the U.S. for studying, as Herbert Kim. Entered Basic Science program at Huron University in South Dakota.
1924	Entered Colorado School of Mines in Colorado.
Summers of 1924–1928	Worked at Homestake Mine in Lead, South Dakota.
May 1928	Graduated from Colorado School of Mines majoring in Engineering of Mines.
1928	Entered Columbia University for master class of Metallurgy in NYC. Worked at YMCA in NYU as an Office Assistant.
1929–1930	Socially active at the Korean Students Society and Korean Church in NYC.
1928–1930	Residence: Washington Square 76, New York, NY 10012 USA
1930	Graduated from Graduate School of Columbia University.
Apr. 8, 1930	Married to Pauline Liebman, in New York.
Juli 1930	Hired by Soviet Union's mining company through "Amtorg" as Mine Engineer. Departured to the Soviet Union.

1930–1937	Began to work at Union Gold Syndicate of Russia in Irkutsk. Worked at several mines in northern region of Kazakhstan: Minusinsk, Zholymbet (Shchuchinsk region).
Jan. 1, 1934	Birth of Son, Deuk-Won Kim (Robert) in Stepniak, Kazakhstan.
Nov. 1, 1937	Arrested in Petropavlovsk in North Kazakhstan, while working as an Engineering Assistant Director at GLAVZOLOTO mine in Zholymbet. Until Dec. 10, 1938 interrogated by NKVD in custody.
Dez. 10, 1938	Sentenced to death by execution for a verdict on counter-revolutionary activities.
Dez. 19, 1938	His sentence was reduced to 25 years in prison.
Nov. 1938	His wife and son went back to New York after one year efforts to save him.
1938–1942	He was imprisoned in the following places; Transitory Prison in Alma Ata (Dec. 1938–March 1939), Zolotoust Political Prison Ural (March–July 1939), Solovetski Island Prison in White Sea (Aug.–Nov. 1939), Kurupolda Prison Camp, Archangelsk District (Nov. 1939–April 1940), Archangelsk Transitory Prison Camp (April–July 1940), Vorkuta Gulag for mining in Komi Republic near Usa river (July 1940–May 1941), Transfer to Moscow (May 1941-March 1942), NKVD Lubyanka prison, Moscow (March–May 20. 1942).
May 27, 1942	Released from NKVD prison in Kuibyshev (Samara), the wartime capital city of the Soviet Union.
June 1942	Arrived in Chungqing via Alma Ata.
1942–1946	In return of favor to Chinese government, supported mine development at Gansu (Lanchow), China.
Summer, 1946	Return to Korea. Assigned to the head of mining department and director of technical support at Daehan Joongsuk (Tungsten Company).
1947	Served as a secretary for General Archibald Vincent Arnold (1889–1973), and as an interpreter for the U.S. side at the meetings of the U.S.–S.U. Joint Commission.
	Worked as an engineering consultant at the Sang Dong Mining appointed by the U.S. Military Gevernment of Korea.
	For the first time under his supervision the company exported 380 tons of high quality tungsten marked with Korean production in February.
Oct. 1948	Business trip to Allis-Chalmers campany of Milwaukee, Wisconsin to purchase the mining equipments for Daehan Joongsuk. Agreed with his wife, Pauline to divorce.
Nov. 15, 1949	Remarried to Chung-Sik Chung (Professor at Ewha Univ.) arranged by matchmaking by Kwang-Soo Lee (Choonwon)
June 30, 1950	Taken to North Korea with his father and stepbrother, Kim Kun Young by North Korean troops just after 5 days the Korean War broke out. His father, Kim Hong Suh came home after three days.

| Nov. 17, 1950 | Birth of daughter, Kim Jea Won. |
| Oct. 30, 2015 | His wife, Prof. Chung Chung Sik passed away in Seoul. |

* According to the document kept in Archives of Kazakhstan Ministry of Internal Affairs, the military procecutors' office of Kazakhstan declared that Герберт Ким(Herbert Kim) was innocent because there was no evidence enough to prove his guilt, on July 22. 1999. In that documents it is also recorded that he was rehabilitated.

저자와 역자 Contributors and Translators

히로아키 구로미야 Hiroaki Kuromiya 黑宮廣昭

도쿄대학교와 프린스턴대학교 졸업(박사). 1990년부터 인디애나대학교 블루밍턴 교수로 재직. 러시아와 동유럽 역사 연구 및 강의. 우크라이나와 소련에서의 스탈린 테러에 관한 다수의 저서가 있음.

Studied at Tokyo Univ. and Princeton University (Ph.D.). Did research on and taught Russian and Eastern European History and Politics. Professor at Indiana University Bloomington since 1990. His publications above all concentrate on Stalin's terror in Ukraine, and in the Soviet Union.

레너드 버치 Leonard M. Bertsch(1910-1976)

111쪽 참조.

See p.303.

김재원 Kim Jea Won

뮌헨대학교(LMU)에서 서양미술사학, 고전 고고학, 미술교육학 전공(박사). 인천가톨릭대학교 교수로 정년퇴임. 19, 20세기 미술사 및 그리스도교 미술사 강의.

Majored in Art History, Classical Archeology, and Art Education at Munich University (LMU, Ph.D.). Taught Art History of 19th and 20th Centry, Christian Art History at Incheon Catholic University.

이숭희 Lee Soong Hee

뮌헨대학교(LMU)에서 정치학, 러시아사, 유럽사 전공(박사). 한국 국방대학교에서 국제정치학, 동북아시아의 안보 정치 및 강대국의 외교 교수 역임. 한국 국방대학교 명예교수.

Majored in Political Science, Russian and European History at Munich University (LMU, Ph.D.). Taught International Politics, North Eastern Asian Security Politics and Great Power Politics at Korea National Defense University. Emeritus Professor of KNDU.

손동관 Son Dongkwan

한국과학기술원(KAIST)에서 문화기술 전공(석사). 네이버 근무.

Studied Culture and Technology at KAIST (MA.). Works for NAVER Corp.

이수진 Lee Soojin

한국과학기술원(KAIST)에서 문화기술 전공(석사). 싱가포르 애플 근무.

Studied Culture and Technology at KAIST (MA.). Works for Apple Inc., Singapore

이건욱 Lee Kun Wook

모스크바 국립대학교 민족학 전공(박사). 문화체육관광부 학예연구관.

Studied Ethnology at Moscow State University (Ph.D.). Senior Curator in the Ministry of Culture, Sports and Tourism of Korea.

잊혀진 이름, 잊혀진 역사

김건후, 칭치엔허, 허버트 김, 게르베르트 김

초판 1쇄 인쇄 · 2022년 1월 15일
초판 1쇄 발행 · 2022년 1월 25일

엮은이 · 김재원, 이숭희
펴낸이 · 한봉숙
펴낸곳 · 푸른사상사

주간 · 맹문재 | 편집 · 지순이 | 교정 · 김수란, 노현정 | 마케팅 · 한정규
등록 · 1999년 7월 8일 제2-2876호
주소 · 경기도 파주시 회동길 347-16 푸른사상사
대표전화 · 031) 955-9111(2) | 팩시밀리 · 031) 955-9114
이메일 · prun21c@hanmail.net
홈페이지 · http://www.prun21c.com

ISBN 979-11-308-1889-4   03990
값 30,000원